LITERATURE

The Summary of the Famous Works on Western Theory of Literature

江西人民出版社

西方文学理论
名著提要

董学文　主编

L
LITERATURE

目 录

目　录

的重要组成部分。为了全景式地展示这期间西方文学理论的名著、名篇，我们从古希腊一直选到20世纪末，跨度很大，涉及的国家很多，理论家就有近百位。这些篇章之所以堪称杰作，是因为它们在文学理论的观念、方法或研究路径上，多有原创性和示范性的价值。

为了便于读者理解该《提要》的内容，我们在这里简单地勾勒一下西方文学理论的历史演变。

古希腊、罗马时期的文论是西方文学理论的滥觞，苏格拉底—柏拉图构成了它的开端。但颇具反讽意味的是，西方文学理论在诞生的那一刻起，就表示是为了要让自己的研究对象——文学消失。《荷马史诗》代表了古希腊文学的最高成就，但在柏拉图看来，荷马最大的错误就是它的存在。柏拉图的文学理念缘于他的“理想国”构想，这一国度的统治者是“哲学王”。在他看来，诗人的创作应该符合城邦的整体利益和规范，但以荷马为代表的诗人却往往令人失望。依据柏拉图的“理式论”，世界分为三重：理式世界、现实世界和艺术世界。艺术世界模仿的是感性的现实世界，而现实世界模仿的又是理式世界。所以，艺术世界和感性的现实世界都属于表象，不能独立存在。只有理式才是永恒的、凝定不动的。因此，文艺和最高的理式世界，隔了两层，处在最低级的位置，艺术的地位因而相当卑微。“模仿论”构成了柏拉图诗学体系的本体论，在这一基础上，他认为诗人只会模仿，而不懂得去追求最高的理式，诗人之所以能够进行创作，并不是凭借技艺和知识，而是灵感。灵感有如神灵附体，使诗人陷入迷狂。因而，诗人没有自己的独创性，他们对自己模仿的东西根本就没有真正的知识，只是沉溺于迷狂之中。所以，诗人和他们的诗歌，忽略了自己应当承担的责任和义务，单靠能言巧辩来满足人们低级的感官要求，因之要把诗人赶出理想国。柏拉图的文学理论开启了著名的“诗与哲学之争”，这种对立直到今天依然存在。柏拉图从认识论、创作论和价值论等多个角度，彻底瓦解了诗歌的基础，使得诗歌成为哲学的附庸。自此，诗人和文学理论家们一再地出来为诗歌辩护，而第一个站出来的，竟是柏拉图的学生亚里士多德。

亚里士多德既把苏格拉底和柏拉图社会科学的观点和方法应用到文学理论中来，也融合吸收了此前的自然科学方法，因此，他使文学理论研究进入到一个新的层面。他接受了柏拉图的“理式论”，承认世界是一个相互关联的有机整体，“理式”是事物的终极原因和本质。但他和柏拉图的不同之处在于，他非常重视现实感性世界，认为“理式”并不脱离现实世界，而是内在于现实的经验世界，“理式”给了现实世界以形式和生命。经验世界是我们要研究和了解的对象，应该成为人类知识的基础和出发点，再由此上升到关于终极原理的科学。所以，“理式”并不神秘，它只是特殊事物的普遍性，而普遍不可能脱离特殊而存在。这样，“理式”就成了存在于万事万物中的一种“可能性”，正是这种可能性，使得事物能够向着自己的目的而发展、演变，直到最终达到圆满实现。亚里士多德的这一基本观点，不仅肯定了现实世界的实在性，而且也为文学与现实的关系奠定了理论基础。所以，他才会认为“写诗这种活动比写历史更富于哲学意味，更被严肃地对待”。也就是说，在揭示事物的本质和规律上，诗——文学能够达到哲学的高度，诗人应当具有哲学家的眼光和头脑。他将文艺的根基建立在现实基础上，这是他的一大贡献。他提出的诗歌真理是普遍性和特殊性的统一，成为后来文学典型论的雏形。在论及悲剧的时候，亚里士多德提出了文艺的“有机说”，认为文艺作品的整体和部分之间具有内在联系，是一个有机整体。这种有机性不仅体现在作品的结构上，也体现在其内在的运动规律上。这就意味着文艺作品自身是一个独立的存在，在形式上具有自我决定性。可以说，这是使文学从政治、道德等的附庸地位中独立出来的最早的尝试。与此同时，他还提出了文艺心理学，肯定了艺术对人所产生的快感，肯定了文艺的社会功能。如果说柏拉图的文学理论开启了西方文论的主要问题域的话,那么,亚里士多德的《诗学》理论则成为后来西方文艺理论的重要源头。

三

亚里士多德之后,是漫长的希腊化时期。在这一时期,出现了贺拉斯和朗吉努斯这样的理论家。贺拉斯的《诗艺》是将亚里士多德理论经典化的努力,虽说创造性不强,但却确立了古典主义的基本原则,其影响仅次于《诗学》,被称作西方文艺理论“古典主义的第一部经典”。朗吉努斯的《论崇高》,强调天才、激情和想象之于创作的重要性,这在当时反响并不大,可到了文艺复兴之后,尤其是浪漫主义文论崛起之时,也被奉为经典。

中世纪的主流文艺观虽然受宗教神学思想支配,但在西方文论史上的地位是不能忽视的。譬如,普洛丁认为,只有心灵才能感受美,只有心灵的想象才能创造美,这对后来的浪漫主义诗论影响颇大。再如,托马斯·阿奎那和圣·奥古斯丁都认为艺术是模仿,同时也提出了美的秩序的“整一论”。在这一过程中,他们对具体的形式、比例、丑、艺术的虚构等问题的研究,对后世也有不小的影响。中世纪文论并非铁板一块,“异端”思想同样存在。12 世纪法国神学家阿贝拉尔的“唯情论”,就是中世纪人文主义文艺思想的代表。他认为人的自然情欲是现实的存在,也是诗歌创作的内在动力。他还划清了哲学或神学与文艺的界线,认为理性生活属于哲学和神学的范畴,感情生活属于艺术的范畴,各有所属,所以艺术应该有其独立的地位。中世纪文论值得注意的另一个问题,就是宗教性质的“隐寓解经”的出现。由于宗教对文学对象范围的限制,因此,文学理论在当时无法系统地展开,但由于神学辩论和宗教的其他需要,“语言”和“修辞”问题在当时却格外受到重视。这可以说是最早的“阐释学”。词语被看做是象征符号，而世界则被视为上帝的文本，是有待于基督徒去辨读的符号体系。“隐寓解经”更深层的动机，则是解释经典。圣·奥古斯丁是这方面的集大成者。自此之后，通过文本进行细读阐释，成为一种最为传统的批评方法。处在中世纪和文艺复兴之交的但丁，提出“作品四义”(字面义、寓言义、道德义和神秘义)说，显然受到了这种方法的影响。

文艺复兴时期的文学理论，是在尊崇古典与探索创新两种历史张力中发展起来的，为绵延百余年的“古今之争”拉开大幕。但是，与小说、戏剧、叙事诗等文学创作所取得的成就相比，这个时期的文学理论要相对失色。不过，在文学的模仿、文艺的社会功能、文艺的基本特点、文学创作的基本原则、诗人想象作用的强调与探索以及新的诗歌与戏剧体裁的探索创新等方面，文艺复兴时期的作家和理论家还是做了丰富多彩、生动具体的阐发，体现了文艺复兴时代精神生活开放、生机勃勃的一面。

文艺复兴之后，新古典主义开始统治文坛。对于这种转变，只有在思想史的视野内才会得到深刻理解。当宗教神学思想解体之后，人们开始思考：人类的观念、行为准则应当建立在什么基础之上？彼岸世界的真理消逝以后，如何确立此岸世界的真理？于是思想史发生了所谓的从“本体论”向“认识论”的转向。本体论哲学关注的是世界的本体是什么，直接断言世界本身，诸如它是物质、上帝还是精神等等，而不关注人同世界的关系。到了近代哲学，则是所谓的“认识论转向”，它是针对“本体论哲学”的。“认识论转向”反对离开主体、离开思维和存在的关系去谈论世界或超验的存在，它以思想的客观性为基础，进而研究思维和存在、主观与客观、主体与客体等的矛盾关系。由于“认识论转向”，近代哲学开始研究人类知识的来源问题。它们或以理性或以经验作为知识的源泉和准则，因之据此可以称为理性主义和经验主义两类。理性主义的代表是笛卡尔，提出“我思故我在”。理性主义成为新古典主义的哲学基础。布瓦洛则是新古典主义文论的“立法者”，他的《诗的艺术》继承了贺拉斯《诗艺》的古典主义原则，同时根据时代需要，从理性高于一切的观念出发，制定了一套完整的理论法规，如“三一律”原则等。

启蒙主义文论处在古典主义和浪漫主义之间。受启蒙运动影响的德国古典美学，则在现代文学理论史上有着重要影响。德国古典美学同文学理论的关系，似乎并不那么直接，但诚如有学者所说:“即便十分抽象的美学家，也时常提出一些对于文学理论具有基本意义的问题:文学在诸门艺术中的位置、诗歌的本质、艺术在文明中的功用、艺术家和观众读者的心理。……美学和诗学相去不远，许多诗学问题——诸如古典和近代(浪漫的)艺术之间的根本差异——涉及历史哲学问题，牵涉到历史上的诗学，而且必然关联到文学作品的批评。”①康德、席勒、黑格尔等理论家对艺术非功利性、自由、想象力、天才、崇高、异化、人的解放等问题的论述，已经超越了对具体的文学理论问题的研究，在观念上塑造了对文学和艺术的现代理解。马克思主义文艺理论，就是在新的历史条件下，包括对德国古典美学在内的文艺学说的批判继承中诞生的。

德国古典美学自认为通过审美实现了人的感性与理性、主体与客体、个别与一般的统一，在审美之中恢复了完满的人性。在它看来，审美同现代政治有着深层次的联系，是改造人性，解决社会现实问题，实现政治自由的唯一途径。但是，它在强调审美教育重要性的同时，却一再强调审美的非功利性，切断了审美同现实的联系，并试图弥合理性与感性的矛盾，在非功利的审美中获得解放。这样，这些学说所掩盖的正是在资本主义社会中人的异化和分裂这一事实。所以，审美的解放，其实是精神的解放而不是现实的解

① [美]雷纳·韦勒克:《近代文学批评史》第一卷，上海:上海译文出版社 1997 年版，第 299—300 页。

放，这正是德意志意识形态的一种具体表现。而马克思主义创始人正是要消除这种意识形态的幻象，走向现实，真正确立此岸世界的真理。恩格斯说德国的工人运动是德国古典哲学的继承者，其原因就在于此。

浪漫主义文论和现实主义文论是19世纪先后占据主流地位的西方文学理论。当然，如果更具体地说，那么这两种文论思潮的形态却相当复杂。比如浪漫主义在德国、法国和英国等国家的形态，就不尽相同，它首先是对新古典主义文论的反抗，受法国大革命和德国古典美学的影响，既张扬人的个性，又鼓吹情感和想象。这种倾向推至极端，就会使诗歌变成宗教。而现实主义文论则强调文学与社会生活、时代和客观现实的关系，以批判和揭露现实的丑恶为目的，从而昭示社会发展的本质。

四

历史车轮进入20世纪后，思想史又发生了一次重大转向——“语言学转向”。“语言学转向”是对“认识论转向”的反思和批判，它认为在建立关于人类主体意识和客观世界的关系之前，必须有关于语言的理论，语言是人类知识的可能性和有效性的决定性条件。换言之，没有经过语言学的认识论和本体论都是不具有理论上合法性的。它认为世界在人之外，却在语言之中，人对世界的理解，只有通过语言才能实现，语言既是人类存在的疆域，也是人类存在的界限。人们所认识的世界，与其说是世界自身，毋宁说是通过语言建构起来的世界。而与此同时，所谓的“主体”、“真理”和“体系”等，也是语言建构的产物。在这一思想背景下，人文科学开始纷纷反思自身，为自己寻求合法性依据。同样，文学理论也在这一过程中实现着自己向现代的转移。

现代文学理论学科的诞生，以俄国形式主义和英美新批评这两个文论流派的崛起为标志。这两个理论流派关注的问题域相似，但在具体的理论观点和方法上却有很大差异。俄国形式主义文论的两个标志性人物是雅各布森和什克洛夫斯基，他们分别提出了“文学性”和“奇特化”（也译“陌生化”）的概念，为文学理论研究确立了比较明确的研究对象。而围绕这一研究对象，又拥有了相对比较独立的研究方法、研究领域和学理形态。雅各布森在20世纪西方文学理论的发展过程中具有重要作用，一方面，由他参与创立的俄国形式主义，对后来的俄苏文论、结构主义文论有直接的影响；另一方面，他的理论也间接地影响到了后期“新批评”的走向。比如，被视为后期“新批评”大将的韦勒克，就是推动俄国形式主义和英美“新批评”融合的关键人物。20世纪20、30年代之后，作为布拉格学派奠基人之一的雅各布森，逐渐接受索绪尔的语言学理论，进一步完善了自己关于“文学性”问题的理解。第二次世界大战爆发后远赴美国，与“结构主义之父”、法国人类学家列维一施特劳斯交往，又直接影响到法国结构主义文论的诞生。以雅各布森为代表的俄国形式主义，将“文学性”理解为语言的诗性功能；结构主义者又试图找到共同的叙述模式和文学性规则；到了其后以保罗·德·曼为代表的解构主义者那里，则将语言的修辞功能发挥到了极致。

英美“新批评”虽然也关心文学的特殊性问题，但对文学理论的理解同俄国形式主义并不相同。早期“新批评”的代表艾略特、瑞恰兹、燕卜荪等，致力于建构一种科学的、实用的批评理论，尤其是瑞恰兹和燕卜荪，运用“细读法”对诗歌语言进行细致、精到的分析。“新批评”的重镇在美国，兰色姆、布鲁克斯等人是该派的主将。他们坚持“文本中心论”，认为文学批评应变成一种“应用科学”，使文学批评能够像科学一样，在对诗歌进行分析时拥有严谨、准确和精细的特性。因此，他们认为文学批评的中心任务就是去发现语言的反讽、悖论、象征等功能，以及由这些功能所构成的文本张力的结构。“意图谬误”、“感受谬误”等，都有违文学批评的主旨。“新批评”派所强调的文学自足性、文本独立性和美学自律性，对以诗为代表的文学的特殊关注，有其内在的人文追求。在20世纪初叶，科学的飞速发展和工商业的进一步扩张，使人类文明得到巨大发展，但也带来诸多问题。“新批评”派试图通过对语言诗性功能的剖析，恢复世界的完整的本真状态，以重新肯定世界的特性来对抗科学的抽象化和概念化。

可见，文学理论的现代转换是以语言学为其基础的，是一条不同于传统西方文学理论的演化路径。将文学研究置于历史和哲学语境中，代表的是对文学理论和文学研究的传统认识。但从俄国形式主义开始的这种现代形态的文学理论，则打破了这种局面，它既不求诸哲学，也不转向历史，而是将文学研究诉诸于语言学。“语言学转向”和语言学理论的介入，不仅为文学理论研究提供了新的方法，更提供了一种新的思维模式。它改变了“文学”的存在方式，使对文学研究的介入性和科学性成为可能。倘若借用“范式”理论的话，那么可以说从雅各布森开始的运用语言学理论对文学理论进行研究，就建立了一种新的西方文学理论“范式”，直接推动了现代文学理论学科的成熟。

事实上，西方文学理论在20世纪呈现出复杂、多元的样貌。当俄国形式主义、英美新批评、结构主义等流派正在为现代文学理论学科的建构而努力的同时，精神分析文论、现象学文论、存在主义文论以及“西方马克思主义”文论等，都展现出强劲的生命力，只不过所呈现的样态不同于那种比较纯粹的关注“文学”的文学理论而已。这其中，尤以“西方马克思主义”文论的影响为大。形式派文论的共同点在于以文本阐释为中心，放逐作者和世界，远离对文本意义的开掘，并进而形成文本的权力秩序。法兰克福学派则以焕发马克思学说的激进意识和批判潜能作为自己的理论起点，在充分整合精神分析、存在主义、解释学、语言学等现代思想的基础上，对现代社会特别是发达工业社会进行了系统的文化批判和理论反思。

自20世纪中叶之后，西方文论显得更加含混与芜杂，它融合众多学科和新兴理论，对西方传统文明持一种反思和批判的态度，日渐成为一种跨学科的知识系统。后结构主义、解构主义、后现代主义、新历史主义、文化研究、酷儿理论等等，交替兴起。这些理论形态求新求变，追“新”逐“后”，倡导多元和差异，质疑一元和权威，使传统文学理论范式和知识结构，再次遭遇激烈的程度不同的挑战。目前，整个西方文学理论仍处在这种繁复的变迁之中。与此同时，在这种不断演化的过程中，文学理论也面临着学科危机和商业化侵蚀。面对这些存在的难题，如何实现文学理论学科的新跨越，显然是理论家和文学爱好者们需着重思考的问题。

五

以上的勾勒是挂一漏万的，但这个脉络的梳理，可以给我们许多启示。

西方文学理论一直是变动的、演化的。随着时代的更移，它在或急或缓地改变着自己的形态。因此，要了解它，一定要注意具体理论的历史和文化背景，否则就有可能陷入混沌或产生相对主义与不可知论的逻辑隐患。没有环境便不存在语义空间，所以，我们特意提出学习西方文学理论要有“语境意识”和“语境思维”的问题。这其实不是一个新问题，而是一个有着悠久历史的思想方法和原则问题。早在公元前三百多年，亚里士多德在《工具论》中就阐发了词语的意义依赖于其所出现的不同语言环境的思想。其实，不仅是语言学，就是文学理论，同样只有在词句的语境中而不是在孤立的词中，才能找到它的意义。事实一再表明，文学理论尤其是各种术语、概念、范畴，是通过实际使用而产生的，它们的意义也只有根据具体语境才能确定。所以，在阅读西方文学理论名著的时候，要把它们放入所给定的历史和文化中，注意理论和观念产生的特定环境，注意它的话语方式、话语范围和话语风格，注意言辞内语境与言辞外语境的区分，因为语境的变量是会明显影响文学理论的构成和变化的。正是由于存在语境的差异，我们才会看到许多龃龉、矛盾、冲突的理论现象。

但是，也要看到，文学理论在变动中总有不变或变得较少的部分，总有昨天看起来没用而今天看来有用，或今天看来没用而过一段时间看来又会有用的部分，总有某些后来者其实是在重复或重新阐释先前理论的现象。因此，为了文学理论走向科学，为了更好地借鉴前人成果，也为了根据现实需要建立我们新的形态，最大限度地利用和节省历史上的文论资源，建立文学理论现代可持续发展的“循环经济”模式，我以为完全是可行的。因为一则，对文学基本理论的把握，人类几乎没有没触及的问题；再则，文学理论最终是要推动文学创作、文学批评及文学史的建构，这样我们完全可以根据时代条件和现实需要选择能较好说明问题的理论；三则，某些文学理论学说和观念具有反复适用性，文学理论的发展本身应具有可持续性，这是以往思想家和文论家已经提出的见解。当我们系统地考察人类文学理论思想演变的全过程时，就会发现，任何一种创新的有价值的文学理论学说，都不会是横空出世的，都可以在其中看到合理利用先前文学理论学说或见解的成分。相隔几百年甚至上千年的文学理论内容，会在一种新的学说中或改装或原样的出现，这说明只要是曾经有价值的思想，是永远不会成为毫无用处的废品的。中外文学理论诞生和运动的整个过程，其实就是各种文学思想在历史的牵动下反复使用、螺旋上升的过程。所谓好的、高明的文学理论，就是那些最能说明文学本质又最节约思想资源能耗的理论。倘若一种文学理论既不能对文学本质有透辟的认识，又耗费了大量的术语、概念和思想，那这种文学理论的生命力注定是值得怀疑的。如果这种认识能够成立，那么我们就会极大地提高这本《西方文学理论名著提要》的功能和利用率，就会发现许多以前我们关注不够甚至不予关注而其实是很有用处的文论资源。

面对纷繁的西方文学理论，许多学者把它们粗线条地归为“自律论”和“他律论”两类，或者称之为“内部研究”和“外部研究”两种。这当然是不错的。但眼光锐利的人会在这其中看到“自律”和“他律”之间是联系的，会在其中发现“通律论”亦即“内部研究”和“外部研究”有机结合的趋向和因子。实现“自律论”和“他律论”的统一，这无疑是中外文论发展的必然趋势。

“提要”者，提出选书或选文之要点也，不可能面面俱到。因之，要想真实地、原汁原味地、不走样地了解西方文学理论名著，还是要适当地细读原典、原著为好。这样，可以克服“提要”文体的不足，克服“提要”在归纳和概括上的疏漏。这是我们所真诚希望于读者的。

董学文

2012 年 10 月 19 日，于北京大学

柏拉图

柏拉图文艺对话集 古希腊*

柏拉图(Plato,公元前 427—前 347),在西方哲学和文化发展史上占有重要地位。作为哲学家,他的研究和思考对象涉及社会的众多领域,当然也包括文学和艺术领域。他之前的哲学家,留下的只是大量的残篇,因此,有人认为他是著作完整流传下来的第一位西方哲学家。从文艺理论史的角度,也可以说他是西方第一位就文艺问题发表过系统意见的文论家。

一、生平和著述

柏拉图于公元前 427 年 5 月 7 日出生在雅典附近的伊齐娜岛。父亲阿里斯通、母亲珀里克提俄涅,都出自名门望族。最初,柏拉图的名字是阿里斯托克勒(Aristocles),他的体育老师看到他

* [古希腊]柏拉图:《柏拉图文艺对话集》,朱光潜译,北京:人民文学出版社 1963 年版。文内引文,只注页码。

体魄强健，有着宽阔的前额，便让他改名“柏拉图”，这个名字在希腊文当中的意思就是“宽广身体”。青少年时期，柏拉图做过哲学家苏格拉底(Socrates)的学生。苏格拉底被雅典民主派政府处死后，他便离开雅典去麦加拉、埃及、居勒尼、南意大利和西西里等地游历和讲学，历时 32 年，后又回到雅典创立“学园”(Academy)，授徒讲学，著书立说。除《苏格拉底的辩护》之外，他的哲学著作都是用对话体写的，共计 40 篇左右。在大多数对话中，主导对话的都是苏格拉底，而他本人并没有作为对话角色出现在这些作品当中。然而很显然，苏格拉底的这些发言实际上代表了柏拉图自己的看法。这些对话涉及哲学基本问题、政治和伦理教育，以及审美和文艺问题。《柏拉图文艺对话集》所收入的《伊安篇》《理想国》《斐德若篇》《大希庇阿斯篇》《会饮篇》《斐利布斯篇》和《法律篇》，都与美和诗学相关，能够综合反映柏拉图的文艺思想。

二、有关文艺的对话内容

柏拉图对话的内容，按其理论的逻辑顺序，大致可以归纳如下：

1.“美”和“美”的等级。文学艺术的灵魂是“美”，这是毋庸置疑的。那么“美”是什么呢？在《大希庇阿斯篇》中，柏拉图对这个问题进行了一连串的追问，并且得到一个结论：“美是难的。”在这篇对话当中，他考察了当时有关美的本质的一些流行说法，比如美就是“漂亮”、“恰当”、“有用”、“有益”、“视觉和听觉所产生的快感”等等。但他认为这些说法根本不能自圆其说，所以是无法成立的。因为这些说法描述的各种各样“美感效果”，都好像说了美的某一部分，但却无法指明那个“美本身”。“美”和“美的东西”根本不同，即便我们在经验中穷尽列举各种具体的美的事物，也无法看到那个“美”本身。

“美是难的”，因为美不是一个一个美的物加在一起的结果，而是作为一种“理念（理式）”，自上而下分配到各种物上，这样它们就有了“称其为美的那个品质”（第 192 页），它“加到任何一件事物上面，就使那件事物成其为美，不管它是一块石头，一块木头，一个人，一个神，一个动作，还是一门学问”（第 188 页）。“美是难的”，因为美的事物总是具有相对性。世界上的具体事物的美总是相对的，又美又丑。“美是难的”，因为有的时候形式上的恰当而让事物“显得美”，但并不是真正的美，“如果恰当只是使一个事物在外表上显得比它实际美，它就会只是一种错觉的美”（第 192 页）。“美是难的”，还因为思考美的“方向”是“错误的”。在他看来，人们的感性不能领悟真正的美，只有理性才能做到。美是理性的对象，而非感性的对象。因此，要正确理解美的本质，就应该打开“理性的眼睛”，透过美的现象去抓住“美本身”。在《会饮篇》中，他借女巫之口，说明了这种“本质的美”、“理念的美”的特征：“这种美是永恒的，无始无终，不生不灭，不增不减的。它不是在此点美，在另一点丑；在此时美，在另一时不美；在此方面美，在另一方面丑；它也不是随人而异，对某些人美，对另一些人就丑……它只是永恒地自存自在，以形式的整一永与自身同一；一切美的事物都以它为泉源，有了它，那一切美的事物才成其为美，但那些美的事物时而生，事而灭，而它却毫不因之有所增，有所减。”（第 272—273 页）

从实质上来说，柏拉图《会饮篇》中提出的这种理念美，是为了强调“美”的本质是真理的认识、道德的善以及形式的美好的统一体。形式的美是美的外在表现，道德的善是美的内容，而真理（相、理念）本身的不增不灭、不以个体意志为转移的存在，才能把这种统一提升为一种“本质”。因此，在柏拉图的美的理论当中，有一个“美的等级”：先从人世间个别的美的事物开始，逐渐提升到最高境界的美，好像升梯，逐步上进；从美的形体到美的行为制度，再到美的学问知识，最后到只以美本身为对象的那种学问——关于美的本体。这种由低到高,由感性到理性,由局部到全体的过程,就是柏拉图理解的“认识”过程。而“艺术把握”在领会美的阶梯上,是处于最低级的位置的。

2.艺术与摹仿。在《理想国》第10卷当中,柏拉图提出了有关“艺术把握”的本质的说法。在这里,他采取了早已在古希腊流行的“摹仿说”,那就是把客观现实世界看做文艺的蓝本,文艺是摹仿现实世界的。不过柏拉图把这种摹仿说放在他的客观唯心主义基础上,因而改变了其原来的朴素唯物主义的内涵。依他看,我们所理解的客观现实世界并不是真实的世界,只有理式世界才是真实的世界,而客观现实世界只是理式世界的摹本。用他自己的实例来说,床有三种:第一是床之所以为床的那个床的“理式”(或“理念”);其次是木匠依床的理式所制造出来的个别的床;第三是画家摹仿个别的床所画的床。这三种床之中,只有床的理式,也就是床之所以为床的道理或规律是永恒不变的,所以只有它才是真实的。木匠制造个别的床,虽根据床的理式,却只摹仿床的理式的某些方面,受到时间、空间、材料、用途种种有限事物的限制。床与床不同,适合于某一张床的不一定适合于其他的床。这种床既没有永恒性和普遍性,所以不是真实的,只是一种“摹本”或“幻相”。至于画家所画的床,虽根据木匠的床,他所摹仿的却只是从某一角度看的床的外形,不是床的实体,所以更不真实,只能算是“摹本的摹本”,“影子的影子”,“和真实隔着三层”(第71页)。由此可知,柏拉图心目中有三种世界:理式世界,感性的现实世界和艺术世界。艺术世界是由摹仿现实世界来的,现实世界又是摹仿理念世界来的,这后两种世界都是感性的,都不能有独立的存在,只有理式世界才有独立的存在,永驻不变,为两种较低级的世界所自出。也就是说,理性世界是第一性的,感性世界是第二性的,艺术世界是第三性的。柏拉图形而上学地使理性世界脱离感性世界而孤立化、绝对化了。他的客观唯心主义哲学系统是和他的形而上学的思想方法分不开的。就这样，他将一般诗歌定义为一种“摹仿”或称“mimesis”。

柏拉图还对“摹仿(mimesis)”和“叙述(diegesis)”作了区分。严格地讲，“摹仿”是直接摹仿一个人物的言行，而“叙述”则是“诗人自己在讲话，没有使我们感到有别人在讲话”。在这种严格的划分之下，戏剧是完全的摹仿，而田园诗则是叙述和摹仿兼而有之，田园诗人直接再现诗中人物对话的时候就属摹仿，而讲述故事的时候就属于叙述。但无论是对“摹仿”还是对“叙述”，柏拉图的评价都不高。在他看来，戏剧和史诗(以及田园诗)仅仅是对永恒的表象世界的摹仿。较之于哲学、科学或其他形式的抽象性理解而言，文学或诗(poiesis)总是感性的，关注的只是具体的东西，这就表明了文学与真理无缘。摹仿只是一种游戏，是不能当真的。想当悲剧作家的诗人，不论是用抑扬格还是用史诗格来写作的，尤其只能是摹仿者。在柏拉图的理论表述中，还有另一种“高级”的艺术，这种艺术从本质和本源上都有别于作为摹仿的艺术。

3. 艺术对真理的接近:神启和迷狂。在《伊安》《斐德诺》和《法律》等篇中，柏拉图提出了有关文学特性的另一种说法。在这些地方，他不再认为文学是摹仿，因而和真理无关，相反，认为真正的文学并非来自摹仿，而是来自神的启发。这样，后一种文学要更接近理念的真实，因而更具有原创性的美。所谓“神启说”，是柏拉图对本真诗人创作才能来源的一种说明。他认为诗人写诗不是靠技艺知识，而是靠灵感，而灵感则来自神力，诗人靠神的启发，才具有创作能力并进入创作过程。此说在他的早期论著《伊安》篇中做了充分的论述和发挥。以朗诵荷马史诗为职业的唱诗人伊安，在诗歌比赛中获得成功，但在苏格拉底(实际上是柏拉图本人)的追问下，只得承认诗人不懂军事学但可以如临其境地描写战争，不知打鱼的技艺却能将渔夫描绘得活灵活现，不知补鞋的技术却能将鞋匠描述得惟妙惟肖，最终，他不得不承认，就连诗艺本身的规律和知识，自己也是不甚了了。柏拉图进而说明，诗人或诵诗人靠的不是"专业技艺"，而是"灵感的凭附"。这时，柏拉图甚至将这种神灵的凭附、神的启发的艺术心理机制，当做一种心灵的纯然自由状态加以描绘。

这里应该注意柏拉图表述中的几个侧重点。首先，他在诗人和诵诗人之间做出了区分。显然，诵诗人低于原创性的诗人，后者更接近于神(真理)。也就是说，文学家、艺术创造者在非认识的直觉当中直接把握"理式世界"的本质，灵感激发想象性创造能力，使得艺术创造者插上诗的翅膀，向艺术真实指引的方向飞去。其次，这种由理念直观激发诗情想象的创造型艺术，可以使读者受到真理的启迪，和诗歌创造者一道进入对真理的直观把握中去。最后，也是非常重要的一点，柏拉图还看到了"神启"背后的创作个性问题，指出"每个诗人都各依他的特性，悬在他所特属的诗神身上"。正是这种不可还原的"特性"将原创性的诗人和摹仿的非原创性诗歌制作者区分了开来。

当"神启"降临到诗人身上，他就进入"迷狂"的创作状态，就像巫师们在舞蹈时心理都受一种迷狂支配一样。抒情诗人若得不到灵感，不失去平常理性而陷入迷狂，就没有能力创造，就不能作诗或代神说话。这种由"诗神凭附"而来的诗兴迷狂，在柏拉图的表述中，彻底控制着诗人"温柔纯洁的心灵"，感发他，引他到兴高采烈神飞色舞的境界，流露于各种诗歌。尽管柏拉图用"迷狂"这种神秘的语言来描述诗人在创作时的心理状态，但是撇开其不科学的成分来看，的确道出"灵感"在文艺创造中的重要作用。

4. 文艺的教育功能。在柏拉图的文艺思想体系当中，真、善、美的统一是艺术之美的最高境界。从这个意义上说，认识因素和道德因素都是决定文艺审美的主导方面。其中，道德观念在他的艺术衡量标准中扮演着重要的甚至是决定性的角色。我们可以把这种情况称为"道德主义"的文艺批评，其主要旨趣就是注重并强调文艺的道德教化和社会教育功能。正是从道德主义原则出发，柏拉图得出对文艺进行清洗、从理想国驱逐诗人的结论。他从道德上的考虑出发，进而对包括荷马史诗在内的全部古典美的世界，采取了公开的敌视态度。因为在他看来，无节制地迎合灵魂最低部分即欲望情感部分的诗歌，不仅无益而且有害。而制造和传播这类诗歌的诗人则有两条罪状：一是“不真”；二是“不善”。他们的诗歌具有欺骗性，具有使人怯懦、狭隘和情欲旺盛的作用。总之，柏拉图认为，荷马史诗以及悲剧和喜剧的影响都是坏的，因为它们既破坏希腊宗教的敬神和崇拜英雄的信仰，又使人格中理智失去控制，让情欲得到放纵和滋生，因此破坏了正义和道德。由此，柏拉图对坏的诗歌和好的诗歌做了区分。

那么怎样才算是“健康有益”的诗歌呢？柏拉图指出，诗歌都包含三个主要组成部分：语言、音调和节奏。语言是诗歌的第一要素，音调和节奏必须配合语言组成诗歌。节奏的好坏，在诗歌的形式层面决定诗歌的优劣。在《理想国》中，他明确指出，“美与不美要看节奏的好坏”，“节奏的好坏要看语文风格的好坏”，而语文风格本身要看心灵性格的好坏。所以“语文的美，乐调的美，以及节奏的美，都表现好的性情”，而所谓“好性情”是心灵真正的“尽善尽美”(第 61 页)。那种不利于培养城邦青年过“节制、勇敢、正义”生活的靡靡之音，就是坏节奏的典型。在这里，文学形式因素之外的价值因素，成为判断诗歌好坏的唯一标准。

总的来说，柏拉图认为文学的形式应该为内容服务，形式和内容都应该是“健康的”，这样的作品才能起到好的教育作用。如果要模仿的话，也应该模仿那些勇敢、节制、虔诚、自由一类的人物。凡与自由人的标准不符合的事情，就不应该去模仿。至于其他丑恶的事情，当然更不应该去模仿，否则模仿丑恶，弄假成真，变为真的丑恶了。

三、柏拉图文艺思想的历史影响

柏拉图文艺思想具有历史所决定的复杂性。一方面，他的政治立场在当时的历史条件下属于保守的，在哲学方面他所秉持的理论基础是客观唯心主义，其间夹杂着较浓厚的神秘主义和迷信色彩。但另一方面，不可否认他对文艺的特殊规律确已从多方面进行了思考。"摹仿论"划定了文学艺术的基本领域；"迷狂说"深入到了文学创作心理机制最为隐秘的环节，尽管不无神秘，但毕竟揭示了情感机制对文学创作的重要性；功利主义的文学观念，则强调了文学内容和文学形式的同一性。毋庸置疑，柏拉图在文学理论思想系统化方面有难能可贵的开创之功。

柏拉图的文艺思想，在西方文学理论史上产生了巨大影响。首先，"理念论"的唯理主义思维，通过"新柏拉图主义"成为整个中世纪文学理论的支配性思维结构。其"道德主义"文学理论和"功利主义"文学批评，也使中世纪神学支配下的文学理论获得了为文学作为神学奴婢进行论证的理论基础。其次，柏拉图的"理念论"、"灵感论"和"迷狂说"对现代资产阶级文艺思想的影响也是巨大的。在这个理解视角之下，文论家锡德尼是其信徒，康德、黑格尔、叔本华、尼采等哲学家、美学家都明显受到他的影响，赫尔德、席勒、史莱格尔、雪莱等诗人和文论家也是"灵感论"的推崇者。最后，撇开其受到时代局限和阶级意识扭曲的荒谬内容及神秘方面，柏拉图论文艺的基本主题至今仍然是一般文学理论研究的基本坐标和重要课题。

（赵　文）

亚里士多德

诗　学　古希腊*

亚里士多德(Aristotle,前384—前322年)是柏拉图的学生,古希腊美学的最后一个代表。他在批判吸取毕达哥拉斯学派以来各派尤其是柏拉图美学思想的基础上,形成了具有初步唯物主义思想倾向的较为完备的文学理论体系,在文学理论史上享有很高声誉,被称为古希腊美学的集大成者和"欧洲美学的奠基人"。《诗学》与《修辞学》是他系统的文学理论专著,而《诗学》更被奉为西方文学理论史上第一部体系完备的经典之作。

一、亚里士多德及其《诗学》

亚里士多德出生在斯塔吉拉城,18岁时被送到雅典,进入柏拉图学园学习,后来担任教师。柏拉图逝世后,他离开雅典来到亚

* [古希腊]亚里士多德:《诗学》,罗念生译,北京:人民文学出版社1962年版。文内引文,只注页码。

洲的密细亚的阿索斯城，建立学园，开展教学和研究活动。3年后，波斯帝国攻陷城池，他逃到累斯博岛的米提利尼城。公元前335年回到雅典，在城外吕克昂的阿波罗神庙附近运动场里另立讲坛，由此，他的学园被称为“吕克昂”。与柏拉图的学园相比，该学园更注重实际，研究问题更注重提出疑难，注重多方面收集材料、尝试和探索。公元前323年，亚历山大突然死去，雅典发生了反马其顿的运动，亚里士多德作为政治打击的对象被控以“亵渎神灵”的罪名。他把学园交给泰奥弗拉斯多，避难于卡尔基，次年因病逝世，终年63岁。

亚里士多德是西方科学思想的奠基人，同时也是古希腊哲学思想的集大成者。马克思称他是古希腊哲学家中最博学的人物，恩格斯称他是古代的黑格尔。黑格尔则认为对亚里士多德的研究是无穷无尽的，要把它陈述出来十分困难。但简要说来，亚里士多德一生的思考实现了以下几个方面的成就：在哲学上，创立了形式逻辑这一重要的分支学科，逻辑思维也是他在众多领域建树卓越的支柱。在天文学上，他认为运行的天体是物质的实体，地是球形的，是宇宙的中心；地球和天体由不同的物质组成，地球上的物质是由水气火土四种元素组成，天体由第五种元素“以太”构成。在物理学上，他标举运动的绝对性；在生物学上，他对五百多种不同的植物动物进行了分类，至少对五十多种动物进行了解剖研究，从系统的角度去看待生物界。在教育方面，他在学园里设立了“百科全书”式的课程，主张学生德、智、体、美等方面全面发展。在政治学上，他指出“人类是天生的政治动物，经家庭、村坊而组成城邦”，并从政治天性的善去追求系统的政治原则。亚里士多德至少撰写了170种著作，其中流传下来的有47种，涉及古希腊人已知和各个学科。

《诗学》就是他探讨文学艺术本质、分类、技法的一部系统的理论作品。此书原名的意思是“论诗的技艺”(poietike techne)。在希腊文中，“诗”有“创造”的意思，进而引申为“艺术创造”。在该书中，“诗”则狭义地指以韵文为创作形式，包括颂诗、抒情诗、讽刺诗、史诗、悲剧、喜剧在内的文学作品，而本书又特别着重于研究处于希腊文学巅峰的悲剧。至于本书的成书问题，可以确定的是，它是亚里士多德在其学园的讲义，经由门徒记录而成，因此多有未经整理加工之处，有些地方论述简略晦涩，历来引起许多不同的解释。《诗学》同他的其他著作一样，曾在地窖沉埋百余年，后经安德罗尼珂(Andronicus)整理、校订后，得以流传。

二、《诗学》的基本问题

现存《诗学》共二十六章，内容大体分三部分：第一至五章，论述艺术的本性是摹仿，据以区别各种艺术形式，追溯艺术的起源和历史发展；第六至二十四章及第二十六章，论述悲剧的特征及构成要素，比较史诗与悲剧；第二十五章，分析批评者对诗人的一些指责，提出反驳的原理与方法。概括地说，亚里士多德着重讨论的问题，主要包括摹仿艺术的起源、本质、创作规律、社会功能等。

1. 艺术的摹仿本质。亚里士多德不是像柏拉图那样进行神秘的哲学思辨，而是从对审美实践和艺术作品进行分析中，提出自己的艺术理论，从而使《诗学》成了希腊文艺成就和经验的系统总结。他在《诗学》中仍然把艺术与现实的关系这个艺术本质问题作为首要的问题来解决，并明确认为摹仿是文学的真正本质，与他的老师柏拉图不同的是，他对“摹仿”的态度是肯定性的，对“摹仿本质论”做了全方位的论证和阐释。

在亚里士多德看来，艺术摹仿是人类的本性。“一般说来，诗的起源仿佛有两个原因，都是出于人的天性。人从孩提的时候起就有摹仿的本能(人和禽兽的分别之一，就在于人最善于摹仿，他们最初的知识就是从摹仿得来的)，人对于摹仿的作品总是感到快感。……摹仿出于我们的天性，而音调感和节奏感(至于‘韵文’则显然是节奏的段落)也是出于我们的天性。”(第11—12页)在这里，亚里士多德指出，艺术摹仿现实正是它的生命所在，艺术能够真实地反映现实，揭示形象的真理，所以才具有巨大的认识价值，而艺术审美的愉悦有一部分固然来自感性的形式感，但其最基本的来源还是从欣赏艺术对象过程中把握该对象对现实的反映关系。认识是人类的天性，而认识只能得自于现实。对经验的本质提升，构成了艺术的起源。用今天的话来说，亚里士多德所要表述的正是：艺术来源于经验，又高于经验，艺术是对经验的自由把握的创造性形式。

在亚里士多德看来，艺术摹仿是对行动本质的摹仿。一切知识都以认识事物的真理为目的，艺术也不例外。艺术的特点就是通过对特殊事物的摹仿，对事物进行本质的摹仿，揭示其普遍性，显示它的普遍特征，使艺术欣赏者在艺术欣赏过程中获得求知的乐趣。因此，他特别将“诗”与“历史”相比较，指出“诗”比“历史”更真实，“诗人的职责不在于描述已发生的事，而在于描述可能发生的事，即按照可然律或必然律可能发生的事。历史家与诗人的差别不在于一用散文，一用‘韵文’……两者的差别在于一叙述已发生的事，一描述可能发生的事”(第28—29页)。“写诗这种活动比写历史更富于哲学意味，更被严肃的对待；因为诗所描述的事带有普遍性，历史则叙述个别的事。”(第29页)这个论点不仅驳倒了柏拉图对艺术真实性的怀疑和指责，而且认为艺术的高度真实性，正在于描述外在现象和反映内在本质的统一，在于偶然与必然的统一。

在亚里士多德看来，艺术的摹仿对象和方式不同造成了不同的文学体裁。摹仿的对象可以有三种：“过去有的或现在有的事；传说中的或人们相信的事；应当有的事。”(第92页)这实际上是指出诗人对事物的摹仿可以有三种方式，即按照事物原来的样子去摹仿;按照人们听说的或以为的样子去摹仿;按照事物应该有的样子去摹仿。他认为,第一种摹仿其艺术性要远远逊色于后两种对象的摹仿。艺术的标准在于以内在真实为基础的艺术表现力。对第二种对象即“传说中或人们相信的事”的摹仿,主要指神话、传说和史诗的创作,他认为虽不能作为哲学认识的依据,但可以作为摹仿艺术的依据,尽管这些事情追求起来并不符合事物的必然律或可然律。“如果诗人写的是不可能发生的事,他固然犯了错误;但是,如果他这样写,达到了艺术的目的,能使得一部分或另一部分诗更为惊人,那么这个错误是有理由可辩护的。”(第 93 页)他认为,“为了获得诗的效果,一桩不可能发生而可能成为可信的事,比一桩可能发生而不能成为可信的事更为可取”(第 101 页)。亚里士多德认为,对第三种对象即“应当有的事”的摹仿,是最为本质的艺术摹仿。这里的“应当有的事”是指被摹仿对象的必然性的实现状态,也就是指“典型”。他以画家的创作来说明典型化对艺术创造来说意味着什么:“诗人就该向优秀的肖像画家学习;他们画出一个人的特殊面貌,求其相似而又比原来的人更美,诗人摹仿……也必须求其相似而又善良。”(第 50 页)艺术必须以现实生活为蓝本,同时又须对生活进行加工改造,使其比普通实际生活更集中、更典型。因而为了表现诗的矛盾和冲突,在典型化的要求下,诗人可以根据必然性和或然性把好人描写得更好而把坏人描写得更坏,悲剧中刻画的人物的艺术摹仿方式就应当比现实生活中的人品质高尚,而在喜剧中,人物大多塑造得比现实中的人品质坏。

2.悲剧理论。《诗学》现存的二十六章中,对悲剧的探讨占据了绝大部分篇幅。亚里士多德总结希腊悲剧创作的经验,对悲剧的性质、作用、内容、形式作了比较全面和细致的分析,提出了一些独创而深刻的见解,从而形成了西方最早的有系统的悲剧理论。

(1)悲剧的定义。“悲剧是对于一个严肃、完整、有一定长度的行动的摹仿;它的媒介是语言,具有各种悦耳之音,分别在剧的各部分使用；摹仿方式是借人物的动作来表达，而不是采用叙述法；借引起怜悯与恐惧来使这种情感得到陶冶。”（第 19 页）悲剧作为摹仿，它相对于其他艺术形式的区别性特征来自摹仿对象、摹仿媒介和摹仿方式的不同。悲剧通过搬演人物的动作以及一定的长度的事件情节，与同样摹仿高尚人物命运的史诗相区别，而史诗是通过叙述对较长的事件情节进行摹仿的。悲剧通过摹仿严肃、高尚的人物而与摹仿卑劣的人的喜剧相区别。悲剧通过语言媒介而与舞蹈、音乐、绘画、雕塑等其他艺术形式相区别。

（2）悲剧的基本要素。悲剧艺术包含六个成分：情节、性格、言词、思想、形象与歌曲（第 20—21 页）。其中，情节、性格、思想三者是摹仿的对象，是悲剧的内容问题，构成了悲剧的悲剧性主要来源；言词和歌曲是摹仿的媒介；形象是摹仿的方式。他解释说：“情节是行动的摹仿（所谓‘情节’，指事件的安排），‘性格’是人物的品质的决定因素，‘思想’指证明论点或讲述真理的话。”（第 20 页）情节最重要，“情节乃悲剧的基础，有似悲剧的灵魂”（第 23 页），贯穿于作品的整体中，是作品的发展过程，是作品的血与肉。只有有了情节的安排，才能产生悲剧效果。第二位重要的是悲剧人物的性格，性格和思想是行动的起因，又是人物品质的决定因素。思想的重要性占第三位，语言表达的重要性占第四位，歌曲占第五位，形象最不重要。这里的形象是指“扮相”，即剧本演出时演员的服装等。

优秀的悲剧情节必须经过突转、发现，最后达到苦难的结局。“突转”就是利用阴差阳错的复杂情节，推动悲剧主人公性格弱点可能会引起的失误行为实现出来，以造成引起恐怖的灾难性后果。在“突转—发现—苦难”情节发展的上演过程中，不仅是悲剧主人公最终认出了自己的苦难的结局，观众也在这一过程中实现了对人物命运的透彻认识。悲剧人物的塑造是其关键。亚理士多德认为，适于让观众产生带有怜悯性质的恐惧这种情感的悲剧主人公，既不以美德著称，也不以恶行著称，他之所以陷于厄运，也不是由于丧德败行，而是因为某种错误、弱点和“闪失”，而且最好取材于那些蒙受惊人大难或作过惊人事迹的传说人物。主人公具有“常人”特征，他才能在观众身上引起“感同身受”的恐惧与怜悯；这样的主人公出于失误的错误，是招致“厄运”可信的起因；这种人物的“传奇”性质决定了他遭受的“厄运”非同一般，这样会产生更强烈的情感效果，增强艺术感染力。

3.“净化”:悲剧的接受理论。现存亚里士多德《诗学》论述悲剧接受效果的“净化”(catharsis)部分，已经散佚，然而在他的《政治学》一书当中，则较为详细地定义了该词的内涵。他的关于“净化”的论述包含几层意思:第一，音乐和诗都可以达到净化的目的；第二，每个人都具有哀怜、恐惧等情绪，只是程度不同；第三，受哀怜、恐惧以及其他类似情绪影响的人与受宗教狂热支配的人类似，也都可以通过音乐得到净化；第四，所谓“净化”，就是随音乐卷入迷狂状态，随后就安静下来，心里感到一种轻松舒畅的快感。作为悲剧接受效果的“净化”说，在《诗学》当中，亚里士多德特别强调了以下方面:首先，“净化”是一种认识效果。与恐怖感、模糊的哀怜不同，悲剧的效果是建立在观众认知基础上的恐惧和怜悯。当观众看到具有种种美德而优于常人的悲剧英雄因为自己的“失误”而陷入命运的可怕罗网时，便会推己及人，揣摩其中的必然性和偶然性，从而产生怜悯和恐惧。其次，“净化”通过适度的悲剧情节引发道德伦理反思，在省悟事理、情感净化中，产生出中和的道德意识与道德情感。最终，非常微妙的是，“净化”还是一种“快感”，是一种“移情”的快感。这是紧张的悲剧情节结束后带给观众的一种“舒畅和松快”的感受，是一种旁观悲剧而使“哀怜癖”得以释放的移情快感，也有陶冶和净化的效果。亚里士多德把关注的焦点放在情感效果上，其实是发展了文学理论的一个重要方面，在这一点上他直接与老师柏拉图针锋相对。亚里士多德并不认为情感有害于人的本能，相反，它是人类生活符合本性的一个组成部分，问题的关键在于保持情感的健康和平衡。

三、《诗学》的影响

经历了几百年的历史尘封之后，《诗学》的发现为中世纪文学理论的发展和摆脱新柏拉图主义提供了理论资源。阿奎那(Thomas Aquinas)就拾起亚里士多德的"积极摹仿说"，在中世纪的理论语境中，为文学创造性的真实摹仿正名。16世纪，意大利学者塞尼(Bernardo Segni)将《诗学》译成意大利文，自此，在文艺复兴思想环境下，翻译、注释、诠释亚里士多德诗学思想，开始成为推动文艺复兴深化并促生新古典主义文艺思想诞生的重要动力。最终，亚里士多德的悲剧要素理论，在卡斯特尔维屈罗(Ludovico Castelvetro)那里发展成为作为新古典主义戏剧圭臬的"三一律"。从文艺复兴以来，亚里士多德的"净化说"也一直是文艺观念领域内的主要争论议题之一。时至今日，我们仍能在弗洛伊德主义精神分析学派的文艺"升华"、"移情"理论中找到"净化"的概念原型。

（赵　文）

贺拉斯

诗　艺　约公元前20年*

昆汀图斯·贺拉提乌斯·弗拉库斯(Quintus Horatius Flaccus,前65—前8年),今以贺拉斯(Horace)之名著称于世。他是罗马帝国文学鼎盛时代即奥古斯都时代著名的讽刺诗人和文艺理论家,出生于被释放的奴隶家庭,在罗马、雅典受过教育,年轻时当过雅典共和派军队的指挥官。公元前40年,乘大赦之机回到罗马,其诗才备受大诗人维吉尔欣赏。公元前19年,维吉尔去世后他成为罗马最享盛誉的诗人。作为诗人,他对文学理论问题也有自己的见解。这些文艺理论观点散见于他的史诗体书札中。其中,最重要的一通信札是“致皮索父子三人的信”。作为贺拉斯本人的经验之谈,对写诗的艺术提出一系列原则和规律,认为诗应摹仿生活,主张以古希腊悲剧为典范,借用题材致力创新,从中汲取

* [古罗马]贺拉斯:《诗艺》,杨周翰译,北京:人民文学出版社1962年版。贺拉斯的《诗艺》原文为诗体,杨周翰先生则是以散文体翻译成文的。文内引文,只注页码。

活生生的语言。这封信发表约百年后，被罗马著名修辞学家昆提良加上“诗艺”(Ars Poetica)的标题。《诗艺》对罗马的文学指导作用巨大，在西方文学理论史上也有重要影响。

一、以古希腊为宗的摹仿论

贺拉斯写作《诗艺》是以罗马奥古斯都诗坛风气为背景的。在奥古斯都时代，诗坛上存在两种倾向：一是亚历山大里亚派的萎靡雕琢的诗歌创作倾向，该派脱离现实，在词语上追新务奇，极尽矫饰工巧之能；一派是古拉丁诗派的复古主义，该派厚古薄今，以崇尚古风为圭臬，同样脱离现实和作为真正诗歌源泉的生活。贺拉斯极力反对这两种倾向，在《诗艺》中提出了以合式为基本原则的摹仿论文艺观。在继承古希腊文艺理论“摹仿论”的基础上，他从经验出发，指出文艺务必真实，而要做到真实，就必须“到生活中到风俗习惯中去找模型，从那里汲取活生生的语言”(第152页)。这些见解，显然与亚里士多德的摹仿本质论相似。贺拉斯也强调摹仿是出自理性的，摹仿是一种由作家创造积极介入的艺术生成活动。但是，创造不等于可以把不同种类、不同性质的事物胡乱地“拼凑”到一起，如把蟒蛇和飞鸟、羔羊和猛虎交配在一起等等。(第137页)“要写作成功，判断力是开端和源泉”(第154页)，知道什么是应该写、可以写的，什么是不应该写、不可以写的，以及怎样写才恰如其分，合情合理。(第154页)而培养准确把握对象“合情合理”样貌的方式，就是以古希腊的经典作家和经典作品为师。“不是每个批评家都能指出诗的音律是和谐还是不和谐的……你们应当日日夜夜把玩：希腊的范例。”(第151页)这里，摹仿除了以生活为法之外，还具有“摹仿古典”的一层含义。

在追摹古典方面，实际上贺拉斯和他所反对的复古派诗人只具有程度上的差别。因为无论从题材和创作手法上，贺拉斯并不提倡作家独出机杼。就创作题材来说，贺拉斯认为虽然可以写新的题材，但最好还是沿用旧的题材，认为“用自己独特的办法处理普通题材是件难事”(第 144 页)。他认为创作要注意以下几点：首先，尽量避免过于普泛的大众化题材，“不沿着众人走俗了的道路前进”。其次，要适当而不要“把精力花在死搬硬译上”。最后，在摹仿古典时不要怕越雷池，应当根据自己的创作情境适当创新。(第 144 页)在遣词造句上，他提出，也要注意使用古典作品中的风格化的词语，“在安排字句的时候，要考究，要小心，如果你安排的巧妙，家喻户晓的字便会取得新意”。如果必须通过新的文学词汇进行表达，那也应该注意“新创造的词必须渊源于希腊，汲取的时候又必须有节制，才能为人接受”。在诗的形式尤其是格律方面，他也主张沿袭传统。如果说《诗艺》具有某种潜在的理论结构的话，那从它的整个结构来看，有两个理论基础，一是“判断力是开端和源泉”，二是“应当日日夜夜把玩希腊的范例”，这两个基础命题是文艺“古典主义”的先声，在西方文学理论史上起到过非常重要的作用。

二、“合式”“得体”的创作原则

贺拉斯把写诗当做一门“手艺”来看待，认为太多的独创性不是一件好事情，追求新奇的“风魔诗人”必定会遭受嘲笑。(第 158 页)尽管他也谈及天才，但同时指出没有训练和古典的学养，天才也无法实现。“有人问：写一首好诗，是靠天才呢，还是靠艺术？我的看法是：苦学而没有丰富的天才，有天才而没有训练，都归无用；两者应该相互作用，相互结合。”(第 158 页)他认为，诗人应该把他创作的诗歌拿出来给其他人批评，以促进创作技艺的提高。而批评的标准就是“合式”或“得体”原则，包括：

1. 作品应有整体美感。“不论作什么，至少要作到统一、一致”

(第 138 页),“或则遵循传统,或则独创;但所创造的东西要自相一致”(第 143 页)。贺拉斯追求的是作品各个部分的和谐与统一,作品应该具有比例匀称的整体美。他认为,在艺术创作中一则要求局部服从整体,二则要求各个部分协调一致,而这两者所实现的目的是同一的,那就是要求艺术作品成为有机的整体,体现整体的美。文学的形式创造离不开语言,对语言的语汇、修辞也必须讲究整体美感。贺拉斯指出,诗人在描写的时候,即便辞藻本身具有美感,但如果不适于诗人所描写的情境、意境和总体风格特征,那也必须要去掉,因为采用这样的辞藻会破坏整体的语言效果。

2. 情节安排合情合理。“情节可以在舞台上演出,也可以通过叙述。通过听觉来打动人的心灵比较缓慢,不如呈现在观众的眼前,比较可靠,让观众自己亲眼看看。但是不该在舞台上演出的,就不该在舞台上演出,有许多情节不必呈现在观众眼前,只消让讲得流利的演员在观众面前叙述一遍就够了。”(第 146—147 页)贺拉斯继承了亚里士多德的情节理论,认为诗人应该积极地对情节的因果性加以剪裁,只把推动故事情节发展的典型事件搬上舞台就可以了,戏剧表演不仅应该真实可信,而且应该给人以美感,所以那些让观众产生厌恶情感的故事情节,都是不应该在悲剧当中加以渲染的。合情合理的基本灵魂,就是对事件因果性和可然性的尊重和忠实,因此,不应随便把“神”请出来,除非遇到难解难分的关头非请神来解救不可。不忠实于因果性的创作者,才通过巧合的事和半路杀出的人物这种“机械降神”的做法弥补情节和情节之间的缺环。在“合情合理”中,他更多地强调“合情”,而对想象性的真实的“合理”,不像亚里士多德那样给予诗学上公正的评判,因此他相对而言是比较保守的,这也是古典主义基本特征的一个典型表现。在舞台效果上,他强调不宜表现过于恐怖的东西,但同时也为诗学创造套上了桎梏和束缚,抽掉了文学艺术的想象之维。虽然他反对机械降神的情节生硬转渡,但他同时也否定了亚里士多德在提出悲剧情节的"突转"方面对偶然事件的重视。

3.戏剧人物要合乎类型特点。贺拉斯认为刻画人物不外乎两类,一类是作家创造的人物,一类是作家取材古典题材所塑造的传统人物。不论是对哪种人物进行艺术加工或创造,都必须符合"类型特点"。就第一类人物而言,剧作家得注意使人物的言行举止符合他的年龄,须注意他的性格特征从头到尾都要一致,不可自相矛盾。"要注意不同年龄的习性,给不同的性格和年龄以恰如其分的修饰……不要把青年写成个老人的性格,也不要把儿童写成个成年人的性格,我们必须永远坚定不移地把年龄和特点恰当配合起来。"(第145—146页)。就第二类人物来说,创作时候要遵循传统的类型化特征,比如符合传统人物的性格特征。"写阿喀琉斯,就必须把他写得急躁、暴戾、无情、尖刻;写美狄亚就要写她的凶狠;写伊娥,就要写她的流浪;写俄瑞斯忒斯,就要写他的悲哀。"(第143页)总之,他强调要写出人物的一般性,而不强调写出他们的个别性。

三、文艺的寓教于乐功能

"诗人的愿望应该是给人益处和乐趣,他写的东西应该给人以快感,同时对生活有帮助。……如果是一出毫无益处的戏剧,长老的'百人连'(指古罗马武装部队的单位——引者)就会把它驱下舞台;如果这出戏毫无趣味,高傲的青年骑士便会掉头不顾。寓教于乐,既劝谕读者,又使他喜爱,才能符合众望。这样的作品才能使索修斯兄弟(罗马著名书商——引者)赚钱,才能使作者扬名海外,留芳千古。"(第155页)针对文艺的社会功用,贺拉斯明确地提出了"寓教于乐"的命题。这个思想对后世有很大影响。

贺拉斯认为,历史地看,文艺的基本功能就是提升人们的道德境界。最初,文艺具有开创文明之功。古代诗人的智慧就在于利用神话传说，教导人们“放弃野蛮的”，“划分公私，划分敬渎，禁止淫乱，制定夫妇礼法，建立邦国，铭法于木”(第158页)。继而，诗可以传达神的旨意，可以指示人生的道路，可以激励将士奔赴战场，也可以给劳累的人们带来欢乐，它既受到帝王的恩宠，又受到大众的喜爱。因此诗和诗人的事业是神圣的、光荣的。在贺拉斯这里，文学不再像柏拉图那里的“魔术戏法”，也不再是亚里士多德那里的审美净化的中介，而是关乎心灵的事业。“一首诗仅仅具有美是不够的，还必须有魅力，必须能按作者愿望左右读者的心灵。你自己先要笑，才能引起别人脸上的笑……你要我哭，首先你自己得感觉悲痛……大自然当初创造我们的时候，她使我的内心能随着各种不同的遭遇而起变化，她使我们(能产生)快乐(的感情)，又能促使我们愤怒，时而又以沉重的悲痛折磨我们，把我们压倒在地上；然后，她又(使我们)用语言为媒介说出(我们)心灵的活动。”(第142—143页)文艺在接受者身上引发的情感反应是一种“心旷神怡”的审美快感，通过形式的、感性的审美快感，文艺也潜移默化地提升接受者的道德境界。

从《诗艺》整个文本来看，贺拉斯都在谈如何实现文艺创作的“寓教于乐”功能。在谈到文学作品的形式时，他说：“时常，一出戏因为有许多光辉的思想，人物刻画又非常恰当，纵使它没有什么魅力，没有力量，没有技巧，但是比起内容贫乏、(在语言上)徒然响亮而毫无意义的诗作，更能使观众喜爱，更能使他们流连忘返。”(第154页)要使艺术达到寓教于乐的目的，作家首先应当有高尚的灵魂，要具有较高的人格修养。贺拉斯的“寓教于乐”说是对古希腊文艺思想总结的结果，其理论不仅被布瓦洛、笛卡尔等古典主义者奉为圭臬，18世纪启蒙运动文艺思想家对之也十分重视。

(赵　文)

朗吉努斯

论崇高 约公元1世纪*

修辞学和诗学名著《论崇高》的作者，至今尚无定论。此书的最早拉丁文抄本出现于公元10世纪，1554年意大利人文主义者弗朗西斯科·罗伯尔特洛将此书刊行出版，1674年古典主义大师布瓦洛将其翻译为法文。《论崇高》在被埋没1000多年之后，在文艺复兴时期得到重生，通过古典主义对理性和崇高的推崇而成为一部重要的经典。

10世纪的巴黎抄本，署名为"狄奥倪西奥斯或朗吉努斯"，而在16至17世纪使用的抄稿上，作者署名为"狄奥倪西奥斯·朗吉努斯"(Dionysios Longinus)，这使人们围绕《论崇高》的作者形成了不少争论。认为此文作者是狄奥倪西奥斯·朗吉努斯的人，主张作者就是公元3世纪的卡西乌斯·朗吉努斯。这位朗吉努斯是演说家、修辞学家、文艺批评家、哲学家、柏拉图主义者，以学识渊

---

* [古罗马]朗吉努斯:《论崇高》，见《缪灵珠美学译文集》，章安祺编，第一卷，北京:中国人民大学出版社1998年版。文内引文，只注页码。

博著称，被时人称为“活的图书馆”。但存疑者指出，从文本内容来看，似乎不大可能出自这位博学者之手，因为书中只提及至公元1世纪时的人和作品，对以后的文学发展只字不提，这不像是“活图书馆”的做法。从文中“如果我们希腊人可以说话……”（第91页）可以说明，作者应是寄居在罗马的希腊人。所以，如今一般认为，《论崇高》的写作者是在公元1世纪生活在罗马的修辞学教师，姑且把朗吉努斯的名字加在他身上，但还应该在名字前加上一个“伪”字——《论崇高》，“伪朗吉努斯”著。

《论崇高》是作者写给朋友或学生波斯图尼乌斯·特伦提阿努斯（也译特伦天）的一封信，针对文坛时弊，重点论述了文艺创作中的“崇高”范畴。在1世纪初，罗马文学被无思想性、浮夸和形式主义所腐蚀，因此，强调“崇高”的内容是文学创作的灵魂，在朗吉努斯看来就是非常关键的了。

一、关于“崇高”范畴

朗吉努斯认为，崇高的心灵是一种孕育崇高思想、激昂情感、使人志向远大、仰视真理的高尚心型或伟大的精神模式，是文学崇高的生成基础。从“本体论”意义上说，崇高是存在于自然和心灵之中的中介范畴。热爱崇高是人类的天性，它一方面存在于生活中，在包罗万象的宇宙中，在造化万物中，是一种伟大的事物和景观。另一方面，它也是一种植根于我们心灵中的热情与渴望。“它一开始便在我们的心灵中植下一种不可抵抗的热情——对一切伟大的、比我们更神圣的事物的渴望。所以，对于人类的关照和思想所及的范围，整个宇宙也不够宽广，我们的思想往往超过周围的界限。你试环视你四围的生活，看见万物的丰富、雄伟、美丽是多么惊人，你便立刻明白人生的目的究竟何在。”（第114页）

对伟大对象的渴望与景仰是崇高心灵的天赋本能，伟大非凡的自然对象激发了崇高心灵的超越本能，让人本能地趋向于在宏大、雄壮、宏丽的对象上得到审美、思想上的提升，所以，在本能的指导下，我们绝不会赞叹小小的溪流，哪怕它是多么清澈而且有用，我们要赞叹尼罗河、多瑙河、莱茵河甚或海洋。因为唯有非常的事物才往往引起我们的惊叹。而且，人不仅在崇高的自然对象上发现其与具有崇高本能的心灵的契合，而且也本能地把社会历史中伟大的人物和事件当做崇高的对象来仰慕和追求，真正崇高的文学作品使我们“襟怀磊落，慷慨激昂”（第 82 页）。崇高的文学作品往往不是描写日常生活和刻画性格的作品，而是以重大政治变动为题材的、具有磅礴气势的、富有戏剧性的悲剧作品（第 87 页），因为恰恰是悲剧“在本质上是雄伟的作品”（第 79 页）。崇高的内涵是一种伟大、雄浑、宏丽、非同凡俗的壮美。崇高的事物存在于客观世界，它们作用于人的心灵，使人产生崇高的热情，既包括对崇高事物的审美热情，也包括对崇高事物的心灵追求。

二、艺术“崇高”成因

具体来说，崇高的风格有五个源泉：庄严伟大的思想，慷慨激昂的感情，辞格的藻饰，高雅的措词，堂皇卓越的结构。（第 83 页）其中的思想和感情是指诗人的人格，藻饰、措词和结构是指作品的风格。在这五个来源中，朗吉努斯认为第一个因素思想最为重要。他把崇高思想归之于天赋，如上所述，是宇宙客观影响人类心性的产物。同时又认为，崇高的思想也有赖后世的陶冶，使心性达到高远的境界，并且有如永远充满高尚的灵感。他说：“崇高的风格是一颗伟大心灵的回声。”（第 84 页）诗人的人格决定诗的风格，作品风格的崇高源于诗人心灵的伟大。诗人必须具有伟大的人格，才能产生崇高的思想。他指出：“雄伟的风格乃是重大的思想之自然结果，崇高的谈吐往往出自胸襟旷达、志气远大的人。”（第 84 页）

1.庄严伟大的思想。一个朴素不文的思想,即使不形于言,也往往仅凭这本身固有的崇高精神而令人赞叹。相反,如果作品中抽掉了庄严伟大的思想,就会好像从身体里取出了灵魂,全部发挥就会变得毫无生气、毫无力量而显得沉闷。思想内容的崇高之美,在《论崇高》当中常常用“伟大”、“庄严”、“壮丽”、“雄浑”、“雄伟”、“刚健”、“奇特”、“超凡”、“宏达”、“遒劲”、“威严”、“劲健”等词语来描述。(第99页)“一个崇高的思想,在恰到好处时出现,便宛若电光一闪,照彻长空,显出雄辩家的全部威力。”(第78页)

2.慷慨激昂的感情。朗吉努斯强调:“我坚信,最高远的情调莫过于真挚的情感,只要用得其所,它会以一种狂热的激情喷涌而出,仿佛使演说者的言辞之中充满迷乱。”演讲家必须倾注自己饱满的热情于作品中,才能打动人,“从而完全支配着我们的心灵”(第118页)。诗人也必须首先具备崇高的热情,才能引起读者向往崇高的共鸣。

3.辞格的藻饰。“辞格”即“修辞格”。“辞格如果运用得妥当……也是崇高的重要因素之一。”(第97页)“辞格乃是崇高风格的自然盟友,反过来又从这盟友取得惊人的助力。”(第98页)与玩弄辞藻、夸夸其谈的修辞学派不同,他断然反对辞格的滥用,主张修辞应出于自然而不露痕迹,为更加充沛地反映崇高的内容而服务。“唯有当听者不觉得你的辞格是个辞格时,那个辞格似乎最妙”(第99页),“技巧唯有在似乎是自然时才臻于完美,而自然唯有在含有不露痕迹的技巧时才得到成功”(第102页)。

4.高雅的措词。崇高的风格固然来自崇高的思想,但崇高的思想必须配以雄伟的语言。“在崇高的篇章,你不应降低格调,流于卑鄙龌龊……正当的途径,是务使你的语言配得上主题的庄严,所以要效法自然。”(第121页)在崇高意境的创作中,通过效法自然的方式,作家应该避免使用不雅的措辞,因为鄙俗不文雅的字眼或格调低下的词汇,会使内容“从崇高的意境突然降落到卑下的境界”(第 121 页)。

5.堂皇卓越的结构。“结构”有两层含义,第一种含义是指能够打动读者唤起崇高感的音律宏丽和谐的安排:文章“凭借词句的组织,建立了一个雄伟的结构——凭借这些方法,它就能把我们迷住了,往往立刻驱使我们向往于一切壮丽的、尊严的、崇高的事物”(第 118 页)。“在使文章达到崇高的诸因素中,最主要的因素莫如各部分彼此配合的结构。正如在人体,没有一个部分可以离开其他部分而独自有其价值的。但是所有部分彼此配合则构成了一个尽善尽美的有机体。”(第 119 页)如果说为作品提供理性力量的是崇高的思想,让作品富有雄浑刚健感染力的是作家的热情和激昂恰当的措辞,那么结构则是让这些因素各就其位的总的创作原则,形成崇高的文艺作品的有机统一体。

三、“崇高”的天赋及其保持

作家是只知其然,不知其所以然的被动的摹仿者,还是通过认识中介对艺术对象进行创造的积极摹仿者?是通过技巧雕琢进行生产的手艺人,还是进入特殊“迷狂”状态的神谕的传声筒?古希腊以来,对作家的天才和技巧、摹仿和创造问题,许多哲学家都进行过探讨。朗吉努斯也对此发表了自己的意见。他更看重天才。他所论述的崇高风格的五个根源的共同基础就是天赋,他说“没有它就一事无成”(第 83 页)。“在技巧我们赞美精确,在自然则赞美雄伟,然而人的文艺才能却是自然所赋予……而崇高,哪怕不是始终一贯,则有赖于崇高的天才。”(第 115 页)这一点是与他对崇高范畴的理解相关的。在他看来,艺术的心灵“分有”了宇宙的崇高,而本能地迸发出对于崇高的热情与渴望,只有天才的心灵才能领会崇高,欣赏崇高,创造崇高。然而,能够发现崇高的天才心灵,在现实的世界中,可能受到各种邪僻的影响,最基本的危险就是只重谄媚之才、辞章工巧的“奴性”教育。“任何奴隶状态，不论它如何合理，都可以比作心灵的铁笼、人人的监狱。”(第122页)继之，生活的“利欲”也败坏天才，人灵魂中伟大和能洞见崇高的品质进而在“浮夸”、“虚荣”、“奢侈”这些“挥霍”与“傲慢的财富”之子的摧拉之下陷于凋萎。因此，不甘愿成为庸才的真正艺术家，必需澡雪精神，时刻警惕。

保持对崇高敏感的心灵天赋，具体说来，有两个途径：其一是提高思想修养，过高尚的生活；其二是向古代贤人学习。同时，还必须注意在创作中戒除以下败坏了的创作方式。其一，戒浮夸。戒只会“无病呻吟，言不由衷”，结果“说者心荡神驰，听者无动于衷”(第80页)。其二，戒奇巧。“标新立异，往往陷于最幼稚的夸张”(第80页)。其三，戒矫情。若无崇高的领悟和洞见，只知夸大情感，只能变得“宛若醉汉”，“使人生厌”。其四，戒滥用铺张。“崇高在于高超，铺张在于丰富……铺张则常常须依赖数量甚或一点冗赘。”(第91页)总之，言必为心声，而心的崇高必须靠作家保养志气，“努力陶冶我们的性情，使之达到高远的意境，仿佛使之孕育着高尚的美德”(第87页)。崇高超越词语，因此天才比语言技巧更有力地决定着作品的崇高的境界。当伟大的心灵凭借天赋而创造了具有崇高的意境艺术形式，读者或接受者内心的崇高也会随之而被调动起来。“崇高”不仅仅是一个一般的总体性概念，而且是一个富有神学意味的关键性概念。从概念的谱系上说，它是柏拉图和亚里士多德的“理念”的延续，也是从古代哲学的宇宙概念到中世纪神学“神”的概念的通道。因此，我们看到朗吉努斯将“崇高”界定为超越词语的存在，就不必感到奇怪了。

《论崇高》创作之后，被埋没了一千多年，近代被人发现，进而产生了很大影响。就其在文学思潮和文学理论方面来说，主要体现在这两方面：一是以推崇崇高思想使文章生辉的论点深刻影响了近代古典主义的文学理论；二是以对艺术创作中天才、感情因素的强调，影响了启蒙以后的浪漫主义文学思潮。康德所论及的作品作为生命形式和想象力的表现的结果，也是朗吉努斯天才理论的回音。

（赵　文）

奥古斯丁

忏悔录 约公元400年前后*

奥略里·奥古斯丁(Aurelius Augustinus 或 St. Augtstine,公元354—430年),生于非洲的塔迦斯特城(今属阿尔及利亚),母亲是虔诚的基督徒。他曾在塔迦斯特、迦太基、罗马、米兰等地讲授修辞学。早年生活放荡,并信奉摩尼教,后转向不可知论。从386年起,他开始阅读柏拉图和新柏拉图主义者的一些著作,次年在米兰主教安布罗斯的感召和影响下皈依基督教。之后,他回到北非家乡隐居3年,被授予教士职位。395年,成为非洲希波(今属阿尔及利亚)主教以及整个基督教会的中坚人物,直至逝世。他生活在古罗马帝国的晚期,这正是基督教信仰与古希腊思想的碰撞时代,是西方文明重大的转折期。他使基督教信仰经受了希腊哲学的挑战,使信仰本身获得了系统化的形式,发展了新柏拉图主义的神秘主义,使之与基督教思想结合,形成更为系统的神学学说。在

* [古罗马]奥古斯丁:《忏悔录》,周士良译,北京:商务印书馆1982年版。文内引文,只注页码。

他之后的八百年间，其体系一直处于统治地位。最有影响的著作是《忏悔录》《上帝之城》《论三位一体》等。

一、关于《忏悔录》

《忏悔录》(*Confessiones*)是奥古斯丁于公元400年左右写成的一部哲学和文学著作。“Confessiones”一词，古典拉丁文作“承认、认罪”解，但在教会文学中，则是承认神的伟大并歌颂神的意思。此处用为书名，采取的是后一种含义。《忏悔录》全书共十三卷，内容上可分为两部分：一至九卷为第一部分，记述其前半生的思想变化历史。第一卷在歌颂上帝之辞后叙述其15岁之前的经历；第二、三卷记述青年时代和在迦太基的求学生涯；第四、五卷叙述其赴米兰之前的教书过程；第六、七卷论及其思想转变的经过；第八卷记载其内心思想斗争的起因、发展与结果；第九卷叙述其皈依基督教后直至其母病逝时的历史。第十至十三卷是第二部分，反映成熟期奥古斯丁狂热的宗教感情和他对物质、时间、感觉等一系列问题的认识或看法。第十卷是他著述这部书时的思想情况分析。第十一卷至第十三卷是对《旧约·创世纪》的诠释，瞻仰天主创世的伟大工程，最后在对天主的虔诚歌颂中结束全书。

在《忏悔录》中，奥古斯丁以细腻生动的文笔和深刻入微的描述来刻画自己的内心体验，流露出强烈的基督教情感。这部作品在西方世界广为流传，成为罗马晚期拉丁文学的代表作，也被看做教会文学发展中的一个重要里程碑。《忏悔录》对文艺问题没有做系统的理论表述，但在整体的行文过程中反映了他对文艺问题较体系化的宗教思考，因而在西方文学理论史上地位明显。除该书外，他的艺术学著作还有《论美与适当》(公元380年)、《论音乐》(公元388－391年)等，但其总的文艺思想体现在《忏悔录》及《上帝之城》中。

二、否定世俗文艺

在奥古斯丁看来，世俗文艺最大的特征就是“虚构”。这里需说明的是他对“虚构”和“真实”的区分。在他看来，现实生活恰恰不是真实，相反，上帝才是真实。和柏拉图的理念世界永恒性一样，上帝在他眼中才是永恒的真实，万物因为上帝的安排才具有美的形式，真理的光芒来自天主，天主理性、真理和至善的本体是至纯的整体实在。（第66－67页）在这种观念之下，摹仿现实生活的世俗文学只能是虚幻的镜像，惑人的谎言，把人引向对“低级美”的热爱，而偏离对主的爱。（第66页）对于一个不成熟的心灵来说，世俗文艺特别能够误导步入歧途。他记述，少年读书生活时“喜听虚构的故事，越听耳朵越痒心越热，逐渐我的眼睛对大人们看的戏剧和竞技表演也发出同样的好奇心了”（第13页）。这种好奇只是“诱惑”的开始，随着沉迷程度的加深，心灵逐渐会爱世俗激情甚于爱上帝，“当时我为狄多的死，为她的失恋自尽而流泪；而同时，这可怜的我，对那些故事使我背离你天主而死亡，却不曾流一滴泪”（第16页），结果达到执迷不悟的地步，一味追逐着“受造物中最不堪的东西”，“当时认为这些荒诞不经的文字，比起我阅读书写的知识，是更正经、更有价值的文学”（第17页）。在后来“幡然悔悟”的他看来，世俗文艺最大的“荒诞不经”之处，就是使罪恶显得神圣的虚构。他借用西塞罗的话说：“荷马虚构这些故事，把凡人的种种移在神身上。”“人间习俗的洪流真可怕！谁能抵御你？你几时才会枯竭？你几时才停止把夏娃的子孙卷入无涯的苦海，即使登上十字架宝筏也不易渡过的苦海？”（第19页）将人世间有悖伦理的激情引起的罪恶安放在神身上，却为世俗的人犯下此等罪恶提供榜样和借口，这就是世俗文艺的罪恶！他在《上帝之城》第二卷第十四章中，对这一点做了更痛切的强调。

三、世俗文艺的魅惑力

奥古斯丁虽谴责世俗文艺败坏人心，却以过去的欣赏实践为例，承认世俗文艺有引起激情的巨大感染力，承认鲜明的艺术形象可以引人共鸣，催人泪下。这种感染力来自何处？他指出，来自情节引发的"同情"。对"悲惨生活的写照"构织的充满欲火的情节攫取观众，引发他们的痛感，而他们也以沉湎于这痛感为乐，"这岂非一种可怜的变态"(第37页)。

撇开他的宗教立场不谈，奥古斯丁对文艺魅力的认识是合乎艺术生产本质的。这种艺术需要并非是"可怜的变态"，而是一种内在的情感需要。在第三卷第一章中，他把握到了文学产生的内在根源——人的情感需要。他认为每个人都渴望着"爱与被爱"，一种"内心的渴望"使得人不满足于生活的平凡："我还没有爱上什么，但渴望爱，并且由于内心的渴望，我更恨自己渴望得还不够。我追求恋爱的对象，只想恋爱；我恨生活的平凡，恨没有陷阱的道路；我心灵因为缺乏滋养的粮食"(第36页)，进而寻求通过文学形式将世俗生活中的"爱与被爱"、"爱的痛苦"集中化。如果人的大爱不去投向天主，那便会自然投入主要以爱为题材的戏剧。当然，在奥古斯丁的宗教语境中，艺术的同情之爱和宗教之爱有着本质的区别，前者只是一种魅惑，让人流连于不知自觉的激情："当我看到剧中一对恋人无耻地作乐，虽则不过是排演虚构的故事，我却和他们同感愉快；看到他们恋爱失败我亦觉得凄惶欲绝，这种或悲或喜的情味对我都是一种乐趣。而现在我哀怜那些沉湎于欢场欲海的人，过于哀怜因丧失罪恶的快乐或不幸的幸福而惘然自失的人。"(第37页)

对爱的本能渴望，这样在世俗文艺的"魅惑"之下发展成为一种"哀怜癖"，以至于"人们喜欢的是眼泪和悲伤"(第37页)。对爱的追求彻底转变，变成了一种欣赏、窥探他人爱的受挫的欲望，变成了对之投以无关己身的廉价哀怜的欲望。更有甚者，这种哀怜癖，还可能在狂热的“剧场情境”之下变成让人对真正真善美丧失判断力的嗜好。在第六卷第八章当中，奥古斯丁就回忆了自己青年时代一位朋友阿利比乌斯在“剧场情境”中丧失自己意志的过程，这位朋友终于发自内心地陶醉于邪恶的欢乐中。（第102页）艺术美好的形式“只是贵重精致的容器”，魅惑力更多是来自“迷人的酒”，来自因艺术形象和虚构而引起的激情和冲动，来自背离上帝的非理性的情感。世俗艺术只能使其爱好者身上非理性的方面膨胀起来，在他们身上引起“发炎、肿胀、化脓和可憎的臭腐”（第38页）。

四、艺术的真正对象是上帝

在奥古斯丁的宗教语境中，任何世俗的欢乐和欲望，与“天上的美好一比较，就显得微不足道”（第31页）。他的神学逻辑是这样的：首先，上帝创化万物，万物分有上帝，作为根源，上帝是一，是永恒，只有天主是美善的统一，天主的美善远远超越受造之物。天主创造美善的事物，天主包容、充塞着受造之物。“至高、至美、至能、无所不能，至仁、至义、至隐、无往而不在，至美、至坚、至定……行而不息，晏然常寂，总持万机，而一无所需；负荷一切，充裕一切，维护一切，创造一切，养育一切，改进一切。”（第5—6页）其次，上帝创造世界时，把它的完整性和统一性赋予了万物。事物之所以美，就因为在它的杂多之中包含了上帝的统一和完整，构成了寓一于多的匀称、秩序与和谐。物体的匀称、秩序、和谐之所以是美的，就在于和谐是世俗世界所可能达到的“最像上帝”的那种统一性。在他所理解的“美善”合一的天国，美的纯粹形态就是作为整体的比例和谐。“事物本身和谐的美，另一种是配合其他事物的适宜，犹如物体的部分适合于整体”(第 64 页),而最大的整体和谐,莫过于创化一切的上帝本身。“因此,是你,主,创造了天地;你是美,因为它们是美丽的;你是善,因为它们是好的;你实在,因为它们存在,但它们的美、善、存在,并不和创造者一样;相形之下,它们并不美,并不善,并不存在。”(第 235 页)所以,文艺唯一歌颂的对象是永恒的、最完美的统一的天主。由于《忏悔录》的神学沉思特点,具体怎样进行以上帝为对象的艺术创造,并非奥古斯丁的论述重点。

五、《忏悔录》的影响

《忏悔录》是一部充满宗教狂热和神秘色彩的著作,但诚如先哲所说,人奉献给上帝的越多,他留给自身的就越少。不可否认,奥古斯丁本人所使用的崇高的文体、华丽的修辞以及忏悔的话语风格本身,从一个侧面为基督教的宗教文学确立了权威典范。《忏悔录》另一个值得指出的影响,是它在宗教反思中较为深刻地涉及了个人生活的深切体验和这种体验的精神独特性。奥古斯丁指出,时间分为过去的现在、现在的现在和将来的现在三类,这三类时间都存在于主体的内心,“过去事物的现在便是记忆,现在事物的现在便是直接感觉,将来事物的现在便是期望”(第 247 页),体验主体通过方寸之间的“我”、通过心理时间组织起作为存在的历史的物理时间,把握对存在的某种强烈而“真实”的体验。这也是 20 世纪现象学、存在主义文论所热衷探讨的问题之一。

(赵 文)

但丁

论俗语 1304－1305 年*

但丁·阿利吉耶里(Dante Alighieri,1265－1321),意大利著名诗人、西方民族语言理论奠基人,中古至文艺复兴过渡时期最有代表性的作家和思想家,通常与莎士比亚、歌德一起被誉为欧洲文学的三个世界性天才。恩格斯说他是中世纪的最后一位诗人,同时又是新时代的最初一位诗人。

但丁 1265 年 5 月出生于意大利佛罗伦萨的一个贵族家庭,父

---

* [意]但丁《论俗语》的中译本有:柳辉译《论俗语》,《文艺理论译丛》,1958 年第 3 期,北京:人民文学出版社,第 1－13 页。柳辉、孙铢译《论俗语》,伍蠡甫主编,《西方文论选》上卷,上海:上海译文出版社 1979 年版,第 162－174 页。章安祺编订《缪灵珠美学译文集》第一卷,北京:中国人民大学出版社 1998 年版,第 262－307 页。前两者均为节译本,后者为全译本,本文以后者为准,文内引文,只注页码。上述中译本参照了《论俗语》的英译本。Alan George Ferrers Howell tran., *The De Vulgari Eloquentia*, in Alan George Ferrers Howell and Philip Henry Wicksteed tran., *A translation of the Latin works of Dante Alighieri*, London: J. M. Dent, 1904, pp. 1－124.

母在他成年之前先后去世。佛罗伦萨不仅工商业发达，也是意大利当时的文化中心。但丁在这种良好的环境中养成了对诗歌的偏好，对语法和修辞学也产生兴趣。他参与了当时新兴市民阶级与封建贵族之间的政治斗争，反对拥护教会统治的教皇党。1300年，曾当选为佛罗伦萨六名执政官之一。1302年，因政治立场不同被判终身流放，没收全部家产。1321年9月客死于拉文纳。主要作品有诗集《新生》《牧歌》《书信集》和著名长诗《神曲》。其文艺思想散见于《飨宴》《论俗语》《致斯加拉大亲王书》和《神曲》等著作中。但丁以其全部的思想理论成为文艺复兴的先驱。

一、人类俗语的产生和演变

《论俗语》原计划为四卷，现存文本只写到卷二第十四章，卷一中的十九章，保存完好。这是最早一部用拉丁文写的关于意大利俗语及其文体和诗律的文学理论著作，被视做《飨宴》的续篇。但丁在这篇著作中大力倡导文学创作要使用更为可贵的意大利俗语，探讨这种俗语的性质、生成以及在诗体上的运用等相关问题，为统一的现代意大利民族语言的形成指出一条正确的道路。但丁的《神曲》，就是第一部用现代意大利俗语写出来的鸿篇巨制。他的《论俗语》对于《神曲》在文学语言方面的开创性意义从理论高度进行了有力辩护，提供了摆脱中世纪神学政治与意识形态专制的有效途径。

在卷一中第一章中，但丁开宗明义指出俗语更为可贵的缘由，即俗语是人人所必需的语言，是第一语言，是人类最初使用的语言，是全世界都使用的语言，是一切民族都有的语言，是自然的语言。他明确地把俗语定义为："就是孩提在起初解语之时，从周围的人们听惯而且熟习的那种语言"，"乃是我们不凭任何规律从摹仿乳母而学来的那种语言"（第263页）。也就是说，俗语是自然天成、不需专门学习的，是大众习以为常、约定俗成的。与此相反，文言是从俗语产生的第二语言，是人为的语言，不是一切民族都有，并且只有少数人能够使用。因此，但丁对俗语这种更可贵的语言展开了讨论。

从第二章至第七章，但丁探讨了人类语言的产生。这部分的论述笼罩着浓厚的宗教色彩，同时也闪烁着真理的光辉。他认为，不仅只有人类具有天赋的语言，而且语言也是人类所必需的。人类的言行受理性支配，但理性又因人而异，需要通过一个中介来交流思想。虽然但丁把人类的语言能力看做是上帝的赐予，甚至推断人类第一个说话者的第一句话应该是男人对上帝的回答，这些都不可避免地具有浓厚的宗教意味，但他提出人类的语言必须是一种既感性又理性的传达意义的信号，则无疑具有真理性。他还提出，就词汇和词汇的结构及其发音等方面而言，人类的语言方式也是天赐的。

从第八章至第十章，但丁呈现了当时语言演变的结果，并分析了演变的原因。这部分的论述开始具有较多的理论色彩。在人类语言变乱之后，欧洲的语言产生了南欧、北欧和希腊三个支系。这些方言之下又派生出种种俗语。语言因时代和地域的不同而有差异，是已成定论的真理。当然，这种演变是渐进的，历时甚久。文言的价值，也就在于它的历久不变、放之四海而皆准，以及不以个人意志为转移。这样，我们才可能对古代人和外国人的言行有所了解。但丁认为，当时的语言有三种形式，即西班牙人、法兰西人和意大利人所分别使用的三种俗语。它们的拥护者各自旁征博引来证明自己这一派语言的优越性。但丁没有对此贸然地做出判断，而是以意大利俗语为例，对自己的观点进行了阐发。意大利俗语至少有 14 种方言，下面的分支更是有千种左右。为了猎取一种“光辉的意大利语”，即一种较为合适的俗语，但丁从第十一章到第十五章指出一些意大利俗语的鄙俗粗糙，筛除近二十种有代表性的意大利俗语。然后，他在卷一中的最后三章，总结说尽管意大利俗语种类繁多，但还是可以找到一个衡量标准，以确定要寻找的意大利理想俗语的性质。

二、理想的意大利俗语的性质与地位

理想的意大利俗语应该是符合“光辉的、中枢的、宫廷的、法庭的”这四个标准的语言。所谓“光辉的”，是指这种语言既照耀其他事物，又受到其他事物的照耀。它是从诸多现存的鄙俗粗糙的意大利俗语中提炼出来的，经过仔细的选择加工，形成了优美、清楚、完整、流畅的特点。它能够打动人心，能够使采用这种语言创作的作家更加闻名遐迩，使欣赏这种文学作品的读者甘之如饴。所谓“中枢的”，是指这种语言在意大利所有城市的方言中处于核心地位。所谓“宫廷的”，是指这种语言为意大利各地所共有。它是使用最普遍的语言，而不是只限于某一个地方特有的语言。所谓“法庭的”，是指这种语言以最高的准则经过仔细的衡量。它高度正确，合乎逻辑，经过斟酌，经得起推敲，可以作为书面语用于文学创作。

这种语言显然还不是一种现实性存在，而是一种想象性存在。既然它属于意大利一切城市而不专属于某一个城市，所有意大利方言都以此来权衡和比较，那么，这种最优秀的语言是何人在使用，又是为何在使用以及如何在使用，但丁在卷二对这些问题进一步阐明。

这种理想的意大利俗语既适用于散文，也适用于诗体。既然诗人一直是散文家的典范，他就集中分析了这种语言在诗体上的运用。在但丁看来，最有才能的诗人才是最适合使用这种语言的人，最优秀的俗语应该表现最有价值的主题。在卷二第二章，他提出了关于文学的三种主题，即“安全、爱情和美德”的著名论断。认为人具有植物的、动物的和理性的三种生活，与此相应的追求功利、快乐和正道，更重要的是，其目的在于“安全、爱情和美德”。作为植物的人，与草木同性质，离不开维持生命所必需的物质条件，更离不开维护自身安全所必需的战斗；作为动物的人，与禽兽同性质，最快乐的事情就是满足自身对于爱情最优美的欲望；作为理性的人，方为万物之灵，理性支配人的言行，美德则是理性中引导人选择正道的最重要的品格。最优秀的诗人就是用理想的意大利俗语来歌咏关于“安全、爱情和美德”的主题。这些值得使用最优越的俗语的主题，也值得纳入“歌体诗”这种最优越的形式。“歌体诗”所以最优越，是因为唯有它自古就享有“歌”的名称，而且它自身不需借助外力就能产生应有的全部效果，就能给诗人带来更大的荣誉，就能最为人所珍惜，并能包罗一切艺术因素。而“舞曲体”不如“歌体诗”优越的原因，就在于它需要借助于舞蹈者的表演来产生效果，分散了欣赏者对语言的关注。可见，但丁认为，语言是文学最根本的审美因素。只有“歌体诗”才能使欣赏者的全部注意力都投射到语言本身，只有采用“歌体诗”这种形式，才能使作者名垂青史，作品流芳百世。

三、悲剧风格是最高尚的风格

在剖析了何人何事何种诗体值得使用这种理想俗语的同时，但丁强调并不是用这种理想俗语写的诗就一定是好诗。伟大的诗人，选择要表现的主题都是量力而行，而且有能力辨别并决定采用何种形式。这种修养的炼成，是天才加上努力的结果。在这里，但丁还特别指出，悲剧风格是最高尚的风格，“梳理的”和“粗豪的”词汇是最高尚的词汇，其宏伟壮丽才能配得上悲剧风格。因此，“设使诗句的庄严、造句的崇高以及语言的优秀，都符合主题的重要性，我们就应该使用悲剧风格”（第 291 页）。也就是说，“安全、爱情和美德”这些主题，都适宜用悲剧体来歌咏，而不适宜喜剧体或哀歌体的风格。

一首歌既是一种行为，即它是由诗人创作出来的，又是一种情感，即它是能够感动别人的。那么，“最卓越的歌”就是严格意义上以格式相同的诗章结合成悲剧风格，不带首尾重复的叠句，而仅仅涉及一个主题的那种作品。“歌体诗”基于三个艺术因素：一是乐曲的章节，二是各部的安排，三是诗行和音节的数量。其实，“歌体诗”就是诗章的结合，因为诗章是一首“歌体诗”所采用的一切艺术手段的限度和综合，是容纳全诗的艺术因素的场所。所谓诗章，就是参照某一乐曲以及各部的安排，而予以限定的诗行和音节的一种结构。上述三个艺术因素，各部的安排则是诗中最重要的一项。但丁从乐曲的章节、诗行的结合、诗韵的关系等三个方面进行了探索。卷二第十四章，是现存文本的最后一章。这一章讨论了“歌体诗”的第三个艺术因素，即诗行和音节的数量，指出了题材的决定作用。

但丁对意大利俗语的提倡，具有一定的理想化色彩，但他较早地在西方提出口语、民族语言比文言更适合运用于文学创作的观点，无疑具有开风气之先的意义，体现了对于文学语言现代性、时代性的追求。薄伽丘评价说，在诗的方面，特别在俗语方面，但丁不仅是第一个用意大利俗语写作的诗人，而且赋予意大利俗语高贵的地位并使它在意大利获得尊重，正如荷马之于希腊语，维吉尔之于拉丁语。

（冯　巍）

菲利普·锡德尼

为诗辩护 1580—1583 年*

菲利普·锡德尼(Sir Philip Sidney,1554—1586),英国文艺复兴时期杰出诗人、学者。主要作品有散文体小说《阿卡迪亚》,十四行体组诗《爱星者和星星》,宫廷娱乐剧《五月之女》,论文《为诗辩护》。《为诗辩护》写于 1580 年至 1583 年之间,当时,英国一位清教徒作家斯蒂芬·高森写了一本《骗人学校》小册子,大肆抨击诗人和剧作家,并且未经允许将其献给锡德尼。锡德尼便写了《为诗辩护》,驳斥高森的观点,并对诗自身的特点、价值和功能等方面进行阐述,肯定了诗的崇高地位。

---

* Sir Philip Sidney, An Apology for Poetry,中译文见《锡德尼:为诗辩护·扬格:试论独创性作品》,钱学熙译,北京:人民文学出版社 1998 年版。文内引文,只注页码。

一、"只有诗人才给予我们金的"

《为诗辩护》开篇，提出自己撰写本文的目的，是为"从最高的学术评价跌到成为儿童笑料的诗""做些简陋的辩护"。总体来看，文章首先指出了诗在历史上的崇高地位，接着对诗自身的特点进行了分析，指出诗具有不可替代的价值。接下来对当时攻击诗的观点逐一进行了驳斥。最后对当时英国文坛的现状进行了批评，呼吁人们投身诗的创作，振兴英国民族文学。

首先，锡德尼指出，诗是人类知识最早、最普遍的形态，在历史上有着崇高的地位。在人类文明史上，诗不仅产生时间最早，而且是其他知识形式的孕育者。诗，能够借助虚构的力量和优美的语言，使人在心灵愉悦的同时接受诗所传达的内容。在人类历史早期，由于诗更容易影响接受者，哲学家、历史学家等都借助诗的形式来传达知识。在古代，诗人享有崇高的地位。古罗马时，诗人被称为瓦底士(vates)，即通晓神意的先知。在古希腊，诗人被称为普爱丁(Poieten)，即"创造者"的意思。锡德尼指出，这是因为诗不局限于大自然中存在的事物，而可以通过虚构创造出"另一种自然"。他甚至断言，自然的世界是铜的，只有诗人才给予我们金的。这就从历史上对诗的地位做了极大的肯定。

其次，锡德尼对诗自身的特征进行了分析。他对诗进行了明确的界定："诗，因此是个模仿的艺术，正如亚里士多德用'mimesis'一字所称它的，这是说，它是一种再现，一种仿造，或者一种用形象的表现；用比喻来说，就是一种会说话的图画，目的在于教育和怡情。"(第 12 页)锡德尼继承了古希腊以来的模仿说文艺观，尤其是亚里士多德《诗论》中的观点。不过，他明确提出，"一切人间学问的目的之目的就是德行"(第 16 页)，这也是他为诗辩护的最根本出发点，即强调诗的教育功效，将诗对人的德行的培养视为诗的根本价值。这一诉求也是《为诗辩护》的基本立足点。以此立场，锡德尼对诗进行了具体分析。

二、诗人兼具哲学家和历史家两者的长处

锡德尼指出诗的模仿不应局限于现实存在的事物，而要模仿可能存在的事物。在他看来，诗有三种形式：模仿神的美德的诗，哲学家的诗和"真正的诗人"创造的诗。第三种诗之所以是有更高价值的诗，是因为这种诗的模仿"不是搬借过去、现在或将来实际存在的东西，而是在渊博见识的控制之下进入那神明的思考，思考那可然和当然的事物"（第13页）。这显然也是对亚里士多德文艺观的继承。然而，锡德尼将模仿说与对人的德行的培养紧密联系起来，指出模仿的根本目的在于教育和怡情，"怡情是为了感动人们去实践他们本来会逃避的善行，教育则是为了使人们理解那个感动他们，使他们向往的善行"（第14页）。基于诗的教育功能，他进而提出，诗的真正标志不在于形式，"诗行只是诗的装饰而非诗的成因"，诗的真正标志是对德行的模仿，"只有那种怡悦性情的，有教育意义的美德、罪恶或其他等等的卓越形象的虚构，这才是认识诗人的真正的标志"（第14页）。至于诗的形式，不过是根据诗的题材性质以"恰到好处"为准则进行语言形式的装饰，是服从于诗的道德诉求的。以对德行的启发为标准，锡德尼将诗人与哲学家和历史学家进行了比较，指出诗在启发德行方面更有优势，因而具有更高的价值。在提供知识方面，哲学家①依赖于某种特定的

① 这里，开始锡德尼用的是 moral philosophers（中文译为"道学家"）。在下文又笼统地使用 philosopher 的称呼。这是因为，锡德尼论诗的出发点是诗的道德教化功能，因此，这里与诗人做比较的哲学家，主要指道德方面的哲学家。锡德尼所说的 philosopher，主要就是指 moral philosophre。

原则，通过抽象的理论和理性的逻辑来进行道德说教。历史家则依靠经验事实来阐明德行。然而，哲学家的知识建立在抽象原则的基础上，令人难以把握。历史家局限于现实存在的事物上，忽略了应当存在的事实，限于个别的事实而无法知晓事物的一般真理。哲学家长于抽象而不见具体，历史家囿于具体而不见一般。诗人则能兼具两者的长处，将普遍的概念和特殊的实例完美地结合在一起，通过虚构的形象将抽象的道理展现为生动的图画，“一切美德、罪恶和情欲是在它们的自然状况中揭示了出来，以致我们似乎不是听人叙述它们而是清清楚楚地看透了它们”(第 21 页)。

在作用于接受者的心灵方面，诗的特点决定了诗对接受者的影响更加有效。哲学家的教导抽象难懂，只能针对受过教育的人。诗则能够以虚构的生动形象直接作用于人的心灵，即使是没有受过较多教育的人，也会很容易地感受到。因此，锡德尼断言“诗人其实是真正的群众哲学家”(第 22 页)。与历史家相比，历史家受限于实际存在的历史事实，诗则可以根据特定的教育目的虚构图景，使诗既包含教育意义，又根据影响接受者心灵的需要，自由地安排情节，以便更好地感动接受者，实现教育目的。“诗人的怡情的妙手确是比任何别的技艺更能有效地吸引心灵。”(第 31 页)在与其他知识者比较后，锡德尼断言：“由于德行是一切人间学问的目的所在的终点，所以诗，由于它在传授德行方面是最通俗的，在吸引人向往德行方面是无与伦比的，确是最卓越的工作中的最卓越的工人。”(第 32 页)因此，在一切关于人的学问中，诗人是君王。接下来，锡德尼对诗的各种类型逐一进行了具体的分析，指出各种诗体在历史上都曾经给人们展示高尚的德行，带给人们心灵上的感召。这样，锡德尼对诗的总体特征和诗的各种类型特征都进行了有力的分析，指出诗完美地将道德教育和愉悦情性结合在一起，是向人们传达德行的最佳方式，应当享有崇高的地位。

三、批驳贬斥诗的几种代表性观点

在对诗的特点分析的基础上，锡德尼对当时英国那些贬斥诗的四种代表性的观点进行了驳斥。

第一种反对诗的观点是：除了诗以外，还有很多对人更有用的知识，人们在其他知识上可以有更大收益，不应当专注于诗。锡德尼指出，这种观点是以假定的情况为论据的。这种假设是错误的，事实上，阐明德行、感动人向往德行的学问是最高的学问，诗在这方面远远超过其他知识。从逻辑上来看，即使真的存在更有用的知识，也不能成为否认诗的价值的理由。第二种反对观点，认为诗是谎话的母亲，诗人是说谎者。锡德尼指出，诗本来就不是以事情的真实性为其前提条件。诗的虚构特点决定了诗无所谓说谎与否，诗人并不确定一个事实，只是阐明某个事情应该与否，并不声称自己的叙述是真实的。诗所叙述的人物和行动只是“当然”的，而不是“曾然”的。因此，指责诗说谎是无的放矢。第三个反对观点是：诗是腐化的保姆，使人们染上放肆的邪恶和淫欲。锡德尼指出，即使确实有一些诗使人放纵于欲望，但，那只不过是对诗的滥用。任何事物一旦被滥用都会造成极大的损害，而诗由于它更容易作用于人的心灵，所以，一旦被滥用将会造成更多的损害。但这种滥用不是诗本身的过错。此外，还有将诗与行动对立起来，认为诗使人们耽于其中而放弃了行动的观点。锡德尼指出，这不过是反对一切知识的滥调，并不仅仅针对诗。而且知识也并不与行动相矛盾，相反，行动要依靠知识才能获得。从历史上来看，很多著名的政治家、军事家都重视诗的价值。第四种反对的观点，则根据柏拉图把诗人驱逐出共和国这一事实来否定诗。锡德尼指出，柏拉图反对的只是诗的滥用，而不是诗本身。柏拉图主张驱逐的并不是所有的诗人，而只是要驱逐那些利用诗来传播关于神的错误主张的诗人。而且在柏拉图的著作里，也曾经给诗以崇高的赞美，因此柏拉图绝不是诗的反对者。驳斥了上述看法后，锡德尼断言："诗不是谎话的艺术而是真知灼见的艺术；不是柔弱萎靡的而是极能激发勇气的，不是糟蹋人才的而是造就人才的，不是柏拉图驱逐的而是为他所尊重的。"(第 51 页)

锡德尼最后以古代的经典诗作为标准，对当时英国文坛进行了批评，指出当时英国繁芜杂乱的诗歌现状。从内容上看，当时的英国诗作在题材、情节、时间、人物以及对观众产生的效果各个方面，都显得毫无节制，缺乏章法，与古代优秀诗作典范背道而驰。从诗的语言上来看，当时的英国诗作缺乏创造性，拙劣地模仿古代诗人的语言，要么因循守旧，要么卖弄词句，远远背离了诗的自然本色原则。然而，锡德尼指出，尽管英国文坛有严重的弊病，但是英国诗人有着振兴诗歌的巨大机会，这一机会来自英国的民族语言。锡德尼比较了英语和当时流行的德、法、意等语言，指出英语无论从音节上还是节奏上来看，都比其他语言更适合作出美妙的诗句。他呼吁要充分地利用民族语言的优势，向古代优秀的诗人学习，创作出优秀的诗作。

总之，《为诗辩护》继承了古希腊、古罗马文学思想，尤其是亚里士多德的"模仿"说和贺拉斯的"寓教于乐"说，对诗的特点、价值和功能进行了较全面的分析，对当时英国文坛的弊端进行了有力的批评，从历史上和逻辑上都为诗进行了有力的辩护。他既肯定了诗的虚构性、诗人的想象力和创造性以及对人们心灵的感召力，也肯定了文学的其他功能和价值，对后世文学理论有很大启发作用。

（崔　柯）

布瓦洛

诗的艺术 1669—1674 年 *

布瓦洛(Nicolas Boileau —Despréaux,1636—1711),法国著名诗人和文论家。1636 年 11 月 1 日生于巴黎,其父是巴黎高等法院的书记官。早年丧母,童年患病,家人让他修道。他最初并非从事文学创作和诗学研究,而是学习神学,后来改学法律,并曾从事过律师职业。1657 年父亲去世,他继承了部分遗产,从此专门从事文学创作。先后发表《讽刺诗》12 卷,另外还著有《书简诗》9 卷。《诗的艺术》是以书信体形式写作的诗,也是他的诗学理论。这部诗体著作从 1669 年开始写作,充分吸取当时文学创作的经验并听取朋友们的批评意见,边写边改,一千一百行,前后写了五年,直到 1674 年才完成,成为法国古典主义文学的法典。布瓦洛深受古希腊、罗马诗学的影响,这与 16 世纪的文艺复兴对古希腊文艺思想的重新发现有关。《诗的艺术》不仅继承和效仿亚里士多德和

---

* [法]布瓦洛:《诗的艺术》,任典译,北京:人民文学出版社 1959 年版。内引此书,只注页码。

贺拉斯的诗学理论，而且也受到近代以笛卡尔为代表的唯理主义的影响。布瓦洛提出“爱理性”的呼吁，连同他对诗歌艺术题材的选择和取舍，都显示了特定的时代精神。

一、诗要“摹仿自然”与“爱理性”

布瓦洛陈述了古希腊、罗马诗学中的“摹仿说”，主张艺术要摹仿自然，“永远也不能和自然寸步相离”(第57页)。这一点尤其体现在他关于戏剧理论的阐述之中。对于作家来说，“你们唯一钻研的就该是自然人性，谁能善于观察人，并且能鉴识精审，对种种人情衷曲能一眼洞彻幽深，谁能知道什么是风流浪子、守财奴，什么是老实、荒唐，什么是糊涂、吃醋，则他就能成功地把他们搬上剧场，使他们言、动、周旋，给我们妙呈色相”(第54页)。布瓦洛认为，只有摹仿自然才能达到艺术最可贵的品格——真实。自然就是真实。既然艺术对自然的摹仿成为第一条准则，而这条原则又是从古希腊、罗马而来，那么，作为古典主义母体的古希腊文学艺术就成为另一个摹仿的对象。甚至可以说，摹仿古希腊、罗马就相当于摹仿自然。古希腊、罗马文学艺术是不可企及的范本。对于一般诗人来说，想要达到这样的高度无疑是困难的。精于诗艺，极不容易，不是天才，不靠天赋，仅靠热情，远远不够。

布瓦洛虽然认为“情理”和“音韵”之间存在冲突，但不是不存在相容的可能性，这事实上是奠定了理性的统治地位，理性构成其诗艺的基础：“首须爱义理：愿你的一切文章，永远只凭着义理获得价值和光芒。”(第4页)这里，可以看到发生认识论转向之后笛卡尔唯理主义对布瓦洛的影响。真实来自于自然和理性。但布瓦洛反对那种事无巨细的描摹。他反对当时法国对意大利浮夸诗风的效仿。他对这种诗风的批评起到了振聋发聩的作用，这也是他为什么主张音韵(形式)应该服从于义理(理性)的原因。

布瓦洛认为，诗歌要想像古希腊时期那样，就要“提高你的笔调吧，要从工巧求朴质，要雄壮而不骄矜，要风雅而无虚饰”(第7页)。他从理性出发，主张诗歌形式与内容的统一与和谐。和谐是诗歌韵律最重要的品格，只有和谐的字眼所产生的和谐的韵律，才能给诗歌带来好的效果。在他看来，如果一首诗的韵律和节奏处理得不好，读起来不和谐，刺耳难听，那么，即使诗的内容再高贵，意境再深远，也无法令人喜欢。

布瓦洛崇尚天才，认为只有天才的诗人才能写出伟大不朽的诗篇。如果没有足够的才力，就不可勉强去做个诗人，诗人要有自知之明。不同的是，布瓦洛并不欣赏“迷狂”般的神志不清。他要求诗人要有后天的修养，写作的时候要保持一种平静的心态。那种敏捷迅速的写作看来只是在犯傻气，写出的诗也只能是欠精审。诗的写作不是一气呵成，而是要经过后期的反复修改。写诗要从从容容，修改要耐心，要反复润色，要能够布置得宜，段落匀称，紧扣题旨，统一完整，这才能成为一首好诗。

二、次要诗类的艺术规则与要求

遵从艺术摹仿自然和受理性节制的原则，布瓦洛从艺术分类的角度详细阐述了不同类别诗的艺术原则和写作要求。面对不同的诗歌体裁，他分门别类并区分主次，从主要诗类和次要诗类入手，对牧歌、悲歌、颂歌、商籁体、箴铭、循环诗、叠韵诗、风趣诗、讽刺诗、揶揄诗、歌谣等次要诗类，和悲剧、史诗、喜剧等主要诗体进行了研究。所有这些诗类都遵从一个重要的诗学准则，就是真实性。

布瓦洛认为，牧歌和田园诗要幽雅而无繁文，措辞质朴自然，不矫揉造作和矜才使气，要格调谦逊温柔婉转，而不是慷慨激昂令人骇异。他借对悲歌的描述来阐释艺术的真实性问题，比如说描写情人,“单是诗人还不够,要自己在真恋爱”(第19页)。所以,与这种感同身受的真实性相反的,是那种无病呻吟的诗风,他极力反对。对于颂歌,他要求气势辉煌,气魄伟大,尽可能地飞扬凌厉,充分表现出一种直上云天的英雄气概。那种呆板迟滞的胆小的诗匠,是写不出这样的颂歌的。商籁体有严格的规律,它要有同律的两节,每节有诗四行,每韵必为双音,要出现八次。然后是六句诗,整齐有序,按照意思分为两节,全篇结构紧凑,不能有重复的字句。箴铭的风格较自由,篇幅也较小,常常是一句隽语装饰着两个韵脚。无论是诗人还是一般人,情人、牧师、律师、牧童都可以说。讽刺诗则是真理的武器,但是这武器不是为了骂人,而是为了说理。讽刺诗容易充满一些丑恶不堪的真实,为了消除这种缺陷,从字面上要尽可能采用文雅的词汇,同时作者要进行道德的修养。揶揄诗来自于讽刺诗,是取其一义而演化成揶揄小调。揶揄小调主要由人民大众创作和传唱,风格伶俐,语带讥讽。揶揄诗与歌谣一样,须合乎常情常理,遵从理性。

三、主要诗体的艺术原则与要求

布瓦洛重点论述了主要诗体的艺术原则和写作规范。对于悲剧、史诗和喜剧来说,要摹仿自然,遵从理性,表现真实。对于这三种主要的诗体,他沿袭了古希腊、罗马戏剧的“三一律”:“要用一地、一天内完成的一个故事,从开头直到末尾维持着舞台充实。”(第33页)

结合这三种主要诗体,他进一步阐述了艺术真实问题。艺术的摹仿不能完全等同于现实自然,而是有一定的艺术加工。这种艺术的加工一方面使艺术形象脱离自然的原貌而具有艺术的特质,另一方面,这种艺术摹仿和艺术加工又使得艺术形象可以使接受者惊惶震骇,观众流下泪水。这是悲剧所产生的艺术效果,与亚里士多德的诗学主张基本相同。

他要求悲剧要具有伟大的气魄。这体现在几个方面:从文词上,悲剧要字句热情奔放,充满激情,能够直钻进人的胸膛里。从气势上看,悲剧要有伟大的气魄,有直上干云的豪气与逸兴,这才能引起人们的惊惧与恐怖,从而在灵魂深处产生哀怜的快感、震撼的净化。为了达到这样的效应,必须要去除枯燥的议论和繁文缛节,更不能试图通过卖弄修辞技巧来哗众取宠。布瓦洛关于希腊戏剧史的一段描述,也跟贺拉斯的意见相同。这里很重要的一点是关于悲剧的起源问题。他认为悲剧起源于在祭神仪式上所唱的歌,大家饮酒作乐,庆贺丰收,对着葡萄酒神大唱颂歌,是酒神颂。他也沿袭了贺拉斯的错误,认为在悲剧发展的酒神颂阶段,“唱的人谁最工巧便奖谁一匹公羊”(第 34 页),这与贺拉斯所说的“最初的悲剧诗人为了(赢得)一头廉价的山羊参加竞赛”相同。这是对悲剧起源的一种错误的理解。事实上,最初悲剧中的歌者都披着山羊皮,装扮成希腊神话中住在树林里的半人半羊的神,以获得观众喝彩。布瓦洛通过悲剧说明了戏剧与小说的不同特点和写法。对于小说来说,其虚构的成分和层面更多,更是幻想的产物。而对于戏剧来说,则是对自然和生活的摹仿与模拟,这就要求戏剧更多地要符合现实的一些情境,而不能是完全虚构的产物。再则,戏剧要适合于表演,在舞台上通过具体的形象将剧情展现给观众,给人一种身临其境之感。对于戏剧人物的塑造要符合他的身份特征,而且,剧中人物的性格塑造要终始终如一,不能轻易更改。

布瓦洛认为,咏史诗要比悲剧要更加波澜壮阔,篇幅更长,气魄更大。史诗往往通过一些故意设置的惊险环节而令人吃惊,吸引人的关注并使之感叹。所以,史诗更需要脱离平庸,切忌平淡无奇。史诗的主题要集中,不能过于琐碎,情节也要求集于一个中心,不能过分漫溢,但也不能过于消瘦。描写要丰赡华丽,叙事要活泼,文字处理要干净利落,诗句雅洁,去除不必要的琐屑情节。

布瓦洛毫不掩饰对荷马的崇拜与赞颂，在他看来，荷马的史诗代表了古希腊史诗艺术的最高峰。对于喜剧来说，他认为唯一需要钻研的就是自然人性。这种观点也是来自于古希腊传统，特别是贺拉斯的观念。

四、诗歌批评与对诗人的忠告

《诗的艺术》中对诗人和作品提出了要求，那就是绝对不能平庸。平庸的诗人只能创作出平庸无味的作品，对于这样的诗人和作品来说，都是令人厌恶的。在布瓦洛看来："一个疯子倒还能逗我们发笑消愁，一个无味的作家除讨厌一无是处。"(第 61 页)布瓦洛也谈到了诗的写作与接受的问题，指出在这个过程中，作者"要爱听人正谬，欣然地修改作品，凭理智从善如流"(第 62 页)。不要做一个狂妄的诗人，自命不凡，不懂装懂，或者偶然得点儿灵感写出诗来，就到处宣扬，逢人便念。布瓦洛论述了诗人与道德的关系。对于一个诗人来说，他首先需要具有美好的道德素质，应该时时加强自我道德的修养。在他看来，这道德就是理性，是对真和善的追求。这种个人的品格和心灵的道德也体现于诗作品，作品必须具有道德的认识价值，即能让读者通过诵读诗而获得真与善，而不至于平白地浪费读者的时间去读那无趣味、无价值的诗："一个贤明的读者不愿把光阴虚掷，他还要在欣赏里能获得妙谛真知。"(第 64 页)布瓦洛认为，一个有德的作家，必须具备无邪的诗品，这样才能使其诗作悦人耳目而不是腐蚀人心。要做到这一点，必须要热爱道德，使灵魂得到修养，自尊自爱，莫做一些阴谋钻营的勾当。诗人要不贪图金钱，凭着自己的笔杆子获得正当的收益，而不是在金钱上打滚，这样诗人才能获得内心的平静，无羞惭。

（陈　诚）

维　柯

新科学 1730年*

扬巴蒂斯塔·维柯(Giambattista Vico,1668－1744),出生于意大利那不勒斯城的一个书商之家,自学成才。1699年被那不勒斯大学聘为修辞学教授。著有人文教育、语言学著作各一部,法学两部,但使他享誉西方思想界的著作是《新科学》,其他著作中的思想在该书中均有所体现。此外,他还写有一部自传。《新科学》显示了维柯思想的多重性,其原则和方法是唯理论的,其研究内容是经验论的,其风格则是意大利本土修辞论的。

一、该书理论内容概说

《新科学》是西方古典文学理论的重要著作。该书所以叫"新科学",是因为它探讨的不是自然对象,而是人文对象,意在为诸种人文学科找到一种哲学基础。该书的研究方法是自然科学的模

* [意]维柯:《新科学》,朱光潜译,北京:人民文学出版社1996年版。

式，但其研究目标却是人类文明的人文特质。全书分为五卷：第一卷“一些原则的奠定”，第二卷“诗性的智慧”，第三卷“发现真正的荷马”，第四卷“诸民族所经历的历史过程”，第五卷“各民族在复兴时所经历的各种人类制度的复归历程”，最后是全书的结论。维柯在该书中以经验的方式考察了人类文化形式的类型及其起源、文化秩序建构的历史过程，并通过对各民族制度、习俗、神话、宗教、语言等的文化形式考察，揭示了人的文化本性，强调人的本性就是不断生成的社会性，它是在人类不断创造和发展着的各类文化形式中形成的。《新科学》强调文化是多元的、偶在的，地理环境的差异导致文化的差异，任何一种文化并不比别的文化优越，不同类型的文化基于共同人性可以交流和沟通，不过，这种沟通需要时间和彼此间的适应和相互习惯。

二、诗性智慧

《新科学》不认同哲学就是以抽象思维和逻辑分析为特征的学问，它把哲学划分为两种：理性哲学与诗性哲学。理性哲学是概念、命题、分析、推理的哲学；诗性哲学是感觉、情感和想象的哲学，其特征是思维不离感觉和形象。《新科学》正是以“诗性哲学”为原则展开全部研究的。第一卷对“原则”的讨论，其实就是其“诗性智慧”和“诗性哲学”思想的一个引论；第二卷“诗性智慧”是全书的逻辑起点，它的全部研究就是建立在“诗性智慧”这一概念的假定之上。这部分内容占全书几近一半篇幅，维柯有创见性的基本主张都集中在这里；第三卷“发现真正的荷马”，只不过是为“诗性的智慧”提供一个文学方面的例证；第四卷对各民族发展历程的讨论，则是从历史的角度申述“诗性智慧”中的基本见解；第五卷所论各种人类制度的复归过程，恰恰是第二卷所考察的开始、发展和终结等那些阶段。与“诗性智慧”相对的是“哲学智慧”，该书认为诗性智慧高于哲学智慧，这不仅因为诗比哲学起源早，还因为哲学处理的对象具有专业范围限制，而诗处理的对象，则是整个世界。

三、诗也是历史

维柯把历史的观点应用于文学发展的考察，视文学为经济、政治、典章、制度、文物、习俗等因素综合影响下的产物。以“诗性智慧”观为根据，他认为诗也是历史，因为人类最初的寓言和神话就是他们真实可信的历史。以此为前提，该书把人类的文明史划分为三个阶段：神的时代、英雄时代和人的时代。神的时代就是史前的原始文化时期，其社会形式主要是家庭，其语言是诗性和隐喻的，其历史表现为神话，政治形式是神权政治，人性在这里是残暴的，法律依赖于神性文化，民风笃信宗教。英雄时代用现代人的语言说就是奴隶制时期，该时期出现了国家，其语言主要是英雄及其家族的标志和徽章，其历史由行吟诗人保留在口头语言里，其政治是英雄或曰贵族政治，该人性时期争胜好斗，其法律依赖于强权，其习俗是易怒和死板。人的时代就是共和政体出现后的时代，其语言是逻辑和理性化的，语言由诗转向散文，其历史开始记载平民的功绩，政体是民主政府，虽然有君主政体，但人民已经享有平等的权利，该时期人性表现为谦虚、仁慈、通情达理，其法律由理性支配，法律程序公开，不再具有专制与神秘色彩，其习俗是民众皆忠于职守，具有公民的责任感和义务感。

四、语言思想

维柯认为，思想、语言、诗是同时产生、同步发展的。语言是把人联系在一起的手段，也是语言艺术的物质载体，它在文化中具有纽带作用。

1.语言与思维。维柯认为,语言最初的特质不是“理性”、“逻辑”而是“想象”,早期人类思维无法脱离形象和直观,他们指称一个对象必须使用与之相近的另外一个生命对象,这种生命体与生命体之间的联想和幻想是造成语言生动性效果的根源。随着人类心灵的成熟和发达,那些具有感觉和情欲的生命体之间的思维转换,逐渐为符合所指事物的自然本性的符号所代替。由此而言,抽象思维是形象思维的派生物。

2.语言与神话。维柯考证,人们最初的历史、哲思、信仰都是通过神话、寓言讲述的。据此,他提出诗的原则就是神话的原则。并强调神话、寓言本是早期人类在诗性思维模式下对自然对象性质特征的形象化的解释,但后来却成为权力者对自身权力和统治地位进行神化或圣化的逻辑解释根据,因为权力需要令人敬畏和信服的话语来证明其合法性。

3.语言与符号。维柯认为,语言和符号是孪生兄弟。家族时期的无声语言,它使用“象形”符号,这种语言只有少数祭司们理解和使用;英雄时期的有声语言,它使用“象征”符号如徽章,这种语言只有强有力的英雄们使用;象征型语言多由意象和比喻构成,原因是当时人们还缺乏对事物加以明确界定所必需的种和类的概念。文明时期的人类语言是失去“象形”和“象征”意味的“书写”语言,维柯有时称之为“村俗语言”,其特征是没有神秘和特殊意义,普通人也能使用,因为他们自身参与了语言意义的制定。

4.语言与权力。维柯由语言使用范围的扩大说明了语言、知识和权力的关系:权力者就是语言权力的掌管者,早期人类的领袖不是预兆占卜方面的哲人,就是职掌供献牺牲祈求并解释天神预兆的司祭们。权力通过语言得到合法性的支持和巩固,而语言又通过权力的淫威显其神圣和神秘,让人畏服。因此,权力的垄断首先表现为语言的垄断,那些作为“司祭”同时又是“贵族”的统治者,总是把法律当做一种神圣的东西藏在一种奥秘的语言里。语言是建立社会政治和文化秩序的有力工具，谁掌握语言文字，谁就掌握了人的命运。

五、诗学理论

《新科学》在某种意义上就是“新诗学”，或者说是“新的文学的哲学”。它论证了诗的本体性质:“诗”本义是“创造”，它不是一种艺术体裁，而是创造活动本身，是一切文化类型的母体。该书从经验论出发，分析了文学创造的特征:感官性、情感性、具体性、创造性。

诗的感官性表现在:诗性语句是凭情欲和恩爱的感触来造成的，诗性思维就是感觉之间的流动和跨越，感觉就是思想，诗的最崇高的工作就是赋予感觉和情欲于本无感觉的事物，使它们赋有人一样的生命特征。诗的情感性是由感官决定的，就因为诗是感官的，所以它才诉诸热情、想象和个性。而本真的文学，就是人们用迸发出的歌唱来发泄强烈的情感，最初的语言一定是在歌唱中形成的。感官性和情感性决定了文学创作的具体性。维柯认为，具体性是诗(文学)和哲学在思维上的根本差异所在。哲学追求抽象的共性和普遍性，专在术语、概念、命题、分析上下工夫，诗则追求具体的普遍性，诗并不把性质从事物的个体存在中剥离出去，而是把那性质或普遍意味用一个范例作代表，然后把同类中一切和范例相似的对象都归纳到这种范例上去。所以，诗不是用抽象的概念，而是用具体的形象说话，从感性的对象到感性的类。诗的创造性表现在三个方面:一是对事物重新整合，把分离和各异的要素结合起来;二是“以己度物”，即把人自己的本性、感觉和愿望移入自然事物，赋予自然事物以意义，从而使事物和对象得以理解;三是互相在不同事物之间使其名称互相转借。这三个方面是文学上比喻形成的内在原因。他把隐喻、转喻、借代、反讽都称为“比喻”，认为隐喻是比喻最常见的形式。

《新科学》改造旧学，融化新知，开创了修辞论诗学这种新的知识型。它在观念上以人造对抗神创，以修辞对抗逻辑，以诗性创造对抗理性分析，突破了旧的神学、哲学和新的科学观念的数重藩篱；它在方法上引入历史还原和知识考古。所有这些因素使它成为西方诗学史上的另类，在相当长时间内受到冷遇，直到 20 世纪，美学家克罗齐的阐释和赞誉才越来越受到人们的关注。

（张清民）

卢梭

论科学与艺术 1750 年 *

让—雅克·卢梭(Jean—Jacques Rousseau,1712—1778),法国 18 世纪杰出的启蒙思想家、哲学家、教育家和文学家,其作品和学说对后来的法国资产阶级革命发生重大而深刻影响。卢梭与孟德斯鸠、伏尔泰,并称为"法国启蒙运动三大导师"。1712 年 6 月 28 日出生于瑞士日内瓦一个钟表匠的家庭。自幼丧母,寄人篱下,十四岁时被迫外出谋生,在店铺里当学徒,曾长期过着衣食无着的流浪生活,因此广泛地接触了社会现实特别是下层人民,对封建专制社会中的不平和人民的苦难有深切的感受。1728 年至 1743 年,是卢梭的学习期,在漫游生活中,他先后学习了拉丁文和音乐,自学数学,涉猎柏拉图、维吉尔、蒙田、伏尔泰,钻研洛克、莱布尼茨、笛卡尔等人哲学,结识空想社会主义者德·马布里、启蒙哲学家孔迪亚克和狄德罗,参与启蒙运动。从 1743 年开始进入创

* [法]卢梭:《论科学与艺术》,何兆武译,北京:商务印书馆 1959 年版。内引此书,只注页码。

作时期,1749 年开始负责《百科全书》音乐部分的条目撰写。同年10 月,在狄德罗的鼓励下,参加第戎科学院有奖征文活动,撰写《论科学与艺术》一文,1750 年获头奖,并在日内瓦出版,也称为“第一论文”。1753 年为第戎科学院有奖征文撰写的“第二论文”是更著名的《论人类不平等的起源和基础》。1756 年撰写书信体小说《新爱洛伊丝》(发表于 1761 年),1757 年写《爱弥儿》(发表于 1762 年),1758 年发表《关于戏剧演出给达朗贝尔的信》(简称《论戏剧》),1762 年出版《社会契约论》。这些著作发表后,一直受到政府的稽查和迫害,后在休谟的协助下逃往英国。1767 年 5 月又逃离英国,后获准返回巴黎,靠抄写乐谱糊口,在当局的监视下撰写《忏悔录》(1782、1789 年出版)和《卢梭评判让—雅克·对话录》(1782),他的最后著作是《一个孤独的漫步者的遐想》(1782)。

一、《论科学与艺术》概况

这篇应征文章,其中心思想是:自然是美好的,出于自然的人是生来平等的,科学和艺术的发展也就是文明的发展,导致了社会罪恶的产生,因此应该以自然的美好来代替“文明”的罪恶。通观全文,应该把握住“自然”与“文明”的对立。他所说的文明的科学和艺术的发展,并不是在普遍意义上说的,而是特指私有制社会的统治阶级及其腐朽文化形式。这样一来,对时代文明弊病的批判就成了此文的主旨。文章对 18 世纪法国封建制度之下的贵族社会的虚伪与腐朽,进行了尖锐深刻的抨击。卢梭所称的“自然”以及自然纯朴的人的德性,是与“文明”及其贵族特权阶层的腐败完全对立的。

第戎科学院所以将征文大奖授予《论科学与艺术》这篇论文,是着重于奖励它说理的辩才和文章的清新风格。论文很快公开发表,但却使卢梭受到来自各方面的攻击。引起封建文化卫道士的攻击并不足惧，关键是进步阵营也无法容忍卢梭把科学、文化与道德对立起来的“反启蒙”姿态。卢梭肯定科学和艺术的进步起了败坏风俗的作用，在当时被讥为奇谈怪论。卢梭为此专门选择了奥维德的诗句“我在这里是一个野蛮人，因为人们不了解我”来表明自己对批评的回应态度。

《论科学与艺术》分为两部分。第一部分着重于列举事实，证明文学、科学和艺术的确使我们的生活舒适和愉快了，但代价却是自然的失落。科学与艺术使公民养成了奴隶心理，赞美虚伪的价值，从而帮助暴君奴役人民。所谓的文明，只不过是看起来像文明；所谓的进步，实际上是堕落。他用各个民族的历史事实来说明这一论点。第二部分，详细论述了科学和艺术的产生，说它们不是产生于我们的优点，而是产生于我们的缺点，是由于人们有骄奢淫逸的习气和迷恋生活的享受。在这里，卢梭则充分发挥了自己思辨的才智，就科学与艺术本身，从理论方面说明科学与艺术的发展使人类不断地堕落。

二、“堕落”的历史经验

卢梭从历史经验出发，列举事实说明科学和艺术的发展并非敦风化俗而是伤风败俗。“我们的灵魂是随着我们的科学和我们的艺术之臻于完美而越发腐败。”“我们可以看到，随着科学与艺术的光芒在我们的地平线上升起，德行也就消逝了。”(第 11 页)文学、艺术和暴力的奴役不同，前者“不那么专制”，但因而“也就更有力量，就把花冠点缀在束缚着人们的枷锁之上，它们窒息人们那种天生的自由情操——看来人们本来就是为了自由而生的——使他们喜爱自己的被奴役的状态，并且使他们称为人们所谓的文明民族”(第 8 页)。总之，科学与艺术使自然的人组成了文明的民族，但却永远丧失了自由的天性，日益成为奴隶。首先，科学与艺术给人套上了虚伪的枷锁。不可否认，科学与艺术的昌明发展创造了财富，培养起了“精致而美妙的趣味”，锻造了文明人“温良恭俭以及风尚的彬彬有礼”，但同时也让交际的人学会了虚伪，学会了“可以没有任何德行而装出一切有德行的外表”(第 8 页)，礼貌的伪装成了德行本身。其次，科学与艺术发展创造的财富让人与自己的自然本质相“异化”，“装饰的华丽可以显出一个人的富有；优雅可以显示一个人的趣味，然而一个人的健康与强壮却须由另外的标志来识别了；只有在一个劳动者的粗布衣服下面，而不是在一个佞幸者的穿戴之下，我们才能发现身体的力量和生气”(第 9 页)。再次，科学与艺术的发展制造了人与人之间的“异化”关系。在自然状态中，人的风尚是“粗朴的，然而却是自然的；从举止的不同，一眼就可看出性格的不同。那时候，人性根本上虽然不见得更好，然而人们却很容易相互深入了解，因此可以找到他们自己的安全”，而在文明状态中，甚至连人对他的朋友也不能一眼洞见其本质。(第 10 页)最后，个体的人成为艺术与科学订立的社会规则的奴隶。面对享乐的艺术、流行的社会风尚、虚饰的社会礼仪，个性必须服从，必须放弃自我：“每个人的精神仿佛都是在同一个模子里铸出来的，礼节不断地在强迫着我们，风气又不断地在命令着我们；我们不断地遵循着这些习俗，而永远不能遵循自己的天性。我们再不敢表现真正的自己。”(第 9—10 页)

在这部分接下来的内容当中，卢梭回溯了人类历史发展的过程，运用历史事实从正反两个方面说明，有的民族保持了原始的自然属性也就保持了淳朴的道德风俗，有的民族发展了虚华的科学和艺术则导致了道德风俗的败坏。一方面，卢梭指出埃及、希腊、东罗马帝国和中国都是智力渐开，科学与艺术发展，但社会道德风俗却随之变质的典型。古老的埃及王国曾经征服世界，但从它成为哲学与美术之母后便被异邦人所征服。希腊人的灵魂被文艺腐蚀之后便成为马其顿人的奴役。艺术繁荣的起点，恰是罗马堕落的开始。而"一切极其无耻的奢侈与腐化、种种最黑暗的谋杀与陷害、一切极其邪恶的罪行都汇合在一起,这一切就构成了君士坦丁堡的历史的脉络"(第 13 页)。而就中国的情况而言,在这个国家中取得荣誉的途径不是武功而是文章,这使得它被套上了鞑靼人的羁轭。另一方面,其他的为数不多的民族,如波斯人、塞种人、日耳曼人、希腊人和罗马人,由于没有沾染虚浮的知识,他们以自己的德行造就了自己的幸福。卢梭崇尚自然,他所批判的矛头直指隐藏着"疑虑、猜忌、恐怖、冷酷、戒惧、仇恨与奸诈"(第 10 页)的封建文明和文化,认为自然保护人们避免科学,就像母亲要从自己孩子的手中夺下一种危险的武器一样。

三、科学与艺术之恶和回到自然

卢梭认为,历史经验已经证明,科学、艺术的作用是伤风败俗的,科学、艺术本身也能论证这一点。《论科学与艺术》的"第二部分"是对科学与艺术本身的考察,卢梭试图通过推理得出与历史的推论相一致的全部论点:1. 科学、艺术起源于恶。"天文学诞生于迷信;辩论术诞生于野心、仇恨、谄媚和撒谎;几何学诞生于贪婪;物理学诞生于虚荣的好奇心;所有一切甚至道德本身,都诞生于人类的骄傲。因此,科学与艺术都是从我们的罪恶诞生的。"(第 21 页)如果从迄今所能知道的科学与艺术的目的进行推导,那么它们的原因也都非人类的真正德性,而是人类文明异化中的罪恶,所起到的作用也不外是对文明异化的一种"增补",尽管这种增补的作用是"致命"的:"艺术如果缺少了把它培养起来的奢侈,那么我们又要艺术做什么呢?若是人间没有不公道,法理学又有什么用呢?如果既没有暴君,又没有战争,也没有阴谋家,历史学还成个什么东西呢?"(第 21 页)2. 奢侈与科学和艺术如影相随。"奢侈很少是不伴随着科学与艺术的,而科学与艺术则永远不会不伴随着奢侈。"(第 23 页)科学研究工作中有许多危险和歧途,"错误可能有无穷的结合方式;然而真理却只能有一种存在方式",因而,"错误的危险要比真理的用处大过百倍"(第 21 页)。由于人们难以区分真理和谬误,真理和谬误必然鱼龙混杂,谬误甚至会将自己打扮成真理的面目示人,"科学既产生于闲逸,反过来又滋长闲逸;因此它们对社会所造成的第一种危害,就是无可弥补的时间损失"(第 22 页)。学术的研究使人们产生才智的差别和德行的败坏,导致各种谬论频传。社会重才而轻德,人们偏爱赏心悦目的虚华,而不热衷真实有用的才华。艺术较之科学,更是奢侈的原因和结果。艺术产生闲暇与奢侈,反过来又刺激了社会的虚荣和奢侈。奢侈的生活必然导致社会风尚的败坏,社会风尚的败坏又会导致社会审美趣味的腐化:"当生活日益舒适、工艺日趋完美、奢侈之风开始流行的时候,真正的勇敢就会削弱,尚武的德行就会消失,而这些也还是科学和种种艺术在室内暗中起作用的结果。"(第 27 页)在这样的社会环境中,艺术家中很少有人能奋张自己的艺术才华,而大多数人更乐于阿谀逢迎社会的低级趣味,流俗地创作平庸的作品;很少有人能忍受默默无闻的境地,忍受贫困潦倒的命运,而大多数人更乐于扼杀自己的灵感去为平庸的艺术张目。结果平庸的艺术则使整个社会沉湎于奢侈的生活。3.身体和道德品质的训练是拯弊的自然之道。卢梭认为,要摆脱虚华、无益、奢侈的异化文明,以及这种环境下形成的科学与艺术的弊端,就必须回归古人的智慧。在"文明"社会中,教育固然传授各种学问,但却让青年丧失了本心,是青年从追求高尚、正直、节制、勇敢和崇敬的正确道路上滑向了追逐虚荣。对此,卢梭感叹道:"德行啊! 你就是纯朴的灵魂的崇高科学,难道非要花那么多的苦心与工夫才能认识你吗? 你的原则不就铭刻在每个人的心里吗? 要认识你的法则,不是只消反求诸己,并在感情宁静的时候谛听自己的良知的声音就够了吗? 这就是真正的哲学了,让我们学会满足于这种哲学吧!"(第 37 页)

科学与艺术既然不能给人类带来真正的福祉，那么就应该使人们保持自己的自然本性，青年人与其成为蹩脚的诗人，低劣的几何学家，不如使自己成为一位伟大的工匠。现在需要做的无非是“返回自然”，返回纯朴的心灵当中，“自然注定了要使之成为自然的学徒的人，是不需要老师的”（第 35 页）。

四、意义、影响及其局限

《论科学与艺术》反映了 1789 年法国资产阶级革命前夕小资产阶级的思想，“天赋人权”和“返于自然”等理论主张，在这篇论文中得到明确的表现，具有鲜明的民主性和强烈的战斗性。卢梭把科学、艺术同道德相对立，把科学、艺术的进步同风尚的解体，同奢侈、淫逸和奴役相联系，应该说，在某种意义上触及了阶级社会中科学与艺术为统治阶级所垄断、脑力劳动与体力劳动的对立加深了人间的不平等这类社会现象。它是启蒙时代的思想史的里程碑之一，认识到了科学和理性文化在当时的进步性，也认识到了科学和理性文化在人类历史发展中的局限性。卢梭的局限性，是以偏概全地否定了人类文明结晶的一般科学和艺术。从文艺理论史的意义上看，它以鲜明的姿态开启了崇尚自然的浪漫主义文艺思想的先河，标志着法国文艺思想的发展达到了一个新高峰。

（赵　文）

布封

论风格 1753 年*

布封(George－Louis Leclerc de Buffon,1707—1788),18 世纪法国博物学家、作家。1728 年法学本科毕业后,改学两年医学,后又研究博物学。1733 年,任法国科学院助理研究员。1739 年当上副研究员及皇家御花园与御书房的总管,直至逝世。任总管期间,建立了"法国御花园及博物研究室通讯员"组织,用 40 年时间写出 36 册的巨著《自然史》。1753 年,当选为法兰西学院院士,入院时发表著名演说《论风格》。1777 年,法国政府在御花园为其建立铜像,铜像座上用拉丁文写着:献给和大自然一样伟大的天才。

在《论风格》这篇演讲辞中,布封发表了关于"真正伟大的文学作品"的看法。认为作品之所以伟大是其一以贯之、气势协调的思想与严谨的结构、有机整一之表达的完美统一,而非华丽的辞藻和轻浮空洞的概念。文笔的重要在于它完满而合适地表达了思想和

---

* [法]布封:《论风格》,选自布封《奇妙的生灵》,何敬业、徐岚译,上海:上海文化出版社 1998 年版。文内引文,只注页码。

智慧。

一、好的文章要有风格

布封从口才和雄辩入手谈论文章的风格，指出二者是截然不同的。口才只需要感情充沛、口齿伶俐和思维与感受的敏锐，加上一些善于现场表达的语调、手势等装饰。而雄辩则需要切实的事实、思想与推理，以及对这些事实、思想与推理恰如其分的表达。雄辩比口才更能够深入人的心灵。好的文章要有风格，而真正的风格就是这种被赋予了层次和气势的思想。有力而凝练的文章风格，就是因为缜密而连贯地表达了思想。相反，散漫无力的风格则是因为仅靠华美的辞藻表达了拖沓松散的思想。

二、如何做到文章有风格

布封认为，应该在下笔之前，就做到在胸中有基本的见解和表达这些见解的层次，这可以看做是作者的一个初步的大纲。在这个大纲所确立的基本主题、题材的范围内，作者再以次要的、起承转合的意思去填充这些基本主题、题材之间的空当。作者还要凭借自己的才能、辨别力、经验以及反复辛勤的揣摩来完善、充实、拓展、提高自己的思维。

初步的大纲虽还不能算是文章真正的风格，它仅是文章风格的基础，但它可以调节、规范文章。这个对文章带有总体性规定的大纲，可以避免作者因一时的聪明而在文章中突兀地点缀一些华美辞藻、刹那的感悟，而破坏文章总体的结构，使文章看上去支离破碎、虎头蛇尾。也即是说，这个大纲可以指引文章做到总体的协调或者一气呵成。

好文章一定是凭借逻辑条理的连贯、有机以及表达这些逻辑的气势的协调而存在的。好的文章就像大自然一样，是一个按照永恒的计划去执行和创造的过程。人们做文章时，如果遵循了大自然这样的计划，并且让计划的每一步都充实完满，写作的文笔也就自然会淋漓酣畅。这样，文章的思想就和表达思想的文笔互为推动，文章就具有隽永而明快的风格了。

但是人们在写作中却总是不遵守这样整一性的构想，总是以各种随机、突兀的做法去打断这种整一性。就像上边提到的，有人总是随便在作品中添加一些与总体不相协调的惊人之语，而另一些作者则追求纤巧的思维、轻浮而空洞的概念，还有的作者则用深奥或者夸张的笔法去表述一些极为平庸普通的事物。这些做法都大大降低了文章的品格，都是典型的没有风格的表现。

所以，要想使文章真正具有风格，一以贯之的立意以及这个立意被用煞费斟酌的、合适的文笔展开，是最根本的途径。在此过程中，作者要极力避免偶然的灵感插入和那些浮华的辞藻来破坏文章的整一性，这样，文章的风格才会做到庄重乃至尊严。布封还强调，作者在对待自己一以贯之的立意的时候，一定要自信而真诚，这也是文章风格真实的保证。不过作者也要注意，不能让这种自信走过了头，从而变成一种过度的兴奋，要用理智去调节这种自信，使之适度。

三、“风格就是人本身”

最后，布封对自己的观点进行了总结。

好文章是规则与才华的统一，而才华尤其重要。好文章是作者上乘的构思、感觉、表达、智慧、精神、美感的统一体，是这些方面有机的、化合作用的结果。这些就是文章作者才华的体现。但作者的这些才华中，最重要的当然是思想和智慧，这也是文章风格的真正内涵。高格调的风格取决于作者高超的思想，有了这些高超而伟大的思想，作者再运用自己的全部才华进行自由的渲染、强化，写出的文章就会具有高贵而壮丽风格。音韵、节奏、旋律和谐优美的文笔，只要有个灵敏的耳朵，都能通过模仿别人而做到，但模仿并不等于创造，所以，这些仅仅属于风格的附属部分。那些内容空洞的文章，词句有时也是和谐的，这并不表示它由此而具有美的风格。真正伟大、高超的思想和智慧是持久、永恒的。作者只有在文章中合适地呈现了大量的真理，而不是一些知识和奇事，才能说他的文章具有美的风格。那些只包含众多知识、奇闻趣事的作品，兴许会名噪一时，但绝不会不朽，因为那些知识、奇闻都是“身外之物”，都能够转借、变质。真正的思想却是内在于作家的，从这个意义上讲，“风格就是人本身”（第 172 页），就是作家自己本身——是他通过高贵、典雅、壮丽的文笔表现出的持久、永恒的真理。

译文中对布封论述的对象表述为“文章”，但布封的观点事实上在文学理论尤其是文学创作和批评上影响更加深远。今天看来，布封的观点，对理论文章的写作和文学创作都具有普遍的启发意义，其著名论断“风格就是人本身”几乎是学界公认的至理名言。

（王金山）

狄德罗

论戏剧诗 1758年*

狄德罗(Denis Diderot,1713—1784),法国著名哲学家、文学家、戏剧理论家,法国启蒙运动时期"百科全书派"首领。出生于法国一个小城市作坊主之家,从小在教会学校读书,后来到巴黎求学,但只受过中学教育。狄德罗从小聪明好学,性格狂傲,具有民主思想,在当时社会环境中,接受了唯物主义,成为一名唯物主义哲学家。曾因宣传唯物主义被捕入狱,出狱后,与达兰贝尔、伏尔泰、孟德斯鸠等人开始编撰《百科全书》,1751年出版第一卷。到1772年全部37卷出齐,前后花费了20多年的时间。狄德罗还是一位优秀的文学家和戏剧理论家,在美学和画论方面卓有建树。其小说有《定命论者雅克和他的主人》(1773年作,1792年出版)、《拉摩的侄儿》(1762—1779年作,1805年出版)等,戏剧有《私生子》和《家长》等。《论戏剧诗》曾引起世人的关注,对后来欧洲戏剧

---

* [法]狄德罗:《论戏剧诗》,见《狄德罗美学论文选》,徐继增、陆达成等译,北京:人民文学出版社1984年版。内引此书,只注页码。

的发展产生了深远影响。美学著作有《关于美的根源及其本质的哲学探讨》(1752)等,另外他的《画论》(1766)也颇有影响。

一、新的戏剧形式的创立——“严肃剧”

狄德罗在戏剧理论上的重要贡献是提出了“严肃剧”的主张,这对于欧洲的戏剧发展起到了广泛而深远的影响,也为话剧的兴起奠定了基础。18 世纪的法国,古典主义戏剧盛行,包括一些启蒙运动的思想家像伏尔泰等都热衷于古典主义。当时法国出现了莫里哀、拉辛这样的古典主义戏剧大师,同时又有布瓦洛《诗的艺术》这样的古典主义诗学和戏剧理论的法典,古典主义戏剧得到很多人的拥护,在戏剧舞台上仍占主要空间。但是,法国资本主义已经开始发展,资产阶级市民阶层的发展壮大,给那种以宫廷贵族的好恶和趣味为主的宫廷戏带来了很大冲击。如果说古典主义戏剧在喜剧和悲剧的两个极端徘徊,到了狄德罗的时候,则更多地趋向于一个中间的道路。事实上,任何喜剧形式都可能会有悲剧的情节,而任何悲剧也都会允许有一定的喜剧内容,只是程度不同而已。他在《关于〈私生子〉的谈话》中说:“一切精神事物都有中间和两极之分。一切戏剧活动都是精神事物,因此似乎也应该有个中间类型和两个极端类型。两极我们有了,就喜剧和悲剧。但是人不至于永远不是痛苦就便是快乐的。因此喜剧和悲剧之间一定有个中心地带。”(第 90 页)这就是狄德罗所说的“严肃剧”,也就是“正剧”。

较之于喜剧里那些令人发笑的字眼,和悲剧里对恐怖、怜悯或其他强烈感情的激发,正剧或严肃剧可能不是那样趋向于极端,但并不因此而失去其风格,仍然会有令人感兴趣的东西。由于介于喜剧和悲剧之间,正剧的风格更丰富多变,也就更可以左右逢源。他认为,这应该成为严肃戏剧的优点。如果说任何戏剧吸引观众都需要一个感情基础的话，那么，在正剧里，激情表现得越强烈，剧本的趣味就越浓。“在正剧里，风格应是更有力，更庄严，更高尚，更激烈，更富于我们叫做感情的东西。没有感情这个因素，任何风格都不可能打动人心。”（第135页）如果把正剧和喜剧一场对一场地排成两条画廊，那么，人们可能会在正剧画廊里驻足较久且更乐于逗留，正剧会让人们体验到更强烈、更愉快的感觉。因为正剧遵循着一定的道德标准和情感基调，那就是“正派”：“所以我再重复一遍：要正派，要正派。它会比那些只会引起我们的轻视和笑声的剧本更亲切更委婉地感动我们。”（第136页）

正剧或严肃剧狄德罗有时候称之为“严肃喜剧”，也就是说比起喜剧来，它更加正派，更加具有悲剧意味。因而，狄德罗认为，相对于喜剧来说，严肃剧更靠近悲剧。这是由严肃剧的风格来决定的。正因为如此，无论是悲剧还是喜剧，都包含着可以用严肃剧来表达的内容和情节，当然，严肃剧或正剧也一定包含着带有喜剧或悲剧色彩的内容和情节。从这方面来看，严肃戏剧可能是一切剧种里最不受限制，也最为容易的一个剧种。这对于打破古典主义的“三一律”，使戏剧走向普遍化、大众化与平民化，起到了很好的作用。所以，有的时候这种正剧或严肃剧又称之为“市民剧”或“平民剧”。

二、“严肃剧”的艺术特征和演出形式

1758年，狄德罗创作了另一部严肃剧《家长》，同时发表了关于严肃剧的长篇论文，就是这篇《论戏剧诗》（有的译为《论戏剧艺术》），进一步对严肃剧的一般艺术特征及其表演技巧进行了阐释。

狄德罗对戏剧的布局有极为严格的要求，认为这是一出戏剧从剧本到演出成功与否的关键。对于戏剧来说，布局是一个整体性的要求，而对话则散落于整体布局的各个段落和章节。这就存

在一个布局与对话的难易与先后问题。是先有总体的布局再展开对话，还是先完成各个章节的对话然后再统一布局？狄德罗主张前者。在他看来，一个题材可以有多种布局，但确定了其中的一种布局，其实也就确定了人物的性格和对话方式，如这个母亲应该妖娆，这个父亲应该严厉，这个情郎应该放荡，这个少女应该温柔善感等等，其对话形式就会只有一个而不可能自相矛盾。如果先设定了对话和各场的枝节，然后再回过头来去迁就布局，就会发现，情节的发展甚至对话都会十分勉强。所以，狄德罗给自己的严肃剧立下了严格的戒律："绝对不在布局尚未确定之前就把任何一个枝节的想法落笔。"（第 148 页）根据整体的布局，完成戏剧的提纲，安排各个章节和场次，形成对话并穿插枝节，枝节的选择必须严格并且有节制，这样，才能实现整体的戏剧效果。

在他看来，戏剧布局的第一部分应该是主题的展示。剧情开始的时机，往往也是主题展示的时机，他倾向于那种开门见山式的揭示主题，但要分外小心谨慎的是，也不能让剧情发展得太快，不能一开头就把所有的东西展示给观众。开场写得精彩动人，如何去维持观众持续的期待呢？他主张由第一个事件作为第一场的题材，以此作为引子，引出第二场，再由第二场引出第三场，以此类推。因而，主题的展示是逐步完成的，直到终场，才完全实现。这种主题的逐步展示，也是人物性格的逐步刻画，因为人物性格是由情境来决定的。关于人物的性格，他主张人物性格可以千差万别，丰富多彩，但反对在戏剧中形成人物性格的对比，认为进行对比，是对戏剧的损害，会使主题暧昧、对白单调、剧情展开不自然。此外，他对剧情的安排和分幕、幕间歇、场面、格调、风尚、布景、服装等也有详细的论述。

三、“严肃剧”的美学准则和教育价值

狄德罗在这种新的戏剧形式中注入了他自己的美学思想和美学标准，那就是真理和道德。在他看来，戏剧是追求真理的，即现实的理性和科学。只是这种真理性的诉求在他新的戏剧中尚无法从历史的领域体现出来，因为受到唯心史观的局限，他看不到社会历史发展的规律和必然趋势。狄德罗更多倾向于从人性的、道德的层面来对剧本、作家、演员和观众做出要求。在狄德罗看来，戏剧中的“真”和“真理”的问题，并不是自然主义的那种完全写实，也不必是一定发生的真实事件，它不是对外在世界的临摹和描写，而是有着一定的创造和虚构在里面。“真”或“真实性”有艺术的加工和创造在里面，便是“艺术真实”。在狄德罗的戏剧理论中，“艺术真实”是一个重要的思想，这事实上已经形成了初步的“典型”理论。

他认为，一个真正的诗人和戏剧家应该是一个道德高尚的人，只有道德高尚的人才会让作品充满感情和人情味。因此，“感情”在他的戏剧理论和诗学思想中具有重要意义。相对而言，那些悭吝鬼、迷信者和伪君子是绝对成不了诗人和作家的，他们往往都是那种铁石心肠的人。没有了高尚的思想境界，写出来的作品不可能成为伟大的作品。“真理和美德是艺术的两个朋友”，这句话可以看做是狄德罗文学批评理论的基础，也可以看做是他的作家创作论。从作家来说，对真理的认识和对美德的追求是无限的，它是作家主体的内在构成要素，也是作品具有感染力的重要方面。在狄德罗看来，一个对真理漠然视之和对美德无动于衷的人，是不可能成为一个好的作家的，更不可能成为一个伟大的作家。狄德罗认为，不仅戏剧的作者需要有高尚的道德风尚，对于戏剧演员来说，也同样需要具备美德，他们需在自身的道德修养方面下工夫。

狄德罗创立严肃剧的一个重要的目的，也是在于戏剧的教育功能。这也就是他为什么反复要求戏剧要“正派”的原因。无论是戏剧本身的体裁和题材，还是演员的表演和观众的接受，都是为了弘扬美德、祛除罪恶。他认为，只有在戏院的池座里，好人和坏人的眼泪才会流到一处。坏人会为自己犯过的恶行感到不安，对自己带给别人的痛苦感到同情，并对戏剧中出现的具有他那种品性的人表示气愤。当这一切通过演员的表演而在坏人的身上发生作用之后，那个坏人可能会铭记在心，当他走出剧院的包厢，或许就不再像以前那样倾向于作恶了。狄德罗认为这正是严肃戏剧的作用，这比来个严厉而生硬的说教和痛斥会更加有效。

（陈　诚）

扬　格

试论独创性作品 1759年*

爱德华·扬格(Edward Yong,1683—1765),英国诗人、剧作家、文学批评家。1683年(有种说法是1686年),出生于英国温切斯特附近的一个牧师家庭。早年在牛津大学学习,1714年获民法学学士学位,1719年获博士学位。在大学期间开始与伦敦文学圈子接触,1713年,出版早期比较重要的作品《末日之诗》。后来,担任爱尔兰沃顿侯爵的家庭教师,1727年成为宫廷牧师。1730年,他出任威尔文教区长,直到逝世。1736年至1741年,扬格的妻子伊丽莎白和养女相继离世,他万分悲痛,写作了由九篇无韵体诗作组成的近10000行的长诗《哀怨;或关于生命、死亡和永生的夜思》(1742—1745),诗中充满浓厚的宗教色彩和忧伤气氛。作者对自然和感情的礼赞,表现出英国早期浪漫主义诗歌的一些特点,该诗一经发表就产生轰动。1765年4月5日扬格病逝于哈福德郡。

---

* [英]扬格:《试论独创性作品》,袁可嘉译,北京:人民文学出版社1998年版。

扬格的主要作品还有:讽刺诗集《普遍的激情》(1725—1728),这部诗集由于受到当时著名诗人蒲柏的攻击而失色;三部东方题材的悲剧:《埃及国王布里西斯》(1719)、《复仇》(1721)和《兄弟》(1753);论文《试论独创性作品》(1759)。这篇论文提出了反对盲目崇拜和模仿古人、力求创新的观点,属英国18世纪浪漫主义文学思想的先驱。

一、《试论独创性作品》概说

这是扬格晚年的著作,是其写给好友塞缪尔·理查逊(Samuel Richardson,1689—1761)的一封信,又名《致〈查尔斯·葛兰底森爵士〉作者书》。《查尔斯·葛兰底森爵士》全名是《查尔斯·葛兰底森爵士的经历》(1754),是塞缪尔·理查逊的多卷本小说。该论文鲜明地表现出18世纪影响世界的前期浪漫主义思潮的一些特征:反对盲目模仿古人,赞扬独创精神,暗合了当时英国反对古典主义教条的文艺潜流。该文在发表的后一年内就有了两种德文译本,对德国的"狂飙突进运动"有一定影响。但它在英国却并未立刻得到重视,后来的批评家们也很少谈及它。直到20世纪初,西方文论家才渐渐发现这篇论文的价值,把它视为世界文论史上的重要之作。《试论独创性作品》一共三万余字,它本身就是一篇出色的美文,优美精致的譬喻,大量典故穿插其间,工整的排比句群,将一串串新颖的意象连缀成许多隽永味深的警句,宛如一袭镶满珠贝的华服,辗转间流转出熠熠的光辉,使人欣喜赞叹。虽然扬格的主旨在于批判古典主义的尚古教条,提倡不拘一格的浪漫主义创作态度,文中也充满大量夸张的比喻和描写,但他毕竟还是受到当时古典主义文风的影响,其文辞整齐雅致,讲究对仗,用典细密,无意间使这篇论文成了一篇符合古典主义理想的典雅之作。

二、独创性作品与模仿作品的优劣比较

18世纪上半叶，英国诗坛最有活力的批评语汇就是“模仿”，这个观念主要来源于当时最著名的诗人亚历山大·蒲柏(Alexander Pope,1688—1744)。蒲柏深受法国古典主义文学理论家布瓦洛的影响，他在《批评论》中提出自然是最值得研究和描写的对象，诗人不能离开自然。但他同时又说“自然既是荷马”，认为古希腊、罗马的诗歌是最优秀的艺术典范。蒲柏自己就是遵循这种古典主义原则进行文学创作的。当时许多作家在其影响下，也是打着模仿自然的口号去模仿古人。在《试论独创性作品》一文中，扬格正是针对这种古典主义的模仿风气，开始了他的理论宣言。

扬格首先将模仿分为模仿自然(生活)和模仿作家(作品)两种，称前者为独创，后者才是模仿。然后，又从各个方面详细地评判了独创作品与模仿作品的高下。“独创性作品是最最美丽的花朵，模仿之作则成长迅速而花色暗淡。”独创性作家“开拓了文学的疆土，为它的领地添上一个新省区。模仿者只能给我们已有的可能卓越得多的作品增加一种副本”。“模仿者即使再卓越，终究不过是在别人的基础上有了建树，他的债务和他的荣誉相等。而独创者有着恺撒一样的雄心，宁愿在村子里当第一人，也不愿在罗马城当第二人。”“模仿者要是有一顶王冠的话，他得和挑选的模仿对象共戴；独创者则独得掌声。独创性作品可以说是具有植物的属性：他从天才的命根子自然地生长出来，模仿之作往往是靠手艺和工夫这两种匠人，从先已存在的本身以外的材料铸成的一种制品。”扬格总结出模仿精神的三点不良的影响：1. 模仿使人文科学和文学艺术丧失了机械工艺享有的一种利益，即力图超越前人的品格。所以，机械工艺不停地进步和发展，而人文科学则倒退和衰落。2. 我们出生时都是被自然赋予的独一无二的个体，然而模仿

使我们越来越丧失独创性，这违背了自然的精神。3.模仿使我们想得少、写得多，获得了汗牛充栋却没有价值的大量书籍。有人也许会反驳说，多数拉丁文经典作家和希腊作家也都属于模仿者之列，可他们一样获得了我们的最高赞赏。扬格指出：出现这种情况是因为他们所模仿的作品大多数都已散佚，而我们当代的作家面临的情况与他们不同。“他们的父亲一死，他们就以合法继承人的身份进入那著名的庄园；而我们模仿者的父亲却还拥有产业，而且依仗印刷字的不朽力量，不怕哥特人和火烧，稳当可靠。”

既然独创比模仿高明百倍，那么古代作品是否就应该作为绊脚石而完全抛弃呢？扬格认为不然，我们对待古代作家和作品，关键是要有一个科学的态度。“让我们的思想从他们的思想吸取营养，他们供给最高贵的养料，不过是为了让他们滋养而不是消灭我们自己的思想。我们读书时，让他们的优美点燃我们的想象，我们写作时，让我们的理智把他们关在思想的门外。”扬格提倡模仿古代作家的创作方法而非他们的作品，像古人一样从自然中汲取营养，“踏着荷马走向不朽的唯一源泉的脚印前进，在他饮过水的地方——自然的乳房——饮水”，“让我们以古人的精神和趣味来创造作品，而不用他们的材料”。

三、如何发扬写作的独创性精神

那么，独创性作品为什么这么少呢？扬格指出：并不是因为创作的丰收季节已过，或人类心智的全盛时期已过，而是因为古代流传下来的显赫作品“使人意迷、心偏、胆怯”，人们盲目地屈从于古代经典。“它们迷住了我们的心神，因而不让我们好好观察自己；它们使我们的判断偏颇，只崇拜他们的才能，因而看不起自己的；它们用赫赫大名吓唬我们，因而腼腼腆腆中我们就埋没了自己的力量。”扬格认为，人类的心智在一切时代都是相等的，适当的培养和努力，使我们完全有可能超过我们不朽的前辈。并指出，我们现代人比古人有更好的创作条件，自然给我们的恩惠也同给古人的一样多，而时间让我们站在比古人视野更高的地方，我们的天赋也不亚于古人。更重要的是，我们可以“把他们（古人）的优美作为指南的北斗，把他们的欠缺作为应当回避的礁石，把历代人对于那些有缺点的评论作为行动的蓝本和可靠的舵轮”。所以，我们的目标是不仅“接近前人”、“达到前人”，更要“超越前人”。

像大多数的浪漫派代表人物一样，扬格极力推崇天才。在某种程度上，他把天才看做独创精神，而把学问看做是模仿技能。“天才是巨匠，学问不过是工具”，“成为天才特征的不能规定的优美和没有先例的卓越，存在于学问的权威和法则的藩篱之外……法则正如拐杖，对跛者是有用的帮手，对强者却是一种障碍”。他说：“我愿意以天才比美德，以学问比财富。正如美德越少的人越需要财富，天才越低的人，越需要学问。”“天才可以比作体格的天然力量，学问比作外加的武器装备；要是前者足以应付计划中的战斗，后者就只有妨碍而无帮助，只会推迟而不会促进胜利。”扬格指出，我们应该在重视天才的同时不贬低学问。对于天才，我们既不能压抑也不能过于放纵。更难能可贵的是，扬格看到了一定的社会政治环境对天才的影响。“在希腊罗马，天才产生了何等惊人的果实！它在那里享有何等美妙的阳光！它从当时政府的性质、人民的精神那里得到了何等的鼓励！”

扬格着重提出，我们要相信自己，发掘自己的潜力。“一个人可能不知道自己的才能，并不下于一个牡蛎不知道身上的珍珠，一块岩石不知道其中的钻石。”“由于并无正当理由而轻视自己的才能，人们可能失去成名、或许是不朽之名的机会。”扬格为人们指出的一条正确航道是“知道你自己”和“认识你自己”。首先要深入自己的内心，了解心灵的深厚、广阔、偏见和全部力量，激发并爱护智慧的每一星火光和每一分热量；其次是不能被伟大的范例或权威吓坏了理智，宁可要自己头脑中的土产品，也不要最为华贵的舶来品。在扬格看来，学问、韵脚、法则等都是与模仿联系在一起的。他大力赞扬莎士比亚不拘泥于书本和前人，而是从“自然的书”和“人的书”(即生活源泉)中得到了受益终生的东西。他批评蒲柏用“英雄双行体”(前后两行押韵，比较刻板)翻译的荷马史诗，认为“从荷马自由如空气、崇高和谐如天体的诗句到幼稚的带着手铐脚镣、叮当做声的诗句是多么大的堕落!”同时，他赞赏弥尔顿(John Milton)用无韵素体诗写的《失乐园》(1667)。

模仿者的心态是自认不如，而独创者的心态是“竞赛”，是试比高下。“竞赛激励我们，不要我们永远像新兵一样，在创作界的古代将领们的麾下练武，而要使戴上桂冠的老将们蒙受丧失光荣的优先地位的危险。”扬格号召不要再把古今作家看成老师和学徒，而是争夺荣誉的势均力敌的对手。他借用培根的话说：“我们应当更加努力，一经努力，我们成功的可能性就比我们设想的大。”他用热情洋溢的句子来鼓励和盛赞独创精神，每一个阅读的人都为之振奋。

扬格的这篇论文，充满了积极乐观的斗志，在“今古之辩”中，大力肯定了今人的能力和价值，大大鼓舞了读者的志气。但是，扬格没有超出时代和阶级的局限，他处处从基督教徒的信仰和立场出发，尤其是篇末把英国诗人、剧作家艾迪生(Joseph Addison)临终表现出来的基督徒精神说成是本文的主旨所在，对艾迪生的伦理思想极力吹捧。更明显的是，他对斯威夫特(Jonathan Swift)的评价不公正，强烈攻击斯威夫特的批判现实主义杰作《格列佛游记》(1726)，把其对资产阶级社会的无情揭露，说成是对“人性尊严”的践踏。这篇论文写作于18世纪英国文学乃至世界文学从古典主义向浪漫主义过渡的背景下，其优美的文句，精当的譬喻，使今天的读者依然能得到美的享受和理论的启发。

(许　璐)

约翰逊

《莎士比亚戏剧集》序言 1765年*

萨缪尔·约翰逊(Samuel Johnson ,1709—1784),英国作家、批评家,英国文学史上重要的诗人、散文家、传记家。出身贫苦,7岁进文法学校学拉丁文,受严格的教育。19岁进牛津大学,求学期间用拉丁文翻译了当时著名诗人蒲柏的一首长诗,受到称赞。一年后因家贫辍学,回家乡教书。28岁去伦敦谋生,受书商雇用,写英国议会中辩论摘要,为杂志撰文,也自编单张的小品文周刊。他是英国18世纪中叶以后的文坛领袖。1775年他编纂了英国第一部最大的英语词典,对英语发展做出重大贡献。他的《苏格兰西部诸岛纪游》(1775),包括作者对历史、伦理、文学以及对苏格兰民族的见解。主要作品有《致吉斯特菲尔伯爵的信》《〈莎士比亚戏剧集〉序言》。约翰逊1765年出版了经他校订的《莎士比亚戏剧集》。这个版本在后世常为学者诟病,因为他有时出于自己的意愿对原

---

* [英]约翰逊:《〈莎士比亚戏剧集〉序言》,李赋宁译,见《文艺理论译丛》第四辑,北京:人民文学出版社1958年版。内引此书,只注页码。

文进行删改。他对莎士比亚戏剧批评的主要贡献，在于他为莎士比亚戏剧所作的批注和序言。

一、作品要经受历史和时间的考验

《序言》开篇首先提出“厚古薄今”的问题，即为什么人们总是对过去的作家和作品更容易产生崇仰之情，而文学批评所讨论的问题却成了去挑今人的错，去发现古人的优点？文学批评究竟依据什么标准来评判出优秀的文学作品呢？约翰逊指出，精神创作与自然科学不同，自然科学很容易确定对错的标准，比如毕达哥拉斯计数法，会立即被判断为一种完美的计数法，但文学作品的评价标准如何找出呢？判断文学作品不是遵循一些论证推理的原则，而是要看它们能不能经久的受到读者重视，因为人类长期保存下来的东西，都是经受了检查和比较的。也只有通过比较才会发现一件作品是否超越了人类智慧的极限，例如，荷马史诗便被时间证明是人类最伟大的作品之一。那么，对于当下的文学作品，有没有办法对其优劣做出判断呢？约翰逊指出，未经肯定和试验性质的作品，要参照人类总的文学的能力及所达到的高度来加以判断，而这种能力和高度，又必然经过无数代人才能显示出来。只有经受历史和时间的考验，摆脱掉一切虚浮的因素——时代趣味、一地风尚、政治热情以及很容易引人注意而更轻浮易变的情感和事件，文学的真正价值才会显现。莎士比亚就是这样的诗人，他指出，莎士比亚的作品是经历了审美观念的数度变迁和风俗习惯的屡次更改的，它们从一代传给另一代时都获得了新的光荣和重视。

二、分析莎士比亚戏剧的优点和缺点

约翰逊首先对莎士比亚戏剧的优点进行了评价。指出，莎士比亚正确地表现了普遍性的事物,即共同的人性。他表现的感情和原则不受特殊性的限制,因而能震动所有人的心灵。他表现的人物不是一个人,而是一个类型。他还指出,莎士比亚是自然的诗人,他的戏剧创作来源于生活。不论是思想感情、人物语言还是情节事件,无一是远离实际生活的。正因为他贴近生活,所以他的题材如此广泛,表现的人类的情感也不再局限于爱情,而是表现人类生活中的各种情欲。莎士比亚表现了普通人的所说所想,当其他剧作家用夸张的善恶和离奇的事件刺激人们好奇心的时候,他却用人间的语言,依据符合人性情感的规律法则,使奇特的事情也变为熟悉。因之,约翰逊称莎士比亚的戏剧为“生活的镜子”。

人们通常将莎士比亚的戏剧分为三类:喜剧、历史剧、悲剧。约翰逊认为这样的分法并没有明确的根据,在这些被划分为不同类型的剧本中,莎士比亚的创作方法是相同的,即严肃和欢笑交替发生,喜剧场面和悲剧场面相混杂。尽管这种创作方法违背文学批评的法规而引来很多批判和反对,但约翰逊还是为莎士比亚辩护。指出,文学批评必须求援于人性,写作的目的在于通过快感给人以教导,而混合体的戏剧能给人以悲剧和喜剧的全部教导,因为它在交替表演中把二者都包括在内了,而且比单纯的悲剧、喜剧更接近生活的原貌,更能表现普通人性的真实状态。有人认为这种创作方法使感情的发展受到间断,缺乏感动观众的力量,但约翰逊认为,这种说法在日常经验中已经站不住脚,因为悲喜剧的场面的交换,很容易引起感情的起伏变化。此外,一切快感的源泉是多样化的。约翰逊对莎士比亚的喜剧褒扬有加,认为莎士比亚对喜剧的创作最为成功,是天赋使然,如鱼得水;而悲剧他则不太擅长,他的悲剧是技巧的产物,他的喜剧则是本能的表现。

约翰逊指出,莎士比亚戏剧的语言,也是使其剧作经久不衰的原因之一。莎士比亚的语言介于文雅和粗俗之间。他不像有学问的人或故作高雅之士,为追求一种文雅的语言而放弃真实。每一个民族的永不过时的表达方式，则是日常的普通交谈。因此，莎士比亚的语言比起任何其他古代作家的语言，读起来更为顺耳。莎士比亚是英国语言的独创性大师之一。

在分析了莎士比亚戏剧的优点之后，约翰逊也分析了莎士比亚创作中的缺点：只看重给读者的快感，牺牲了美德，没有履行作家所应有的道德责任；故事情节结构松散，后半部潦草结局；经常搞错时代和地域，张冠李戴，违反了或然率，牺牲了故事发生的可能性；人物语言有时太过粗俗，且不论绅士或太太、小姐常常都不够文雅，以至于不足以与村夫相区别。另外，约翰逊对莎士比亚的悲剧评价不高，认为他的悲剧花费力气较大而成绩却不尽如人意。他时常滥用自己的小聪明，导致作品的感情难以驾驭，而思想沦为平庸，结果往往是浮夸、臃肿、平凡而晦涩。比如对双关语的运用，莎士比亚往往为了单纯地追求双关语的趣味而不惜代价走入迷途。

三、反对用“三一律”约束戏剧创作

随后，约翰逊就“三一律”问题发表了自己的看法。他认为，为莎士比亚违反“三一律”的问题而责难莎士比亚是一种学究行为。他反对用“三一律”约束戏剧创作。首先，约翰逊对“三一律”的必要性做了考察。“三一律”要求戏剧创作遵从三个一致性：情节、地点、时间一致。对于情节的一致性，他指出莎士比亚确实没有一个“经他正规地加以复杂化和正规的加以解开的情节”，但是，他的戏剧中具有亚里士多德所要求的开端、中间、结尾这三个环节，事件是自然而然发生的，又是自然而然发展到它的结果的。他没有为了显示其情节的一致性而努力把某些情节加以隐藏，因为“真实的事件很少按着这样的顺序发生，而莎士比亚正是自然的诗人”（第154页）。其次，对于时间和地点的一致性，约翰逊认为更没有遵守的必要，因为那是从错误的假设里得出的结论，它们限制了戏剧的范围，从而也消减了戏剧的多样性。批评家们认为需要遵守时间和地点的一致性，原因是他们认为只有这样才能使剧本令读者相信，认为人们会无法接受这样的事情：几个月或几年里发生的事情会在三个小时里发生。而时间的狭窄限制就必然产生对地点的紧缩，因为人们无法设想在短短几个小时里一个人会在两个城市中间穿梭。但是，这样的提法根本站不住脚，因为没有人会把扮演当做真实事物来看待。认为人们不能相信他们第一时刻在亚历山大度过，第二时刻又来到罗马，这样的提法就假设了观众在开幕时便已将剧院幻想成了埃及。显然，如果观众能幻想一件事情，他就能幻想更多。因为他们在观看戏剧表演时，已经“处在一种超越真实的约束的崇高境界，从诗歌的高空他们有权利轻视尘世间事物的一切局限性”（第 156 页）。既然能将一个舞台幻想成一片田野，为什么不能将一个小时幻想成一个世纪呢？地点的局限性的逃脱，也意味着可以突破时间的局限，事实上，只要行动之间存在着密切联系即可。

约翰逊由此引出了戏剧的真实性的问题。他指出，人们对戏剧的相信，只是在适当的程度上加以相信。人们相信戏剧并不意味着认为真实的事件正在眼前发生，而是看到此情此景时设想到自己在同样的情况下会有的感受，即戏剧所表现的感情引起的共鸣。因此，与其说我们相信戏剧真实发生，不如说相信了它发生的可能性。悲剧带给人们乐趣正是因为人们意识到它的虚构性，如果人们真的将悲剧信以为真，那也就无法感受到任何乐趣了。

约翰逊认为，时间和地点的一致性虽然有时会有助于引起快感，但它并不是最重要的因素，为了使剧本有多样性和教育意义这些更高的品质，必须随时牺牲掉其一致性。严格遵照文学批评的法则写出的剧本，仅仅显示了人力所能达到的地步，而不是人力必须达到的境界，也就是说“三一律”不是文学应遵循的必须法则。

接着，他辩证地分析了创作来自于学问还是天赋这个问题。有证据证明，莎士比亚并没有接受过正规教育，而他推测莎士比亚也只懂英语。莎士比亚的著作中充满了知识，然而这些知识是在书本里是很难找到的，他的卓越成就大部分是天才的产物。同时约翰逊也指出，无论他的天赋有多厚，也只能把学到的东西使用出去，也必须逐渐积累才能丰富思想。约翰逊总结了莎士比亚的三大天赋：严密的观察力、精确的辨别力、如荷马一般的创造力，这三点是无法从学习中获得的。这种天赋使他能敏锐地观察生活，真实地描写出生活的本来面貌，认识各种生活方式和性格类型，把它们精细的区别并配以适当的形式表现出来。英国戏剧的形式、角色、语言、排场都是他的创造，他的创造力给英国的戏剧和文学乃至语言注入了新鲜的血液。

约翰逊比较了莎士比亚与爱迪生的戏剧，认为爱迪生的剧本可以放在判断力和学问相结合所产生的那些最高贵的作品的行列，说的是诗人的语言，而把莎士比亚的作品比做生活经验受孕后所诞生的一个强壮活泼的孩子。莎士比亚剧的优点与缺陷都如此明显，正像是野生的森林和原始的矿藏，充满了越界、违规、粗糙和无穷的生活的智慧与创造，他是自然的宠儿。因此，我们喜爱莎士比亚，更容易宽容他的缺点而盯住他的优点。约翰逊对莎士比亚的评价相对比较客观，没有一味的褒扬，而是在肯定的基础上做了分析和批评。但作者对莎士比亚悲剧肯定不足，认为是“技巧的产物”则有失偏颇。

（贾　悦）

莱辛

汉堡剧评 1769年*

莱辛(Gotthold Ephraim Lessing,1729—1781),德国启蒙运动时期的优秀剧作家、文艺批评家和美学家,德国民族文学和现实主义戏剧理论和实践的奠基人。他出生于沙克森的一个牧师家庭,少年时期学习古代语言,后来进入莱比锡大学学习神学,并醉心于自然科学、哲学、语言学,在文学艺术方面拥有渊博的知识。1748年到柏林,开始撰写文艺评论,与高特舍特进行论争,1766年写成美学名著《拉奥孔》,1769年出版评论集《汉堡剧评》。这两部书,对新古典主义的清规戒律进行了猛烈抨击,推进了德国民族文学的革新。

莱辛具有自觉的市民阶级意识,并将戏剧艺术的革新同新兴市民阶级的愿望与理想紧密结合起来。在他看来,德国启蒙运动的首要任务是争取实现民族的统一,而建立统一的德意志民族文

---

* [德]莱辛:《汉堡剧评》,张黎译,上海:上海译文出版社1981年版。内引此书,只注页码。

化是实现民族统一的途径。这一认识成为他从事艺术批评和创作实践的巨大动力。

他在反对搬用古典主义戏剧原则的同时，主张学习莎士比亚，借鉴英国的市民剧和感伤小说。而当时莎士比亚的戏剧在德国和欧洲其他国家正受到新古典主义的攻击，这也是他为之辩护的一个原因。1766 年，莱辛受邀到汉堡筹建汉堡民族剧院，并担任剧院的艺术顾问。他的主要工作是创办一份小报，对在民族剧院上演的剧目和表演艺术发表评论，以引起社会各界的广泛兴趣和深入讨论，扩大剧院的影响。他对这一工作倾注了自己的巨大热情和大量心血。汉堡民族剧院从 1767 年 4 月开张，同年 12 月事实上就关门了，直到 1769 年 3 月宣布解散，创立汉堡民族剧院的努力最终失败。他在汉堡建立民族剧院尝试的唯一成果，就是他根据该剧院 1766 年的五十二场演出撰写的一百零四篇评论，于 1769 年集成上下两卷出版，取名为《汉堡剧评》。

全书尽管表面上保持纪事文体，实际上内部结构变化十分明显。莱辛在撰写这些评论之初，为自己确定的目标是："本剧评应该成为一部所有即将上演的剧本的批判性的索引，它将伴随作家和演员们的艺术在这里所走过的每一步伐。"（第 3 页）可见他当初的设想并不是要撰写一部见解精深、具有理论指导意义的关于戏剧艺术的系统专著。但在担任剧院艺术顾问工作中的一波三折，使他超越了原先的设想，经常以评论上演剧目为名，深入地讨论戏剧艺术的一些根本问题。因此，这些剧评虽不是一部系统的理论著作，可是，由于作者的很多理论结论是在大量的戏剧实践中总结出来的，因此，他在书中所表达的许多思想和观点，至今仍然具有很高的现实意义。

一、抨击新古典主义，革新戏剧，建立市民剧

为建立德国民族的新型戏剧，莱辛从理论上和实践上都做了巨大努力。他在《汉堡剧评》中与狄德罗相呼应，提出了建立市民剧的主张。他认为必须冲破古希腊以来，特别是17世纪新古典主义的传统，打破传统的悲剧与喜剧的界限，在题材内容和风格形式上来一番改革，使戏剧适应反映现实生活的需要。在他看来，市民剧应该反映市民阶级的生活、思想和感情，新兴阶级应当充当戏剧的主角。他说："王公和英雄人物的名字可以为戏剧带来华丽和威严，却不能令人感动。我们周围人的不幸自然会深深浸入我们的灵魂；倘若我们对国王们产生同情，那是因为我们把他们当作人，并非当作国王之故。"(第74页)在艺术风格上，他提出冲破新古典主义束缚，真实地描写现实生活的主张，认为艺术家要走向民间，因为在"宫廷里是无法认识生活的"；在语言上，他提倡运用日常生活用语，反对华而不实的贵族语言；在社会作用上，他强调宣传平民道德，批判贵族风尚，以充分发挥戏剧的道德教育作用。莱辛还通过自己的创作实践来证实自己的戏剧理论，他创作了剧本《萨姆逊小姐》《艾米利亚·加洛蒂》，不同程度上体现了市民剧的特征。莱辛还具体分析、批判了古典主义戏剧的"三一律"原则，指出"三一律"是因为古代戏剧演出有歌队在场造成的，而现代戏剧废除了歌队，时间、地点的一致也就不必要了，但他认为情节的一致是必须的。

二、强调人物性格刻画，以达到艺术的真实

在西方文论史上，莱辛是从重视情节转向重视人物性格特征的文论家。他强调性格在戏剧中的地位，指出"一切与性格无关的

东西，作家都可以置之不顾。对于作家来说，只有性格是神圣的，加强性格，鲜明地表现性格，是作家在表现人物特征的过程中最应当着力用笔之处”(第 125 页)。他还说：“在最细微的行动中，性格也可以得到表现；并且只有把性格表现得最明确的行动，按照艺术的判断，才是最伟大的行动。”(第 50 页)虽然他对人物性格的理解还受类型化的影响，但他主张描绘某种特定环境中的性格在理论上是一个进步。

在莱辛看来，戏剧不仅要符合历史的真实，忠实地摹仿自然，更要达到艺术真实，要注重摹仿人们的感情和精神力量的自然。他说：“摹仿自然根本不成其为艺术的规则，假如果真是这样，艺术也就因此而不再成其为艺术，至少不成其为高明的艺术。”(第 358 页)他指出，既要忠实地摹仿自然，也要注重摹仿感情和精神力量的自然。他说：“在自然里，一切都是互相联系的，一切都是互相交错的，一切都是互相变换的，一切都是互相转化的。但是就这种无限的多样性来说，它只是为具有无穷智慧的人演出的戏剧。为了让智慧有穷尽的人同样欣赏这部作品，他们必须获得赋予自然本身所没有的局限性的能力，必须有进行鉴别的能力，并能随心所欲地驾驭自己的注意力。”(第 359 页)

莱辛通过探讨悲剧运用真实名字的问题，阐述了诗歌与历史的关系，辨析了艺术真实与历史真实之间的区别与联系。他说：“喜剧人物也好，悲剧人物也好，甚至史诗人物亦不例外，诗歌模仿的一切人物无例外地都应该说话、行事，不仅说他们自己应该说的话，行他们自己应该行的事，而且每一个人还将并且必须按照各自的性格，在同样情况下说话或者行事。”(第 452 页)并指出“高乃依夸耀自己具有非常奇妙的虚构的本领，可是他应该懂得，不是单纯的虚构，而是有目的的虚构才表明一种创造精神”(第 168 页)。

三、关于戏剧形式的探讨

在评论法瓦尔的剧作《苏莱曼二世》时，莱辛谈及小说与戏剧的关系。他说："由于戏剧的想象远比一部单纯的小说丰富，所以戏剧里的人物也远比小说里的人物更能引起我们的兴趣。"(第187页)"戏剧形式是唯一能引起怜悯与恐惧的形式；至少这种激情在任何别的形式里都不可能激发到这样一种高度。"(第407页)

莱辛对亚里士多德有关悲剧的作用——"净化、怜悯与恐惧"——做了深入阐释。他在评论剧作《理查三世》时认为，理查三世的作为并不是亚里士多德所谓的那种恐怖，"这种恐怖，是根本不应该称作恐怖的，亚里士多德用的是'恐惧'这个词。他说：悲剧应该引起怜悯与恐惧，而不是怜悯与恐怖"(第378页)。他辩护道："把悲剧的激情分成怜悯与恐怖的，显然不是亚里士多德，而这种区分遭到指责是理所当然的。人们错误地理解了他的论点，错误地翻译了他的论点。他说的是怜悯与恐惧，并非怜悯与恐怖；他所说的恐惧，绝非另外一个人面临的厄运在我们心里引起的为他所感到的恐惧，而是由于我们跟受难的人物相似为我们自己产生的恐惧；这是我们看见不幸事件落在这个人物身上时，唯恐自己也遭到这种不幸事件的恐惧；这是我们唯恐自己变成怜悯对象的恐惧。总而言之，这种恐惧是我们对自己的怜悯。"(第382—383页)在阐释亚里士多德对悲剧重要性的基础上，莱辛对悲剧进行了界定："悲剧是一首引起怜悯的诗。按其性质来说，它是对一个行动的模仿，像史诗和戏剧一样；然而按其题材来说，它是对一个引起怜悯的行动的模仿。根据这两种理解，完全可以引申出一切悲剧法则，甚至可以据此确定它的喜剧形式。"(第393页)他对怜悯和恐惧两种激情的解释，丰富了亚里士多德关于悲剧功用的内涵。

四、艺术使命：冲破成规，富于创造，提高人们审美素养

“艺术的使命，就是使我们在这种鉴别美的领域里得到提高，减轻我们对于自己的注意力的控制。”（第359页）莱辛认为，艺术的使命就是要创造一些能提高人们审美能力和美学素养的作品。这就要求艺术必须冲破成规，追求创新和创造。至于艺术家如何有效地创造出这样的作品，他也提出了自己的看法，并指出“有些无知的批评家，很爱挥舞那死板规则的大棒，并且宁愿把这些规则当成一出戏剧的完美性的唯一源泉，而置天才于不顾”（第175页）。这里，莱辛更看重的是天才和创造性，而不是束缚作家的一些规则。在谈到伏尔泰对高乃依《艾塞克思》的批评时，莱辛就历史人物的真实与性格刻画提出了自己的看法。他在评价《苏莱曼二世》时，再次强调：“对一个作家来说，性格远比事件神圣。首先是因为，如果对性格进行了仔细的观察，那么事件，只要它们是性格的一种延续，便不可能有多少走样儿；因为相反，可以由完全不同的性格当中引出相同的事件。第二，因为丰富的教育意义并非寓于单纯的事件，而是寓于认识。这种性格在这种情况下通常会引起这样的事件，而且必须引起这样的事件。”（第176页）“我们把事件看做某种偶然的、许多人物可能共有的东西。性格则相反，被看作某种本质的和特有的东西。前者我们让作家任意处理，只要它们不与性格相矛盾；后者则相反，只许他清清楚楚地表现出来，但不能改变；最微小的改变都会使我们感到抵消了个性，压抑了其他人物，成为冒名顶替的虚假人物。”（第177页）在鉴赏力的提高和批评的标准方面，莱辛也提出了自己的见解。他还认为，与法国等国家相比，德国文学还很稚嫩：“我们的美文学并不缺乏血肉和生命、色彩和热情，但却十分缺乏力量与神经、脊髓与骨架。我们

的美文学还没有几部像样的作品，可以使一个在思维方面受过训练的人愿意拿来解除疲劳，恢复精神，摆脱日常工作的单调而讨厌的圈子！”（第 482 页）但他坚信德国民族文学颇具发展潜力。

由于莱辛善于通过自己的戏剧实践来分析艺术得失，提出自己的理论主张，因此，他的《汉堡剧评》所阐释的文艺思想，对德国乃至欧洲的很多艺术家都有过深入的影响，对于古典文艺理论产生了巨大冲击，对浪漫主义产生了明显影响。德国批评家赫尔德最早注意到莱辛的理论建树，认为“没有一个现代作家在文学的欣赏趣味和精深的批评方面，对德国发生过如此巨大的影响”。席勒在写给歌德的信中，也称赞莱辛在他那个时代所有德国人当中，对于艺术的论述是最清楚、最尖锐，同时也是最灵活的、看得最准确的人。

（饶先来）

康德

判断力批判 1790年*

伊曼努尔·康德(Immanuel Kant,1724—1804),德国古典哲学的奠基人,亦是天文学家、星云说创立者之一。生于1724年4月22日,其父是一个马鞍匠,父母都是信仰新教的虔信派教徒,康德幼年受到此派很深的影响。1740年入哥尼斯堡大学。从1746年起任家庭教师四年。1755年取得编外讲师资格,任讲师15年,讲授物理学、数学、逻辑学、形而上学、道德哲学、火器和筑城学、自然地理等。1770年被任命为逻辑和形而上学教授。从1781年开始,9年内出版了一系列涉及广阔领域的有独创性的著作,带来一场哲学思想上的革命,其中《纯粹理性批判》(1781)、《实践理性批判》(1788)、《判断力批判》(1790)"三大批判"最为重要。1786年、1788年,康德两度被任命为哥尼斯堡大学校长。他1796年从教坛退休,1804年2月12日在哥尼斯堡逝世。1790年问世的《判断

---

* [德]康德:《判断力批判》,邓晓芒译,北京:人民出版社2002年第2版。内引此书,只注页码。

力批判》，是“三大批判”中最后一部，在这部著作中，康德在认识论和伦理学之间建构了一个反思判断，最终完成了其先验批判哲学体系，为其“实用人类学”打下基础。全书分为“序言”、“导言”、“审美判断力批判”、“目的论判断力批判”四部分。本提要只概括其前三部分。

一、批判哲学体系及康德美学的出发点

1.批判哲学。为了对“纯粹理性”的“可能性和界限”进行反思、考察，康德写了《纯粹理性批判》，目的是在认识事物之前，先对理性认识能力本身进行研究和考察。康德认为，世界分为两部分：超越于自然界的“自在之物本身”和作为自然并受其必然规律支配的“诸现象”。前者是理性无法达到的，后者是理性认识的疆界。真正的知识一方面必须扩大主词概念范围，又得具有普遍性和必然性，所以是先天的综合判断。人的这种先天的理性认识能力，具备感性形式（时间、空间等）、概念形式（因果律、必然律等），因此，也只能够认识知识的形式，不能认识知识的内容。人再以这些先在的“模子”把客观世界加以塑形，就形成各式各样的现象，这也就是人为自然进行的“理性立法”。人的理性之所以能认识现象界，就是因为诸现象本来就是人的理性塑造的。而“自在之物本身”则超出了理性范围，并且它也不是理性创造的，所以不可认识。人的心灵分为认识（知）、快与不快的感情（情）、愿望（意）三个部分，人有三种认识能力——理解力、判断力、理性。理性又分为纯粹理性和实践理性，前者是基于先验构架的对经验诸现象进行理解的知性，后者是超越于经验之外的、对绝对和无限的“自在之物本身”的认识。《纯粹理性批判》是对第一种理性进行的探讨；《实践理性批判》是对第二种“理性”进行的探讨，因为理性对“自在之物本身”不能认识，就给信仰留下余地。人的自由和道德实践可以摆脱诸现

象，飞升到超验的自在之物本身，达到对上帝、灵魂、自由意志的信仰。这样，在理性认识和道德意志的先天法则基础上，建立了这两个领域的“先天综合判断”。而《判断力批判》，就是想探讨在感情领域中是否也可建立一种独立的先天原则，对于快与不快的感情，对于人的判断力，是不是也可构成具有普遍性和必然性的先天综合判断。

2.纯粹理性与实践理性的桥梁。受必然性支配的现象界，以知性（纯粹理性）行使职能，却达不到认识“自在之物本身”；以实践理性行使职能的“物本身”，不受必然律支配，它是自由的对象，但却是非直观的自然，因而似乎只能是一种“设想”。前者是自然，后者是道德；前者是理性认识，后者是意志信仰。两个世界似乎彼此独立，互不相干，有了“一道不可估量的鸿沟”（第 10 页）。《判断力批判》一书，就是要通过“判断力”来沟通自然的必然与道德的自由。“判断力”不是知性地从普遍出发规定特殊对象的“规定性的”判断力，而是从特殊出发去寻求普遍原则的“反思性的”判断力，是个别的事物引起主观上的某种态度，是对个别事物表示主观态度的一种判断，是与情感结合在一起的判断。这种与情感结合在一起的反思性判断，就是审美判断。由于判断力的“情”介乎“知（知性、纯粹理性）”与“意（理性、实践理性）”之间，所以，它既像“知”一样对外界事物的刺激有所感受，并面对个别的局部的现象界，又像“意”一样对外界事物发生一定作用，要求个别事物符合一般的整体目的。面对局部现象和面对整体理念的两种理性，在判断力中汇合。判断力要求把个别（局部的诸现象）纳入一般（自在之物本身）来思考，这也就使纯粹理性和实践理性得到了沟通。

3.目的论与“审美判断力”。受到必然律支配的“诸现象，是没有自由的；自在之物本身（灵魂、上帝等），则是自由的”。必然和自由，在“目的论”中得到统一。在实践理性的道德世界中，是有目的的；在纯粹理性的自然界中，从个别现象来看，由于完全受必然律的支配，是没有目的的。但若把自然界当作整体来看，就有目的了。本提要未包含的“目的论判断力批判”部分，就是探讨这种目的观念的。而且，人先天地具有主观认识的能力，自然的形式经过目的的安排，恰好符合了人的主观认识能力，是“自然的合目的性”（第16页）。其中，直接与愉快相关的主观、形式的合目的性，是审美判断力；在这基础上不直接与愉快相关的客观、质料的合目的性，是目的论判断力。“审美判断力批判”就是探讨自然如何符合主观目的。因为“每个意图的实现都和愉快的情感结合着”（第22页），当外物的形式符合我们主观认识的目的，我们就会产生一种“只是和主体有关”的愉快感。这种愉快感如果具备了“客体的合目的性”，也就是普遍性和必然性，就是一种“审美判断”（第25页）。《判断力批判》，一方面要探讨快与不快的个别现象，另一方面要使这种感情具有普遍性和必然性。因此，审美判断也是一种“先天的综合判断”，是自然与自由的“中介”，由于自由的实践理性指向道德世界，所以审美判断也就“促进了内心对道德情感的感受性”（第32页）。

二、关于美的分析

康德运用《纯粹理性批判》中对知性的认识能力所做的“质、量、关系、情状”四个方面的判断与契机，来进行美的分析。

1.质的契机：不带利害的愉悦（或不悦）。愉悦分为三种：对快适的愉悦、对于善的愉悦及对鉴赏判断的愉悦。快适是在感觉中使感官感觉到喜欢的东西，是一种享受；对于善的愉悦是单纯借助理性而使人高兴的，是道德上的愉悦。这二者都与利害相结合，都是由客体对人的价值决定的，快适可以看做对客体的“爱好”，善则可以看做对客体的“敬重”。只有鉴赏判断是一种“惠爱”，是不受客体价值约束的、无利害感的“惟一自由的愉悦”（第45页）。鉴赏判断的对象就是"美"。

2. 量的契机:无概念的普遍性。审美快感是一种单称判断,其对象都是一些单个的具体形象。尽管单个的形象无概念的普遍性,但审美快感却具有普遍性,因为每个人都主观上先天具有"普遍同意"(第 51 页)的内心能力。

3. 关系契机:形式的无目的性与客观的合目的性。单纯的形式符合了我们主观鉴赏的需要,就是美的。这是康德所谈的"自由美(pulchritudo vaga)",它不以对象应该是什么为基础,是独立存在的美。但事物本身是有目的的,有时离开这些目的又不可能单纯鉴赏形式,就出现"依附的美(pulchritudo adheaerencs)",这是一个以概念及这个概念对象的完善性为基础的美。依附的美并不是低级的美,康德认为,理想状态的美,只可以期望于"人的形象",这个形象的理想性,就在于表达"道德性"(第 72 页)。

4. 情状契机:无概念的必然性。美感是一种对一切人都具有的、示范性的、必然性的面对形式的愉悦,不是理论的、实践上的必然性,而是来自于主观上先天的"共通感(sensus communis)"。

上边四个方面的契机,通过知性对想象力的约束,形成各种认识能力的协调,就进入自由的审美境界,为最终达到道德境界做了准备。

三、关于崇高的分析

1. 从"美"到"崇高"。崇高与美都是让人喜欢的,它们也都是从单一出发达到普遍的反思判断。但二者的不同也很显然:崇高很多时候是无形式、无限制的,因此更多来自于实践理性,不像美是来自于纯粹理性。所以,美直接带来愉快,崇高则是一种间接产生的愉快,是"严肃态度",是惊叹或敬重,是一种"消极的愉快"(第 83 页)。最重要的,崇高无须像美一样,寻求一个我们之外的根据，而是只须在我们心中直接面对无限的理性观念的世界。

2. 数学的“崇高”与力学的“崇高”。数学上的“崇高”是指数量上、体积上的无限的大，既说“无限”，就是感官所不能够把握的，是不能够计算出的，“因为数目的势头是延伸至无限”的，永远也没有一个无限大的数。所以，“崇高”是那种任何东西对它来讲都是小的、只能思维地表明内心里有一种超出任何感官尺度的东西。从质上来讲，“崇高”所引起的似乎是一种“不愉快的情感”（第 98 页），是一种敬重和激动。力学上的“崇高”，是指强力，一种胜过很大阻碍的能力。强力是激起恐惧的根源，但又不能反过来说一切激起恐惧的对象都会引起崇高感，我们又没有抵抗这种强力的“强制力”，我们就把它表示为“恐惧”。但这种恐惧是“可恐惧的”，却不是置身其中的恐惧感，而是理性力量对恐惧的对抗，是把那种情形设想为决不会为其担忧的一种“放下一个重负而来的快意”（第 100 页），是“高兴”。道德的人对于上帝，处于安全地带的人对于可怕自然景象观赏时的情感，就是崇高。最终，崇高还是归于心灵中理性的能力。

四、关于艺术

1. 纯粹审美判断的演绎。审美判断是先天综合判断，其根据是什么需要演绎。审美判断具有一种双重的、逻辑的特性：一方面具有不依靠概念的先天的逻辑普遍性；另一方面其必然性却并不依赖于先天的论证根据。这源于审美判断的性质：主观的审美判断带有要每个人都同意的特点，“好像这是客观的一样”（第 123 页），但其又根本不能通过论证根据来规定，又“好像它只是主观的一样”（第 125 页）。所以有这样性质，是因为审美判断基于“共同的人类知性”（第 135 页），也就是所谓“共通感”。除了这种先验演绎之外，要想证明审美判断的普遍性，还必须有另一方面的演绎，就是客观经验性的演绎，也就是在社会生活中达成共识的手段——艺术。康德并不看重艺术，认为这种对美的经验性的兴趣只有在社会中存在，是因为社交性的需要。而更高的审美判断是对美的智性的兴趣，是对自然的美怀有一种直接的兴趣，它在任何时候都是一个善良灵魂的特征，是“道德品质的标志”(第140页)。

2.什么是艺术？艺术与自然不同，人们只有通过理性思虑基础上的自由而非像蜜蜂的本能一样进行的生产才是艺术。艺术也与科学不同，艺术是实践能力，是技术；科学是理性能力，是理论。艺术也和手艺不同，艺术是自由的，手艺是雇佣的；艺术是快适的游戏，手艺则是辛苦、强制的劳动；艺术是无目的的目的性，手艺是为了诸如报酬之类的直接目的。艺术可以分为为了知识的、机械的艺术和为了快适的、美的艺术。

3.天才及审美理念。艺术不是自然，又得看起来像自然；艺术是自由的，又必须符合必然律，只有天才能够为之。天才就是给艺术提供规则的才能(第150页)，既符合自然，又有不可传授的独创性，是天才的重要特性。自然美是一个美的事物，艺术美则是对事物的美的表现。鉴赏力是对美的评判，天才是对美的创造。尽管自然美象征着善良的道德气质，也有其优长，但艺术美可以将自然界丑的或令人讨厌的事物进行美丽的描写，复仇女神，疾病，兵燹等灾难，都可以描述得很美，甚至可以在油画中表现。不过康德也强调，太“令人恶心”的事物还是不能用艺术加以美化的。美的艺术是天才与鉴赏力的结合，天才的想象力、知性、精神是产生艺术“灵气”的方面，而鉴赏力是更重要的方面，因为只有它“规范着想象力在其自由中与知性的合规律性的适合”(第165页)。

4.艺术的划分。康德根据三种表达方式——词语、表情和声音的结合程度，把艺术分为三类：语言艺术，就是讲演术和诗艺。前者是把严肃的知性当作想象力的自由游戏来进行，后者是把想象力的自由游戏当成知性的严肃事情来进行。造型的艺术，表现感官直观中的理念的艺术。表达感官的真实时，是"塑形的艺术"，比如雕塑艺术和建筑；表达感官幻象的，是绘画。绘画又分两种：一是绘画本身，是"美丽地描绘自然的艺术"；一是园林艺术，是"美丽地编排自然产物的艺术"。感觉的美的游戏的艺术。感觉有听觉和视觉两种，所以，此种又分为音乐和色彩艺术。

五、美是"无目的的合目的性"

对于美的鉴赏有没有标准呢？康德认为，这构成了对鉴赏的先验批判的二律背反：一方面，是审美趣味的无争辩，"每一个人都有他自己的鉴赏"(第184页)，所以，鉴赏判断不是建立在概念基础上的；另一方面，审美判断力是先天综合判断，是基于人的普遍共同的人类知性，所以，鉴赏判断是建立在概念基础上的，鉴赏虽不可以争辩，却是可以争执的。要解决这样的二律背反，必须看到，审美判断必须以概念作为基础，但这个概念"根本不可以通过直观来规定"(第186页)。只要不把鉴赏的判断仅仅设定为快意，或是相反，设定为是普遍有效性的完善原则，就会看到，这种二律背反，事实上是要求人们把眼光超出感性的东西之上，而在超越感官的存在中去寻找一切先天能力的结合点，这也是审美判断力作为从特殊出发去寻求普遍原则的"反思性"判断力的特性和要求。如果做到这种超越，就会看到，自然和艺术的美都是合目的性的，不是有目的的、主观的合目的性，而是无目的的合目的性，是"接受大自然的好意"(第197页)，是对每个人都先天有效的。"美是德性—善的象征"(第200页)，但美是在反思性的直观中直接地让人喜欢，"德性—善"是在概念中令人注意。只有看到这种最终的基于共通感的指向，才能理解为什么每个人"自己"的鉴赏判断，都要求被别人认同。

六、理论影响

康德是德国古典主观唯心论美学的创始人，为浪漫主义文学理论奠定了基础。西方十九、二十世纪的美学和文学理论，许多都是在片面发展康德《判断力批判》中某些论断基础上产生和兴旺起来的。比如“唯美主义”片面发展其“单纯的形式”、自由的愉悦等方面，抛弃了其德性象征的因素，俄国形式主义也把康德奉为他们真正的老师。分析美学、结构主义、解构主义美学与文学理论，也在这样的理路上拓展对艺术的意义构成研究。康德事实上开启了西方近代以来的对艺术以审美为主要着眼点的研究思路，而且，因为康德对审美判断沟通道德、信仰与理性的作用判定，也开启了西方 20 世纪对艺术研究的重视，现象学美学、存在主义美学、阐释学美学、接受美学等，都在对康德的批判性阐释的基础上扩展出新的理论基点，使艺术成为 20 世纪西方美学的中心。由于康德重视“人为自然立法”的主体性建构，在胡塞尔的进一步推动下，促发了西方现代美学和文艺思想中的主体性、人本主义转向。

（王金山）

席勒

论素朴诗与感伤诗 1796 年 *

席勒(Johann Christoph Friedrich Schiller,1759—1805),德国诗人、戏剧家、文艺理论家和美学家。主要戏剧作品有:《强盗》《阴谋与爱情》《华伦斯坦》和《威廉·退尔》等。席勒生活的 18 世纪后半叶的德国,经济落后、政治分裂,封建专制严重。席勒十三岁时被强行送入一所"军事学院",在这个严酷而残忍的学校里接受长达八年的教育。枯燥无味而又严酷无情的生活,使他长时间沉溺于思辨和幻想中,后来他接受了康德哲学,这就形成了他著作的独特风格——诗意和哲理的结合。歌德说,贯穿席勒全部作品的是自由这个理想。席勒在 1794 年出版了他的成名作《审美教育书简》,第二年又完成了《论素朴诗与感伤诗》这本书的写作,并于 1796 年出版。这两本书给席勒带来了巨大的影响力。他对诗的这一分类,在欧洲得到广泛传播,对欧洲浪漫主义影响很大。

---

* [德]席勒:《论素朴诗与感伤诗》,见《缪灵珠美学译文集》(第二卷),北京:中国人民大学出版社 1987 年版。内引此书,只注页码。

一、该著概述

《论素朴诗与感伤诗》是关于诗的本质和诗的发展历史的一部重要文艺论著。席勒在这本书中就诗人对待自然的态度来对诗人和诗歌进行分类。他认为，体现自然的诗人是“素朴的诗人”，寻求自然的诗人是“感伤的诗人”；体现自然的方式是“无意的素朴”，直接描写这种素朴感情的诗，就是“素朴诗”，追求自然的方式是“人为、有意的素朴”，在思辨的条件下从内容方面恢复这种素朴的情感，描写这种感伤情调，相应的诗就是“感伤诗”。以古希腊为代表的古代诗人多是素朴诗人，而近代诗人多是感伤诗人，这两类诗人不仅意味着时代的差别，而且也指风格的差别。素朴诗和感伤诗有区别也有联系，素朴诗与感伤诗的结合就变成了牧歌；素朴感情的对立面是思辨理智，在素朴诗里见到的往往是自然与其对应的素朴情调，在感伤诗里显现的往往是通过人为的自由活动的理智否定了自然，而在牧歌里往往是理想，它使完美的人工返回自然。素朴性格所对应的人就是现实主义者，而感伤性格所对应的人可称为理想主义者，他们的区别和分歧是在形式上，而不是在内容上，是在个别方面，而不是在整体方面。在书中，席勒以其特有的思辨能力，先对自然和素朴等概念做了辨析，接着阐明“无意的素朴”和“有意的素朴”，再对举“摹仿现实”和“表现理想”，并顺理成章地提出了素朴诗人与感伤诗人、素朴诗与感伤诗的区分，而后就感伤诗的三种类型做了详细阐述，并论述了素朴诗与感伤诗的区别与联系，最后根据素朴性格和感伤性格，从道德伦理以及思想方式角度，提出现实主义者和理想主义者的概念。

二、素朴诗与感伤诗的分野及其联系

在席勒看来，人类的从前和未来都是“自然的”，是“人类的童年的写照”，也是人类最高理性境界之写照。“自然”与“人为”对照，而使得人为相形见绌。唯有当“人为”摆在“自然”之前，那时自然才显得是素朴的。而且“自然之战胜人为，不是凭借其盲目的威力，即力量之伟大，而是凭借其形象，即精神之伟大，简言之，不是因外在的需要，而是因内在的必然”。“自然”在与“人为”的夺势较量中，是一种自然而然的胜利，因此，“素朴乃是一种不期而遇的天真”(第 231 页)。在古代，人的感觉和思想，外在的接受能力和内在的思维能力是和谐统一的，因而他的感觉和思想是和客观的自然相一致的。自然不过是自由自在的生存，事物的自身经历，事物按照自己的永恒规律的存在。“我们喜爱它们那默然创造的生机，那安然自发的活动，那依照本身规律的存在，那内在必然性，那始终一贯的统一性。”(第 226 页)这时，人和自然是同一的，人就是自然。因此，摹仿外在自然生活的诗，就是素朴的诗。而在现代文明社会里，“感觉与思想的和谐，以前是在现实中发生，现在仅是在理想中存在；它不再存在于他心中，而存在于他身外，不再是他生活中的事实，而是一个首先要实现的思想”(第 246 页)。现代人性的完整和谐消失了，人的感性和理智已经处于分裂和对立状态，人的外在表现和内心思想追求不再是一回事，感性和理智的和谐已不是现实，而只是一种理想。因此，诗人要表现“完满的人性”，就不能像古希腊人那样去摹仿外在自然生活，而只能显示自己头脑中的理想，这就破坏了那种赏心悦目的感情。人类失去了内心思想追求和外在生活和谐的自然状态，又无比怀念这种和谐的自然状态，因此诗人在显现自己头脑中的理想自然时，就不能不充满一种感伤的情怀，这就形成了近代的“感伤诗”。

对于诗人的分野，席勒说："诗人之为诗人，在于他无论何时都是自然的捍卫者。如果诗人未能厥尽其责，而且自己业已受到人为武断的形式的有害影响，或者还须与这种影响作斗争之时，诗人便以自然的见证人和复仇者的姿态出现。所以，诗人或是体现自然，或是寻找已失的自然。由此产生两种完全不同的诗体，这两种诗体包括诗歌的全部领域而无遗。"(第 242 页)在席勒看来，古代诗人和近代诗人，素朴的诗和感伤的诗，也不是那么能简单地评判优劣高下的。古代诗人有其伟大之处，近代诗人及其诗作也有独创特出之处。古代诗人之所长在于有限境界的艺术，近代诗人之所长在于无限境界的艺术。古人擅长于造型艺术，而且以形式的质朴，以鲜明的描写和具体的形象见长。而近代人在诗歌方面有独到的造诣，在题材和精神方面超过古人。任何诗都必须具有无限的内容，诗之所以为诗就在于此。诗可以用两种不同的方式来满足这个要求。诗可以在形式上是无限的，那就是描写它的对象的一切界限，亦即把它个性化；诗可以在题材上是无限的，那就是使它的对象摆脱一切界限，亦即把它理想化。因此，诗之所以无限，或者是由于它是一种绝对的描写，或者是由于它描写一种绝对的境界。素朴诗人走的是前一条路，感伤诗人走的是后一条路。(第 273 页)

在他看来，与感伤诗人相比，素朴诗人刻画对象时的个性化的真实和生动性，是其显著的特点。素朴诗人和感伤诗人是殊途同归的，前者以自然、个性和生动的感性形象来感动我们，后者则以观念和崇高的精神对我们的心灵发挥同样伟大但不那么深远的影响。(第 264 页)因而，"真正的美应该一方面与自然一致，另一方面与理想一致"(第 266 页)。席勒从古代和现代的人性不同，提出了古代的诗是素朴诗，现代的诗是感伤诗的看法。但是，不论是古代还是近代，都既有素朴诗，也有感伤诗，并且有两者结合的诗，而且两者结合的诗，其效果最好。席勒甚至用"现实主义"和"浪漫主义”取代了“素朴的诗”和“感伤的诗”的概念，这是他对文学理论的重要贡献。

三、感伤诗的类型

席勒将感伤诗也分为两类：讽刺的或哀歌的诗。感伤的诗人都不满现实，都追求理想，但追求理想的方式并不尽相同。如果把现实写成引起反感的对象，在对现实的批判中寄托诗人的理想，这种感伤的诗就是“讽刺的诗”；如果把心中的理想当作现实来描绘，怀着惋惜的感情歌唱逝去的自然，或怀着希求的感情描绘理想的自然，这样的感伤的诗就是“哀歌的诗”。根据讽刺的诗的不同性质，席勒将讽刺诗又分成“谴责的讽刺诗”和“戏谑的讽刺诗”。

席勒就喜剧与悲剧的特点以及主体与客体在其中的作用做了精辟的辨析。在悲剧中，题材的作用很大，而在喜剧中，题材的作用较小，诗人决定一切。悲剧诗人靠他描写的对象（客体）来支撑，而喜剧诗人则凭借他自己（主体）来保持客体在审美的高度。喜剧的任务是在观众心中激起和培养一种心情的自由，而悲剧的使命则是“通过审美途径帮助被激情暴力破坏了的心情自由恢复过来”。在情节展开过程中，悲剧作家必须避免冷静的推理，而应该永远打动观众的心灵，喜剧作家必须避免热烈的激情，而应该永远支持观众的理智。在一向重视悲剧的西方，这种把喜剧摆在悲剧之上的看法，是别开生面的。席勒这种观点显然是与他把和谐的人性视为理想人性的观念联系在一起的。

那么何谓“哀歌诗人”呢？他说：“设使一个诗人拿自然同人为对照，拿理想同现实对照，使得自然和理想的描写占主导的地位，使得对他们的快感成为主导的感情，我就称他为哀歌诗人。”（第255页）“哀歌”又可分为狭义的哀歌和牧歌。在论及哀歌诗人卢梭时，他认为能够做到思想与情感、独创性与感染力的美妙而完满

的结合,才是真正的诗和天才的诗人。关于牧歌,他的定义是:"以诗的形式描写天真而又幸福的人群。"(第 269 页)

四、"真实的自然"与"实际的自然"

席勒还对"真实的自然"与"实际的自然"进行了辨析,认为"真实的自然"需要有一种存在的内在必然性,而一切激情的勃发,总是"实际的自然"。至于什么是"真正人性的自然",指出它必须有独立自主的能力参与它的一切表现中,这种能力往往表现为人的尊严。真正人性的自然是高尚的。在他看来,那些十分接近平凡生活的题材,理应掌握在最优秀的素朴诗人的手中。而"一个本身就是时代产物和时代漫画的人,是最不应该负上充当着时代的画家之使命的"(第 282—283 页)。在谈到如何描写或表现现实中的丑恶现象时,席勒认为,那些丑恶现象可以成为描写对象,但是诗人应将这些丑恶进行艺术拔高,至少在描写这些现象时,应从真正的人性出发,只有如此,诗人所写的图景才可以被接受。

五、"天才"或"神韵"的风格

在席勒看来,"凡是真正的天才必须是素朴的,否则就不是天才"(第 235 页)。天才能够自由驾驭他的题材,得心应手地体现自然,扩大自然的范围,而又不越出它的界限。"天才所以为天才的明证,只在于他以简单的方法战胜复杂的技术。它不是依照熟识的原则来处理,而是依照灵感和感触;但是他的灵感是神的启示(健全天性之所作所为都是神性的),他的感触对于千秋百世是金科玉律。天才在其作品中流露的童心,甚至在他的私生活和习惯上也表现出来。"只有天才具有素朴的思想方式和素朴的精神,而"从素朴的思想方式,必然产生语言和行动上的素朴印象,这是优雅的主要成分。天才是以这种素朴的优美来表达他最崇高最深刻的思想的，这仿佛是从孩子口中吐露的神启”（第 235—236 页）。可见，天才的思想、语言都是素朴的，合乎自然的。这样的一种表现方式，就是人们在写作方法上特别称之为天才的或神韵的风格。

六、现实主义与理想主义

为了从理性和道德角度来评价抱有两种不同理想的人，席勒难能可贵地创设了两个词：现实主义者和理想主义者。“从素朴性格和感伤性格中抽去两者所具有的诗情，我们便能很巧妙地达到这种对立的真正概念……凡是归入第一类的人可以成为现实主义者，凡事归入第二类的人可以成为理想主义者。”（第 292 页）在此，他的这种区分并不是为了相互排斥，而是为了两者的融合。在他看来，更高度的人性真实是与这两者水乳交融的。也就是说，他们彼此的分别是在个别方面，而不是在整体方面；是在形式上，而不是在内容上。现实主义者要追问一件事物为什么是好的，而依照其外在价值来评定事物；理想主义者要追问一件事物是不是好的，而依照其内在价值来评定事物。现实主义者对于所爱的事物企图使之幸福，理想主义者则企图使之高尚。对于现实主义，最高的目的在于情况本身的独立性；对于理想主义者，则在于无关情况的独立性。（第 297 页）可见，席勒对现实主义和理想主义的划分主要是从哲学意义上进行的。这对概念及其划分为其后相应的两种主要创作方法的传播提供了思想材料。

（饶先来）

斯达尔夫人

论文学 1800 年*

斯达尔夫人(Madame de Stael,1766—1817),本名安娜·路易丝·热尔曼娜·内克(Anne Louise Germaine Necker),生于巴黎,法国浪漫主义作家、文艺理论批评家,19 世纪法国浪漫主义文学运动先驱和代表之一。韦勒克称她为“投身于反拿破仑斗争的伟大政治人物”,“历史上第一位堪称卓越的女批评家”。1788 年发表《论卢梭的作品与性格书信集》,高度赞扬卢梭的思想和主张,其中也包含她此后的一些思想萌芽。大革命期间及拿破仑执政后,多次被迫流亡,在德国先后结识歌德、席勒及费希特、奥·威·施莱格尔等著名人士,受到德国浪漫派领袖人物的一些影响。斯达尔夫人的作品很多是流亡中受异国见闻和思想的影响而产生的。1795 年发表中篇小说三则,卷首附有《论小说》一文,由歌德

* [法]斯达尔夫人:《论文学》,徐继曾译,北京:人民文学出版社 1986 年版,此译本根据斯达尔夫人研究权威学者保尔·梵·第根(Paul van Tieghem)的评注本译出。

亲自译成德文刊登于席勒主编的《时辰》杂志上。1796 年发表《论激情对个人与民族幸福的影响》，这一著作是欧洲浪漫主义的重要文献。1800 年发表《从社会制度与文学的关系论文学》，即该著《论文学》，这是她的第一部大书，与 1810 年发表的《论德意志》一起，使斯达尔夫人真正获得思想家和文艺理论家的声誉。斯达尔夫人的一生充满热烈的战斗精神和丰富的思想，在流放和屈辱中，为自己国家和民族的前途发挥着无尽的力量。

斯达尔夫人主要是对文学进行外部研究，并重视热情、想象力和纯然精神力量的信仰，体现出明显的浪漫主义倾向。《论文学》的思想极为丰富多彩，论述热情洋溢，主旨如题，即从社会制度与文学的关系论文学。她说："我的本旨在于考察宗教、风俗和法律对文学的影响以及文学对宗教、风俗和法律的影响。"作品对自荷马至 1789 年的文学史体系或者说人类思想史做了探讨，并对欧洲现代各国文学进行描述，指出了每个时代和每个国家的社会状况与文学之间的关系，最后从各相关方面考察了法国学术的现状及未来发展。斯达尔夫人的"文学"概念，是广义上的文学概念，"包括哲学著作和出自形象思维的作品，即包括所有运用思维的作品在内，但自然科学除外"，即"包括诗歌、雄辩术、历史和哲学(即对人的精神的研究)"，因此，真正的文学理论只是其中的一部分。

一、对古代文学的考察

第一，希腊文学。斯达尔夫人既指出由于希腊异教、英雄时代事物本身的诗意以及雅典的政治和民族精神等原因希腊文学壮丽多彩，也指出由于尚处于人类文化的最初时期其各方面的不足。尤其是绝少情感因素和心理活动这一点，使得斯达尔夫人对希腊文学评价很低。如对希腊悲剧、喜剧的评论，就是如此。第二，拉丁文学。相较于对希腊文学的诟病而言，斯达尔夫人更推崇罗马的拉丁文学，认为这是唯一以哲学为肇始的文学。早期罗马人趣味严谨，思想丰富，推行斯多葛主义，强调克己自制，更富有深挚的情感，文学端庄而完美。奥古斯都统治时期，文学受到宫廷的影响，大多数诗人都想取悦于君主，艺术作为歌功颂德和博取名声的手段发展起来。尽管如此，他们的作品却较希腊文学更有哲学意味和思想内容，其中一些在由严峻到腐败的转折时期作品，表现出动人情感。第三，中世纪文学。欧洲中世纪历来被看做是黑暗和倒退时期，斯达尔夫人从人类逐渐完美的观点出发，指出此期的文化知识和人类智能都取得了长足进步。历史朝世界性文化方向发展，北方民族的入侵带来南北文化的融合，南方获得力量，北方则汲取了思想。斯达尔夫人也首先肯定了基督教的积极作用，认为基督教的创立促进了文化的发展和南北方的融合。义务的束缚和信念的坚持，自我牺牲的意愿，南北方各民族性格特点的利用，也将人们带回道德的路上。基督教还促使了奴隶制的崩溃，并赐予历来受奴役的妇女以伦理道德和宗教方面的平等地位，同时，对不幸者的仁爱带来怜悯心的发展，也有助于对心灵活动的研究和认识。另外，神学研究和宗教思考大大推进了人的抽象思维能力的发展，为之后文艺复兴时期科学的发展积蓄着力量。文艺复兴时期开创了新时代，文学步入现代。

二、对现代文学的论述

斯达尔夫人首先对现代文学的总精神做了概述，认为今人胜于古人之处，在于情感领域的开拓和对人物性格的进一步了解。哲学家则在思想方法、分析问题、概括能力等诸方面超越古人。接下来展开了对意大利、西班牙、英国、德国、法国等五国文学的专题性论述，分别考察各国政治状况和文学主导精神之间的关系。

意大利有得天独厚的古罗马资源，小国林立，僧侣占统治地位,科学方面取得杰出成就,哲学和雄辩术则未得到发展,文学方面将北方骑士小说与阿拉伯故事两种体裁结合起来,叙述个人奇遇,显示出想象力的独特魅力,但也有矫情的缺点。欧洲作家由于模仿意大利而多被传染上这种恶习。意大利语言音调响亮优美,妨碍了作者与读者的深入思考,使人产生思维的怠惰,喜剧作品由于不求功利只求逗乐而缺乏思想力量,悲剧则对人物性格刻画不够,戏剧艺术未有很大发展。西班牙则由于王政专职,支持迷信,哲学思想不得发展,文学界死气沉沉,科学研究和诗歌创作只为迷信或战士而做,摩尔人小说带去的新风尚也被忽视。英国文学中,斯达尔夫人推崇莎士比亚的悲剧,指出之前作品多取材自希腊题材,莎士比亚则不模仿古人,其作品多取材于英国历史或虚构,以普通的字眼和巧妙安排的场景来达到卓越的喜剧效果,善于描绘精神痛苦,刻画感情真实有力,充满激情和哲理,但艺术方面却不够完美,如表达方式稍欠雕琢等。英国的喜剧不能产生真正逗乐的天才,因为英国人生活严谨朴素,缺乏生产精巧思想感情和高雅鉴赏趣味的社交活动,且基督教和宪政原则为思想研究提供了自由,人们更关注重大政治事务,重视实际功利效果,因此不善于揣摩细节,作品中缺乏细腻的感情。英国人有他们独特的戏谑,即幽默(humour),有郁闷意味和愤世嫉俗成分,不适于戏剧。英国的诗歌和小说少虚构而多描绘自然,他们善于沉思,思想感情丰富强烈,因而诗歌中形象思维有高尚的阴郁情调。散文作品不受重视,被看做逻辑语言而缺乏热情。哲学中采用科学方法,各门哲学都取得了进展,尤其发展了关于人的智能的形而上学理论,但对人的性格和激情研究较少,文学原理等作品中也对情感进行排斥。德国是联邦制,有识之士不问政治和公众事务,哲学家一心一意从事对自然现象的考察,文学家转向对自然界的沉思默想和对自身的内心省察,长于描绘痛苦感情和忧郁形象,追求美并对社会秩序的弊端表达愤慨。斯达尔夫人赞扬歌德《少年维特之烦恼》,认为它思想深刻，充满激情，完全符合德国的民族性格，是一部严肃的作品。德国悲剧具有强烈的感情，描写自然景色杰出。虽论理严肃，情感动人，但德国文学也存在矫饰的热情以及缺乏高雅趣味、喜欢就感情发表玄奥之论等诸多缺点。德国人适合从事哲学研究，用严肃的伦理道德代替宗教迷信，但宗派意识的桎梏阻碍了他们的学术达到应有的高度。在法国文学方面，斯达尔夫人先分析了法国具有典雅趣味的原因，指出由于君主政体具有贵族化风尚，国王和贵族之间关系微妙，相互依赖且需相互取悦对方，使得人们一味追求消遣与欢乐，其典雅、趣味和欢乐情绪只不过是几百年来君主政体的设施制度和习俗风尚的必然产物罢了。路易十四时期法国文学由于对专制统治无害而得到鼓励，文学中只有娱乐精神而无哲学力量和积极意义，人们用细腻的感情色彩竭力讨好宫廷而非民众，繁琐的礼仪也使作者需掌握一定的分寸，因而文章风格纯正，细腻精美。斯达尔夫人在这里创造并提出“庸俗”(lavulgarité)这个概念，用以排斥那些形象既不优美、表达又欠细腻的各种文学形式。文学之后是一个哲学的时代，路易十四时期之后，即 18 世纪，政治变得自由，人们的思考转向哲学领域，文学性质也有所变化，它以哲学精神丰富了自己，文学不再仅仅是一门艺术而满足于教育人和娱乐，而成为人类思想的一种战斗武器。18 世纪法国文学的光辉主要得之于散文，情感自然，文体和谐，产生巨大魅力，风格也日趋完美。

在这一部分，斯达尔夫人还提出了一个中心论点，即著名的南北文学之分。她认为存在着两种完全不同的文学，一种来自南方，一种源出北方。前者以荷马为鼻祖，后者以莪相为渊源。如前所述希腊、罗马、意大利、西班牙和路易十四时代的法兰西文学，属于南方文学这一类型；英国作品、德国作品以及丹麦和瑞典的某些作品，则被列入北方文学。她并不认为两种文学有孰优孰劣之分，但更偏向于北方文学，它具有更多的激情、思想、意志和自由精神等，这种偏向更突出地体现出斯达尔夫人的浪漫主义倾向。北方文学中的形象不同于南方,斯达尔夫人认为主要原因在于气候。南方有清新的空气、繁茂的树林、清澈的溪流,诗人将这些生动活泼的形象和人的情操结合,艺术格调更加浅易欢快,人民不为环境所苦,生活耽于安逸,兴趣广泛而较少做深入思考,因而激情和意志产生得也较少,并逐渐丧失独立的意识而更能忍受奴役。北方气候阴沉,土壤贫瘠,使得民族气质阴郁,萦怀于心的痛苦使得他们的想象更加丰富,诗歌中所表现的大自然形象比南方诗歌更能激起高尚纯洁的情感,使读者产生更多的思想,因为忧郁的诗歌和哲学最协调,合乎哲理的思想从本质上就和阴郁的形象自然而然地结合在一起。恶劣的气候及生活乐趣的缺乏也使得北方民族意志坚强,追求独立和自由,不能忍受奴役,也更富有热情和哲理。另外,北方的宗教色彩比南方更阴沉、更超越世俗,宗教习惯中偏见较少,因而也比南方居民具有更多的哲学精神。北方民族一直具有尊重女性的美德,这是南方民族所没有的。这种主要从气候因素出发看文学的性质的做法,虽有片面性,但也有一定道理,在那个时代提出来也是惊人之举,后来的丹纳文学"种族、环境、时代"三要素之说,就是受到这个观点的影响。

三、法国学术的现状及其将来发展

这一部分的见解,虽然主要针对法国提出,但在某些意义上有普遍性,即通过对历史上错误的回顾可以设想在一个自由国度文学和哲学将会如何发展。

法国思想发展的主要障碍,是在君主政体下和大革命中鉴赏趣味和礼仪的破坏以及竞争心的丧失。斯达尔夫人指出,在共和政体下鉴赏趣味应该更加严肃,自然而然地显示典雅与高尚,应该鼓励思想内容而不是只讲究形式的作品的发展,同时需要通过对彬彬有礼的举止风度的培养,来促使各派人物团结起来。在大力推进学术前进以外,还应该鼓励追求个人荣誉,通过促进竞争心而启发人们进行多方面的活动。接下来,文中探讨了妇女对学术知识可能产生的影响。妇女在社会中的地位依旧不明确,具有杰出才能反而被看做是缺点。在君主政体下,公众难以对妇女从事写作表示赞同,而共和政体则鼓励妇女发展聪明才智。之后,文中分别对形象思维作品和哲学、雄辩术以及作家和官员的文章风格做了论述。在形象思维作品章节,斯达尔夫人指出了戏谑的有害性,指出悲剧应该通过人物性格的自然发展和情节的自然安排使人的品格更加完善,崇高应该由高尚的德行和深刻的感情来体现。诗歌应该改进使之更为自然。同时,在道德败坏的时代,形象思维作品需弘扬美德,给人以热忱和严谨。文中考察了作家应该把思想的连贯、情感的深度和形象的力量结合起来,这样才能取得文章风格的完美。这三种要素不完全具备的文章也不能一概排斥,但是它们要逊色很多。

《论文学》是法国浪漫主义早期的理论著作,它对文学和社会关系的论述,实际上开创了文学的社会历史研究的方法。关于西欧"北方文学"和"南方文学"的界说与分析,在比较文学研究中也有明显意义。文中涉及的很多观点,在今天看起来已经很普通,但是在其之前尚未有人提出或未将其运用到文学中来,这在西方文学理论史上是有肇始作用的。《论文学》在论述上也有特色,其中文学理论、政治思想和作者个人情怀紧密交织,满腔热忱喷薄而出,有很强的主观色彩。言辞直率,文采飞扬,锋芒毕露,且思想独立,品格崇高,对后来的文论家影响很大。

(何瑞涓)

柯勒律治

文学生涯 1817年*

萨缪尔·泰勒·柯勒律治(Samuel Taylor Coleridge,1772—1834),英国著名浪漫主义诗人,湖畔派主要代表,著名文学评论家。1772年10月21日生于英国德文郡的奥特里·圣·玛利小镇。1782年,柯勒律治被送去伦敦上小学,不久转到基督慈善学校,1791年进入剑桥大学,其间阅读了大量古典文学名著。他才华横溢,放荡不羁,创作了许多脍炙人口的诗篇。1794年,认识骚塞,1795年结识华兹华斯。1798年与华兹华斯合作出版《抒情歌谣集》,标志英国浪漫主义文学的开始。尽管健康状况不佳,但一直没有停止诗歌创作。1817年出版《文学生涯》一书。1834年7月25日,在伦敦病逝。《文学生涯》是柯勒律治最重要的文学理论著作,他原本想写成一篇序文,最终写成了两卷本的书。在此书中,他结合自身的文学生涯和诗歌创作,论述了诗的想象力和诗的

* [英]柯勒律治:《文学生涯》,刘若端编:《十九世纪英国诗人论诗》,北京:人民文学出版社1984年版。内引此书,只注页码。

天才问题,并将想象力与幻想进行了区分。他还就诗的语言问题,对华兹华斯提出了批评,并给出自己关于诗的本质的看法和诗的定义。

一、诗的想象力与诗的天才

柯勒律治诗歌理论的核心思想是关于想象力问题。在他看来,想象力体现了诗歌的深刻感觉与深奥思想的有机结合。诗歌通过想象力创造某种真实,这真实不一定是对事实的摹写,而是通过想象力加工过的真实,因而亦可称之为“虚构”。当真实与虚构之间达到平衡,并且运用得当、协调,就可以成为一种独创性的才能,这就是诗的天才。柯勒律治划分了想象力的两种方式,或者也可以说是想象力的两个层次,即第一位的想象力(primary imagination,又译作“原初想象力”),它是人类知觉活动的原动力,是“永恒的创造活动在有限的心灵中的重演”。“原初想象力”是最基本的感官知觉能力,是一股生命的力量,是本原性的感受世界的能力;第二位的想象力(secondary imagination,又译作“派生想象力”),则是第一位的想象力的回声,它强化了第一位的想象力。“它与自觉的意志共存,然而它的功用在性质上还是与第一位的想象相同的,只有在程度上和发挥作用的方式上与它有所不同。”(第61页)“派生想象力”对现实世界的事物进行溶化、分解和分散,并再创造出想象的真实来,因而它是充满活力的,不仅对于诗和艺术,对于一切的生活情态都具有创造力。想象力具有综合与统一的力量,使诗歌在一种平衡或和谐中显示出自己来:“它调和同一的和殊异的、一般的和具体的、概念和形象、个别的和有代表性的、新奇与新鲜之感和陈旧与熟悉的事物、一种不寻常的情绪和一种不寻常的秩序;永远清醒的判断力与始终如一的冷静的一方面,和热忱与深刻强烈的感情的一方面;并且当它把天然的与人工的混合而使之和谐时，它仍然使艺术从属于自然；使形式从属于内容；使我们对诗人的钦佩从属于我们对诗的感应。”（第 69 页）因而，想象力是诗歌创作的灵魂，它把包括艺术在内的一切，形成优美而智慧的整体。柯勒律治对想象力和幻想做了严格的区分。他认为想象力和幻想是两种性质截然不同的才能。想象力即使面对本质上是固定的和死的事物，也具有无限的创造性和活力；而幻想只与固定的和有限的东西打交道，只不过是摆脱了时间和空间的秩序的拘束的一种回忆，它与平常的记忆一样，必须从现成的材料中获取素材。基于想象力与幻想的不同，便产生了诗人才能的高下之分。

柯勒律治论述了独创性的诗的天才的一般特性，这些特性都与想象力密切相关。虽然一个有才能而又博学的人凭孜孜不倦的努力，也可以创作出好的诗来，但是，真正的诗人是那种灵魂中有音乐的人，因为音乐只能凭想象力在灵魂中发掘，这是真正的天才方能具备的。因而，在柯勒律治看来，真正的诗人是天生的，不是人为的。这是诗的天才的第一个征兆或特性。诗的天才的第二个征兆，体现在对诗歌主题的选择上面，对诗歌主题的选择往往与作者本人的兴趣或环境相去甚远。凡是主题直接取材于作者的个人感觉和经验的，往往只是诗才的一种不明确的表征，而且常常是一种虚伪的保证。这种诗固然也可能成为一首个别的诗，但未必称得上是真正的诗。诗的天才的第三个特性，是诗人的想象力起到了无与伦比的作用。诗的天才的显现，就是想象力的活动，想象力充满活力和具有创造性。他以作品为例说明，莎士比亚之所以远远超过其他所有的诗人，就在于其诗的天才的想象力，这是与莎士比亚的诗的思想内涵分不开的。这就涉及诗的天才的第四个特性，即“思想的深度与活力”。在柯勒律治看来，诗意与哲理就像两道急流，开始时是在山间的狭道上相遇，彼此相互排斥和撞击并勉强混合在一起，在进入更宽的河岸时，就合成一股，带着和谐之声奔流而去。诗意与哲理的和谐相处，在戏剧中得到合理解决，莎士比亚的诗剧就是天才的代表。

二、诗的语言与散文的语言

在诗的语言问题上，柯勒律治和华兹华斯观点差别很大。华兹华斯欣赏自然质朴带有田园生活情调的语言，这种语言与能产生田园生活的乐趣相适应。柯勒律治则反对华兹华斯的语言观，认为这种诗的语言规则，仅仅适用于某几种诗。他认为，诗本质上是理想的，诗的语言是那种从心灵深处散发出来的语言，是经过想象力加工之后的语言。这就是他所说的："名副其实的所谓人类语言的最好部分，是源于心灵本身活动的反映。它是通过故意使固定符号专用于内在活动、专用于想象的过程和结果而形成的，其中大部分在没有受过教育的人的意识中是没有地位的。"（第 83—84 页）这种经过了想象力处理的语言，或者说专用于想象力的内在活动和结果的语言，是心灵活动本身的反映。在华兹华斯看来，一首好诗的大部分语言，甚至最卓越的诗的大部分语言，必然与好的散文的语言没有什么区别，往往最好的诗的最有趣部分的语言，正是好的散文的语言。柯勒律治显然不赞同这种看法，他通过对诗的"格律"的考察说明了与华兹华斯之间的分歧。

三、诗的本质与诗的定义

柯勒律治断言，艺术必须模仿自然。诗或戏剧要求模仿，模仿来自于自然世界，需要与自然世界的存在情形相吻合。同时，这模仿却又不能像自然事物那样完全一模一样而没有任何变化。如果模仿达到那种完全一致的相像或相同，就失去了模仿的意义，变得令人生厌。为什么会出现这种情形呢？这仍然与诗的想象力分不开。在他看来，只有加入了想象的成分，依据于模仿，然后在艺术中再现，这才是真正意义上的模仿。但是，模仿自然世界中的什么呢？是模仿一切事物或每一件事物吗？当然不是，是要模仿自然中美的事物。这就牵涉“美”的问题。何为美？何为美的事物？柯勒律治给出了关于美和美的事物的界说：“抽象地说，许多事物的统一，是不同事物的结合；具体地说，是样子美好的东西与有生命的东西的统一。”（第99页）也就是有生气的自然。他还区分了有生命的事物的美与无生命的事物的美。在他看来，无生命的事物的美在于形状的整齐，而在有生命的结构中，美就不仅是那种产生形式感的形状的整齐，而且更是一种美感。“美感是直觉的，美本身是一切激发愉快而不管利益、避开利益，甚至违反利益的事物。”（第99页）这显然受到康德美学思想的影响。

在柯勒律治看来，自然界的事物就像在镜子中一样，显示着一切可能的因素，而人的心灵是那些分散在自然界的各种形象中的智力光线的焦点。所以，诗或美术在安排形象的时候，必然是加上了心灵的道德的省察，是心灵使自然变成思想、思想变成自然。这就是心灵的奥秘，也是艺术的秘密，艺术是人与自然之间的媒介物和协调者。柯勒律治甚至认为，诗的全部素材来自于心灵，并且也是为了心灵而生产的，包括人的肉体，也只是心灵的一种努力。柯勒律治认为，诗借助于诗人的沉思、想象、内在感情的兴奋等形式，表现出心灵对自然的反映，因而，诗是传播愉快的。但是，传播愉快的并不仅仅只有诗一种形式，小说、散文等也可以用于传播愉快。仅仅从传播愉快来定义诗，显然是不够的。诗必定有区别于小说、散文的特质，那就是诗从自然那里得来的生气和激情。于是，他正式给诗下了一个定义：“诗（或说得更确切一点，一首诗）是一种以获得智力上的愉快为目的的作品，并借赖在兴奋状态中自然流露的语言达到此目的，它与科学是相对的。”（第107页）在他看来，诗就是那种能激起最大限度的兴奋的语言形式。柯勒律治用密尔顿的一句话来帮助说明自己对诗所下的定义。密尔顿认为诗是“朴素的、诉诸感官的、热情奔放的”。他解释道，诗是朴素的，读者于诗中所得到的，就像是在一条修好了的平坦道路上行进，身旁是溪流、树木、花卉和人们的住所，这使得读者可不必像拓荒者一样辛苦工作，费力地开辟一条供别人旅行的道路。同时，也避免了矫揉造作和病态的特点；诗是诉诸感官的，这保证了诗的结构的客观性、意象的明确性和清晰性，从而避免诗成为一种朦胧的毫无思想的白日梦；诗是热情奔放的，是要求诗的思想和意象必须由人的真正的热情使之温暖和有生气。

（陈　诚）

雨果

《克伦威尔》序言 1827 年*

维克多·雨果(Victor Marie Hugo,1802—1885),法国著名诗人、小说家、戏剧家和文学理论家。出身军官家庭,曾歌颂波旁王朝复辟,后来逐渐转向资产阶级自由主义,反对封建专制,是法国浪漫主义运动的领军人物。1841 年当选为法兰西学院院士。他在 1827 年 12 月 11 日的《费加罗报》上发表的《〈克伦威尔〉序言》(以下简称《序言》),是公认的浪漫主义文学运动的宣言书,在西方文学理论史上占有重要的地位。其批评理论著作还有《莎士比亚论》(1863)。

* [法]雨果:《雨果论文学》,刘鸣九译,石家庄:河北教育出版社 1999 年版。内引此书,只注页码。

一、诗歌的三个发展阶段:抒情短歌—史诗—戏剧

雨果在《序言》中,首先论述了人类诗歌发展的三个历史阶段特点。在他看来,“诗总是建筑在社会之上”,随着人类社会发展的三个阶段:原始、古代和近代,诗各有其独特的表现。在原始时代,一切东西都属于个人,也都属于集体,没有任何东西约束人,自然现象光怪陆离,人们任意驰骋自己的想象,祈祷是他们全部的宗教,颂歌是他们仅有的诗章。这种诗就是《创世纪》,为抒情短歌,纯朴是它的显著特征。到了古代,人类社会出现了民族、王国,民族之间开始摩擦,甚至发生战争;有的民族入侵,有的民族开始迁徙流浪,歌唱“世纪、人民和国家”的史诗应运而生。传达的手段由抒情转向叙事,看得见、摸得着的美的单纯性,构成古代艺术的显著特征,荷马史诗是这段时期的代表。到了近代,一种新的宗教和新的社会使得文艺有了不同于原始时代和古代的特色。由于基督教的启示,人们终于认识到生活有两种,一种是尘世的、暂时的,另一种是天国的、不朽的。人的身上既有兽性,也有灵性;有肉体,也有灵魂。由此,人类整个精神世界的面貌发生了改变,使人们看到了美与丑并存、光明与黑暗共在。这样,诗歌就改变了古代那种仅仅是美的典型的单纯模式,注意描写滑稽丑怪,并逐渐使之和表现优美崇高相结合,“世界和诗的另一个纪元即将开始”,这就产生了戏剧,它的代表是莎士比亚,其特点就是真实。在雨果看来,戏剧是第三阶段的诗,因为“戏剧糅合了一切最相反的特性,才能够同时既深刻而又突出,既富有哲理意味而又不乏诗情画意”(第 47 页)。

二、提出"美丑对照"的浪漫主义原则

《序言》中一个重要思想，就是雨果提出并论述了浪漫主义文学的"美丑对照"原则。在他看来，"美只有一种典型，却千变万化。因为，从情理上说，美不过是一种形式，一种表现在它最简单的关系中、在它最严整的对称中、在与我们的结构最为亲近的和谐中的一种形式。而丑是我们所没有认识的那个庞然整体的一部分，它与整个万物协调和谐，而不是与人协调和谐"（第42页）。因此，"崇高优美"和"滑稽丑怪"都是诗的表现对象。雨果总结浪漫主义文学的创作情况，提出了以"美丑对照"来塑造美的浪漫主义创作原则。他认为，基督教的产生，把诗引向真实，使人们看到肉体和灵魂、兽性与神性、恶与善、丑与美在人性中共存。文学描写真实的人性，自然就是滑稽丑怪进入了文学之门。他写道："滑稽丑怪作为崇高优美的配角和对照，要算是大自然给予艺术的最丰富的源泉……相反，滑稽丑怪却似乎是一段稍息的时间，一种比较的对象，一个出发点，从这里我们带着一种更新鲜、更敏锐的感受朝着美而上升。""和滑稽丑怪的接触已经给予近代的崇高们一些比古代的美更纯净、更伟大、更崇高的东西。"（第40—41页）他认为，成熟的浪漫主义文学，应是以美丑的对照来描写美的文学，它不是为描写丑而描写丑，而是为了表现美去描写丑。如果只去表现美，把美与丑相割裂，那就失去了自然的完整面貌，因而也就失去了真实。而美丑对照，相反相成，可以使人们对崇高有更强烈的感受。至于美丑对照的方式，雨果在论述举例中主要谈到这样几种：角色安排的对照；人物性格内部美和丑的对照；不同情境的对照；情节的对照；外在形象与内心品质的对照。

三、自然真实与艺术真实

雨果在《序言》中，从他的文学发展观出发，进一步阐述了自然真实与浪漫主义艺术真实的关系。他说："诗人只应该从自然和真实以及既自然又真实的灵感中得到指点。"（第 65 页）在这里，他将自然与真实对举，诗人应该向自然、真实学习，应该达到自然与真实的融合。艺术的真实不是绝对的现实（自然真实），艺术不可能提供原物。"自然和艺术是两件事，彼此相辅相成，缺一不可，艺术除了其理想部分以外，还有尘世的和实在的部分。"（第 67 页）因此，他要求浪漫主义作家在描写自然和社会时，要通过真实写出伟大，通过伟大充分地写出真实。"给这一切都穿上既有诗意而又自然的外衣，赋予它们以真实、活跃而又引起幻想的生命，赋予它们以现实的魔力，这种魔力能激起观众的热情，而首先能激起诗人自己的热情。"（第 68 页）雨果确信，现实世界是某种绝对精神的产物，这种伟大的精神照耀世界，世界才有光彩。这种伟大的精神就是基督教精神和人道主义精神的结合。雨果确信，表现基督教人道主义，表现这种伟大精神与肉体、兽性欲望的对立斗争，以至于最后取得胜利，才体现了人的真实，这样的文学才具有艺术真实性。在谈及诗人怎样才能达到艺术真实的时候，他看到了外部描写和内在表现在人物性格刻画中的作用："诗人应当充分地完成艺术的几重目的，那就是要向观众展示出两个意境，既要照亮人物的外部，也要照亮人物的内心……把生活的戏和内心的戏交织在同一幅画面中。"（第 69 页）

四、反对古典主义，倡扬浪漫主义创作方法

在《序言》中，雨果认为，文艺复兴是浪漫主义的黎明时期，而

到了他所处的时代,则是浪漫主义的发展和成熟时期。他坚信,正是戏剧这种“崇高优美”与“滑稽丑怪”、喜剧与悲剧完满结合的特点,才“把近代艺术与古代艺术,把现存的形式和死亡的形式区分开来,把‘浪漫主义的’文学和‘古典主义的’文学区分了开来”(第36页)。雨果还针对新古典主义教条主义,提出了文学的自由主义原则。雨果所理解的文学自由主义原则,是指内在地符合艺术规律的自由。因此,他激烈地抨击新古典主义,抨击“三一律”,还批判了“摹仿古典”的规则。他告诫后来者,不要摹仿任何人,不论是莎士比亚还是莫里哀,不论是席勒还是高乃依。如果一个真有才能的人,因摹仿别人而丢失了自己的本色,那是得不偿失的。他认为,艺术并不存在一个统一、不变的法则,每部作品都必须根据主题要求进行独立的创造,而为了创造新的艺术,作家就必须推倒“三一律”和“摹仿古典”等教条,而要力争艺术的自由,反对体系、法典和规则的专制。雨果特别强调“天才”和“创造”,尤其重视作家的主观能动性和创造力在艺术创造中的作用。在他眼里,戏剧应是一面积聚物象的镜子,它“非但不减弱原来的颜色和光彩,而且把它们集中起来、凝聚起来,把微光变成光彩,把光彩变成光明”。在一部成功的艺术作品中,应该有新发现的东西,有想象的东西,有创造性的东西。他甚至认为:“决定一部作品的地位的,不是它的形式,而是它的内在价值。只有一个砝码可以左右艺术的天平,那就是天才。”(第77页)

雨果的《序言》对古典主义做了有说服力的批判,以至于古典主义从此成为了历史,大大推动了欧洲的浪漫主义文学运动。

(饶先来)

戈蒂叶

《莫班小姐》序言 1835年*

泰奥菲尔·戈蒂叶(Theophile Gautier),法国浪漫主义旗手、唯美主义的奠基者和代表人物。1811年8月30日,出生于法国南部一个叫塔布的城市,三岁时因父亲调职而移居巴黎。起初,他选择绘画作为理想,离开学校,跑去画家李乌手下学习绘画,虽然没有坚持下去,却对他的后来文学审美追求——以画家的严格关注色彩、颜色、造型——产生重要影响。1830年,十九岁的戈蒂叶见到了崇拜已久的文坛领袖雨果,从此成为雨果的终身信徒。在雨果的鼓励下,他开始文学创作,为浪漫主义摇旗呐喊。1832年,发表了《阿贝杜斯》,在序言中,他把文学写作称作一种技艺。再次使他一举成名的是三年后出版的《莫班小姐》,这部小说充分显示了他的文学才华,但更引人注目的显然是他为小说写的序——通常被认为是唯美主义诞生的宣言。在这个序中,他提出"为艺术而

---

* [法]戈蒂叶:《〈莫班小姐〉序言》,艾珉译,北京:人民文学出版社2008年版。内引此书,只注页码。

艺术"的唯美主义准则，其中言论激烈尖锐、泼辣俏皮，充满着对道德功用主义者的冷嘲热讽，在当时厚古薄今的文坛中掀起轩然大波。1852年，《珐琅与雕玉》短诗集出版，里面收集的诗歌以精雕细琢得近乎完美的形式，对自然、艺术的赞颂，为他奠定了抒情诗人的地位。除此之外，戈蒂叶还写作戏剧、散文、评论，在语言、韵律、节奏、形式方面，影响了当时和后世的许多文人。

一、提出"为艺术而艺术"的宣言

《〈莫班小姐〉序言》是一篇初生牛犊的檄文，是意气风发的戈蒂叶毫无顾忌投向当时评论界的一颗炮弹。在这里，他提出了"为艺术而艺术"的宣言。勃兰兑斯在《十九世纪文学主流》中认为，当时的浪漫主义已经发展到"为艺术而艺术"的阶段了，但只有在戈蒂叶那里，这个原则才是自觉的，只有戈蒂叶，才充分意识到潜伏在所有这些表象之下的原则。作为年轻的唯美主义先驱者，戈蒂叶在这篇序言里表现的并非像他后来成熟时期所追求的完全唯美主义，其中既掺杂有浪漫主义追求的激情，又有唯美主义追求的与道德无关的"美"的雏形。当时的检查制度对艺术严厉到苛刻无理的程度，艺术督察拉罗斯福科就曾下令给雕像的私处盖葡萄叶，评论界也大行卫道批评之风，要求写作内容必须符合"道德纯洁"的限制。戈蒂叶对此十分不满，在这篇序言中首先对此大张挞伐，指出道德只是当时的伪善者摆出的一种亦步亦趋的时尚姿态。他以玩世不恭的态度嘲笑了报界的道德批评："每个专栏都成了布道台，每个记者都成了布道师，就差剃发和披道袍了。"（第3页）针对当时的评论界厚古薄今，以道德的名义贬抑当代的艺术作品的风习，戈蒂叶自称为"欧洲及全世界的头号背德者"，一针见血地指出，被评论家们奉为经典的作品，并不比当代浪漫主义作品更"道德"。譬如莫里哀的喜剧就是"直到剧的结尾，道德才化身为带点市民味道的执法人员,勉强露一次脸”(第 9 页)。

二、挑战“文即其人”传统批评观,反对文学的功用主义

为了彻底挣脱道德的藩篱,戈蒂叶气势昂扬地朝“文即其人”的传统批评观念发起进攻:“这帮头脑狭隘的劣等文人的怪癖之一,就是老拿作者取代作品,借谈论知名人士来引起人们对他们那些蹩脚文章的些微注意,他们知道,这些文章如果只谈论他们自己的见解,肯定是没人会读的。”(第 17 页)戈蒂叶在这里确立了批评的标准,即文学是超越道德的,它拥有自己的原则,独立于生活,远离社会实践。作品中的人物不等于作者,作者并不会因作品中的强盗而成为强盗。将作品独立于作者,把二者分离开来,这可以说是现代文本批评观念的萌芽。戈蒂叶否定了文学的道德因素,也就否定了文学的教化价值。此篇论文反对的另一种观念便是——功用主义。在他看来,功用主义批评和道德批评其实如出一辙,都是以外在标准限制文学。他指出:“一本书是做不出浓汤的,一部小说不是一双无缝长靴,一首十四行诗不是注射器,一出戏也不是铁路,但一切本质上是文明的东西,都能使人类走向进步。”(第 19 页)戈蒂叶厌恶那些把人类看成理性机器的进化学说,认为现时代制造出来的丑恶实用的东西,终将被历史的大浪淘洗掉。因为,实用的东西表现出来的人类某些龌龊的需要,就如“一所房子最实用的地方,就是厕所”(第 22 页)。

撇开道德、教化的文学还剩什么?形式。在序言的开始,戈蒂叶就大言不惭:“我承认自己不够道貌岸然,桃丽娜那放肆的丫头若在我面前展示她那丰满的乳房,我肯定不会从衣袋里掏出手帕来遮掩这不该让人看见的乳房。我看她的胸脯,就像看她的脸一样,如果它既白皙,造型又美,我会从中得到莫大的享受。”(第 2

页)显然,他欣赏的美好的形式而与道德的高尚下流无关。戈蒂叶说:“我宁愿脚上的鞋子裂口,也不愿我的诗韵脚糟糕,我可以没有鞋子,却不能没有诗歌。”(第 21 页)他明确宣告:“只有毫无用处的东西才是真正美的;一切有用的东西都是丑的。”(第 22 页)和伪古典主义一样,戈蒂叶在批评当代的陈规陋习的时候,都主张向古代学习,只不过他主张的学习的对象是古希腊、古罗马时代。因为在他看来,这两个时期具有别的朝代无可比拟的东西:激情。这是一种原始的,和大自然亲密接触的激情,而不是固步自封的娇柔造作。“人们至今还在竭力压抑激情,其实发挥激情作用的念头才是真正高明和强有力的。”(第 27 页)他呼唤为浪漫主义文学的发展扫清障碍,号召作家无视功利主义批评家们的陈词滥调。

作为一篇宣言,《〈莫般小姐〉序言》不够成熟,破多立少,逻辑也不够严谨,虽说作为一颗投向保守主义文人的炮弹,极具威力,但某些指责过于偏颇。而且,后来戈蒂叶写作生涯,也证明把文学限于“美”的范围,并无助于它的发展。因为艺术如果只是围绕艺术本身的轴心转,那么这种艺术不可避免地要变得枯燥无味、空洞无物。

(陈颖男)

黑格尔

美 学 1835年*

黑格尔(Georg Wilhelm Friedrich Hegel,1770—1831),德国哲学家,德国古典美学的完成者。生于斯图加特,1788年进入图宾根大学神学院。在他要好的同学中,有谢林和荷尔德林。毕业后,1793年他在伯尔尼的一个官僚家庭中当家庭教师,1796年在法兰克福当家庭教师。1800年他来到耶拿大学,在这里发表了第一部作品《精神现象学》(1807),标志黑格尔哲学体系和方法的诞生。1808年至1818年,先在纽伦堡任大学预科校长,1816年到海德堡大学任哲学教授。在纽伦堡任教期间,分别于1812年、1813年、1816年出版了《逻辑学》(又称"大逻辑")。在海德堡任教期间出版了《哲学全书》(1817),分为三个部分:(1)《逻辑学》(又称"小逻辑");(2)《自然哲学》;(3)《精神哲学》,构成了完整的黑格尔主义哲学体系。随着其哲学体系成为当时德意志主流哲学思想,

---

* [德]黑格尔:《美学》,朱光潜译,北京:商务印书馆1979年版。文内引文,只注页码。

1818 至 1831 年，普鲁士政府邀请他任柏林大学哲学教授，期间出版了《法哲学原理》(1821)。1829 年任柏林大学校长。他长期担任教职，讲授多种课程，这些课程的讲稿，后来由弟子整理在其身后出版，有《宗教哲学讲演录》(1832)、《哲学史讲演录》(1833)、《美学讲演录》(1835)和《历史哲学讲演录》(1837)。黑格尔思想最大的特征是“辩证法”，他能够用历史的观点看待问题，时时处处坚持逻辑与历史相统一的原则，在这个意义上克服了康德哲学静观的先验主体内在地矛盾性。因此，要理解黑格尔的《美学》，就必须先理解他的辩证的、历史的方法。《美学》全书分为三卷，第一卷为“艺术美的理念或理想”，第二卷为“理想发展为各种特殊类型的艺术美”，第三卷为“各门艺术的体系”。本提要只就其中关于文学理论的部分进行介绍。

一、“美”和“艺术美”的本质

在第一卷的序言中，黑格尔对作为艺术哲学的“美学”在自己的精神科学体系当中进行了定位。黑格尔的体系分为三大部分，逻辑学、自然哲学和精神哲学，而美学是精神哲学的一个部分。在这一体系的精神哲学部分，绝对理念经历艺术、宗教、哲学三个阶段，从低级到高级发展，因而，美学是绝对精神自我认识的低级阶段，因为较之于通过理性而认识的哲学而言，在艺术的美学领域中，精神是通过感性进行自我认识的，“美是理念的感性显现”(第一卷，第 138 页)。这就是他对美的本质的根本性定义。就这个定义而言，可以从以下三个方面来理解。首先，美的内容是理念。而“理念就是概念与客观存在的统一”(第一卷，第 137 页)，理念是被意识到的现实客观性，是真理，是“普遍的”意蕴。其次，感性因素或感性显现是理念的一种客观性相，是外化了的精神形式。最后，内容与形式结合，生成美的客观存在。由于黑格尔将自然视作“最浅近的客观存在”(第一卷,第 149 页),因而认为自然美是一种低级美的形态。无机界的自然美的形态,又低于有机动物的自然美形态,因为在后者当中生命是灵魂及其身体的统一,“只有活的有机的自然才是理念的一种现实”(第一卷,第 152 页)。自然美只是一种“自在”的美,还不是“自觉”的美。总之,自然美是有缺陷的,“这种缺陷使得我们有必要进一步去认识理想,即艺术美”(第一卷,第 171 页)。也就是说,“艺术美的必要性是由于直接现实有缺陷”,在黑格尔看来,艺术是对于现实性缺陷的克服,是理想对现实的超越,是自在之美和自为之美的统一形态。

黑格尔将艺术美的本质界定为“理想”。“艺术理想的本质就在于这样使外在的事物还原到具有心灵性的事物,因而使外在的现象符合心灵,成为心灵的表现。”(第一卷,第 201 页)“艺术也可以说是要把每一个形象的看得见的外表上的每一点都化成眼睛或灵魂的住所,使它把心灵显现出来。”(第一卷,第 198 页)这样,人本身,即人的一切,外表和精神、现实的哀乐与未来的理想等等,都按照美的原则表现在艺术之中了。艺术是美的,其所以为美,原因就在于它是人的心灵的创作、感情的抒发与理想的表现。“艺术和艺术作品既然是由心灵产生的,也就具有心灵的性格”(第一卷,第 16 页),这就是艺术美的最终根源。艺术美是充分实现了的美,在意识自觉的意义上,在“自为”的意义上能动地实现概念与实在、普遍与特殊、一般与个别、客观与主观、理性与感性的统一,实现“理性的感性显现”。首先,艺术美自在且自为地成为内容与形式的统一,显示出生命的生气灌注。“艺术的内容就是理念,艺术的形式就是诉诸感觉形象。艺术要把这两方面调和成一种自由的统一的整体”(第一卷,第 87 页),而“只有受到生气贯注的东西,即心灵的生命,才有自由的无限性”(第一卷,第 194 页)。其次,艺术美能动地以个别化的形象显示普遍性的特殊:“因为艺术要把被偶然性和外在形状玷污的事物还原到它与它的真正概念的和谐,它就要把现象中凡是不符合这概念的东西一齐抛开，只有通过这种清洗，它才能把理想表现出来。”（第一卷，第200页）最后，艺术美自觉地统一感性与理性：“艺术理想的本质就在于这样使外在的事物还原到具有心灵性的事物，因而使外在现象符合心灵，成为心灵的表现。”（第一卷，第201页）艺术作为理想，就是“从一大堆个别偶然的东西之中捡回来的现实，因为内在因素在这种与抽象普遍性相对立的外在形象里显现为活的个性”（第一卷，第202页）。

二、论艺术作品和艺术家

黑格尔指出，抽象的艺术美固然在其理想性上是无限的自由，但任何理想的艺术美都必须在其本身上具有特殊性，“转化为有定性现实存在”（第一卷，第223页），这一现实存在就是具体的艺术作品。用黑格尔的话来说，艺术作品“要把神性的东西当作它的表现中心”（第一卷，第223页）。这里要说明的是，所谓的“神性”，就是能够体现普遍精神的性格、形象的典型性：“神性的东西在它的有定性的显现和现实存在中，一般都显现在凡人的感觉、情绪、意志和活动里，在凡人的心胸里起作用，所以在这个范围里神的心灵所凭附的凡人，例如圣徒，殉道者，以及一般信徒，也就成为理想艺术的适宜对象……具体的生活就形成了艺术的活生生的材料，而理想也就是这种生活的描绘和表现。”（第一卷，第224—225页）

黑格尔关于时代造就人物的观点，表述得非常明确。在他看来，艺术中的个别人物不是抽象的、孤立的人，他们生活着，也就是处在异常生动、复杂的现实之中，和现实发生着密不可分的联系。他强调说：“人要有现实客观存在，就必须有一个周围世界，人和这个周围世界保持着本质性的关系。”（第一卷，第312页）这就是说，第一人物不能脱离一定的环境，否则他就失其为客观存在，而成为孤立的抽象的东西；第二人物不是偶然地、随意地存在于环境之中,人物和环境的联系是有机的、本质的,人物性格只有通过环境才得以理解和解释。黑格尔在辩证地研究人物和环境的关系时找到了人物个性的真实的、本质的依据即环境。

决定着艺术形象的环境有几个因素,其中首先的是“一般世界状况”。但“一般世界状况”对人物性格来说,毕竟还只是比较宽泛的一般背景,还“没有显示个别人物在现实生活的活动”(第一卷,第251页),其中还不能看出人物性格之所以形成的具体机缘。因而艺术形象的关键决定因素是冲突的情境。他说:“只有在定性现出本质上的差异面,而且与另一方面相对立,因而导致冲突的时候,情境才开始见出严肃性和重要性。”(第一卷,第260页)“情境”作为人物活动的具体切近的条件,其本质在于矛盾冲突。人物只有在具体、个别的环境所呈现的矛盾冲突里,才能引出不同性格间的动作与反动作,进而有力地表现性格。

艺术通过使客观理性在具体的动作、情节中得以显现的方式创造的人物性格,因而具备如下三个特征:首先是性格的“丰富性”,“每个人都是一个整体,本身就是一个世界,每个人都是一个完满的有生气的人,而不是某种孤立的性格特征的寓言式的抽象品”(第一卷,第302页)。其次是明确性,在典型形象的多方面性格中,“应该有一个主要的方面作为统治的方面”(第一卷,第304页)。三是坚定性,即必须始终一贯地忠实于“它自己的情致”。“情致”是典型性格的一个内在规定性,即“存在于人的自我中而充塞渗透到全部心情的那种基本的理性内容(意蕴)”(第一卷,第296页)。情致内在地决定着人物在行动、情节中的选择和全部性格特征的展开。在他看来,“情致”就是普遍真理的情绪性表现,是家庭、祖国、教会、荣誉、友谊、爱情等理性和自由意志的情绪表现,是对普遍性真理的激情,构成了艺术作品艺术性的主要来源。

在黑格尔的艺术理论体系当中,可以看到,艺术品是自由的、自我规定的,特定“情境”中的典型人物是客观的理性所决定的“情致”引发的行动的结果,其选择和行为具有客观的必然性,进而使得整个作品灌注了客观的、纯粹的、必然的美。因而,艺术家之于作品的关系就是:不是艺术品是作家的产物,相反,作家只是实现作品客观存在的能动的中介。作家“这最真实的主体性就是过渡到独立自足的艺术作品的桥梁”(第一卷,第378页)。因而,黑格尔指出,作家创作固然需要“想象”、“才能”和“灵感”,但是,这些主观的东西必须获得其艺术表现的客观性才能真正为艺术服务。要做到这一点,就必须像经典作家那样,“把他的整个灵魂而且是伟大的灵魂”置入对形象的“情致”的体验当中。

三、艺术和艺术形式的类型学

根据美的基本概念,每一种艺术作品都具有两个方面,这两个方面分别是:(1)精神上的内容;(2)物质上的体现即形式。在《美学》的接下来的两卷中,黑格尔分别探讨了精神内容发展阶段产生的“各种特殊类型的艺术美”的艺术类型学(第二卷),以及按体裁对各种艺术门类所作的划分,即“各门艺术的体系”(第三卷)。

第二卷的艺术分类的基本原理是,在理想的艺术品中,这内容和物质形式两方面是处于完善的和谐一致之中,以致这种体现充分而完整地表达了内容,而内容恰好以这一体现作为其恰当的表现。但是,并不总是可以达到这种完善与和谐一致的。内容与体现之间所具有的不同的、可能的关系导致艺术划分为多种基本类型。这些类型总共有三种:第一种,物质(体现)支配精神(内容),这产生出象征型艺术。第二种,精神和物质的完善的谐调一致,这产生出古典型艺术。第三种,精神支配物质,这产生出浪漫型艺术。

艺术发展的第一个阶段,艺术类型是象征型艺术。“象征”无论就它的概念来源,还是它在历史上出现的次第来讲,都是艺术的开始。在这个阶段里，人类的心灵力图把它所模仿认识到的理念表现出来，但是还不能找到适合的感性形象，所以便采用了符号来象征理念。象征艺术的表现为古代东方艺术。当理念与感性形象达到自由而完满的协调，“内容和完全适合内容的形式达到独立完整的统一，因而形成一种自由的整体”（第二卷，第 157 页）时，古典型艺术便出现了。古典型艺术中内容的特征在于它本身就是具体的理念，唯其如此，也就是具体的心灵性的东西；因为只有心灵性的东西才是真正内在的。黑格尔认为，古典艺术的阶段，内容与形式达到完全吻合，其表现为古代希腊艺术。古典艺术的特点在于和悦静穆，雕刻最容易表现和悦静穆。古典艺术能显示出一种精神，“一种幸福，一种对自己的满足感和伟大感，一种永恒的肃穆和福泽，一种纵使在灾祸和苦痛中也不会失去镇定自恃的态度”（第二卷，第 168 页）。精神是无限的、自由的，而古典艺术所借以表现神的人体形态毕竟是有限的、不自由的。这一矛盾的发展必然导致古典艺术的解体，代之而起的就是浪漫型艺术。

浪漫型艺术的精神本质是精神发现个别的和感性的形式并不真正适于表达它的性质，精神在这个阶段退出其感性的体现而退回到它自身和它自己的主观性当中。在这种艺术类型中，精神越来越倾向于漫游在它自己的王国内，精神支配物质的这种类型就是浪漫的。在黑格尔艺术理论看来，浪漫艺术的时代跨度包括从中世纪基督教艺术直到文艺复兴后的资产阶级艺术。浪漫艺术的主题是表现为意识的独立性，其题材则是人性和它的全部发展，表现着更为抽象的精神美。

在《美学》第三卷中，感性体现是艺术概念中的基本环节。因而在这里，艺术不能仅仅保持为观念，而必须达到现实的感性的存在，成为感性客体。因此，《美学》第三卷按照艺术所凭借的不同物质媒介进行分类。正如艺术在其精神类型上展示出一种从低到高、从象征到浪漫的逻辑进展那样，各种特殊的艺术也以一个类似的必然次序来进行排列，并展示出从低的形式到高的形式的进展。最初的和最低级的建筑，占统治地位的是物质。它以三度的固体物质作为媒介。在另一极端上，我们得到诗，这是最后的最高级的艺术。在这里，物质的方面被削弱到几乎不存在，只有词和感性形象，这些形象是纯粹主观的和内在的。

黑格尔把“各门艺术的体系”分为三大部分，即建筑、雕刻和浪漫型艺术：绘画、音乐、诗。每一部分又有细致分类，比如，把诗分为史诗、抒情诗和喜剧体诗。《美学》全书通过美的原理建构、艺术发展史和艺术类型学三大组成部分，构成了黑格尔客观唯心主义的博大的艺术学体系。

马克思说过，黑格尔的思维方式有巨大的历史感作基础。恩格斯在谈到黑格尔的哲学思想时也说：人们只要不是无谓地停留在他的思想体系面前，而是深入到大厦里面去，那就会发现无数的珍宝，这些珍宝就是在今天也还保持充分的价值。就获得这种认识来说，归根到底没有一个人比黑格尔本人对我们的帮助更大。正是在“巨大的历史感”这一基础上，黑格尔揭示了社会历史情境、时代精神和人物行动构成的性格是艺术的核心，形成了“典型”理论的雏形。20世纪社会历史批评学派的文学理论与黑格尔的艺术精神和艺术类型的历史理论之间的联系，也是显而易见的。

（赵　文）

海涅

论浪漫派 1836年*

亨利希·海涅(Heinrich Heine,1797—1856),德国著名诗人、散文家、政论家。1819至1823年,他先后在波恩大学、柏林大学学习法律和哲学,听过施莱格尔和黑格尔的讲课。其间开始文学创作,《北海》诗集带有明显的德国浪漫主义色彩。1824到1828年间,他游历德国许多地方,并到英国、意大利等国旅行,写了四部散文旅行札记。1830年法国爆发七月革命,他深受鼓舞前往巴黎,在那儿结识了大仲马、贝朗瑞、乔治·桑、巴尔扎克、雨果等作家和李斯特、肖邦等音乐家,并与空想社会主义者圣西门的信徒交往,也受到其影响。此间,他写了《论德国的宗教和历史》(1835)、《论浪漫派》(1836)两本著作。1843年底,他和马克思在巴黎结识。这个时期,他的诗歌创作达到新的高峰,发表了《新诗集》(1844),其中包括一部分以《时代的诗》命名的政治诗和长诗《德

---

* [德]亨利希·海涅:《论浪漫派》,张玉书译,北京:人民文学出版社1979年版。文内引文,只注页码。

国,一个冬天的童话》,成为1848年革命前夕时代的最强音。1848年德国资产阶级革命失败后,他转向消极,甚至乞灵于宗教。《论浪漫派》是他文艺观较为集中的体现,内容分三部分:第一部分综论中世纪的高地德语文学和以歌德为代表的近代文学,沿着历史发展的脉络,揭露德国浪漫派背叛莱辛、赫尔德、歌德的古典主义传统的本质。第二部分和第三部分通过叙述轶事、阐明掌故、引录原作,分别对“前派”(施莱格尔兄弟、蒂克、诺瓦利斯和谢林)和“后派”(阿尼姆、勃仑塔诺等)进行了历史的分析和批判。

一、德国浪漫派及其实质

在海涅看来,德国浪漫派有一定的历史功绩。浪漫派为打破德国闭塞的精神生活做出过一定贡献,不少的浪漫派作家同时也是国外文学的译介者,奥·威·施莱格尔就曾翻译过莎士比亚的著作,而蒂克则是《堂·吉诃德》的译者。浪漫派重视德国的古代文学遗产,通过发掘、再创造的方式,保留了民族史诗和民间文化。浪漫派诗人们也有批判德国现实的内在需要,他们“看不惯目前流行的金钱信仰,厌恶到处充斥的利己主义”(第154页),进而在一种浪漫诗化的艺术世界中建构自己的理想世界。但是,当世界历史已经发展到新的一页,德国浪漫派的保守的一面、体现德意志意识形态的一面就变得更为清晰了。在这时的海涅看来,“德国的浪漫派究竟是什么东西呢?它不是别的,就是中世纪文艺的复活,这种文艺表现在中世纪的短歌、绘画和建筑物里,表现在艺术和生活之中。这种文艺来自基督教,它是一朵从基督的鲜血里萌生出来的苦难之花”(第10页)。他认为,灾难深重的德国政治状况正是基督教盛行的温床——“忧患教人祈祷”(第33页)。尤其当拿破仑征服德国之后,民族的屈辱心理和扭曲的民族自尊心更助长了这种宗教的狂热和狭隘的民族主义,德国人试图在宗教传统中保持自己的集体意识(第 33－34 页)。在这种德意志意识形态之中,浪漫派获得了它的真正的历史形式。海涅所历数的浪漫派局限性包括以下几个方面。

首先,浪漫派总是沉浸在对中世纪的缅怀之中,宣扬基督教封建主义思想方式,宣扬骑士制度和僧侣主义,眼睛不是向前看而是“顺着一股回向源头的潮流游泳”(第 35 页);其次,浪漫派所表现出的宗教式爱国主义,是一种虚假的爱国主义。这种“对法国的本质怀有敌意,而艺术和生活中的一切德国国粹都推崇备至的流派”(第 35 页),只能故步自封,自绝于“世界历史”;最后,整个浪漫派空幻、缥缈的超自然主义美学追求,也只能是反理性主义的典型表现。这朵“稀奇古怪、色彩刺目的花儿”散发出来气息是病态的、空想的、痛苦的、恐怖的,“在这点上,这朵花正是基督教最适合的象征,基督教最可怕的魅力正好是在痛苦的极乐之中”(第 10 页)。海涅批评浪漫派的出发点,正是“文艺是现实的反映”。如果文艺不能以自身的方式反映现实,而只在宗教、空幻的爱国主义当中寻找自己的避难所,也就丧失了自己的存在合理性:“艺术只是反映生活的镜子,天主教在生活里销声匿迹了,那它在艺术里就枯萎褪色。”(第 22 页)

二、古典传统的人道主义的文学

在批判浪漫派的同时,海涅肯定了以莱辛、歌德和席勒为代表的德国古典文学所取得的成就,认为德国古典美学为德国近代文学的发展和繁荣奠定了坚实基础。在这一思想中,海涅与曲解歌德、席勒的浪漫派作家和批评家的分歧是本质性的。在他看来,莱辛“不仅通过批评文章,还通过自己的文艺创作成为现代德国独创文学的奠基人”(第 25 页),他是德国文学的真正启蒙者,结束了德国摹仿法兰西假希腊文化的时代,开启了崭新的独创的民族文化的时代。民族文学的原创性的根源在莱辛那里得到了清晰的呈现。首先就是“伟大的社会思想”，通过关注社会问题的现实眼光形成对社会的思索，“满腔热情地关注着精神的各种动向，生活的方方面面”，在现实中寻找创作的灵感和源泉。其次是“先进的人道精神”和信仰理性的“理性宗教”，在这个基础上，莱辛在政治上十分活跃，表现为一个“争取精神自由、反对教会褊狭的斗士”（第25页），并且创作出具有战斗性的深度和广度的作品。如果说莱辛是人道主义的民族文学传统的开创者，赫尔德是继承者，那么歌德和席勒在海涅所勾画的这一进步文学的发展谱系中，则是重要的发展者。海涅认为，歌德把民族文学的艺术形式推向了高峰，尽管在内容题材上还有引起浪漫派共鸣的东西，但“艺术优点”才是歌德那里最主要的方面：“歌德最大的功绩正在于他所描绘的一切，全都完美无缺，在他的作品里，看不见哪些部分强，哪些部分弱；看不见有的部分是工笔描绘，有的部分却是草率勾勒；没有局促窘迫的败笔，没有因袭传统的陈套，没有对细枝末节的偏爱。”（第58页）正是歌德的这种艺术敏感或“艺术专制主义”（第59页），使他的代表作品《浮士德》“像圣经一样浩瀚广阔，天上人间，世人和圣经注释，无不包罗在内”（第61页）。当然，歌德对莱辛的人道主义古典传统的发展并不停留在艺术至上的狭小范围内，根本地讲，歌德本人从精神气质上就秉承了启蒙的人道主义传统，正是先具有完整的、自由的、高贵的人格和理性尊严塑造的精神，他才成为艺术上登峰造极的作家：“人们在那些出类拔萃的人物身上所要求的人格和天才的协调一致，在歌德身上完全找到了……”（第66页）。

但海涅也对歌德沉浸在自己的艺术世界的“冷漠”态度提出了批评。较之于席勒，“歌德的作品不会激起人们的行动，不比席勒的作品。行动是语言的产儿，歌德的那些由美的语言是无儿无女的。这是一切纯粹通过艺术而生产的事物的厄运”（第54页）。如果说歌德发展了莱辛人道主义古典文学的艺术独创性的话，那么席勒则发展了这一传统的社会战斗性。因此，当歌德把艺术看成是高于现实的一个独立的第二世界的时候，席勒“更坚定地靠拢那第一世界”，在时代精神的召唤下，席勒随它一同去战斗，“为伟大的革命思想而写作，他摧毁了精神上的巴士底狱，建造着自由的庙堂”，为人类的社会进步而昂奋高歌，讴歌世界历史的进程。因而席勒把这种战斗的人道主义发展为打破狭隘民族主义的武器，他也成为一个世界主义者，他所建造的自由的精神庙堂，“把各个民族像一个亲如骨肉的大家庭那样团结起来”(第 52 页)。通过勾勒这个进步的文学谱系，海涅触及了文学的“美学的”和“历史的”标准问题。他强调，“再没有比贬低歌德以抬高席勒更为愚蠢的事了”(第 57 页)，只有将两者的长处结合起来，才是海涅所理解的德国文学发展，乃至世界文学发展的方向。

三、《论浪漫派》的文艺观

《论浪漫派》表明海涅在艺术上已经从早期浪漫主义转到现实主义，在政治上向革命民主主义的演变。该文的文艺思想虽未加系统表述，但却清晰地呈现出以下几个基本命题。首先，文学应该与实际生活相结合，以自己的方式表达人民的利益和愿望，这样才能博得人民的喜爱。“老百姓要求，他们的喜怒哀乐，种种激情，作家也有痛感，他们内心的感情，或者能被作家振奋起来，或者会被作家损伤刺痛，总之，老百姓希望受到感动。”(第 134 页)文学只有属于人民的，才是属于时代的。“只有伟大的诗人才能认识他当代的诗意。”(第 73 页)“诗人也只有在不离客观现实的土地之时，才坚强有力，一旦神思恍惚地在蓝色太空中东飘西荡，便变得软弱无比。”(第 109—110 页)其次，文学是时代精神、社会意识形态的一面镜子，它可以积极参与到历史当中，也可能消极地、扭曲地反映社会历史的发展状况。正如海涅说的:“如果不深入到政治的领域中去,是无法讨论德国现代文学的。”(第146页)正是秉持这种接近历史唯物主义的分析观念,他才鞭辟入里地将作为人造梦幻的德国浪漫派的根源,追溯到资产阶级革命、拿破仑战争所激发起来的封建主义宗教爱国主义意识形态当中,追溯到德国封建意识形态的特殊性当中。在海涅看来,德意志意识形态的精神性,妨碍了德国文学拥抱真正的时代精神。康德的“自由意志”、黑格尔的“绝对精神”、德国传统的自然主义神秘主义文化,这些思想遗产固然使人自豪,但如果不在剧烈的社会变革中实现真正的民族精神,也是枉然。再次,人道主义是文学的基础,世界主义是文学发展的推动力。“人的理性粉碎了迷信,而人的感情也将摧毁利己主义,总有一天人类社会将会建立在更好的基础之上,全欧洲所有伟大心灵都在为发现这新的、更美好的基础而孜孜不倦地努力着。”文学也必须为这个世俗的目标而奋斗,而不是转过头去看远古,或抬起头看天堂。“我们没有必要把人数较多、比较贫穷的阶级赶到天堂上去。”(第147页)对于作家来说,应该汲取其他一切民族文学的优点,平等地对待一切民族的文化,只有这样才能创造出具有独创性的自己的民族文学。就这一点而言,莱辛的第一继承者赫尔德,堪称典范。在海涅看来,如果说赫尔德为当代作家提供了平等对待各民族文学的典范的话,那么席勒的行动的文学则体现了世界历史在民族文学中的美学显现。人道主义是一切民族的文学的基础,也是一切民族文学进入世界历史时代相互对话、相互融合的基础,随着世界历史的进步过程,民族文学越来越成为世界文学的一个部分。

(赵　文)

巴尔扎克

《人间喜剧》前言 1842年*

奥诺雷·德·巴尔扎克(Honoré de Balzac,1799－1850),法国19世纪伟大的批判现实主义作家,欧洲批判现实主义文学的奠基人和杰出代表。1799年5月20日生于法国中西部图尔城的一个中产阶级家庭,15岁随父母迁居巴黎,17岁进入巴黎法律专科学校就读,同时旁听巴黎大学的文学讲座,获文学学士学位。从20岁开始从事文学创作,以笔名发表过许多不成功的剧本和小说。为了维持生计,1825－1828年间,他先后经营出版业和印刷业,却为此负债累累。此后,他走上了现实主义文学创作的道路,并以1829年出版的长篇小说《最后一个朱安党人》初步奠定了在文学界的地位。作为文坛新秀,他从1830年到1832年接连创作了17个中短篇小说,显示出惊人的创作速度与文学才华。1831

* [法]巴尔扎克著,艾珉、黄晋凯选编,袁树仁等译:《巴尔扎克论文艺》,北京:人民文学出版社2003年版,第253—270页。《〈人间喜剧〉前言》译者为丁世中。文内引文,只标页码。

年发表的长篇小说《驴皮记》使他声名大振，也由此而成为法国最负盛名的作家之一。在20余年的写作生涯中，他以令人惊叹的毅力和创作热情，写下了总题为“人间喜剧”的90多部不朽的传世之作，塑造了2400多个不同类型的人物形象。

《人间喜剧》分“风俗研究”、“哲理研究”和“分析研究”三大类，其中“风俗研究”又包括《私人生活场景》《外省生活场景》《巴黎生活场景》《政治生活场景》《军旅生活场景》和《乡村生活场景》。这部庞大的著作展示了19世纪上半叶法国社会生活的画卷，被称为法国社会的“百科全书”，“是对上流社会必然崩溃的一曲无尽的挽歌”。他通过《人间喜剧》为我们“提供了一部法国‘社会’特别是巴黎‘上流社会’的卓越的现实主义历史”。

除了创作之外，巴尔扎克在理论上也是相当深刻的，他的现实主义文学思想是西方文学理论史上的重要一环。只是他的文学思想大多散见于他的各种通信、文学作品以及为这些作品而写的“前言”或“序言”之中。《〈人间喜剧〉前言》(以下简称《前言》)，是他所有理论文章中最重要也是最有价值的一篇。这篇《前言》不仅可以让我们较为充分地了解这位作家创作《人间喜剧》的思想动因和基本立场，也有助于理解巴尔扎克小说的现实主义特征。更重要的是，《前言》对现实主义的创作方法和基本原则作了清楚的阐述，为批判现实主义文学奠定了理论基础。

一、论写实：“细节上不真实”的小说“没有任何价值”

《前言》首先是巴尔扎克本人现实主义创作经验的总结。文中提出的一系列现实主义文学创作原则中，居于首要地位的是文学应该真实地摹写现实、反映生活。他认为，描写社会是文学的一个天然使命。就像布封以一部出色的作品来表现“动物界的全貌”一样,他希望自己“给社会完成一部类似的著作”,创作出“一部许多历史家所忽略了的那种历史,也就是风俗史”(第 259 页)。在他对英国诗人兼小说家司各特作品“衔接不紧”的批评中,可以清楚地看出他对自己全部创作的宏伟构想,那就是将“全部作品联系起来”,从而“构成一部包罗万象的历史,其中每一章都是一篇小说,每篇小说都标志着一个时代”(第 258 页)。鉴于这种写作以忠实的描写、真实的再现为基本原则,不应该有任何失真或失实之处,巴尔扎克于是宣布说:“法国社会将成为历史学家,我只应该充当它的秘书。”(第 259 页)

按照《前言》里的陈述,巴尔扎克的这种文学观念,跟 19 世纪自然科学的快速发展以及在此背景下产生的科学求真思想有着直接的关联。巴尔扎克对自然科学领域的诸多学说表现出广泛的兴趣,并在《前言》里自称这些学说早“已经深入我心”。在他看来,尽管自然界与社会存在着某些差别,但如同“动物学把动物划分成许许多多类别一样”,社会“也是根据人类进行活动的不同环境,将人类划分成各种各样的人”,而就这方面来说,“社会同自然界是相似的”(第 255 页)。于是,他运用自然科学的求真、求实精神来观察社会生活、思考社会现象,并在文学作品中努力追求真实和准确。正因为如此,在他的论述中,几乎总是以社会历史的书写者(而不是小说作家)自诩。他说:“笔者已经着手的作品,篇幅相当于一部历史。”(第 262 页)他对历史与文学之间的差异是这样理解的:“历史与小说不同,它的信条并不在于走向理想的美”,“历史是或者应该是当时的实录”,而“小说则应该是那个更为美好的世界”。这个对照中所体现的关于小说的定义,巴尔扎克称之为“庄严的谎言”,理由是“小说如果在细节上不真实,那它就没有任何价值”(第 264 页)。他认为,要做到严格地摹写现实,就必须实现细节上的真实。

既然如此,那么还需要明确指出的是,不应对巴尔扎克关于

"文学要真实反映社会生活"的观点作简单机械的理解。他曾说过,一个作家只要刻意从事这类严谨的再现,就可以成为绘制人类典型的一名画师,成为私生活戏剧场面的叙事人,社会动产的考证家,各种行话的搜集家,以及善行劣迹的记录员。但他也特别强调,仅仅这样还不可能得到"一切艺术家所渴求的激赏"。作家还应该研究产生各种社会效果的原因,把握这些人物、事件、激情的内在意义,同时还应进一步"思索一下自然法则,推敲一下各类社会对永恒的准则、对真和美有哪些背离,又有哪些接近的地方",而且为了让作品达到完整,还"应当有一个结论"(第 259 页)。巴尔扎克并不讳言自己是一名"妄想充当历史学家"的小说作者,然而,即使如此,他也坚持认为应当"解说它那还隐蔽着的道理,阐明它的原则与教训"(第 262 页)。也就是说,要成为卓越的现实主义作家,必须在现象的真实之外,也获得本质的真实。

二、论典型:刻画处于"画框"之中的人物形象

在《前言》中,巴尔扎克对自己的创作做了这样描述:"编制恶习与美德的清单,搜集激情的主要表现,刻画性格,选取社会上的重要事件,就若干同质的性格特征博采约取,从中糅合出一些典型。"这就是他的典型塑造方法。正是这一特质,使得他的现实主义创作与某些后继者的"自然主义"写作区分开来。

巴尔扎克将典型化看成是让文学作品"既令诗人与贤哲感到愉悦,而同时又博得广大群众青睐"的办法,因为"群众所要求的,是诗意和融化成生动形象的哲理"(第 257 页)。从这个意义上,他高度评价司各特"兼收并蓄了神奇与真实这史诗的两大要素",认为司各特将小说"提高到了历史哲学的水平"(第 258 页)。司各特之所以能够做到这些,在于对"人性的千变万化"的把握,在于从这

千变万化中提炼出典型，这是其“才华的源泉”。他指出：每种动物的习惯不免总是雷同近似，但王公、银行家、艺术家、市民、神甫和穷汉的积习、衣着、言谈、住所，其相互间的差异却很大。在人类社会的各种纷纭复杂、变化无穷的人物和事件中，每一个具体的人物、事件，似乎都是个别的、偶然的。作家的任务就在于对这些个别的、偶然的东西进行综合加工，使之既是特殊的，又是一般的，这就是“典型”。所以他说：“偶然是世上最伟大的小说家：如果想取得丰硕的成果，就必须将它仔细研究。”（第258页）虽然现实主义文学是“要写人和生活”的，但是人们通常还是会把“典型”理论当作有关如何塑造典型人物的理论。然而，在巴尔扎克的“典型”理论中，他认为“不仅人物，而且生活里的主要事件也都有典型的表现”。关于典型人物的环境，他指出：“刻画一个时代的两三千名出色人物的形象，这绝不是一件轻而易举的工作……这样一批形象、性格，这么多的生命，就要求有一些画框，或者叫做画廊吧。”（第267页）后来，恩格斯把它概括为“真实地再现典型环境中的典型人物”。巴尔扎克认为他的《人间喜剧》反映了法兰西“美丽国土的四方八域”、方方面面的人物，总之，“是一个完整的社会”。由此可见，重视对典型人物周围的典型环境的描写，把环境描写同人物塑造紧密结合，这是巴尔扎克“典型”理论的重要特征。

三、论倾向：作家的信条与现实主义文学的道德原则

在《前言》的结尾，巴尔扎克指出，之所以有理由给他的作品加上“人间喜剧”的题名，是因为这一整套规模宏大的作品“包括了社会的历史、对社会的批评、对其弊端的分析，以及对社会的种种原则的探讨”（第270页）。他援引一位政论家的话说：“作家在道德上、政治上应有定见，他应该充当诲人不倦的教师。”并把这句话视

为“保王派和民主派作家共同的金科玉律”（第 260 页）。也就是说，不管一个作家持何种政见，倾向性都不仅是必然的，而且是应有的。“作家的信条，作家之所以成为作家，之所以不亚于，甚至还优胜于政治家，就在于他对人间百事的某种决断，对某些原则的忠贞不贰。”（第 260 页）这就是他关于作家倾向性的基本看法。巴尔扎克把自己的现实主义作品说成是“按照社会全部善恶的原貌如实复制的一幅社会图画”，跟古典主义、浪漫主义的作品相比，真实性是现实主义的首要标准，于是，他被很多人看成“描写恶的能手”，并受到许多关于他的作品“不道德”的攻击。一方面，为了驳斥这种诘难，巴尔扎克在《前言》里列出了自己作品中道德高尚的人物的一个长长的名单，并试图证明正是他“解决了文学创作上的一大难题，即怎样把品行端正的人写得饶有兴味”（第 267 页）；另一方面，他辩解道：“既然是描摹整个社会，是从大动荡中来捕捉社会，那么就会出现，也必然会出现在某一篇作品中恶多善寡的情形，就会在画卷的某个局部里冒出一帮有罪的人。”对此，完全没有必要大惊小怪，因为这跟“其他部分的道德寓意”一起，正好“构成一种完整的对照”（第 263 页）。巴尔扎克指出，不能简单地用其中善与恶的数量对比来判断一部作品的道德意义，关键在于那些不道德人物的恶行是否在作品中受到了应有的惩罚，而在这方面，现实主义作家比历史学家还“略胜一筹”，因为文学作品在具体的处理上有更大的自由。

关于他自己及其《人间喜剧》的政治倾向与道德倾向，巴尔扎克声明道：“我是在两种永恒的真理，即宗教与王权的照耀下从事写作的……一切有理性的作家，都应当努力把法国引导到这两者所体现的必然方向。”（第 261 页）在宗教方面，他认为这是维护社会秩序最重要的因素；在政治方面，他同情贵族，维护王权，反对议会，认为“帝政时代的选举制度无疑是最好的制度”（第 262 页）。然而，由于他在深刻理解和真实描写现实关系上所表现出来的杰出的才能，客观地展示了王政和贵族阶级日益走向衰亡的历史过程，这就违背了他所固有的政治倾向和阶级偏见，实现了“现实主义的胜利”。

（凌玉建）

别林斯基

1847 年俄国文学一瞥 **1848 年** *

维沙里昂·格利戈列维奇·别林斯基(Виссарион Григорьевич Белинский,1811—1848),俄国伟大的革命民主主义思想家、卓越的社会活动家和文学评论家。1811 年 6 月生于斯韦阿博尔格城一个贫寒的军医家庭,1848 年 6 月在彼得堡病逝,年仅 37 岁。1829 年,他考上莫斯科大学文学系的公费生,后因为写作了一个具有反农奴制倾向的剧本而被校方借故开除。1833 年,他应邀给《望远镜》杂志撰稿,从此开始了他的文学批评生涯。1834 年发表第一篇长篇论文《文学的幻想》。此后的十余年间,写下 1000 多篇评论文章,包括著名的《论俄国中篇小说和果戈理君的中篇小说》(1835)、《智慧的痛苦》(1840)、《艺术的概念》(1841)、《关于批评的讲话》(1842)、《论普希金》(1845)、《致果戈理的一封信》(1847)和《1847 年俄国文学一瞥》(1848)等。1838 年担任《莫斯科观察家》

* [俄]《别林斯基选集》第 2 卷,满涛译,上海:时代出版社 1953 年再版,第 373—512 页。文内引文,只注页码。

杂志编辑，次年该刊停办，他迁居彼得堡，并主持《祖国纪事》杂志文学批评栏的工作，长达六年。1846年，他离开《祖国纪事》，前往由涅克拉索夫主编的《现代人》杂志，主持文学批评栏目。别林斯基的思想经历了由启蒙主义到革命民主主义、由唯心主义到唯物主义的转变过程。在他的影响下，当时的《祖国纪事》和《现代人》两杂志，都成为俄国进步知识界的思想舆论阵地。他的见解，对车尔尼雪夫斯基、杜勃罗留波夫的美学和批评观念的形成，产生过直接影响。

一、现实主义：俄国文学发展必然趋势——为“自然派”辩护

所谓“自然派”，本是当时的论敌布尔加林对俄国现实主义文学的贬称。别林斯基则干脆直接采用这一称谓，以表明与修辞学派、斯拉夫派截然不同的理论取向。“自然派”要求文学创作应该真实地反映生活，“完全使艺术面向现实”，着重“描写普通人”。用别林斯基的话说：“大自然是艺术底永恒的楷模，而大自然中最伟大和最高贵的对象就是人。”（第411页）在这里，“自然”所指称的，实际上就是客观存在的现实社会和人类生活。从19世纪30—40年代起，“自然派”亦即现实主义派，就逐渐取代了浪漫主义派，成为19世纪俄国文学的主流。作为俄国现实主义文学理论的奠基者，别林斯基在其《1847年俄国文学一瞥》中，通篇贯彻着为“自然派”、“自然主义”辩护的理论立场，其现实主义文论主张也借此得以彰显。对于“自然派”，他热情洋溢地赞美道：“自然派，今天站在俄国文学底最前哨。”（第387页）“通过自然派作家，俄国文学走上了确实的、真正的道路，面向了灵感与理想底独创的源流，从而变成了既是现代的，又是俄国的东西。”（第433页）

1. 文学与生活真实。别林斯基强调真实地再现生活以及忠实

于生活的态度,是现实主义的基本信条。如果没有深刻的生活真实,也就没有现实主义。在回应“修辞学派”对“自然派”的指责时,别林斯基批评“修辞学派”只是“严格地遵奉旧诗学底教训”,“旧诗学容许你描写一切你所喜欢的东西,但规定必须把描写的对象修饰成这样,使人再也看不出你要描写的是什么”,以至于旧作家“没有才能也能在诗歌园地上煊赫一时”。但是,“自然派却遵奉完全相反的法则:所描写的人物和其现实中的范本的逼肖,或许不足以包括一切,但却是自然派底第一个要求,不做到这一点,作品里就不会有什么好东西。这是一个苛刻的要求,只有有才能的人才担当得起!”(第404—405页)他把“真实”(有时候也称之为“艺术中的自然性”)看作对文学的起码要求,并视之为诚实的现实主义创作的最基本的品格。认为在现实主义文学中,还常常刻画下等人、乡下人,描写贫穷、丑陋、悲惨和泥泞的陋巷里衣不蔽体的人们。他指出旧的作家们“要的是虚谎,我们要的却是真实”(第406页)。他认为,艺术的意义和本质,再也不是“被装饰的自然”这种古老而陈旧的定义了,它需要从真实性的角度去反映现实,只有真实地描绘现实,才能在丰满而完整的现实基础上显示其艺术的广阔性和深刻性。

2.文学与思想倾向。别林斯基主张关注而不是回避底层人民处于苦难深渊的事实。他把近代文明社会中的慈善活动称作一种“新的社会运动”,认为这种社会运动不能不反映在“常常是社会底表现的文学”里面。他指出:“文学促进这种倾向在社会中繁荣滋长,而不仅在作品中反映它;超越在它之前,而不仅尾随在它之后。”(第414页)从肯定文学的倾向性出发,他反对“纯艺术派”对现代文学和一般自然主义发出的攻击。因为,“纯粹的、超然的、无条件的或像哲学家所说,绝对的艺术,在任何时候,任何地方,都是不存在的”(第422页)。他认为:“若要忠实地摹写自然,仅仅能写,就是说,仅仅驾驭抄写员和文书底技术,还是不够的;必须能通过想象，把现实底现象表达出来，赋予它们新的生命。"（第 414 页）他在反对所谓"纯艺术"时，并没有走向另一个极端，而是明确指出："毫无疑问，艺术首先必须是艺术，然后才能够是社会精神和倾向在特定时期中的表现。不管一首诗充满着怎样美好的思想，不管它多么强烈地反映着现代问题，可是如果里面没有诗歌，那么，它就不能够包含美好的思想和任何问题，我们所能看到的，充其量不过是执行得很坏的企图而已。"（第 415 页）因此，他重视思想倾向在表达过程中的艺术性："首先，在艺术底畛域上，倾向要不是被才能支持着，是不值一文钱的，其次，倾向本身必须不仅存在于头脑里，却主要地必须存在于心里，在写作的人底血液里；它主要地必须是一种感情，一种本能，然后恐怕再是一种自觉的思想——倾向非像艺术本身那样地生发出来不可。"（第 430 页）

3. 文学与社会问题、时代精神。别林斯基认为，揭示社会问题、体现时代精神，已成为文学发展的必然趋势。他指出：夺去艺术为社会利益服务的权利，这是贬抑它，却不是提高它，甚至意味着绞杀它。（第 428 页）"艺术和文学，在我们今天，比在从前更加变成了表现社会问题的东西。"（第 421 页）对社会问题的关注，使诗人和他笔下的诗歌不能不浸染特定的时代精神，因为，"诗人首先是一个人，然后是他底祖国底公民，它底时代底子孙。民族和时代底精神影响他，不能比对别人影响得少些"（第 419 页）。别林斯基一再地提到，文学是"喉舌"，但不应该是"某个派别或宗派底喉舌"，而是整个社会的珍秘的沉思和追求的喉舌。换言之，诗人应该表现富于时代色彩和意义的东西。

二、思想与艺术：现实主义文学的两极平衡

别林斯基除评论了屠格涅夫、达尔、格里戈罗维奇、陀思妥耶夫斯基等进步作家外，着墨最多的是评论赫尔岑（论文中以"伊斯

康德”笔名出现)的长篇小说《谁之罪?》和冈察罗夫的长篇小说《一个平凡的故事》。别林斯基认为赫尔岑是一位禀赋卓著的小说家,但同时也指出,“认为《谁之罪?》底作者是一个非凡的艺术家,这意味着根本不了解他底才能”(第 441 页),因为“作者主要地是一个哲学家,只是稍为带些诗人底成分”(第 456 页)。通过对《谁之罪?》这部具有高度思想性的现实主义杰作的细致剖析,别林斯基试图表明:思想的威力与现实主义的才能,只要能够实现高度巧妙的结合,即使是前者居于支配地位,也一样可以成就伟大的艺术作品。赫尔岑的主要力量,“不在创作,不在艺术性,而在那深刻地被感觉到、充分地自觉了和发展了的思想里面”。与此同时,“他拥有忠实描绘现实的惊人的能力,素描明确而尖刻,图画鲜明而惹人注目”,但这种忠实地抓取现实现象的艺术方法,只是他的才能的第二义的、补助的力量。这两者缺一不可。这一类艺术家,“他们着重的不是对象,而是对象底意义”(第 443 页)。

在别林斯基看来,显然,冈察罗夫的《一个平凡的故事》显示出跟赫尔岑《谁之罪?》截然相反的特质。冈察罗夫是一位“接近于纯艺术底典范”的真正的诗人、艺术家,“除此之外什么都不是”(第 456 页)。他主要是依据感觉,依据诗的本能。通过人物分析,别林斯基揭示了这一类艺术家创作的特点:“他对于所创造的人物没有爱,也没有仇恨,他们不使他高兴,也不使他激怒,他不给他们、也不给读者任何道德的教训。”(第 456 页)在这里,完全找不到赫尔岑式的那种支配性的观念、思想,而只有充满了真实性的现实主义。

别林斯基对同属于“自然派”文学的这两种特质,各有褒奖,也各有批评。他说:赫尔岑思想总是占先的,他预先知道写什么,为什么写;他以惊人的真实性描绘现实场景,目的只是为了发挥意见,加上断语。冈察罗夫刻画人物、性格和场景,主要地却是为了满足他自己的需要,玩赏他的刻画本领;发挥意见,加上断语,由此得出结论，这些他都任凭读者。赫尔岑感人至深之处，与其说是诗的风格，不如说是充满着智慧、思想、幽默和机智的风格。冈察罗夫才能的主要力量，总是在文笔底优美和细腻、描写底逼真上面，甚至他在描写琐屑的、外部的细节的时候，也会意外地堕入诗的境界。（第 485—486 页）在别林斯基看来，理想的现实主义文学，需要实现思想与艺术的两极平衡。

三、关于文学艺术的其他一些探讨

1. 诗与画的关系。别林斯基反对先前理论家们的见解，从现实主义原则出发，指出文学与绘画的一致性："如果诗歌从事于描写人物、性格、事件——总之，生活底图画，那么，不用说，它就负有和绘画同样的责任，就是说，忠于它所复制的现实。"从这个意义上说："如果他不是一个画家……说明他也不是诗人。"（第 439 页）不仅如此，"诗人艺术家，比一般想象的更是一个画家"，因为"在形式底感觉里面，包含着他底整个天性。永远和大自然在创造力方面竞胜，是他底最大的愉快"（第 442 页）。他还认为，"诗歌是超乎绘画之上的，它底限度比一切其他艺术底限度阔大"（第 443 页）。

2. 艺术与科学的区别。认为艺术与科学本质的差别，在于"处理特定内容时所用的方法"不同。具体地说，"哲学家用三段论法，诗人则用形象和图画说话，然而他们所说的都是同一件事"，政治经济学家靠着统计数字，来证明社会中某一个阶级的状况，而"诗人靠着对现实的活泼而鲜明的描绘，诉诸读者的想象，在真实的图画中显示社会中某一阶级的状况"，科学是证明，诗人是显示，"可是他们都是说服，所不同的只是一个用逻辑结论，另一个用图画而已"（第 428—429 页）。

3. 关于典型化。认为文学要真实地描绘生活，反映生活的广度和深刻，体现生活的本质，关键在于典型化。典型化是按照作者在作品中想要发挥的那个思想而创造出来的典型人物及相互关系。他主张现实主义的重要任务就在于创造典型,只有通过典型化,才能将生活真实转化为艺术真实,才能体现真实的生活。什么是典型化呢?他说:“诗人所应该表现的,不是特殊的和偶然的,而是一般的和必要的,赋予他底时代以色彩和意义的东西。”典型化是现实真实基础之上的升华。

4.关于民族性。别林斯基批判了那种带着太多假面具味道的民族性。然而,在只读那本自然的书,只研究现实世界的果戈理那里,却是其全部作品都“专门致力于描写俄国生活”。“描写俄国底现实,并且描写得这样惊人地逼真和真实,不用说,这只有俄国诗人才能够做到。我们文学底民族性,目前主要地便在这儿。”(第399页)

《1847 年俄国文学一瞥》可以说是别林斯基留给后世最后的也是最成熟的一篇年度概评,概括了他的现实主义文学理论和批评的许多重要方面,影响巨大而深远。

(李存晰　尹爱华)

歌德

歌德谈话录 1836—1848年*

歌德(Johann Wolfgang von Goethe,1749—1832),德国伟大的作家,启蒙时期的重要文艺理论家,与荷马、但丁和莎士比亚一起,并称为欧洲四大文化名人,出身富裕市民家庭。当时德国正处于封建割据的时期,文学方面继承文艺复兴以来尊崇希腊古典作家的风尚。18世纪七八十年代,德国掀起狂飙突进运动,揭开德国资产阶级启蒙主义文学的序幕,为建立德意志民族文学而斗争,同时给19世纪浪漫主义开辟道路。青年的歌德积极地参加了这个运动,表现出叛逆精神和对当时丑恶现实的憎恶和鄙视。莱辛、赫尔德、狄德罗等人对歌德产生过较大的影响,而与席勒的密切合作也对歌德的创作深有启发。18世纪80年代中期,他去意大利游历三年,亲密接触了文艺复兴时代的艺术,文艺思想上开始由浪漫主义转向古典主义。《歌德谈话录》不是由歌德本人撰写的,而

---

* [德]歌德:《歌德谈话录》,爱克曼辑录,朱光潜译,北京:人民文学出版社1978年版。文内引文,只注页码。

是由爱克曼所辑录的他与歌德的谈话。在文艺方面，它记录了歌德晚年成熟的思想和实践经验。《歌德谈话录》共分三部分，按照谈话的年份和时间的先后编排而成，第一和第二部分于 1836 年出版，第三部分于 1848 年出版，第三部分集结了爱克曼辑录的歌德谈话和梭瑞记录的与歌德的谈话。歌德在《谈话录》中的主要文艺思想，可以归结为以下四点：文艺要从客观现实出发，反对从理念或抽象观念出发；文艺应该通过对自然的剪裁和加工，熔铸成一个优美的生气灌注的整体；作品的独创性是建立在继承的基础之上的，感伤诗也源自于素朴诗；民族文化对作家的影响甚大，民族文学的发展和互相借鉴，预示着世界文学的时代即将来临。

一、富有创造力和影响力的作家是“天才”

《谈话录》多次肯定天才，认为天才是无法模仿的，具有持久而内在的生命力。天才的创造力不仅表现在文艺创作上，也可以表现在事业和工作上。歌德对爱克曼谈到自己再也写不出早前那些恋歌和《少年维特之烦恼》了，因为“创造一切非凡事物的那种神圣的爽朗精神总是同青年时代和创造力联系在一起的”(第 164 页)。在他看来，天才和创造力也与身体的刚健和活跃状况相联系。他认为，天才和创造力非常接近，只有长久起作用和产生长远影响的创造力才是天才。他在 1828 年 3 月 11 日的谈话中，还把天才看作超自然的天生的才能，并列举一些著名诗人和艺术家如莫扎特、拉斐尔、莱辛、莎士比亚等来加以论证。在歌德看来，这些文艺天才的思想因为长久起作用的创造力而至今都还保持着它的影响。艺术作品要具有这种影响，不在乎量多而在乎质优：“看一个人是否富于创造力，不能只凭他的作品或事业的数量。在文学领域里，有些诗人被认为富于创造力，因为诗集一卷接着一卷地出版。但是依我的看法，这种人应该被看做最无创造力的，因为他们写出来的诗既无生命，又无持久性。”(第165页)作品具有内在而持久生命力的作家，才是最富有创造性和影响力的。不过，从《谈话录》中会发现，歌德对于天才也有一些不同的说法，例如他教导青年时，一般不强调天才而强调勤学苦练。在一次谈话里，他举法国政治家米拉波和他自己为例，说明凭个人的天才不能成就大事业，要成就大事业，必须靠集体，靠虚心向民众学习。他说：“事实上我们全都是些集体性人物，不管我们愿意把自己摆在什么地位。严格地说，可以看成我们自己所特有的东西是微乎其微的，就像我们个人是微乎其微的一样。我们全都要从前辈和同辈学习到一些东西。就连最大的天才，如果像单凭他所特有的内在自我去对付一切，他也绝不会有多大成就……我要做的事，不过是伸手去收割旁人替我播种的庄稼而已。”(第250页)歌德在这段谈话，对天才论作了当时所能做出的最中肯的批判。①

二、“文艺必须从客观现实出发”

歌德多次向爱克曼发出忠告，劝他不要学席勒那样从抽象理念出发，而要先抓住亲身经历的具体个别的客观现实事物的特征。他说：“世界是那样广阔丰富，生活是那样丰富多彩，你不会缺乏做诗的动因。但是写出来的必须全是应景即兴的诗，也就是说，现实生活必须既提供诗的机缘，又提供诗的材料。一个特殊具体的情境通过诗人的处理，就变成带有普遍性和诗意的东西。我的全部诗都是应景即兴的诗，来自现实生活，从现实生活中获得坚实的基础。我一向瞧不起空中楼阁的诗。”“不要说现实生活没有诗意。诗人的本领，正在于他有足够的智慧，能从惯见的平凡事物中见出引人入胜的一个侧面。必须由现实生活提供作诗的动机，这就是

---

① 朱光潜：《译后记》，参见《歌德谈话录》中译本，第279—280页。

要表现的要点，也就是诗的真正核心；但是据此来熔铸成一个优美的、生气灌注的整体，这却是诗人的事了。"（第6页）在此基础上，歌德提出了"文艺必须从客观世界出发"的原则，并从以下几个方面加以发挥：

1. 艺术家既是自然的主宰，又是自然的奴隶。歌德认为，一切文学艺术作品都是来自现实生活，诗人正是从现实生活中获得坚实的基础。现实生活不仅为作家提供作诗的动机，而且为作家的创作提供丰富的材料。因此，作家必须面向现实生活，研究现实生活，捕捉生活的诗意。歌德在同爱克曼的谈话中，教导年轻诗人应从观念中解放出来，深入到现实生活中去，对所描写的每一个别事物，都要做仔细观察，进行深入彻底的研究和分析，去探索和发现生活中的突出的，具有意义的东西。他说："我只劝你坚持不懈，牢牢抓住现实生活。每一种情况，乃至每一顷刻，都有无限的价值，都是整个永恒世界的代表。"（第13页）歌德提到"自然"的地方很多，他所说的"自然"，包括人类的社会生活和整个大自然。他从"泛神论"观念出发，把自然看成是一个客观存在的并遵循一定规律运动的整体。歌德根据一幅风景画分析道："艺术家对于自然有着双重关系：他既是自然的主宰，又是自然的奴隶。他是自然的奴隶，因为他必须用人世间的材料来进行工作，才能使人理解；同时它又是自然的主宰，因为他使这种人世间的材料服从他的较高的意旨，并且为着较高的意旨服务。"（第137页）他认为，对艺术家所提出的最高要求就是应该遵守自然，研究自然，摹仿自然，并且应该创造出一种毕肖自然的作品。他认为艺术家只有认识和掌握自然事物的规律，才能获得创作的自由。但摹仿自然并不等于再现自然，他必须超越自然，创造出"第二自然"，即艺术作品。歌德要求诗人和艺术家要熟悉客观事物，一切从客观事实出发，客观事物对他才成为一种"第二自然"。他说："要是他只能表达他自己的那一点主观情绪，他还算不上什么；但是一旦能掌握住世界而且能把它表达出来，他就是一个诗人了。此后他就有写不尽的材料，而且能写出经常是新鲜的东西，至于主观诗人，却很快就把他内心生活的那一点材料用完，而且终于陷入习套作风了。"（第 96—97 页）客观现实生活是艺术家酿蜜的花粉，是艺术家取之不尽用之不竭的材料，有了这些材料和储备，又能将其同情感合情合理地融合起来，并给予恰如其分的表达，这就是真正的"诗人"。他又说："一切倒退和衰亡的时代都是主观的，与此相反，一切前进上升的时代都有一种客观的倾向……一切健康的努力都是由内心世界转向外在世界，像你所看到的一切伟大的时代都是努力前进的，都是具有客观性格的。"（第 97 页）

2. 艺术作品是一个"优美的、生气灌注的整体"。歌德多次强调艺术作品的全体与局部、整体与细节之间的重要关系。他告诫说，要选取自己有过研究和非常熟悉的题材来进行创作，才有可能写出好的成功的作品。有的人想写大部头作品，但对他具有很多不熟悉甚至很陌生的领域，对这些事情和素材的处理就会出现很多败笔；写得成功的部分和细节，往往还是其体验、极其熟悉的那些题材和生活。那些不成功的部分和细节对艺术作品的整体来说也会有损害，影响作品的完整和质量。而作家对题材的处理应该有所剪裁和熔铸，否则将流于自然主义。他说道："现实生活应该有表现的权利。诗人由日常现实生活触动起来的思想情感都要求表现，而且也应该得到表现……为着把各部分安排成为融贯完美的巨大整体，就得使用和消耗巨大精力……倘若你在整体上安排不妥当，你的精力就白费了。还不仅此，倘若你在处理那样庞大的题材时没有完全掌握住细节，整体也就会有瑕疵，会受到指责。"（第 4—5 页）诗人要做的工作就只是构成一个活的整体。歌德还告诫说：首先要从小处着手，不要很早就想写大部头作品；其次要从现实生活出发，不要过分相信自己的独创能力，单凭想象去虚构题材，题材最好是用现成的。哪怕是日常的平凡事物，只要经过诗人的处理，熔铸成一种完美的有生命的整体，它就会显出普遍性和诗意来。对于诗人，世界是生成的，这里当然指的是内心世界，而不是经验的现象世界；如果诗人要成功地描绘出现象世界，它就必须深入研究实际生活。歌德认为诗人的任务是根据自然“来熔铸成一个优美的、生气灌注的整体”。而这种整体是生糙的自然原来所没有的，所以歌德有时把艺术作品称为“第二自然”。他还说：“艺术要通过一种完整体向世界说话。但这种完整体不是他在自然中所能找到的，而是他自己的心智的果实。或者说，是一种丰产的神圣的精神灌注生气的结果。”(第137页)

3.在特殊中表现一般。歌德坚持在艺术创作中特殊与一般的辩证统一。一个特殊具体事物经过诗人的处理就带有普遍性，普遍性就是事物的特征或本质。他在1823年10月29日谈话中说：“对你的那些诗，我只想说两句话。到你现在已经达到的地步，你就必须闯艺术的真正高大的难关了，这就是对个别事物的掌握。你必须费大力挣扎，使自己从观念(Idee)中解脱出来。你有才能，已经走了这么远，现在你必须做到这一点。”他主张到一个地方要仔细反复观察，然后才能发现它的特征，把所有的母题(motive)集拢起来。他说：“我知道这个课题确实是难，但是艺术的真正生命正在于对个别特殊事物的掌握和描述。此外，作家如果满足于一般，任何人都可以照样摹仿；但是如果写出个别特殊，旁人就无法摹仿，因为没有亲身体验过。你也不用担心个别特殊引不起同情共鸣。每种人物性格，不管多么个别特殊，每一件描绘出来的东西，从顽石到人，都有些普遍性；因此各种现象都经常复现，世间没有任何东西只出现一次。”(第10页)1825年6月11日的谈话，又一次提到诗人在特殊中表现一般：“诗人应该抓住特殊，如果其中有些健康的因素，他就会从这特殊中表现出一般。”(第90页)

三、古典主义、浪漫主义和现实主义

歌德在 1830 年 3 月 21 日谈话里说:“古典诗和浪漫诗的概念现已传遍全世界,引起许多争执和分歧。这个概念起源于席勒和我两人。我主张诗应该采取从客观世界出发的原则,认为只有这种创作方法才可取。但是席勒却用完全主观的方法去写作,认为只有他那种创作方法才是正确的。为了针对我来为他自己辩护,席勒写了一篇论文,题为《论素朴的诗和感伤的诗》……目前人人都在谈古典主义和浪漫主义,这是五十年前没有人想得到的区别。”(第 221 页)这里,提出了古典主义和浪漫主义的一个基本分野。在 1829 年 4 月 2 日的谈话中,歌德又指出两者的一些区别:“我把‘古典的’叫做‘健康的’,把‘浪漫的’叫做‘病态的’。这样看,《尼伯龙根之歌》就和荷马史诗一样是古典的,因为这两部诗都是健康的、有生命力的。最近一些作品之所以是浪漫的,并不是因为新,而是因为病态、软弱;古代作品之所以是古典的,也并不是因为古老,而是因为强壮、新鲜、愉快、健康。如果我们按照这些品质来区分古典的和浪漫的,就会知所适从了。”(第 188 页)这里所说的“健康的”和“病态的”,其实就是我们现在所说的“积极的”和“消极的”分别,这种分别在任何文艺流派中都是存在的。值得注意的是,歌德在这里专就实质来谈古典的和浪漫的分别,指出这与时代的古今无关。在歌德时代,“现实主义”这个名称才初露头角。实际上,歌德所推崇的从客观现实出发的古典主义就是现实主义。归根到底,文艺上基本区分只有从客观现实出发和从作者主观内心生活出发这两种。

四、继承和创新的辩证关系

歌德也非常重视对艺术传统的传承。他说道:“人们老是在谈论独创性,但是什么才是独创性!我们一生下来,世界就开始对我们发生影响,而这种影响一直要发生下去,直到我们过完了这一生。除掉精力、气力和意志以外,还有什么可以叫做我们自己的呢?如果我能算一算我应归功于一切伟大的前辈和同辈的东西,此外剩下来的东西也就不多了。”(第 88 页)其后,他又谈到:“各门艺术都有一种源流关系。每逢看到一位大师,你总可以看出他吸取了前人的精华,就是这种精华培育出他的伟大……假如他们没有利用当时所提供的便利,我们对于他们就没有多少可谈的了。”(第 105 页)在歌德看来,独创是在继承的基础上的独创,具有独创性的作品,无一例外都是向前辈或者同辈学习的结果。

五、文学的发展:民族文学与世界文学

歌德是德意志民族的伟大儿子,殷切地希望德国能够实现统一。他认为,只有统一,才有利于发展个别人物的伟大才能和发展德国民族文化;同时大力发展民族文化,又是实现德意志民族统一的重要途径。歌德总结了古希腊以后欧洲各民族文学形成的经验,以历史发展的观点,论述了民族文学的建立问题。认为一个伟大的民族作家,只有在汲取前辈和同辈有益东西的基础上,才能对民族文化的发展作出新贡献。莱辛、温克尔曼、康德都对歌德产生过影响;席勒、施莱格尔兄弟虽是歌德同时代人,且比他还要年轻,但是歌德也从他们身上获得了说不尽的益处。歌德进一步论述了民族文学与世界文学的关系,在 1827 年 1 月 31 日的谈话中,第一次提出了“世界文学”的概念。他说:“诗是人类的共同财富……民

族文学在现代算不了很大的一回事,世界文学的时代已快来临了。现在每个人都应该出力促使他早日来临。"(第113页)在论述民族文学和外国文学的关系时,他认为,任何一个作家,都不应拘守于某一特殊文学,奉为典范,而应该重视外国文学。要以历史的眼光去看待其他民族的文学,阅读作品时,只要它还有可取之处,就应当加以吸收。他说:"我们的发展要归功于广大世界千丝万缕的影响。从这些影响中,我们吸收我们能够吸收的和对我们有用的那一部分。"(第178页)

(饶先来)

车尔尼雪夫斯基

艺术对现实的审美关系 1855年*

尼古拉·加夫里洛维奇·车尔尼雪夫斯基(1828—1889),俄国民主主义者、哲学家、经济学家、美学家和文学批评家。1828年,出生于萨拉托夫城的一位神父家庭。少年时代有很高的文学天赋,十三四岁就掌握了希腊语、拉丁语、德语和法语,并广泛阅读普希金、果戈理、莱蒙托夫等人的著作,这些著作培养了他对俄国农奴制度和沙皇专制统治的仇恨,未等中学毕业就申请退学,于1846年以优异成绩考入彼得堡大学哲学系。大学期间研究黑格尔哲学,后转向费尔巴哈。大学毕业后回乡做中学教员,1853年迁居彼得堡,后完成硕士论文《艺术对现实的审美关系》。但由于论文中的激进观点使得校方犹疑不决,拖了一年才得以答辩,于1855年发表在《现代人》上。1853年,他来到彼得堡不久,便加盟《现代人》杂志,与涅克拉索夫合作,于1855起在该刊上发表《俄国

---

* [俄]车尔尼雪夫斯基:《艺术对现实的审美关系》,周扬译,北京:人民文学出版社1979年版。文内引文,只注页码。

文学果戈理时期概观》,高度评价了普希金、果戈理的现实主义文学流派。这也是俄国第一部新的文学批评史。1856 年开始任《现代人》主编。从 1857 年起,直接关注社会政治经济问题。1862 年,由于农民起义和学生运动接连不断,《现代人》杂志被勒令停刊八个月,车尔尼雪夫斯基被捕,关押期间写成著名长篇小说《怎么办?》,发表在《现代人》上,引起强烈反响,最终沙皇政府判决他服苦役十四年,终身流放西伯利亚。1889 年,被允许迁往故乡萨拉托夫,同年 10 月 29 日病逝。主要著作还有《莱辛,他的时代,他的一生与活动》(1856—1857)、《哲学上的人本主义原则》(1860)等。

一、给美下定义:美是生活

车尔尼雪夫斯基的文艺理论,是从批判黑格尔唯心主义美学体系开始的。他在写这篇硕士论文的时候,黑格尔唯心主义哲学在俄国影响很大,因此他面临的首要任务就是肃清黑格尔唯心主义在俄国美学界和文学界的影响。他吸收费尔巴哈人本主义唯物主义思想批判黑格尔,并建立了自己的美学体系。但由于当时黑格尔的名字在俄国是禁用的,因此他并未在著作中直接提到黑格尔本人的名字及其理论著作,而是以黑格尔左派门徒费肖尔作为批评的靶子。费肖尔在《美学,或美的科学》中认为:“美是观念与形象的统一,观念与形象的完全融合。”(第 5 页)尽管这个定义和黑格尔的原意相距甚远,但是也基本能够表达黑格尔美学的核心观点,车尔尼雪夫斯基就是从批判这个观点展开其理论阐释的。

《艺术对现实的审美关系》从这个题目就可以看出,车尔尼雪夫斯基想要彻底解决的是生活和艺术之间的关系。他认为这是美学的基本问题,涉及美学的基本性质和学科定位等问题。在黑格尔看来,美学的对象是艺术,是美的艺术,美学就是艺术哲学或者说美的艺术哲学,美学是围绕艺术问题展开的。因此,艺术也就成为车尔尼雪夫斯基讨论的重要一极，美学的问题在他看来可以转化为艺术和现实的问题。介词“对”则表明了他的基本立场，因为“对”不同于连词“和”或者“与”，后者表述的是两个平行的概念，“对”则表示了艺术和现实的不对等关系。具体说来，就是“对”揭示的是艺术跟现实的从属关系。不是现实从属于艺术，而是艺术从属于现实，这样他就把美学的根基深深地扎在现实的土壤中。这是他的唯物主义思想的根本体现，对于纠正唯心主义颠倒两者关系具有重大的意义。这些其实都得益于费尔巴哈，难怪他在第三版序言中说：“我正在给它写序的这本小书，就是一个运用费尔巴哈的思想来解决美学的基本问题的尝试。”

在反驳了费肖尔的美学观念之后，他给美下了一个定义：“美是生活。”这是对于美的总的根本性规定，即是说美的本质是生活，美就是生活本身。然后，他又对这个命题做了进一步的规定：“任何事物，凡是我们在那里看得见依照我们的理解应当如此的生活，那就是美的；任何东西，凡是显示出生活或使我们想起生活的，那就是美的。”(第 6 页)第一层意思是进一步规定了什么样的生活才是美的。他认为，按照我们主观的理解应当如此的生活才是美的。这句话应该从两个层面上看，一方面它说明了生活并非仅仅是那种现实的、琐碎的日常生活，而是有主观的成分在里面，“应当如此”也说明美是一种理想的生活；另一方面也反映了这个定义内在的客观性与主观性的矛盾。第二层意思变换了一个角度，是对美的对象的进一步规定，实质上是对自然美的理解，这种自然美表现了生活，能够让我们想起生活，但并不是生活本身。可以说，他的这个定义是具有划时代意义的。他把美的本质归属于事物本身体现的客观生活，这就有力地批判了黑格尔把美的本质归于理念的客观唯心论观点，把美奠定在唯物主义的基础上，把黑格尔的抽象的理念的彼岸世界转移到现实生活的此岸世界，为现实主义的文艺理论奠定了基础。“美是生活”隐含的意思，就是现实美高于艺术美，这也是对黑格尔派美学的反驳，具有积极的战斗意义。但这个定义也是有缺欠的。首先，他给美下了一个完整的定义，但在论证这个定义的时候，却暴露出他对生活理解的片面性。他还没有把人上升到社会关系的层面上理解，而仅仅是一种类的生命存在，他对上流社会的美人和农家姑娘的对比就说明了这一点。尽管他是从劳动的角度入手的，但更多的是从生理的角度分析的，没能科学地解释美的社会来源和阶级根据。其次，他关于现实美高于艺术美的观点尽管具有积极意义，但却缺少辩证法思想，对二者的关系做了片面的理解。

二、艺术的第一目的是再现现实

在“美是生活”的基础上，车氏对艺术的本质和作用进行了独到的阐发。在他看来，艺术就是对生活的再现，这是对艺术的本质规定。他区别了这个规定与“艺术是生活的模仿”的观念，但又认为这两个定义只规定了艺术的形式原则，没有对内容展开说明。他进一步阐发说：艺术的范围并不局限于美以及所谓美的种种因素，而是包罗现实（自然与生活）中一切引起人兴味的事物；艺术的内容就是人所普遍感到兴味的事物。这就是艺术的内容不仅仅是美，而且还包括广大的社会现实。他批评了那种喜欢在作品里描写爱情的习惯，认为诗人应该真正需要描写爱情的时候再去描写爱情，一部反映民族生活动态的小说没有必要把爱情描写摆在最重要的位置上。这个例子意在说明美不是艺术的全部内容。

阐明了艺术的内容是引起人们普遍兴味的生活之后，车尔尼雪夫斯基又对艺术表现生活的特点进行了说明。他认为，艺术所表达的观念不是抽象的，而是活灵活现的个性化的事实；当我们说“艺术是自然与生活的再现”时，我们说的正是同样的意思：在自然与生活中并没有抽象的存在物；在自然与生活中一切都是具体的；

这种再现应当尽可能保持被再现对象的本质。因此,艺术创作应当力求尽可能减少其抽象性,从而使艺术创作尽可能通过生动的图画以及个性化的形象具体地表现一切。也就是说,艺术要通过活生生的、个别的、具体的形象再现生活的本质,艺术把握现实的方式是通过具体的感性画面实现的。这种观点和别林斯基所说的"诗人用形象和图画"表现特定的内容有相通之处。

三、艺术的另一作用是说明生活

车尔尼雪夫斯基对艺术作用和意义的看法,同样具有重要意义。在他看来:"艺术的主要作用是再现生活中引人兴趣的一切事物;说明生活、对生活现象下判断,这也常常被摆到首要的地位,在诗歌作品中更是如此。"(第 103 页)再现生活,说明生活,判断生活,这就是艺术的作用,他进而提出"艺术是生活的教科书"。这些是从抽象的意义上谈论艺术的作用,但他并未忽视艺术对个人的审美感染,而是认为这恰是许多艺术作品的唯一的目的和意义所在,即使得那些没有机会在实际上去欣赏现实中的美的人有了可能,尽管只是在某种程度上,但也是必要的。也就是说,他其实是从两个层面论述艺术的意义和作用的,一个是认识层面,即艺术对生活是一个从再现到解释到判断的过程,而且能够指导生活,实现艺术的教育意义和社会功能;另一个是审美层面,艺术能够使人体验感受到美,艺术的最终作用尽管也是实现教育的功能,但是通向这种功能的桥梁却是审美。只有将这两个层面结合起来,才能全面把握他对艺术的功能和意义的看法。

四、文学应是高于现实的精神创造

车氏的美学和艺术观念存在着很大的局限,这个局限关涉到对文学本身的定位问题。在他看来，艺术来源于生活，但艺术仅仅是现实的替代品，艺术作品也从来不会达到现实的美和伟大，艺术不能和生活竞赛，因为艺术没有现实那种生命力，生活要比诗人的一切创作更完全、更真实，甚至更艺术。诚然，他不是有意贬低艺术，而是着力提高生活的地位，但这种看法是不科学的。就文学来说，文学来源于生活，社会生活是文学的源泉，但文学不应该完全臣服于生活，文学作品中反映出来的生活可以而且应该比普通的实际生活更高、更理想和典型。文学通过典型形象概括化地反映生活，并且注入了作家的思想与感情，文学不仅仅是现实的替代品，而是高于现实的精神创造。不过，这些并不意味着否定《艺术对现实的审美关系》的理论意义和价值，相反，应该看到这篇论文产生的巨大影响。它继承了别林斯基的现实主义传统，从理论上总结了俄国文学创作的经验，带有很强的理论性。可以说，车尔尼雪夫斯基的美学和文艺思想，是在历史唯物主义产生之前唯物主义美学的最高成就。马克思曾经称他是一位“伟大的俄国学者和批评家”，列宁则称他为“一个资本主义的异常深刻的批评家”。他对中国的文艺理论产生过巨大影响。

（郭跃辉）

杜勃罗留波夫

黑暗王国中的一线光明 1860年*

尼古拉·亚历山大罗维奇·杜勃罗留波夫((николай александрович добролюбов,1836—1861),俄国社会民主主义批评家、诗人。1836年1月24日生于诺夫哥罗德的一个神父家庭。少年时代喜欢世界和俄罗斯文学名著,尤其喜爱莱蒙托夫的诗歌、别林斯基的评论以及赫尔岑的哲理小说。1853年进入彼得堡中央师范学院学习,1856年他在《现代人》上发表论文《俄罗斯文学爱好者座谈》,1857年从师范学院毕业后,经车尔尼雪夫斯基引荐,正式参加了《现代人》杂志的编辑工作,1858年开始主持该杂志的批评栏。这时,他已形成革命民主主义立场,运用现实主义审美标准评论俄国当时的文学作品。1860年5月因健康状况恶化到国外休养。1861年2月返回俄国,抱病工作,于1861年11月17日病逝。其主要的文学评论有:《什么是奥勃洛莫夫性格?》

---

* [俄]杜勃罗留波夫:《黑暗王国中的一线光明》,见《杜勃罗留波夫文学论文选》,辛未艾译,上海:上海译文出版社1984年版。文内引文,只注页码。

(1859)、《黑暗王国中的一线光明》(1860)、《真正的白日什么时候到来?》(1860年)等。

一、文学的"人民性"原则

杜勃罗留波夫继承别林斯基和车尔尼雪夫斯基开创的现实主义文艺理论,将自己的批评称为"现实的批评",重视文学的性质和社会功用,特别是他对文学中"人民性"的探讨,是对文学理论的重要贡献。1858年,他写成了《俄国文学发展中人民性渗透的程度》一文,专门阐发"人民性"原则。在他看来,"人民性"不仅是描写当地的自然风光、运用从民众中来的语汇、忠实表现其仪式和风习,而且更重要的是必须渗透着人民的精神,体验他们的生活,跟他们站在同一水平,丢弃等级的一切偏见,丢弃脱离实际的学识等,去感受人民所拥有的一切质朴的感情。文学的"人民性"要表现人民的现实生活和愿望理想,要始终以人民的观点来评判善恶,体现人民的利益,这也要求作家深入人民,摆脱个人的阶级偏见,体验人民的生活,感受人民的感情。这些意见包含进步倾向,但在具体实践上却缺少历史的辩证法,运用这一标准评论具体作家时也有一些偏颇。如认为普希金、莱蒙托夫、果戈理都未充分理解和达到"人民性"的要求。《黑暗王国中的一线光明》是针对亚·尼·奥斯特罗夫斯基的五幕剧《大雷雨》所作的一篇评论,最初发表在《现代人》杂志1860年第1期,当时曾受到检察官的大段删节,车尔尼雪夫斯基在编辑《杜勃罗留波夫全集》时,将删去之处予以复原。

二、"现实的批评"方法

杜勃罗留波夫首先花了大量的笔墨来探讨批评的根本原则问题。他谈了两种批评方法:第一种是从作家的作品出发,观察作者的作品，根据观察的结果判断其中的内容及其性质；第二种是预先设定作品中应该包含什么内容，然后判断这些应当表现的内容在作品中究竟达到什么程度。也就是说，批评的起点，应该是文学作品还是抽象的原则与概念？杜勃罗留波夫是赞同前一种的，他本人也是这样评论文学作品的。在他看来，一些理论家所谓的批评，就是“把这些理论家的教本中所叙述的一般规律套到某一个作品上去：符合这些规律，就是出色的；不符合，就不好”（第 323 页）。这些一般规律是批评家主观好恶的产物，这样的批评是不科学的。他提出了一种他称之为“现实的批评”的批评方法，并对其进行了阐述。他认为这样的批评方法，就是要发现事实，指出事实，根据事实进行评判。这种“现实的批评”就是要求从作品本身出发，归纳作品本身的内容，判断内容的性质，论定作品的意义，指出这个作品和现实生活的关系。他认为“只有从事实出发的现实的批评，对读者才有某种意义”（第 339 页）。但是，他并非完全否定普遍的概念和规律，他是要求“把从事实本身流露出来的自然规律跟某种体系所制定的定理和规则区别开来”（第 323 页）。

三、文学的真实应是“逻辑的真实”

杜勃罗留波夫十分重视文学作品的真实性。在论述批评准则和方法后，他说：“承认文学主要意义是解释生活现象之后，我们还要求文学具有一个因素，缺了这种因素，文学就没有什么价值，这就是真实。应当使得作者所从出发的、他把它们表现给我们看的事实，传达得十分忠实。只要失去这一点，文学作品就丧失任何意义，它甚至会变得有害的，因为它不能启迪人类的知识，相反，把你弄得更糊涂。”（第 347 页）真实性是评价文学作品的一个重要标准，是文学作品价值的主要体现。但艺术作品中的真实是不同于历史著作中的真实的，艺术作品的真实应该是本质的真实，而不仅仅是生活表面和现实细节的真实。杜勃罗留波夫提出了“逻辑的真实”:“在艺术文学中,其中的事件是想象出来的,事实的真实就为逻辑的真实所取而代之,也就是用合理的可能以及和事件主要进程的一致来代替。”(第 347 页)这种真实性原则,继承了车尔尼雪夫斯基的“艺术再现生活,解释生活”的合理内核,并深入到现象的本质之中。

四、“文学是一种服务的力量”

杜勃罗留波夫对文艺的价值和社会功用也有独到的看法。在他看来,文学并没有直接的行动的意义,它要么提出需要做什么,要么描写正在进行以及已经完成的事情。他说:“概乎言之,文学是一种服务的力量,它的意义是在宣传,它的价值决定于它宣传了什么,它是怎样宣传的。”(第 345 页)他说的“宣传”并非带有直接的政治功利性的指导或鼓动,而是功用层面上为文学寻求安身立命之处,文学存在的价值不是指向自身的,而是要放眼社会,在社会中体现自身的价值。他说:“衡量作家或者个别作品价值的尺度,我们认为是:他们究竟把某一时代、某一民族的(自然)追求表现到什么程度。”(第 343 页)这种民族的自然追求不是抽象的,而是有着具体的现实内容的,那就是“要大家都好”,也就是说文学的服务对象是每一个人,要实现每一个人的精神理想和物质满足,这恰是文学“人民性”的体现。

五、人物形象的性格特征和意义

文章后半部分,杜勃罗留波夫重点讨论了卡德琳娜这个人物形象的性格特征和意义,认为卡德琳娜身上体现了民族性格优秀的特征。他首先分析了卡德琳娜所处的社会环境,奇各伊、卡彭诺娃这些统治者们造成的专横顽固的“黑暗王国”是和卡德琳娜的性格相适应的。在这种专横顽固之中，卡德琳娜再也不能忍受她的卑屈，勇敢地走向了新生活，这正与俄罗斯民族坚韧和反抗的性格特征相吻合。但是，卡德琳娜并没有成为概念的化身，成为“时代的传声筒”，而是有着鲜明独特的个性。在这种性格身上，没有一点外来的、别人的东西，一切好像从她的内心涌出来一样，每一种印象在她身上都经过改造，然后和她有机地生长在一起。她个性单纯而率直，内心充满着理想和对爱情的向往，希望给自己建立一个没有苦难的理想世界。这种美好的追求始终没有离开过她，她的反抗也是带着自己的鲜明的个性的。在这篇文章中，杜勃罗留波夫尽管没有直接论述典型人物的特征和审美要求，但是他对卡德琳娜的分析足以说明他对典型的看法。这种对典型的看法显然是受了别林斯基的影响。

值得注意的是杜勃罗留波夫的批评风格，在探讨某种理论的时候，他并未按照一般的论文的写法，讲究论证的严密和精确，而是充满着论战的激情。他的文章完全可以当作一篇充满感情的散文来读，语言充满力度，这种文风既同作者的个性有关，也和当时的特定情势有关，文学批评不仅仅是判断作品本身的价值，而且还是战斗的利器。对于杜勃罗留波夫的文学批评和文学活动，马克思是把他跟莱辛和狄德罗同样看待的，恩格斯则称他和车尔尼雪夫斯基为“两个社会主义的莱辛”。

（郭跃辉）

波德莱尔

浪漫派的艺术 1869 年*

夏尔·波德莱尔(Charles Baudelaire,1821—1867),法国著名现代派诗人,象征主义诗歌的先驱。他最为人熟知的作品是诗集《恶之花》。除此以外,他还有关于音乐、绘画、雕塑等的批评文集《美学珍玩》(1868)。他的文学批评文章,由后人整理成集并命名为《浪漫派的艺术》(1869)。波德莱尔是一位介于浪漫主义和现代主义之间的过渡性质的诗人和批评家。

一、"每日的工作可以有助于灵感的产生"

波德莱尔的文学思想并没有以一个固定的体系呈现出来,散见于他的批评文章和诗歌之中,但他的文学思想还是完整的。从作家的创作才能、灵感到文学内在的"真善美",再到文学与社会的

---

* [法]波德莱尔:《浪漫派的艺术》,郭宏安译,上海:上海译文出版社 2009 年版。文内引文,只注页码。

关系,他都有所涉及。自柏拉图以来的"迷狂说",到波德莱尔那里受到批判和冷落。他不再相信灵感的"迷狂","狂欢不再是灵感的姊妹……灵感显然只是每日的工作的姊妹"(第 20 页)。在他看来,灵感不是神的赐予,而是内在于诗人头脑中的一种机制,这种机制和吃饭、睡觉一样,是可以为人所控制的。他认为诗人如果要培养灵感,就应该沉浸到生活之中,在每日的工作和生活中催生自己的灵感。因此,他说:"如果谁想整日沉浸在对未来作品的冥想之中,那么每日的工作可以有助于灵感的产生。"(第 20 页)如此看来,他所谓的灵感,乃是一种来自于日常生活之中的理性的提升,它不是迷狂的、混乱的,而恰恰相反应该是警觉的、理性的。他在为爱伦・坡的《乌鸦》一诗所写的"前言"中,明确地提到爱伦・坡"肯定拥有巨大的天才和比任何人都多的灵感,如果灵感指的是毅力、精神上的热情,一种使能力始终保持警觉、呼之即来的能力的话"(第 312 页)。

但是,他并不否认诗人在创作的时候受到某种内在情感的控制,这种内在的情感使得诗人张嘴言说,将心中不得不说的东西一吐为快。这种情感被他称为"诗兴"。"诗兴的确表现了那种几乎是超自然的状态,表现了那种生活的强烈程度:灵魂在歌唱,它不能不歌唱,就像树、鸟、大海一样。"(第 177 页)但"诗兴"不是灵感,在波德莱尔的语言中,灵感是唤起创作能力的热情和毅力,而"诗兴"则是唤起创作冲动的热情。无论"诗兴"多么强烈,诗歌都不可能成为迷狂的言说,诗必须要经过诗人的理性加工和推理。因此,在诗歌的创作过程中,他推崇的是想象的敏感,也就是"趣味",而不是心的敏感。他认为心的敏感对于诗歌创作来说,有的时候是有害的,特别是一种极端的心的敏感。而"趣味"则是诗人得以从中"汲取了避恶求善的力量"的源泉,它"知道如何选择、判断、比较、避此、求彼,既迅速,又是自发地"(第 120 页)。

二、“丑恶经过艺术的表现化而成为美”

在波德莱尔生活的时代，艺术中“真善美”的统一是普遍的认识。但波德莱尔却打破了这种统一，认为“真善美不可分离的著名理论不过是现代哲学胡说的臆造罢了”(第114页)。在他看来，艺术追求的目标只针对于一种功能，那就是美。那么真善美的功能，有着什么不同呢？他认为真指向科学，善乃是道德追求的基础和目的，而美则适合于一种趣味和激情。因此，在他那里，不同的文体，倾向于不同的追求。“小说是一种复杂的种类，其中或大或小的一部分有时属于真，有时属于美”(第115页)，而诗歌则不然，诗是属于美的，它表达为美所激起的富有理智的热情，“诗的本质不过是，也仅仅是人类对一种最高的美的向往，这种本质表现在热情之中，表现在对灵魂的占据之中，这种热情是完全独立于激情的，是一种心灵的迷醉，也是完全独立于真实的，是理性的材料”(第117页)。

在对待文学的美与善的问题上，波德莱尔是矛盾的。他一方面为唯美主义的代表戈蒂叶辩护，认为文学特别是诗歌应该追求美，但另一方面他又不否认文学对于道德、社会的责任。波德莱尔以美统摄了文学中的善，认为善是内在于作品之中的。他在为《包法利夫人》辩护的文章中，针对当时一些批评家对于《包法利夫人》的指控，毫不犹豫地说：“这真是功能和种类的没完没了的、不可救药的混乱！真正的艺术品不需要指控。作品的逻辑足以表达道德的要求，得出结论是读者的事。”(第92页)也正是在这个层面上，他认为文学是可以表现恶的东西的，只要恶的东西可以成为美的：“丑恶经过艺术的表现化而成为美，带有韵律和节奏的痛苦使精神充满了一种平静的快乐，这是艺术的奇妙的特权之一。”(第127页)在他那里，美并不是一个简单的形式上的概念。他反对“为艺术而艺术”的唯美主义命题，反对过分地追求形式上的美。认为形式美的背后存在着一个使其运动的“弹簧”，这个“弹簧”是隐而不见的，它不仅仅是文学所需要的激情和理性，也包括以往社会中的宗教、哲学，并认为“对于形式的过分地喜爱导致可怕的、前所未闻的混乱”（第 57 页）。

三、“诗不能等同于科学和道德”

那么，在波德莱尔看来，文学是不是可以直接表现道德呢？在文学中是不是可以直接加入道德的说教和训诫呢？虽然波德莱尔并不否认文学能够表现善，但是这种善乃是流露于美之中的，因此，他反对在文学中进行道德说教。对于这个问题，他的立场是很坚定的。但他同时也指出：“我不是说诗不淳化风俗，其最终的结果不是将人提高到庸俗的利害之上；如果是这样的话，那显然是荒谬的。我是说如果诗人追求一种道德目的，他就减弱了诗的力量；说他的作品拙劣，亦不算冒昧。诗不能等同于科学和道德，否则诗就会衰退和死亡；它不以真实为对象，它只以自身为目的。”（第 307 页）至此，就可以发现波德莱尔表面矛盾但内在统一的关于文学与社会、文学与道德的看法。表面上，他坚持诗歌应是美的，它无涉于真与善，但从深层的立场上看，则认为善、道德、社会责任乃是内在于文学的美的，文学中的美自然地指向善和道德。因此，他反对诗人以道德作为自己的创作追求，认为诗人应该追求美。因为正是由于诗歌的美，它才能够将社会上丑恶的事物和事情表现出来，从而在某种意义上完成诗歌对于社会的责任。所以，他认为艺术是有用的，但同样也就存在着有害的艺术。所谓有害的艺术就是“扰乱了生活环境的艺术”。为此，他认为应该创造一种健康的艺术，而“创造健康的艺术的第一个必要条件是对完整的统一性的信仰”（第 48 页）。

四、关注时代、读者和作家个人气质

波德莱尔认为一部作品具有什么样的意义,最终要落在读者身上。因此,当面对内蕴丰富的道德和社会责任的美的作品时,他认为读者应该依靠自己的美感、哲学和宗教来指导阅读。他认为,当作家为公众所接受的时候,作家便获得了声誉。而当作家无法获得声誉的时候,他认为不应该抱怨运气不好,而是要发现所欠缺的某种东西。很多作家在面对自己的作品不受欢迎的情况下,总是标榜自己所创作的是“心灵的文学”或“形式的文学”。波德莱尔认为“问题不在于心灵的文学或形式的文学是否优于流行的文学”(第16页),问题在于作家的作品是否能够接近读者的意识,在于作家是否能够将读者的意志裹挟在作品之中。此外,波德莱尔的批评还极为关注作家个人的性格、气质同作家创作之间的关系。比如他对于雨果的分析,就突出了雨果个人生活喜好中的一些细节,认为雨果对于造型艺术的喜好,同其在文学中体现出来的革命性不无关系。他指出批评家应该要能够发现作家生活中的细节,而“看不到这些细节的批评家不是真正的批评家”(第136页)。在《埃德加·爱伦·坡的生平及其作品》一文中,他对于爱伦·坡的文学风格的分析,更能体现出他对于作家个体气质和文学作品特性之间关系的认识,明确地指出“坡的人物,就是坡本人,那是一个官能极敏感的人,一个神经松弛的人,一个以热烈的、坚忍不拔的意志向困难提出挑战的人”(第289—290页)。正是这种将文学和社会、时代、作家个人气质结合在一起的批评方式,使得他有别于当时的一些批评家。

(兰善兴)

丹纳

艺术哲学 1865—1869 年 *

丹纳(Hippolyte Adolphe Taine,1828—1893),也译为泰纳,19 世纪法国著名史学家、美学家和文艺理论家。1848 年以第一名的成绩考入国立高等师范攻读哲学,期间,对孔德实证主义产生兴趣。1851 年毕业后任中学教师,不久因政见与当局不同而辞职,以写作为业。1858－1871 年间游历英国、比利时、荷兰、德国、意大利等国。1864 年起在巴黎美术学校讲授美学和艺术史。1871 年在牛津大学讲学一年,1878 年被选为法兰西学院院士。一生过着书斋生活。《艺术哲学》一书是丹纳在美术学校讲课讲稿的辑录,定稿时次序和标题有所改动,是使他获得文艺史家和理论批评家的重要论著。《艺术哲学》中可以看到达尔文进化论与孔德实证主义对他研究态度和方法的影响。全书五编、十七章,主要内容可以分为以下四个方面:

* [法]丹纳:《艺术哲学》,傅雷译,北京:人民文学出版社 1963 年版。文内引文,只注页码。

一、艺术品从属的“三总体”

丹纳是从社会学角度对文学艺术进行考察的，所以，他确立了文艺是一种社会现象，而非“天上掉下来的奇迹”。在《艺术哲学》的一开始，就明确提出：“我的方法的出发点在于认定一件艺术品不是孤立的，在于找出艺术品所从属的，并且能解释艺术品的总体。”(第 4 页)在他看来，无论是一幅画，一出悲剧，一座雕像，都从属于一个“总体”。第一，它从属于文艺家全部作品这个总体，也可以说，它与文艺家的其他作品在爱好、方法、风格等方面有着明显的联系或相似之处。第二，“艺术家本身，连同他所产生的全部作品，也不是孤立的。有一个包括艺术家在内的总体，比艺术家更广大，就是他所隶属的同时同地的艺术宗派或者艺术家家族”(第4—5页)。第三，“这个艺术家庭本身还包括在一个更广大的总体之内，就是在它周围而趣味和它一致的社会”(第 6 页)。可以说，这就是丹纳为艺术品所规定的“三总体”，也是环绕在艺术品周围的一个比一个更大的三重“圈”。其中，外“圈”对内“圈”依次起着决定的作用，外面的、较大的“总体”是里面的、较小的“总体”的外部条件，从而也就构成了一个考察文学艺术的参照系统。在这个系统中，社会是最大的“总体”，艺术家和艺术流派是艺术品与社会的中介，而艺术品是艺术家和社会的产品。

二、关于艺术的本质

在丹纳看来，“艺术品的本质在于把一个对象的基本特征，至少是重要的特征，表现得越占主导地位越好，越显明越好；艺术家为此特别删节那些遮盖特征的东西，挑出那些表明特征的东西，对于特征变质的部分都加以修正，对于特征消失的部分都加以改造”

(第27页)。由于主要特征是事物最基本、最重要的东西,是事物凸出而显著的属性,其他属性都是根据一定的关系从主要特征引申出来的,所以,主要特征也就是事物的本质。为此,丹纳特别强调:“我们要记住‘主要特征’这个名词。这特征便是哲学家说的事物的‘本质’,所以他们说艺术的目的是表现事物的本质。‘本质’是专门名词,可以不用,我们只说艺术的目的是表现事物的主要特征,表现事物的某个凸出而显著的属性,某个重要观点,某种主要状态。”(第22—23页)于是,他得出了关于艺术品的解释:“艺术品的目的是表现某个主要的或凸出的特征,也就是某个重要的观念,比实际事物表现得更清楚更完全;为了做到这一点,艺术品必须是由许多互相联系的部分组成的一个总体,而各个部分的关系是经过有计划的改变的。”(第28页)在丹纳看来,正是处于主要地位的特征,使得某一事物区别于其他事物。而在艺术世界中,作为表现对象的事物,其特征却要处于支配地位,尤其是其基本特征或主要特征,在艺术中越占主导地位、越显明越好。为此,艺术家并不把对象的关系和逻辑同等看待,而应该对之加以改造,从而改变对象的现实关系。而这种改变,“目的在于使对象的某一个‘主要特征’,也就是艺术家对那个对象所抱的主要观念显得特别清楚”(第22页)。因为,“现实不能充分表现特征,必须由艺术家来补足”(第26页)。

在阐释艺术的本质后,丹纳紧接着说明了艺术的重要性,指出了艺术在生活中的地位。在他看来,人的衣食住行、各种劳动、传宗接代以及各种社会组织,虽然使得人比别的动物更充足,但是人到了这个阶段,应该开始一种高级的生活,静观默想的生活,关心人所依赖的永久和基本的原因,关心那些控制一切的主要特征。而要达到这个目的,有两条道路:一是科学,一是艺术。人们“靠着科学找出基本原因和基本规律,用正确的公式和抽象的字句表达出来”;而“人在艺术上表现基本原因与基本规律的时候,不用大众无法了解而只有专家懂得的枯燥的定义，而是用易于感受的方式，不但诉之于理智，而且诉之于最普通的人的感官与感情。艺术就有这一个特点，艺术是‘又高级又通俗’的东西，把最高级的内容传达给大众”(第 31 页)。

三、“种族”、“环境”、“时代”三动因

在《英国文学史》序言中，丹纳就阐述了他所发现的规律，认为文学创作和发展决定于“种族、环境和时代”这三种力量。种族是内部主源，环境是外部压力，时代是后天动量。在《艺术哲学》中，丹纳又具体结合文艺复兴时期的艺术，论证了这一观点。丹纳的“种族”概念，是与民族特性概念混同的。在他看来，“产生大量杰作而在所有的作品上面印着一个共同特征的艺术，是整个民族的出品；所以与民族的生活相连，生根在民族性里面。这一片茂盛的花，按照植物的本性和后天的结构，经过树液的长期与深刻的酝酿，才开放出来”。而且要“分析种子，就是分析种族及其基本性格”(第 147 页)。可见，丹纳实际上是从达尔文的生物进化论出发来探讨艺术的。他从多方面就日耳曼民族与拉丁民族的不同进行了区别，认为：“拉丁民族最喜欢事物的外表和装饰，讨好感官与虚荣心的浮华场面，合乎逻辑的秩序，外形的对称，美妙的布局，总之是喜欢形式。相反，日耳曼民族更注意事物的本质，注意真相，就是说注意内容。”(第 156 页)也正是由于这样的不同，拉丁民族的文学是古典的，多多少少追随希腊的诗歌，罗马的雄辩，意大利的文艺复兴，路易十四的风格；讲究纯净、高尚、剪裁、修饰、布局、比例。拉丁文学最后的杰作是拉辛的悲剧。相反，日耳曼文学是浪漫的，最大的杰作是莎士比亚的戏剧，是现实生活的完全而露骨的表现，达到抒情的境界，能把火热的激昂的情欲灌注到人的心理。(第 157 页)而这一切又与“环境”分不开。丹纳说日耳曼民族：“不

同的生活环境把这个天赋优异的种族盖上不同的印记。倘若同一植物的几颗种子，播在气候不同，土壤各异的地方，让它们各自去抽芽，长大，结果，繁殖；它们会适应各自的地域，生出好几个变种；气候的差别越大，种类的变化越显著。”（第 158 页）而由此涉及艺术方面的表现，就是各个民族因环境而形成不同特点。丹纳特别强调了环境对荷兰画派的影响，认为“周围的自然环境和创立绘画的民族性，使这一派的绘画有它的题材，有它的典型，有它的色彩”（第 181 页）。而“时代”的概念，在丹纳的理解中是更为宽泛的，它包括精神意识、社会制度、政治文化、群体观念等方面的因素在内。因此，他也将之称为“精神的气候”。他说：“有一种‘精神的’气候，就是风俗习惯与时代精神，和自然界的气候起着同样的作用。”（第 34 页）而且，“精神气候仿佛在各种才干中作着‘选择’，只允许某几类才干发展而多多少少排斥别的。由于这个作用，你们才看到某些时代某些国家的艺术宗派，忽而发展理想的精神，忽而发展写实的精神，有时以素描为主，有时以色彩为主。时代的趋向始终占着统治地位……群众思想和社会风气的压力，给艺术家定下一条发展的路，不是压制艺术家，就是逼他改弦易辙”（第 35 页）。

四、艺术价值论

由于丹纳把表现“对象的基本特征”看作艺术本质的观念，导致了他衡量艺术作品价值性的三种尺度：特征重要的程度、特征有益的程度和效果集中的程度。这是在《艺术哲学》第五编中提出的。其中，“特征重要的程度”对于文学作品来说，即其价值“取决于那个特征的稳固的程度与接近本质的程度”（第 358 页）。而最稳固、最接近本质的东西，在丹纳看来，则是种族的特征。“缺少这些特征，一个大作家的作品就降为第二流，有了这些特征，才具平常的作家可以产生第一流的作品。”（第 362 页）“特征有益的程度”

则是指艺术所包含的道德教育作用，用丹纳的话说，就是艺术价值在“别的方面都相等的话，表现有益的特征的作品必然高于表现有害的特征的作品。倘使两部作品以同等的写作手腕介绍两种同样规模的自然力量，表现一个英雄的一部就比表现一个懦夫的一部价值更高”（第 377—378 页）。在丹纳看来，有关人的智力方面的天才、智慧、明察、理性，有关意志方面的勇敢、独创、坚韧、活跃等都是构成理想人物的有益特征。而就人与社会来说，则应着力表现个人有益于社会、有益于他人的特征。这当中，“爱是超乎一切之上的动力”。“效果集中的程度”，是指艺术作品各个方面的元素“通力合作，表现特征”的程度。因为“艺术家运用作品所有的元素，把元素所有的效果集中的时候，特征的形象才格外显著”（第 412 页）。对于文学作品来说，效果的集中主要表现在人物、情节、风格三者之间要保持平衡、和谐配制。

应当承认，从社会学角度探讨艺术作品及其属性，必然要探讨有关社会因素对文艺创作和发展的影响乃至决定作用。对于文学理论来说，这是不可缺少的环节。尽管他对精神现象的解释只是限于上层建筑领域，而没有触及作为社会基础的经济生活方面，使其社会学的特征带有明显的局限性，但他毕竟还是从此角度迈出了重要的一步。

（刘淮南）

魏尔伦

诗　　艺 1874年*

保尔·魏尔伦(Paul Verlaine,1844—1896),法国象征主义诗人,出生于法国东北部的梅斯城,后来全家迁至巴黎。中学毕业后在巴黎市政厅供职,其间经常往来于文人会聚的咖啡馆等处,结识了帕尔纳斯派诗人,并在这一时期开始诗歌创作。《无题浪漫曲》(1874)是他诗歌创作的高峰,诗中的词句往往消融于音乐感之中,形成一种美妙的旋律。1881年出版的诗集《智慧集》带有宗教和忏悔情绪。晚年魏尔伦诗名日隆,其创作深受波德莱尔的影响,最具特色的理论主张即重视诗歌的音乐性。

---

* [法]保尔·魏尔伦:《诗艺》,见黄晋凯、张秉真、杨恒达主编《象征主义·意象派》,北京:中国人民大学出版社1989年版。《诗艺》写于1874年,发表于1882年。文内引文,只注页码。

一、音乐永远至高无上

《诗艺》用清新优美的诗歌语言，表达了诗人独特的理论见解。首先，认为诗歌的音乐性高于一切。在魏尔伦眼里，音乐是最为重要的诗歌元素："音乐，至高无上"（第 241 页），"永远至高无上"（第 242 页）。在一封回信中他曾表示："为什么不能讲究细微和音乐？"音乐感往往使得诗歌披上一层朦胧的梦幻色彩，意蕴的传达更为含蓄，而音乐与情绪之间的相互印证和加强，又往往加深了要表达的意境，故而称"没有什么能比在曲调中，更朦胧也更晓畅"（第 241 页）。魏尔伦大力倡导诗歌音乐感，试图通过明暗交织、如梦似幻的意象暗示出诗歌的主题。他不再把语言当作单纯的表意符号，而力求让语言具有一种液态的流动感、音乐感，诗歌的音乐特性在他看来正是丰富、加强词语内涵尤其是词语情感强度的重要手段。《诗艺》还特别指出，要巧用奇数音节，即"奇数备受青睐"（第 241 页）。魏尔伦重视词语的音响效果，多用单音节词句，因为偶音节诗句，容易给人以稳定感，单音节诗句则有一种漂浮、跳动的特点。在这种起伏与张弛的收放之中，诗人用美妙的节奏编织出流动的生命性，传达出一种醉人的艺术气息。

二、诗歌的朦胧美和神秘意味

象征主义认为，内在的真实世界是一个神秘的所在，诗歌是暗示、象征，要在一种梦幻般的非理性状态下进入创作，因此，诗歌中常常可见各种奇特的譬喻、印象化的模糊线条、充满暗示效果的词语，诗歌整体带有一种生命的流动感。魏尔伦的诗歌就往往如梦似幻，飘忽不定，情调细腻而感伤，创造了一种言有尽而意无穷的况味。他在《诗艺》中写道："对字词也要精选，切不可轻率随便；灰色的歌曲最为珍贵,其间模糊与精确相连。”(第 241 页)所谓“灰色的歌曲”,实际上正是指涉象征主义,要通过微妙朦胧的意境暗示出心灵的真实,达到深层的“精确”。基于此,他抗拒过于直白简单的情绪宣泄和议论性文字出现在诗行中。《诗艺》对于诗中“刺人的讥诮”、“残酷的幽默”和“不义的嘲笑”表示不满,认为这是诗歌中需要力避的部分,否则会破坏诗歌美感。这些东西就像“下等厨房里的大蒜,使蓝眼睛泪如雨潇潇”。此外,诗人还需要“抓住辩才,掐紧他的脖颈”,因为真正优秀的诗歌并不力求滔滔不绝的口才,它应该是“薄纱后面的明眸”、“正午抖动的日照”、“清秋的夜空里璀璨的蓝色星群的辉耀”(第 241－242 页),也就是要具有一种含蓄的美感,不要过分雕琢,也不能过分冷漠和直露地进行客观描述。

三、诗歌的色调与景致

《诗艺》中提出:“我们还追求色调,不要色彩,只要色调! 噢,只有色调才能使梦与梦相连,使笛子与号角协调!”(第 242 页)这种色调,具体指什么可能很难做精确的描述,但它应该包含诗歌体现的一种整体印象,由感觉汇聚成的诗歌指向。魏尔伦是很关注感觉的,他的诗歌很注意捕捉瞬间的印象和情绪片断,他称自己幼年起便对周围敏感。象征主义力求通过直觉穿越现象世界,去领悟本体世界深处的秘密和真实,然后再艺术地加以传达,着力于描摹个人的隐秘情绪、死亡的虚无、生存的困惑无助或者绝望,诗歌中的主体不再是充满激情、带有创世力量的浪漫主义灵魂,而是转化成某种音色和细微的情调,弥漫于诗中。诗人引导我们与万物相通相感,倾听神秘的信息,再通过与情感相对应的外在景物把它表达出来。景致是为了表现内在真实,展现刹那间的、难以捕捉的内心感受。魏尔伦诗中的“色调”往往投射在一些优美清新的“景致”中，通过微茫凄美的月色，如在叹息的风声、无端流淌的雨丝、飞向苍穹的云雀、安静澄澈的天空、苍白的睡莲、黯淡的晨星、飘香的麦田、百里香的花丛、沙滩上的夕阳、草尖上露珠晶亮的闪烁、秋日里小提琴悠长的呜咽……使心灵消融于其中，而景致又反过来加强了心灵的内在力度。《诗艺》被公认为一部象征主义诗歌的宣言。

（陈　曦）

左拉

实验小说 1880年*

爱弥尔·左拉(Emile Zola,1840—1902),法国杰出的批判现实主义作家、自然主义文学理论的主要创始人。出生于巴黎一位工程师家庭,7岁丧父,中学毕业后即弃学谋生。1864年出版短篇小说集《给妮侬的故事》,走上文学创作道路。次年出版长篇小说《克劳德的忏悔》,写一个女子的堕落和悔悟,自然主义特点已经显露,因被认为"有伤风化"而遭警方调查。1868年,左拉从当时生物学、医学、生理学中得到借鉴和启发,在原来的现实主义文学思想基础上,形成了他的自然主义文学思想体系。1871年开始发表长篇连续性小说《卢贡—马卡尔家族——第二帝国时代一个家族的自然史和社会史》的第一部《卢贡—马卡尔家族的命运》,随后每年出版一部,从28岁到53岁,经过25年的呕心沥血,终于完成这部包括20部长篇的小说巨著,被称之为第二帝国时代的"百科全

---

* [法]左拉:《实验小说》,杨烈译,《西方文论选》下卷,上海:上海译文出版社1979年版。

书”，其中代表作有《娜娜》《萌芽》《金钱》《崩溃》《巴斯卡医师》等。左拉一生创作了31部长篇小说，82个中短篇，6个剧本和10部论文集。其优秀作品突破了自然主义理论的束缚，表现出批判现实主义的特色。

一、实验方法应用于小说的依据

1879年，左拉发表了《实验小说论》，成为自然主义文学的倡言书。19世纪后半期，现实主义文学取得长足发展，涌现出巴尔扎克、福楼拜、司汤达等现实主义小说大家，左拉在现实主义创作经验的基础上，发展出自己的自然主义文学理论。同时，19世纪也是科学飞速发展的时代，社会科学的各个领域都不同程度受到自然科学的影响，生物学、生理学、医学的发展以及泰纳、孔德的学说，都对左拉自然主义文学观的形成影响至深。1865年，法国著名生理学家克洛德·贝尔纳出版《实验医学研究导论》，成为《实验小说论》的主要依据。

《实验小说论》由导言和五个章节组成。在导言中，左拉指明本文目的在于阐明实验小说的含义，并指出贝尔纳已在《实验医学研究导论》中严密清晰地建立了实验方法，本文的一切论述皆以该《导论》为基础，只是把“医生”换成“小说家”。还指出，贝尔纳借助实验方法使医学摆脱了经验主义而走上科学的道路，他也将致力于证明实验方法最终也能运用于小说，使文学走向科学的道路。

左拉首先介绍了实验小说中的实验方法。他借助贝纳尔对观察和实验所下的定义，说明了实验方法的原理：观察者准确的反映事实，在事实的基础上对现象的解释提出假设，实验者通过安排实验对该假设进行检验。实验小说的目的在于建立对人的科学认识，在小说中，小说家既是观察者又是实验者。作为观察者，他在自然中采集事实，按照事实的样貌为人物活动提供环境场所；作为实验者，通过情节指出事物的发展过程正如其决定因素所要求的那样。以小说《贝姨》中的于洛男爵为例，巴尔扎克观察到一个人由于好色而给他本人以及他的家庭造成灾祸，而后通过写他在不同环境中的经历和表现，指出他的情欲是如何产生作用的，这便是建立实验。为什么一定要借助实验的方法呢？其原因在于，我们能判断自己的行为是因为我们知道自己在想什么，但我们无法准确判断另一个人的行为，因为我们不能了解致使他行动的动机。因而，要清楚在某种情况下一个人如何行动，就必须根据我们看到的行为和听到的话语去对他的动机进行推测，从而对他的行动进行预测。要达到这个目的，就要借助实验方法。

在阐明什么是实验方法之后，左拉进一步论证了实验方法能够应用于小说的依据。他指出，实验小说是本世纪科学发展的结果。他相信实验方法既然可以从化学和物理学运用于生理学和医学，便可以从生理学运用于自然主义小说。他反对法国19世纪生物学家居维叶所说的实验仅能用于非生物的观点，也反对活力论者所持有的生物体内有种与物理化学对抗的生命力的观点。他认为不存在任何神秘的力，生物与非生物一样，虽然内部环境更为复杂，但一切现象的生存条件都是绝对的。左拉根据生理学在解释人类情感和行为上取得的成果，大胆预测到科学将证明人体不过是一架机器，终将转向人的感情和思想，最终将进入小说家领域。左拉认为，人的一切现象都有绝对的决定因素，而实验小说的目标便是认识现象的决定因素。正是这种决定论的观点，让他赋予自然主义以真正自然科学的涵义。左拉指出，目前可以推测的“决定因素”包括遗传和环境。实验小说就是要以自然的人代替形而上学的人，这种自然的人受物理、化学规律支配，由环境的影响所决定。“遗传”与“环境”的提出，也可看出受丹纳观点的影响。然而在生理学还并不完善的情况下，左拉大胆地预测人类精神现象的决定机制，这本身也有违背科学的一面的。

二、实验主义作家的任务就像医生一样

实验小说的教化作用是左拉十分重视的。他指出，实验小说家同时也是实验伦理学家，因为实验小说家的任务是掌握生活、指导生活。他们要了解社会环境中情欲形成的原因和过程，以期能够使它得到治疗或约束，从而起到风化作用。而在对社会伦理的教化作用上，实验小说家比理想主义小说家要更有力，他把实验主义小说家与理想主义小说家做了比较，认为理想主义作家也观察生活，但他们坚持各种哲学与宗教的偏见，把问题的解决建立在超自然的非理性上，陷入混乱的空想；实验主义作家是坚定的决定论者，谨慎地从已知出发，推测未知，找出社会现象的决定因素，因此对于问题的解决更为有力。左拉指出实验主义作家的任务就是像医生一样，找到对人类有用的作用，找到社会灾祸的"病源"，以便恢复社会这个"机体"的健康，治疗它的病症。自然主义小说，有如关于人和社会的实验报告一样，需采取客观中立的立场，作家本身不能在报告之外另下结论，不能表现自己的主观情绪，只要做到客观真实就行。左拉强调作家在实验小说中的作用，指出作家的才华和思想既是实验方法所必备的，也是实验小说能成为优秀的作品的关键。首先，在对待实验小说真实与虚构的关系上，左拉反对认为实验小说"像拿着摄影机忠实的记录事实"的说法，指出实验的思想本身便包含有加以变化的想法。从真正的事实出发是前提，但要指出事实之间的内在联系则需要发挥作家的创造性和才智，因此作家的作用不是降低而是提高了。其次，强调作家独特的感情是构成作家的独创性和才华的关键。他引用贝尔纳的说法，认为实验方法依次依靠感情、理智、实验这三个部分，由感情引发建立实验的冲动，然后运用理智进入实验，并由实验检验理智，作家通过实验检验了自己的思想，肯定了才华。在这个过程中，实验

方法只是一种工具，而实验小说成就的高低是由作家的才华决定的。

三、实验方法的形式问题及其评价

最后，左拉还论及一些“次要问题”：首先是方法的普遍性问题。他指出，实验的方法不承认其他权威，只承认事实的权威，不承认理论，不被理论或科学信仰所禁锢，它只适合于自然，因此，是一种宣布思想自由的科学方法。自然主义不是突发的奇想，只是在小说和批评中采用久已得到应用的科学方法，因而它不是一个流派，而是人类智慧运动本身，它没有革新者学派领袖只有劳作者。其次是关于假设的问题。指出实验小说仍处于摸索阶段，假设是必不可少的。因为在科学越没有坚实基础的时候，哲学体系便越流行，因此哲学仍然是必要的。第三是形式问题。他承认文学之所以为文学，恰恰在于形式，天才不仅表现在情感、先验的思想上，也表现在形式和风格上。由于《实验小说论》探讨的自然主义只在方法上有要求，而风格和形式只是作家个人气质的表现，因此自然主义不多做规定。但左拉也提出了他所喜欢的和反对的作品风格。他提倡畅达明晓的文笔，认为那是逻辑清晰的体现，反对充斥着狂放情感的一些作品。在论述完实验小说后，左拉坚信实验方法在历史学和批评方面取得胜利后，将推之到各个方面，包括戏剧和诗歌。他敏锐地察觉到生理学与文学之间的关联，即都以人为研究对象，生理学从技艺向科学的转变也为他提供了信心。他希望文学能突破对人的形而上学的看法，描绘自然的人，并在解释自然、解决社会问题上发生自己的作用。因此，左拉在文学领域大胆引进生理学及自然科学的思维方式和实验方法，企图建立一套旨在反对“形而上学”和“理想主义”的自然主义文学理论。

历史上对自然主义的评价褒贬不一，从积极的方面看，自然主义揭开了人的生理秘密，在现实主义的基础上对人的描写做了一定的补充和深化，从这个意义上说，自然主义为20世纪初以现代心理学为依据的西方现代派文学事先进行了一次开创性的探索和实践。但是，左拉企图使文学方法从属于自然科学领域，将文学的作用局限到"治愈"的医疗作用和认识功利上，都是对文学的一种贬低。

（贾　悦）

格罗塞

艺术的起源 1894年*

格罗塞(Ernst Grosse,1862—1927),德国著名艺术史家。他的研究视野定格在当时为人关注甚少的原始艺术领域,其主要功绩在于开辟了艺术史研究的新领域,将原始艺术纳入到艺术史研究的范围之内。正因如此,他被称为现代艺术社会学、艺术人类学的奠基人之一。《艺术的起源》(Die Anfange der Kunst)一书,最早出版于1894年,是他在艺术史研究领域的代表作,鲜明地反映了他的文艺观。

一、艺术科学的目的和方法

艺术研究能够成为一门科学吗?这个问题是格罗塞在《艺术的起源》中首先要解决的问题。他认为,在当时艺术研究存在两条

---

* [德]格罗塞:《艺术的起源》,蔡慕晖译,北京:商务印书馆1984年第二版。文内引文,只注页码。

路线:艺术史的和艺术哲学的。这两种研究结合在一起,就是艺术科学。这种艺术科学,在他看来具有科学的方法,不仅仅记录和呈现艺术发展以及艺术形式的实际情况,并且能够从这些实际情况中寻找出艺术发展的一般法则。也就是说,他所认可的艺术科学是客观事实和理论原则的有机结合。不过他也认为,在他那个时期并不存在真正的艺术科学。在他看来,当时的艺术史研究虽然具有科学的方法,但这种艺术史的科学研究或者说科学化的艺术史,不能单独构成艺术科学。虽然它为艺术科学提供了丰富的材料,但却缺乏结构体系的建构,缺乏逻辑的关联,成了事实的堆积。这种艺术史研究的内在逻辑的确立,应该是艺术哲学的任务。同时,他又看到,艺术哲学存在两种趋向:其一便是将艺术哲学和形而上的哲学思辨联系在一起,这种艺术哲学是狭义的,它的发展、没落伴随着哲学的发展和没落,缺少对于科学研究来说至关重要的事实基础;其二便是艺术评论,它是更为广义层面上的艺术哲学,它以飘忽不定的想象而不是科学的客观的考察和研究作为基础,为自己建立起一套主观的法则。所以他才不无惋惜地说:“我们实在应该承认还没有可以叫做艺术科学的东西。”(第 4 页)于是,他便为自己寻得了一份意义重大的工作——建立真正意义上的艺术科学。

那么艺术科学的目的何在?他说:“在艺术科学中,我们所期待的第一件事情,或许就是那可以按照我们的愿望来发展艺术的方法——就是使那不能自然地产生艺术的时代却盛开了人工的艺术花朵的法术。”他还说:“艺术科学的主要目的,也不是为了应用而是为了支配艺术生命和发展的法则的知识。”(第 5 页)但他很清醒地知道,任何一个艺术研究者都不可能将艺术的全貌揭示和展现出来。因此,他进一步对艺术科学的目的进行了限定,认为:“只要艺术科学能够显示出文化的某种形式和艺术的某种形式间所存在的规律而且固定的关系,艺术科学就算已经尽了它的使命。”(第

6页)在格罗塞看来,艺术科学存在着两种研究形式:个人的和社会的。所谓个人的形式,就是从具体的艺术家和作品入手,指明艺术家和作品之间的某种关系。艺术科学的这个课题是心理学的,它旨在通过对艺术家的情感、心理的研究来探究其作品的存在方式和风格。艺术科学的另外一种形式是社会的,它更多地倾向于社会学。格罗塞认为,在他之前,艺术科学的社会形式很早就进入了学者们的研究视野。他列举了度波长老、赫德、丹纳和居友等人的研究成果和理论成就,可以看出所谓艺术科学的社会形式,就是从社会角度出发,对艺术进行研究,也就是"将同时代或同地域的艺术品的大集体和整个的民族或整个的时代联合一起来看"(第10页)。如此,艺术就和另外一个人类社会中极为重要的概念——"文化"发生了联系。这样,社会学的方法便成为艺术科学应该掌握和使用的重要方法。在此,格罗塞指出,艺术科学应该从人类学那里借鉴科学的方法,应该对艺术进行普遍的规律性的研究。为此,艺术科学"应该扩展到一切民族当中"(第17页),特别是那些"原始民族的原始艺术",不仅要考察原始艺术的存在样态,还要考察产生原始艺术的社会文化背景。而对于原始文化的了解,则构成了对原始艺术了解和研究的基础。

二、原始诗歌的定义以及原始抒情诗的内容、形式

通过对原始诗歌的考察,不仅能够探究诗歌的起源与发展问题,更能够为文学的起源和发展提供有利的证据和参考。可是,原始诗歌这一概念首先就面临界定不清的问题。究竟什么样的特殊的语言组织形式可以成为诗歌呢?在这个问题上,格罗塞是以审美作为概念界定的核心。他认为:"诗歌是为达到一种审美目的,而用有效的审美形式,来表示内心或外界现象的语言的表现。"(第

175页)在这个定义中,诗歌很明显地被分为了两种,一种是表现内心情感的主观的抒情诗,另一种则是表现外界现象的客观的叙事诗,而这两种形式的诗歌都最终通向某种审美目的。按照这一定义,格罗塞从抒情诗和叙事诗两种具体的诗歌形式对原始诗歌的特征、性质等进行了考察。在他看来,抒情诗是艺术中最为直接的表达人类情感的艺术形式,是"艺术中最自然的形式"。这种原始的诗歌形式通过一种审美的形式将日常语言变为诗的语言,将内心的情感化为可以直观的诗句。原始抒情诗采用最多的审美形式,便是最为简单的"节奏的规律和重复"。从原始抒情诗的题材、内容上看,它和文明时代的诗歌有很多区别。原始抒情诗的内容大多和日常生活中所遇到的大小事情有关,比如狩猎、饮食、宴会、战争、宗教祭祀等等。在格罗塞看来,这是因为在原始文化中,物质上的需求远远高于精神上的需求,物质所带来的快感对于原始民族的人们来说是最为直接和实在的。在这里,他指出不应该拿文明国家的关于诗的通常看法来看待原始诗歌,认为那些展现原始民族饮食、起居的歌谣并不足以成为诗句的看法是不可取的。因为这些歌谣虽然内容简单、鄙陋,但它们已经按照某种韵律的形式将感情表现了出来。更为重要的是,他认为"世界上绝没有含有诗意或本身就是诗意的感情,而一经为了审美的目的,用审美形式表现出来,又绝没有什么不能作为诗料的感情"(第185页)。同样和欧洲抒情诗相比,原始民族的抒情诗很少涉及两性之间的爱慕,很少出现对自然的赞美,很少表现对同伴的关爱。之所以会这样,也是和原始民族的文化内涵、文化观念不无关系。原始民族的抒情诗是歌者内心情感的外化。

格罗塞认为,原始抒情诗之所以能争相传唱,是因为"原始群众对歌谣的形式分明比对歌谣的意义还注意得多"(第188页)。同时,另外还存在一个普遍的事实,即原始民族的诗歌以演唱为主要表演方式,所谓诗歌的形式,在很大程度上依靠的是一个曲调,一种节奏的编排和组织方式，于是他最终得出结论："最低级文明的抒情诗，其主要的性质是音乐，诗的意义只不过占次要地位而已。"（第189页）

三、原始叙事诗的内容、形式以及原始诗歌的作用

格罗塞将叙事诗定义为"用审美的观点为着审美目的的一种事实的陈述"（第190页）。在这里，审美的形式被排除在定义之外，在他看来诗歌最简单的审美形式便是韵律，而原始叙事诗却很少注重韵律，它们更多地是以"散文"（非韵文）的形式进行组织的。但是，这种审美形式的缺乏，并不能说明叙事诗不具有或者不需要审美的因素。他将传说和叙事诗进行区别的标准就在于审美活动。原始叙事诗和传说有着诸多的共性，它们都具有虚构的成分，都运用想象。可是虚构并不一定就是诗，在他看来，想象对于诗歌来说自然重要，但更为关键的是这种想象必须要能唤起和有助于保持审美感情方才是诗。原始叙事诗和原始抒情诗一样，其内容和题材同原始人的生活息息相关，甚至可以说整个原始艺术的题材都不曾脱离原始人的生活。可是和其他艺术形式略微有些不同，原始叙事诗往往具有大量基于原始生活而产生的奇妙想象和奇异故事。格罗塞认为这些存在于原始叙事诗中的想象，"是纯然发生于喜欢荒唐无稽的嗜好，而用最粗野的形式以满足诗的兴趣的要求的"（第196页）。也就是说，在那些原始叙事诗中想象并没有为了一个艺术上的追求或目标而被统一在一起，它们是杂乱的、无序的、荒唐的。原始叙事诗关注事件的发展和行动的展开，这个行动往往只有"一个方向"。因为行动占据了故事的主要部分，所以人物和环境在原始叙事诗中就显得不那么重要了。在原始叙事诗中人物往往是用来展开行动的，原始人对于诗歌中的人物很少

具体的描写。同样原始叙事诗中也少有对环境的描写，自然的景色，在他们的故事中，只在对动作的了解上有直接需要的时候，才为他们所注意。格罗塞对于原始叙事诗的这些看法，同亚里士多德在《诗学》中那个著名的“悲剧是行动的摹仿”的论断多有类似。

关于戏剧和叙事诗之间的关系，格罗塞的看法和当时流行的观点不同，他认为戏剧并不是诗歌的新形式，而恰恰相反，戏剧是诗歌的最古老的形式。在他看来戏剧的最为显著的特征便是它同时“用语言与摹拟来扮演一种事件。在这一意义上，差不多一切原始故事都是戏曲”(第 202 页)。他认为戏剧的起源就在于这种行为摹拟。具体说来，戏剧有两个来源，其一是双声曲，其二是摹拟舞。“双声曲伴着摹拟动作，立刻成了戏剧；摹拟舞伴上言辞也立即成为戏剧。”(第 203 页)但是在模拟动作和言辞之间，并不是没有偏重的：原始戏剧更为重视行动的摹仿，言辞则处于附属地位。

格罗塞对于原始诗歌的考察向人们展示了诗歌在其起源阶段的面貌和特性，虽然其中一些观点流于片面，但他对于诗歌同社会之间关系的总的看法及其大量的材料证明，还是很有价值的。他在艺术史、文学人类学等领域具有开创性的地位，后世的诸多学者都在努力尝试让艺术研究、文学研究成为一门真正意义上的科学。

（兰善兴）

托尔斯泰

艺术论 1898年*

列夫·托尔斯泰(Лев Николаевич Толстой,1828—1910),19世纪俄国最杰出的现实主义作家,出色的文艺理论家和批评家。1828年9月9日生于莫斯科一个名门望族家庭,1844年进入喀山大学东方语文系学习,次年转到法律系。1847年退学回到自己的世袭庄园进行农事改革。1851年随兄到高加索服军役,在军旅生涯之余开始文学创作。退伍后回到庄园继续从事农事改革。1863年后,开始潜心研究历史和从事文学创作,晚年致力于“平民化”工作,1910年离家出走,于11月20日病逝于阿斯塔波火车站,终年82岁。《艺术论》(又译《什么是艺术》)是他的理论专著,写于1883年,止于1898年,虽然篇幅不长,仅有15万字,但却花了15年的时间才得以完成。他根据自己的创作经验和理论总结,表达了对于艺术独到而深刻的理解。

---

* [俄]托尔斯泰:《艺术论》,丰陈宝译,人民文学出版社1958年版。文内引文,只注页码。

一、什么是艺术

在全书第一节,托尔斯泰就鲜明地提出了自己长期以来苦苦思索的问题:艺术究竟是什么?“好的”、“有益的”、“可以为之忍受牺牲的”艺术又是指什么?(第7页)他对长期以来流行的以“美”来界定艺术的观点进行了辨析,并提出了自己对于艺术本质的见解。第一,他批判“艺术是一种表现‘美’的活动”的观点。这种观点以“美”的概念为基础对艺术下定义,把艺术看成是“美”的表现,也即美是艺术活动的内容和目的。但是“美”又是什么呢?自鲍姆加登为美学奠定基础以来,艺术史上对于美的理解可谓是多种多样,各不相同,但“‘美是什么’这一问题却至今还完全没有解决”(第13页)。众多解释归纳起来不外乎两种基本的观点:客观的定义,即“把存在于外界的某种绝对完满的东西称为‘美’”(第39页),而这绝对的完满就是“观念、精神、意志、上帝”(第37页)。主观的定义,即凡是使人感到快乐的东西就是“美”,把美看做一种特殊的享乐。事实上,客观的定义只不过是按另一种方式表达的主观的定义。“这两种对‘美’的理解都归结于我们所获得的某种快乐。”(第39页)由此看来,以美为根据的艺术理论,实际上是认为艺术的目的在于要寻求快乐和享受,这就把艺术看作是一种自私享受的不道德行为。因此,美的概念不能作为艺术概念的基础。第二,艺术起源于情感表达的学说。托尔斯泰在否定了艺术是一种表现“美”的活动定义的基础上,提出了自己对于艺术本质的认识。他认为,要正确地为艺术下定义,首先不能把艺术看作享乐的工具,而应当视其为人们相互之间交际的手段之一。语言是完成沟通和交际的重要手段。艺术作为交际手段之一和语言的不同在于:人们用语言传达自己的思想,而用艺术传达自己的感情。艺术把人们在同样的感情中结为一体。人类具备与语言和艺术相适应的两种能力。语言使人类具有表达思想的能力,能够使人们之间的思想相互理解并传达给同辈和后辈。人类还具有另一种能力,即为艺术所感染的能力,这使人们能够体会到同辈及前人体验过的感情,并且能把自己的感情传达给别人。因此,“作者所体验过的感情感染了观众或听众,这就是艺术”(第47页)。据此,他明确了艺术起源于情感的文艺思想,强调了艺术活动的重要性并提出了对待艺术的态度。认为从前人们害怕艺术作品中掺有一些使人堕落的内容就否定一切艺术是错误的;而现在人们怕失去艺术给人带来的快乐就袒护一切艺术,这同样是错误的,甚至后一种错误更严重,危害也更大。第三,论述艺术与真、善、美之间的关系。托尔斯泰认为,真、善、美是“三个完全不同的、就意义来说甚至是不能比较的字和概念”,把三者结合为一“纯粹是一种幻想”(第63页)。首先,艺术不是“美”的表现,真正的艺术与“美”无必然联系。其次,艺术表现善,善是上帝的化身,艺术只能趋近善,但永远不能达到也不能判断善。最后,艺术的“真”指情感真挚。美与善是两个不相符合而且相反的概念。“‘善’往往是和热情的克制相符合的,而‘美’是我们的一切热情的基础”,“我们越是醉心于‘美’,我们就和‘善’离得越远”(第63页)。真“是达到‘善’的手段之一,但是‘真’本身既不是‘善’,也不是‘美’,甚至跟‘善’与‘美’不相符合”(第64页)。“‘美’和‘真’的概念不但不是与‘善’等同的概念,不但并不和‘善’构成一个实体,而且甚至与‘善’不相符合。”(第64页)因此,真、善、美是不能比较的、各不相干的概念。

二、如何辨别艺术作品的真伪

在明确提出艺术的定义后,托尔斯泰认为应该净化艺术作品的领域。由于虚假、伪劣的作品泛滥,严重歪曲着上层阶级的审美趣味,因此有必要把真正的艺术和艺术的赝造品区分开来。根据他对艺术的定义,“区分真正的艺术与虚假的艺术的肯定无疑的标志,是艺术的感染性”(第 148 页)。这种感染性不仅是艺术一个确定无疑的标志,而且感染的程度也是衡量艺术价值(好坏)的唯一标准。艺术感染性的深浅取决于三个条件:一是所传达的感情具有多大的独特性;二是这种感情的传达有多么清晰;三是艺术家的真挚程度。简而言之,就是独特、清晰、真挚。在这三个条件中,最重要的是“最后一个条件”。艺术家的感情越是真挚,那么他的感情对于其他人来说就越是独特。而这种感情越真挚,艺术家就能为他所要传达的那种感情找到更清晰的表达。以上区分艺术真伪的三个条件缺一不可,否则,只能是赝造品。

艺术赝造品得以流传的原因,主要有以下三个方面:首先,艺术家的职业化。由于上层阶级的人们失却了信仰,只要一种艺术能给人以愉快,就被他们认为是优秀的艺术作品,艺术家由此获得丰厚的报酬。于是许多人都投身于这一活动,使得艺术成为一种职业。而艺术一旦成为一种职业,它的最宝贵的特性即纯朴性就开始减弱并消失。职业艺术家的队伍开始创作大量的、供上层阶级消遣的艺术品,促使赝造品泛滥。其次,“反常的而同时又很自负的人所作出的”艺术批评。艺术是人们情感的一种交流,对于作品的一切解释都是多余的。而批评家用言辞来解释作品,只不过表示他们无法受到艺术作品的感染,其艺术感受能力已经变得不正常,或者已经衰退。但是,他们却不断地用他们的著作来影响读者,从而使得公众有了一种不正常的鉴赏力,把艺术的赝造品看成是艺术。再次,艺术学校。它对艺术有双重害处:一是艺术学校教给人们制造类似艺术的东西的能力,却使他们丧失了创造真正艺术的能力;二是艺术学校造成了艺术的伪善,生产大量虚假的艺术作品,并歪曲了群众的鉴赏力。正是以上三个条件造成了社会中艺术赝品大量流传的事实,而艺术产生疾病,沦为虚假的根本原因,在于上层阶级的人们失却信仰后不敢接受真正的基督教的学说。而治好这种疾病的方法,就是在一切意义上承认真正的基督教的学说,即承认“人与上帝之间的父子般的关系和人与人之间的兄弟般的情谊”的学说(第181页),摈弃艺术的目的是享乐的“美”的理论,使艺术变成人类走向团结和幸福的手段。

三、如何评定艺术的好坏

他认为衡量的标准有涉及内容与否的两种不同情况:不涉及内容时,感染的程度是衡量艺术价值的唯一标准。艺术感染的程度取决于三个条件:独特、清晰、真挚。这三个条件不仅可以确定艺术作品的真伪,而且还可以判定每一个作品的价值。就内容而言,宗教意识是判定艺术价值的标准。艺术是人们交流情感的活动,因此,艺术的价值取决于艺术所传达的情感的价值。衡量感情的标准是每一时代的宗教意识。如果感情使人们接近于宗教指示的理想,并且与这种理想相一致,那么这种感情是好的;反之,就是坏的。而艺术作品所传达的感情的价值又决定了艺术的价值。因此,凡是传达本民族的人们共有的宗教意识中流露出的感情的艺术就是好的,要受到鼓励;而传达出与这一宗教意识相抵触的感情的艺术就被认为是坏的,要予以否定。由于“基督教艺术的内容是促使人类和上帝结合、并促使人们互相团结的那种感情”(第158页),它联合了所有人,因此基督教艺术是优秀的艺术。“非基督教的艺术只把某些人联合起来”(第159页),不利于人们之间的团结和友爱,和现代的宗教意识相抵触,因此,它是坏艺术。

四、科学和艺术的关系

在结论部分,托尔斯泰论述了科学和艺术之间的关系。在他看来,科学和艺术之间具有密切相关不可分割的联系。“艺术所传达的感情是在科学论据的基础上产生的"(第199页),科学所走的道路直接决定着艺术所走的道路。但现在的科学远离了它要走的真正的道路,因此,现代的艺术要想有"新的倾向",要么脱离科学为自己开辟一条道路,要么接受真正的科学的指示。可能在将来科学会为艺术指示出更崇高的理想,但是在现在这个时代,艺术的使命和任务就在于"实现人类的兄弟般的团结"(第202页)。

《艺术论》可视作托尔斯泰毕生从事文学创作实践经验的结晶,为我们提供了研究19世纪俄罗斯文学艺术的重要的思想文献,价值不可低估。

(徐　春)

狄尔泰

体验与诗 1906年*

维尔海姆·狄尔泰(Wilhelm Dilthey,1833—1911),德国哲学家和美学家,生于德国莱茵兰市,1852年到海德堡大学攻读神学,1864年获博士学位。1870年起,先后在基尔、布雷斯劳、柏林等大学任教。著文17卷,文学理论方面以《体验与诗》(1906)闻名于世。狄尔泰开创了文学研究中的传记研究与意义阐释相结合的批评方法,这使他成为现代解释学的开创者。同时,他强调生命的此岸性,倡导"生命哲学",强调体验,这又使他成为现代生命美学和体验论美学的先驱。

一、文学发展与社会发展进程的一致性

《体验与诗》是狄尔泰5篇评论文章的合集,其中《近代欧洲文学的进程》讲述文学发展与社会精神发展进程一致性的原理。《戈

* [德]狄尔泰:《体验与诗》,胡其鼎译,北京:三联书店2003年版。

特霍尔德·埃夫赖姆·莱辛》一文，分析了莱辛对德国诗学和民族精神塑造上的贡献。莱辛的《拉奥孔》对德国文学理论做出了创造性贡献：对诗与画的界限进行区分，并把前人的认识推进到最大程度；确立了文学创作的相关法则，打破系统推论的研究方式，开创了德国文艺史上第一个用分析方法探讨文学作品的范例。《汉堡剧评》比前者更深刻地体现了莱辛的独创性，它规定了戏剧的真正地位，突破了此前人们对戏剧本质的认识。莱辛在该书中把诗的本质规定为行为过程，强调时间和地点的统一仅仅是戏剧形式的次要要求，这就使戏剧创作摆脱了法国人的“三一律”。此外，莱辛还把悲剧效果归结为戏剧行为过程的一定特性，并把悲剧行为的过程提升到哲学领域。莱辛戏剧体现了欧洲近代精神发展的典型历程：科学认识和科学思维已经渗透到人们的性格、激情和谋生的技艺中去，人们开始用对生活的理解代替对生活的想象。戏剧艺术不再要求表现想象，而是要求表现具有可信的或然性以及和原因的紧密联系。

二、体验对创作的重要性

《歌德和文学创作的想象》一文，借评歌德等作家的创作阐述了狄尔泰本人的诗学主张。作家的想象，它同经历到的现实素材和传统素材的关系，同以往作家创作的关系，这种创造性的想象和从这种关系中产生的作家作品的独特的基本形象，乃是任何一种文学史的中心点。文学是生活的表现和表达。当作家的回忆、生活经验及思想内涵把生活、价值和意义的这种关联提高为典型性时，当事件由此成为一种普遍性的载体和象征，目标和财富成为理想时，这种文学作品的普遍性的内涵中以生活的意义被表达出来的，不是对现实的一种认识，而是对我们的生存覆盖层的关联的最生动的经验。除了这种经验以外，不再有什么文学作品的思想以及文学创作应予现实化的美学价值。这是生活与创作之间的基本关系，文学的任何一种历史形象都取决于这一关系。作家创造性的表现在于他能够把周围事物的形态和意义转化为艺术形式，创造一个有别于日常生活世界的第二世界。作家的创作能力包括对生活的超凡的理解力和较强的虚构力与想象力。作家的想象是诸心理过程的总和，这些心理过程的基础始终是生活经历以及由生活经历所创造的理解的根基。想象和它创造的形象的关系，在某种范围内，类似于想象同现实的关系。文学创作也需要天才，天才的本质是渗透和集中，用不同种类人的眼睛去观察世界。文学同时被思想所渗透，但歌德对于生活的思考总是源自生活本身，他从自身出发对生活加以解释，但不依赖任何宗教和形而上学。对生活的理解和解释是歌德文学创作的基础，个性是其中心点。作家在自身中体验着那具体存在着的人的生活，他据体验理解并塑造着他本人永远不可能经历的事物。理解基于体验，理解又反过来扩大了作家的存在。

三、整体心理学诗学观

《诺瓦利斯》一文在评价诺瓦利斯诗学观的同时，阐释了狄尔泰关于精神科学基础的心理学思想。诺瓦利斯是一个具有神秘倾向的浪漫派作家，他相信神秘，推崇直观，相信最大的秘密就是人本身。他认为揭开人自身的秘密是个无穷尽的任务，解决这个无穷尽的任务乃是历史的最高内涵。同这种最高现象有关的科学是现实心理学。现实心理学试图整理出人类心灵的内容，在这种内容的各种关联中去理解它，尽可能去说明它。心灵现象是统一的，人必须是自由的。诺瓦利斯活在信仰中，即活在彼岸世界中，这彼岸世界是他心灵的家乡。诺瓦利斯赋予诗以本体地位，认为诗是人内心的一种和谐的情绪，在这种情绪中一切都美化了，每一种事物都找到了它应有的外观，一切都找到了合适的伴随物和环境。一部小说必须整个的是诗才可称得上文学。诗的基本感受就是远离现实世界者的感受。以惬意的方式令人惊诧，使对象变得陌生却又熟悉并有吸引力的艺术：这就是浪漫主义的艺术，也就是小说的艺术。浪漫派的美学观是唯美主义的，他们的创作从未直接同生活发生联系，他们很少传达对现实世界的直观，他们的作品以理想化和艺术形式见长，其内容往往是人的命运的形而上本质、无形世界同有形世界的关系。《弗里德里希·荷尔德林》一文分析了诗人哲学家荷尔德林富有特性的文学思想。荷尔德林富有宗教感和同情心，他的文学理想是通过诗来提升人性、提升人的存在以及人的精神自由。荷尔德林在爱中看到了宇宙力量，在作家对宇宙的直观中看到了客观理解世界关系的基础。他的长篇小说《许佩里翁》，跨越了泛神论形而上学的任何一种形式，也超越了古典主义的任何一条规则，为现代派做了准备。《许佩里翁》表现个体内心的孤独生活，个体内心历史的关联，高尚的精神与鄙俗世界之间的斗争。它是一部哲学小说，但不是以理智的语言表述哲学史上的各种问题，而是以诗的语言表述存在本身的问题。在荷尔德林这类艺术家看来，通过艺术的美的体验，哲学才有可能。创造力只存在于热情当中，从艺术里面也产生出宗教。荷尔德林的悲剧《恩培多克勒》，显示了他对基督教宗教信仰和希腊悲剧的命运概念的深切思考，以及他对生命意义的理解。荷尔德林的创作向人们表明：艺术是对世界的最高理解的器官，艺术把个人存在的关联变成生活本身的关联，把个人的内心状态提高为意识，这是荷尔德林抒情诗创作的主要特征。

《体验与诗》体现了狄尔泰的整体心理学诗学观，也是他的解释学、生命诗学在文学批评领域里的具体实践。

（张清民）

弗洛伊德

作家与白日梦 1908年*

西格蒙德·弗洛伊德(Sigmund Freud,1856—1939),奥地利医生、心理学家、精神分析学派创始人,其学说旨在探究人类的基本心理结构和行为动机,学说中一些重要概念对后世的心理学、社会学研究乃至文学创作和批评产生深远影响。他一生著作颇丰,主要有《歇斯底里的研究》(1895)、《梦的解析》(1900)、《日常生活的精神病理学》(1901)、《性学三论》(1905)、《图腾与禁忌》(1913)、《幻想的未来》(1927)、《文明及其不满》(1929)、《摩西与一神论》(1939)、《精神分析概要》(1940)等。

一、作家构造出一个幻想的世界

《作家与白日梦》作于1908年,在文章一开始,弗洛伊德就明

* [奥]弗洛伊德:《作家与白日梦》,见《弗洛伊德论文学与艺术》,常宏等译,北京:国际文化出版公司2001年版。文内引文,只注页码。

确指出了此文的目的，是探讨和解释作家从什么源头获取创作素材，又如何使用这些素材激发出读者的情感。他首先将作家的创作与我们每个人在童年时代都会体验的游戏活动作了比照，认为作家实际上恰恰在做着与玩耍中的孩子同样的事情："他构造出一个幻想的世界，对此他是如此严肃对待——即他在这个幻想的世界上付出了极大的热情——同时他又将其与现实严格地加以区分。"（第99页）倘若从语言学角度追溯，无论是"喜剧"还是"悲剧"的词义，都含有游戏的意味，文学作品描绘的是一种想象性世界，带有非真实色彩，如此才有了文学表现和欣赏中的乐趣。"游戏"的意义在于它可以消除严肃紧张的现实生活施加于人们的重担，舒缓精神，使人的身心获得暂时的愉悦。随着人的成长，不再会像儿童时期那样无忧无虑地游戏玩耍，但是从游戏中获得的那种快乐是否也被一并放弃了呢？弗洛伊德认为，几乎没有比让一个人放弃他曾经拥有过的快乐更困难的事情了，所以沿着这一逻辑发展下去的结果，便是人们在后来的生活中渐渐以幻想代替游戏，"他建造空中城堡，构造被称为白日梦的东西"（第100页）。人们在不停地制造幻想，在他看来，这是人类精神活动中一个非常重要的事实，然而在现实生活中却往往被人们忽略，并且出于羞怯以及种种其他复杂理由，人们甚至极力隐藏这种幻想。幻想不仅仅存在于神经症病人身上，同样广泛存在于普通人的心理结构中，而作家的创作也正是根源于此。

二、幻想的几个特征

接下来，弗洛伊德分析了幻想的几个特征。它源于未被满足的愿望，分为两类，主要关乎主体地位（如人们常常会野心勃勃地希望获得更多的尊严、荣誉和权力）和性。幻想并非一成不变，它们适应于幻想者变幻的生活印象，因此与时间之间存在密切关系，它徘徊于心灵的三种时刻之内:“心理活动与某些当时的印象相联系,与某些能引起主体的某一种主要愿望的激发性情境相联系,从那儿心理活动追溯到了对一种早期经验的记忆(通常是儿时的记忆),在这个记忆中这个愿望得到了满足;现在,心理活动创造出一种与未来相联系的情境,它代表着愿望的满足,心理活动如此创造出来的东西就是白日梦或幻想,它带着从激发它的情境和记忆中而来的踪迹。这样,过去、现在和将来便被串在一起,正如愿望贯穿之线。”(第 103 页)以一位贫苦孤儿的例子,他进一步印证了这一理论——当这个孤儿拿到雇主的地址去谋差事时,在一路上他可能会异想天开地做起白日梦,梦到自己得到了工作、在行业里受到尊敬、与雇主的女儿结婚等等,倘追溯个中缘由,很大程度上是他童年时光从家庭中感受到的依赖感、庇护感以及最初朦胧的异性喜爱的投射,因此,这正是愿望利用现时情境、以过去的模式建构未来的生动例证。如果说夜晚的梦境是受压抑愿望以扭曲形式寻求的表达,幻想则是一种“白日梦”,二者同样是对愿望的实现。

三、作家创作机制分析

在解释了“幻想”的特征之后,弗洛伊德开始正式进入对于作家创作机制的分析。他首先区分了现成的素材与自身的素材这两种不同的取材方式,前者主要包括古代史诗和悲剧,其创造意味不及后者明显。就后一种创作形式而言,作品中往往会有一个主角,作家常常将诸多积极品质毫不吝啬地赋予他,使其多少带有英雄色彩。这位英雄在故事中经历重重险境或困苦,但最终总可以获得庇佑。这种“不受伤害的启示性特征”,使“我们立即便可认识到他那至高无上的自我,就像每个白日梦和故事中的主角一样”(第 105 页)。这一文学创作实际上是作家自我地位幻想的一种实现。他认为,即便是看上去偏离“白日梦”模式最远的心理小说类型,自我也往往以旁观者的角色得到心理满足。而对于那些取材于现成素材的作品,如神话传说和民间故事等,则可以被认为是"所有民族的充满愿望的幻想,是人类年轻时期世俗梦想的歪曲的痕迹"(第107页)。这样一来,不同的文学类型就都可以看作是对某种幻想的满足和实现。文学艺术就像一场白日梦,它发泄出那些在当下大部分已被压抑的冲动,梦境有时像是一场戏剧,而文学又像是一种被记录下的梦境。他认为创作与梦境的相通之处正在于它们的这种无法用理性解释的、迷狂式的意味,文学创作常常得力于灵感的突然闪现,而梦境中的意识则处于较少受到控制的涌流状态。文学作品就是现实诱发因素和往昔记忆的结合,而其原始动机正是隐藏在意识深层被压抑的渴望,创作行为是它的释放和满足。

四、作家如何使用素材激发读者情感

弗洛伊德认为,一般白日梦者的幻想不能让人感到快乐,甚至可能激起反感和厌恶,而作家的白日梦则往往带给我们巨大的快乐,这是因为诗歌艺术具备一种克服读者内心反感的技巧,通过技巧,作家伪装了他白日梦的利己主义性质,提供了美的享受,使我们分享了白日梦的快感而不必害羞或自我责备。在他看来,艺术家与神经症病人其实部分地做着同样的事情,即从自身认为不完满的现实中退回到凭借想象创造的另一世界中,不过差别在于艺术家知道如何从那个幻想世界走出,重新找到回归现实的道路。作家通过象征化的手段和"升华",把压抑的愿望变为想象性现实。仁慈的自然施于艺术家能力,使他能通过创造的作品来表达他最秘密的精神冲动,这些冲动甚至对他本人也是隐藏着的,这些作品强烈地打动了对艺术家完全是陌生的人们,他们自己也不知道自己的感情来源。因此,作家摆脱了内心的紧张状态,也帮助他的读者获得了一种心理舒解，达成某种净化和补偿。在弗洛伊德看来，梦境与文学创作在动机和表达方式上是相似的。由此，弗洛伊德完成了以潜意识揭示作家创作过程、剖析其中深层心理动因的任务。

《作家与白日梦》为此后文学研究从心理学角度的深入提供了很多启发。不过，着力于展示文学与梦境的同构、从作家内部心理尺度解读文学创作的意义，也确实使文学批评带上了“病案记录”的色彩，并对作品的社会价值有所忽略。同是心理学家的荣格指出，如果将诗人变成临床病例甚至性心理变态的例证，那就意味着艺术的精神分析学偏离了它的本来目的，讲的不再是艺术家的特性。弗洛伊德对于文学的分析，对作家杰克·伦敦、伍尔芙、普鲁斯特、卡夫卡、海明威、罗曼·罗兰、艾略特等都或多或少带来启发。这一理论对于超现实主义、意识流小说等先锋文学流派的发展也具潜移默化的影响。

（陈　曦）

普列汉诺夫

艺术与社会生活 1912—1913年*

格·瓦·普列汉诺夫(Георгий Валентинович Плеханов 1856—1918),俄国著名马克思主义理论家。他出生于一个没落的世袭贵族家庭。在读军校和大学期间,广泛涉猎政治、经济、哲学、历史、文学等方面的书籍,在车尔尼雪夫斯基等人思想和活动影响下,加入民粹派,开始了革命生涯。由于政治活动,受到沙皇军警的搜捕,曾两次逃亡国外,在西欧生活了三十七年,使他有机会接触当时包括恩格斯在内的有影响的马克思主义者和西欧工人运动。在深入研究马克思主义基本原理的基础上,他对唯物史观进行了系统阐述。其文艺理论著作有《从社会学观点论十八世纪法国戏剧文学和法国绘画》(1905)和《艺术与社会生活》(1912—1913)等。

---

* [俄]普列汉诺夫:《艺术与社会生活》,曹葆华译,见《普列汉诺夫美学论文集》Ⅱ,北京:人民出版社1983年版。内引此书,只注页码。

一、对“为艺术而艺术”的理论批判

《艺术与社会生活》的主要思想是:艺术与社会生活有着极为密切的关系,艺术产生于社会生活,社会生活决定艺术的思想内容和发展形态。这里所说的社会生活,是一定历史条件下的社会生活。他的社会生活从总体的意义上来说,包含两种不同社会制度形态的社会生活。相应而言,艺术与这两种社会生活的关系也就呈现出不同的面貌来,一种是所谓“为艺术而艺术”的思想,与资产阶级制度下的社会生活相关涉;另一种是具有强烈的思想倾向和社会内容的艺术形式,与进步的社会制度及其社会生活相关联。普列汉诺夫认为,所谓“为艺术而艺术”的艺术主张,看似与社会生活没有多少关联,因为“为艺术而艺术”注重的不是文学对社会生活的表现,更多倾向于对艺术形式和审美风格的追求,但事实上这种艺术观仍是一种社会生活的呈现。在艺术家与社会生活格格不入的时候,从事艺术的人与周围社会环境之间关系不协调或存在无法解决的矛盾的时候,往往会寻求“为艺术而艺术”。这种格格不入并不意味着他们的反抗,相反,更可能是一种顺从。19 世纪后期的浪漫主义者、高蹈派诗人,分别以戈蒂叶和波德莱尔为代表。他们“虽然反对他们周围的社会环境的庸俗习气,却一点也不反对作为这种庸俗习气的基础的社会关系。相反,他们一面诅咒‘资产者’,一面却尊重资产阶级的制度,起初是出于本能,后来则变成完全有意识的了”(第 849 页)。实际上,“为艺术而艺术”并不能完全超脱社会生活,它同样具有社会的意识形态性。

在他看来,以法国浪漫派为代表的“为艺术而艺术”的观念对文学形式的过分看重,是对政治和社会漠不关心的结果。作家与其周围的社会环境的不协调,归根到底仍然是一种社会生活的态度——一种绝望的否定态度。这种态度在戈蒂叶等“为艺术而艺术"的作家们的作品中,表现得非常突出。完全没有思想内容的艺术作品是不存在的,当然也不是说任何思想都可以在艺术作品中表达出来。他借用赖斯金的话说:"一个少女可以歌唱她所失去的爱情,但是一个守财奴却不能歌唱他所失去的钱财。艺术作品的价值决定于它所表现的情绪的高度。"(第837页)这种高度体现为对社会生活深广内涵的揭示和对进步阶级解放思想的表现,而不是仅仅显示出对资产者生活习性的"鄙薄"。"为艺术而艺术"不过反对资产者鄙俗的生活习气,却并不反对资产阶级统治及资本主义社会制度本身。于是他们逃避于艺术的天地中,在"为艺术而艺术"的封闭圈子内孤芳自赏。但是,你不能认为这种艺术趣味与社会生活无关,这仍然是一种社会生活的态度。这使其作品的艺术成就受到限制,其艺术思想的视野不够宽广和开阔。他认为,真正意义上的社会生活是进步的社会阶级所建立的社会生活,即社会主义制度下的无产阶级社会生活。这种社会生活通过一定的艺术形式,沉淀为艺术的思想内容,给艺术打开广阔的视野和生存空间。

二、对俄国"颓废派"的理论批驳

由于特殊的社会和阶级条件,俄国还没有出现明显的"为艺术而艺术"的思潮,但这并不意味着俄国文学就是健康的,就充满进步阶级的思想内涵。普列汉诺夫认为,在俄罗斯出现了另一种文艺思潮,这种文艺思想同样与当时俄国的社会生活分不开的,那就是颓废派的诗学理论。这种思潮的出现,表明俄国资产者试图想办法打开社会的局面争取更多的支持。现实中的俄国资产者是极端的利己主义者,是那种"爱自己像爱上帝一样"并且失去与别人交往能力的人。他们没有实际行动和变革社会的强烈愿望,只好在自怨自艾中祈求奇迹的发生,做梦般呓语追求"世界上未曾有过的东西”。当世界上一切现有的东西对他们来说都失去了趣味的时候，他们就认为是“萎黄病创造了艺术”。可以说，俄国资产阶级天生的软弱病使他们不可能成为真正进步的阶级。普列汉诺夫说：“说追求‘世界上未曾有过的东西’的艺术是由‘萎黄病’所创造的，这倒是完全无可争辩的。这种艺术说明了社会关系的整个体系的衰落，因而称它为颓废派的艺术是最合适不过的了。”（第 867 页）

他将俄国的颓废派与法国的浪漫派做了比较，认为虽然它们之间存在一定差别，但对社会生活漠不关心这一点上却是相同的。这种漠视并不能割断他们同社会生活的关联，他们想要超越平凡的社会生活却又自身乏力，最终只能听凭深陷其中。他们看到的只是现实生活的“表面的外壳”，而不能够真正深入到生活的内里去透视生活的本质。

有人将现实主义文学与印象主义绘画作比较，认为它们在关心社会生活方面具有同一性。普列汉诺夫批驳了这种观点，认为如果说印象主义是现实主义的话，那么，这种现实主义只能是完全表面的，并不能够透过“现象的外壳”而深入生活的内在真实。在他看来，印象派虽然在寻找社会生活的基础，但对生活的理解是肤浅的，就像他们所创作的绘画一样，只是在“现象的外壳”上面弄出一些新奇的东西来，以一些奇怪的线条和颜色随意加以渲染，除了增加绘画的装模作样和矫揉造作之外，很难真正找到社会生活的基础。所以，他认为，印象派与颓废派、浪漫派是一样的，都是特定社会生活在艺术中的体现，而且是歪曲的呈现，是对社会生活的真正迷失。这种艺术态度也决定了他们的创作，在他们的文艺作品中是没有真正意义上的社会生活的，有的只是“自我”。“自我”意识的弥漫，影响到了作品的倾向性，那不是一种解放的思想和指向未来的强烈愿望，而是一种狭隘的利己主义。如果说文艺领域也有“运动”的话，也只是“市场的运动”，“在那里连尚未问世的天才作品也拿来进行投机”。所以，普列汉诺夫借用车尔尼雪夫斯基的话说：“‘为艺术而艺术’这种想法，在我们这个时代正如‘为财富而财富’、‘为科学而科学’等等一样是离奇古怪的。人的一切事业如果不想成为空洞和无谓的，就应当为人的利益服务：财富之所以存在，是为了供人享用；科学之所以存在，是为了做人的指导者；艺术也应该为某种重大的利益服务，而不是为无聊的消遣服务。”（第816页）

三、艺术美的标准与进步文艺问题

由艺术与社会生活的关系，普列汉诺夫最后论述了艺术美的标准。他对这个问题的涉及一方面作为艺术与社会生活之间关系的一个小结，另一方面，回应卢那察尔斯基对他的批评。因为卢那察尔斯基认为普列汉诺夫的文艺观念隐含着某种美学上的绝对标准的倾向。

普列汉诺夫认为，他从来不认为有绝对的美的存在，也不可能有这种美。试图寻求绝对美的标准无疑是荒谬的。但这并不等于说美就是无任何标准的，否则，美就不成其为美。美是存在客观的标准的，美的客观标准不同于美的绝对标准。美的客观标准就是艺术作品的美的形式与内在思想相统一。他首先承认其所说的“美”的内涵是宽广的，甚至是非常广泛的。他举长髯老人的画像为例，画像上的长髯老人必须是“美的”，方才成其为艺术。但是，这里的“美的”显然不是“漂亮的”，“美”在这里的内涵与“漂亮”不同。之所以说画像上的长髯老人是“美的”，是因为长髯老人的画像同现实中的长髯老人相像。艺术的形式须与现实的真实相适合与协调，否则，谈不上美。无论是“长髯老人”的画像，还是“穿蓝衣服的女人”的画像，如果是艺术，必须是“美的”，而要成其为“美的”，必须符合真实性原则。这里，他事实上谈到了艺术的“真”与

“真实性”问题，认为艺术美的客观标准需符合“真实性”的要求，思想与形式的一致也就是要“真”，抛开这个前提，艺术不可能是美的。这里的“真”也就是社会的真实。社会生活通过“真”或“真实性”奠定了艺术美的基础。

普列汉诺夫的文艺思想，无疑受到车尔尼雪夫斯基“美是生活”的影响，但他并没有停留在车尔尼雪夫斯基的观念上，而是有所超越，这种超越体现在他并没将艺术和美简单等同于社会生活，而是放在社会生活的历史氛围中，从推动历史前进的进步阶级的角度阐述文艺和美的问题。这就使得他的文艺观念带有宽广和深厚得多的底蕴。

（陈　诚）

艾略特

传统与个人才能 1917年*

T. S. 艾略特(T. S. Eliot,1888—1965),英国著名诗人和评论家,在20世纪西方文学史和文学理论史中占有重要地位。生于美国密苏里州,1927年加入英国国籍。1906年在哈佛大学师从新人文主义大师欧文·白璧德,1910年毕业获硕士学位,后赴巴黎大学和牛津大学深造。1922年发表长诗《荒原》,1945年获诺贝尔文学奖。主编过文学杂志《个人主义者》和《标准》。《传统与个人才能》(1917)一文很能代表他的文学理念。

一、传统是不能继承的,它是一种历史意识

自从浪漫主义运动以来,人们往往认为诗歌是诗人情感的表现和个性的张扬,但艾略特却说:"诗不是感情的放纵,而是感情的

* [英]托·斯·艾略特:《传统与个人才能》,见《艾略特文学论文集》,李赋宁译,南昌:百花洲文艺出版社1994年版。文内引文,只注页码。

脱离;诗歌不是个性的表现,而是个性的脱离。”(第11页)这一观点同传统观点相悖。作为一位现代主义诗歌大师,他为什么要这样讲呢?一方面,艾略特继承了他的老师欧文·白璧德的反浪漫主义的观点,另一方面,也缘于他的诗歌理论。在《传统与个人才能》中,艾略特首先考察了“传统”这个概念。在他看来,人们在提及传统的时候,往往带着一种惋惜的情感,惋惜传统的消失。那文学批评中的传统又是什么呢?每个国家和民族都有自己的创作习惯和文学批评习性,文学批评往往试图在作品中发现作者独有的特点和他特殊的本质,会津津乐道于这位诗人同他的前人尤其是最近的前人之间的区别。但如果我们跳出这种先入之见,就会发现,作品中最好而且最有个性的部分,很可能是那些已故的诗人最有力的表现他们的作品而所以不朽的部分。此外,如果传统只是为了让我们跟随它的步伐,盲目地或者带着崇敬的心态去遵循他们的诀窍的话,这种传统就应该加以制止。因为传统是不能继承的,它是一种历史意识,这种历史意识,包括一种感觉,不仅感觉到过去的过去性,而且还能够感觉到过去的现在性。也就是说,历史固然存在,但它却是一个共时态结构的存在。这种历史意识使一个人在写作的时候不仅对自己的时代了如指掌,还能够感觉到整个的欧洲文学史以及在这个范围内自己国家的文学。艾略特在这里其实是强调传统和历史是作为作家创作的制约要素而存在的,只有进入到这种历史存在,一个作家才可以说已经成为传统,既使他意识到自己的历史地位,也认识到了自己的当代价值。

二、诗是一切诗的有机整体

正是因为传统构成了作家的制约因素,所以从来没有任何诗人具备完整的意义,人们对他的评价也不可能按照他自身来估价,而是要把他放在传统中来进行对照和比较。诗人的创作不仅仅是个人行为，还要在和前人的比较过程中、在文学传统的历史长河中获得对诗人的客观评价。传统构成了一个完美的体系，而所谓的真正的作品加入到传统中来的时候，这个完美的体系就会发生一定程度的改变，因为如果体系想要完整地存在，就要做出改变。当这个体系发生改变的时候，每件艺术品和这个体系之间的关系、比例和价值自然就会得到调整。这里体现了艾略特的一种有机整体论的观点。诗是一切诗的有机整体，是自荷马以来欧洲整个的文学组成的一个共时存在的局面，这一文学史作为外在权威规范着作家创作和文学批评。个别的作品只有在这个有机的整体内才会有意义，而这个有机整体自身也随着新的作品的出现而不断地进行着调整，处在一种动态之中，因而也就具有一种生命力。这个时候，单个作品同传统之间的悖论就出现了。如果说新作品仅仅是符合传统的话，那就意味着"新"作品其实并不符合传统；如果说新作品不新的话，那么它又不是新作品了。所以，所谓的"新"、所谓的独创到底存不存在呢？在艾略特看来，在强大的传统面前，诗人应该加强或者努力获得对于过去的意识，并把自己交给更有价值的传统，"一个艺术家的进步意味着继续不断的自我牺牲，继续不断的个性消灭"（第5页）。因此，艺术家要做的就是消灭自己的个性。

三、诗人的头脑是捕捉、贮存感受和意象的容器

诗人为什么要消灭自己的个性呢？艾略特认为，一方面，"诚实的批评和敏感的鉴赏不是针对诗人，而是针对诗歌而做出的"（第6页）。批评家追求的不是作家名录，而是对诗歌的欣赏。而诗歌本身是属于传统这个有机整体的。这就强调了"诗"在批评中的本体性地位，使文学文本在理论研究中占据中心地位，诗人已经

从批评中被剔除掉了。这种非个人的诗歌理论，还强调作者和他的作品之间的关系。艾略特做了一个比喻，从诗歌的创作过程来加以说明。把一条白金细线放在一个含有氧气和二氧化硫的容器中时，氧气和二氧化硫在白金这个催化剂的作用下会变成硫酸，而硫酸里却丝毫不含白金，白金保持了自己的中性和惰性，毫无变化。艾略特认为，这就好像诗人的头脑一样，诗人的艺术越完美，在他身上作为感受经验的个体和进行创作的头脑就更加分离，而头脑也就能够更加完美地改造和消化作为原料的激情。诗人的经验就是起到改造作用的催化剂，它分为感情和感受。一件艺术品在欣赏者的身上起到的作用是一种体验，它在性质上不同于非艺术的体验，可能由一种感情形成，也可能是好几种经验的综合。而且对于作者来讲，存在于特殊的单词和短语或者意象之中的各种感受，可能会和感情加到一起而成为一种结果，甚至作为诗歌可以不用任何的感情，而是各种独立的感受组成的。这显然又是对浪漫主义的逆动。因此，艾略特认为："诗人的头脑实际上就是一个捕捉和贮存无数的感受、短语、意象的容器，它们停留在诗人头脑里直到所有能够结合起来形成一个新的化合物的成分都具备在一起。"(第 7 页)所以，有鉴于此，诗人根本不是在表现个性，也不是在抒发自己的情感，诗人只是一个媒介，通过这个媒介，各种印象和经验，用奇特的和意想不到的方式结合起来。在这种情况下，诗人就得随时不断地放弃当前的自己。诗人的任务并不是去寻找新的感情，而是去运用普通的感情，去把它们加工成为诗歌，同时也表达那些并不存在于实际感情中的感受。

根据此观点，艾略特认为，华兹华斯给诗歌所下的定义，即诗歌是"在平静中被回忆的感情"是不准确的。因为正如前面所证明的那样，诗歌既不是情感也不是回忆，更不是平静。诗歌是一种集中，把一大堆经验集中起来，这种集中不是有意识的或者深思熟虑的，它只是消极地伴随着化合的行动。最后，艾略特指出，很多人欣赏表达真挚情感的诗歌，也有人欣赏卓越的技巧，可是很少有人理解诗歌是有意义的感情的表现，而这些情感只存在于诗歌之中，并不存在于诗人的经历之中。诗歌不可能是经验的直接的艺术再现，艺术的感情是非人的。这种无个性论，其实强调的是诗歌的客观性，也是再次强调一种文本中心论的观点。

（陈　粤）

瑞恰慈

文学批评原理 1924年*

I. A. 瑞恰慈(Ivor Armstrong Richards,1893—1979),英国文艺理论家、批评家。1922年毕业于剑桥大学并留校任教,后任哈佛大学教授。1929—1931年担任清华大学客座教授,为推动中西文化交流作出贡献。他借鉴心理学和语义学的方法来研究文学理论和文学批评,使他的批评理论独树一帜,对20世纪英美学术界产生广泛影响,"新批评"派将其视为理论先驱。

一、对传统批评的批评

《文学批评原理》一书是瑞恰慈试图用心理学和语义学来解决文学批评基本问题的一种尝试。他首先就表达了对自亚里士多德以来文学批评的失望,认为前人所取得的成果零碎不全,虽然有些

* [英]瑞恰慈:《文学批评原理》,杨自伍译,南昌:百花洲文艺出版社1997年版。文内引文,只注页码。

见地，也可以作为反思的起点，但它们并没有提供人们需要的答案。什么是艺术的价值？为什么它们会使杰出的智者甘冒殚精竭虑的风险？在人类倾注心力研究的体系中又占据什么位置？对于这些核心问题，那些批评几乎未曾触及。而如果在这些问题上缺乏明确的观点，即使是十分有洞察力的批评家也会丧失立场意识。

那么，瑞恰慈是怎样提出自己的立场的呢？他首先对康德以来的美学理论提出了质疑，认为近代以来的美学的理论基础就是假定有一种审美经验的存在，这种审美经验是非功利的、具有普遍性的、非理智性的，不能和感官的或者一般情感的快感混为一谈的快感，于是，就产生了审美方式或者审美境界这个虚幻的问题。而这个虚幻的问题又使得艺术变成了世外桃源，而缺乏价值的思考，艺术被神秘化了，最终结果则是“缩小和约束了本来活跃的文艺兴趣，表现为精雕细镂、矫揉造作、虚饰的疏远”（第 12 页）。瑞恰慈认为，存在着某种独特类别的心智成分，能够进入审美经验而无法进入其他经验，这种经验就是在平常的材料上显现出某种特殊的形式，比如结构、布局、节奏、表达等，它们是语言的真空，是经验产生方式的一个结果，是交流的一个条件，而价值则是我们的一种判断和表述，所以，应当把形式产生的审美性质和包含其中的价值区分开来，否则，审美这个术语就毫无用处。

瑞恰慈从语法上分析了这种虚幻审美的成因。他认为大家在说艺术作品“美”的时候，其实是一个语法，只是我们的一个反应的特性而已，它使人们相信有某种本质或者属性附属于我们理所当然地称之为美的事物身上，语言成功地掩盖了我们所谈论的事物。可是问题在于，批评家发表的意见并不关涉这些客体，而是心态和经验，这种被表述出来的经验方面的东西，就属于批评意见，而这种经验是由于被关照的客体的某些特点产生的，对客体的表述则属于技巧意见，也就是说，一个是载体，一个是内容。由此，瑞恰慈引申出他对批评的理解：“批评理论所必须依据的两大支柱便是价值的记述和交流的记述。”(第19页)尽管很多艺术家否认交流是他的作品的主旨,但是这并不能说明交流不是他的首要目标,因为如果不能交流,作品根本就不能成其为作品了。瑞恰慈认为,在艺术价值问题的理解上,有几个影响甚大却是错误的论调。一种倾向以托尔斯泰为代表,用宗教或者道德作为判定艺术价值的标准。这是一种过于狭隘的价值观,只是一种快感的满足,不是他所说的“冲动”的满足。另一种错误的倾向就是“为艺术而艺术”的观点。瑞恰慈认为,偏重“道德”的倾向还有一批才智卓绝的泰斗作后盾,而这种观点则把诗歌经验脱离了它在生活中的地位,而且它还割裂了读者的阅读体验,把读者分解成为美学家、道德家、政治家、知识分子等各色人等,结果自然就危及到了批评判断的完整性和可接受性。在瑞恰慈看来,诗歌根本就不存在什么特殊的规律或者什么彼岸世界,它是可以研究的对象。

二、艺术的价值

对于艺术的价值,瑞恰慈的理论立足点是心理学,而起点则是“欲念”,这里的“欲念”不是一般意义上的欲望,是一种“冲动”:“凡是能满足一个欲念而同时又不挫伤某种相等或更加重要的欲念的东西都是有价值的。”(第40页)大多数人的冲动混乱不堪、相互束缚、彼此冲突,在精神这个组织内,需要某种形式的协调,艺术则是对冲动调和的最有效的方式,它的作用就在于使人进入到一种和谐的心境状态之中。而对艺术的感受的丰富性和兴趣的程度,则要取决于卷入冲动的多样性。那么这种冲动的调和又是靠什么来实现的呢?是靠想象力。在他看来,流行于批评之中的“想象力”至少有六种不同的意义。第一,它是指产生生动的形象,通常是指视觉形象,这也是最普通、最乏味的意义;第二,指运用比喻语言,尤其是善于利用隐喻和明喻。比喻可能是说明性的,也可以是图解性的，其中没有逻辑关系，可以把更大的多样性成分编织在经验结构之中；第三，是交流的必要条件，它意味着对他人的精神状态尤其是感情状态予以共鸣的再现。这种想象力是一种形象的创造，它是对形式的反应，对此批评家并不感兴趣；第四，是指把原本没有联系的因素贯穿起来的发明能力；第五，为了一个确定目的或意旨用确定的方式去整理经验的想象力，比如说对各种艺术技巧的掌握和使用；第六，这是和本书论旨关系最大的想象力。这种想象力，就像柯勒律治所说的，是一种“综合的和魔术般的力量”，普通人要压制自己十分之九的冲动，因为他根本就无法处理它们，而诗人则能摆脱这种必然性，把那些相互干扰、相互冲突、相互排斥、相互独立的冲动相济为用，从而进入一种稳定的平衡状态。这显然是柯勒律治所提出的“有机说”的翻版。在艺术体验时，这种对人的冲动的平衡与协调其实就是亚里士多德在《诗学》中所强调的净化、疏泄或陶冶的心理功能，“冲动可能是多种多样的，而冲动的均衡则产生了悲剧的净化，只要冲动的相互关系是正确的”（第188页）。

有两种方式可以实现这种对冲动的平衡和协调：通过排斥和包容，通过综合和消除。人的连贯心态取决于两类经验：一类是通过缩小反应而获得稳定性和条理性的经验，一类是通过拓宽反应而获得稳定性和条理性的经验。大量的诗歌和艺术满足于某种确定的情感，比如说悲伤、快乐，或者某种确定的态度，比如爱、仰慕，或者某种确定的心情，比如忧郁、乐观等等，也就是特殊的而又有限的经验的发挥，这类艺术自有其价值，但它们是排斥性的。瑞恰慈更看重包容性艺术，它们是拓宽反应的经验。排斥性的艺术和包容性的艺术这两者的经验结构的不同，不在于它们的主题，而在于活跃于经验中的冲动之间的关系。此外，由于反讽是最为上乘的诗歌的特性，而排斥性诗歌经不起反讽的观照，包容性诗歌则体现了反讽的这种相反相成的冲动。

三、艺术就是在交流经验

艺术就是在交流经验,而艺术之所以可交流,一方面是因为作者和读者各自的心灵有着极其相似的经验。这种相似的经验,需要共同的经验的积累;另一方面也要考虑到交流的载体,即词语。一个词语的效果取决于它所处的语境,单独看起来暧昧含混的词语,在语境中就变得明确了。如果载体有问题,交流自然也会出问题,就会出现有缺陷的艺术。这是瑞恰慈其后在《修辞哲学》中系统阐述的语境理论的前奏。但是还有一个问题,由于人们在实际上程度不同,有些冲动,只发生在比较成熟的心灵之中,有些冲动只是在高度组织的和善于辨别的心灵形成有价值的态度。这是不是说水平高的读者觉得价值大的就一定大呢?不然。因为在瑞恰慈看来,这个问题也是可以用心理学来解释的。他认为,艺术接受和特殊的交流才能并不神秘,这并不是不可理喻的能力。它是一个体验问题,一种经验在多大程度上可以更生,首先取决于兴趣,也就是体验的主动性。因此,有了经过训练的经验,就会提高自己的反应能力。如果冲动组织处于读者的最佳水平上,就会感到精神振作,反之则会消沉。只有在共同兴趣被激发出来的时候,传达的便利性和完整性才会附丽于所交流的经验的奇异之处。与此同时,冲动也构成了瑞恰慈为艺术分类的依据。在他看来,为了进行成功的交流,总要有一些交流者共有的、伴随着有效刺激的冲动。作为每一门艺术的基础,就要发现一个超乎寻常的统一的冲动类型,它固定了框架,反应的其他部分都在框架之内演变。比如说,在诗歌中有节奏、韵律、音调或者抑扬顿挫等。

四、文学与科学

为了澄清文学与科学的关系，瑞恰慈对语言的两种用途专门进行了区分。一种是语言的科学用法，另一种是语言的感情用法。语言的科学用法是指"为了一个表述所引起的或真或假的指称"而运用的表述；语言的感情用法是指"为了表述触发的指称所产生的感情的态度方面的影响而运用表述"。科学是对种种指称的组织化，其唯一的旨趣就是方便和促进指称。因此，语言的科学用法不仅指称正确才能成功，指称相互之间的关系也必须合乎逻辑，不能互相妨碍。语言的感情用法并不重视逻辑，而是由于指称而产生的态度有其自身应有的组织，有其自身感情的相互联系。进一步讲，语言的科学用法有其自身所指的对象，要的是逻辑清晰，客观准确，并且还有自主性。而语言的情感用法则没有相对应的客体，它是对虚构的想象性运用。"诗歌乃是感情语言的最高形式。"（第249页）基于这一原因，瑞恰慈分析了批评中"真"的几种用法。第一种是科学意义上的"真"，虽然它不可或缺，但对于艺术而言关系不大。第二种是指"可接受性"的"真"。这种"真"是一种内在必然性，内在的可接受性，是一种艺术之真，如同济慈所说"想象力视之为美而捕捉住的东西必定是真"。第三种"真"等同于真诚。这是艺术家的个人品性和情感问题，艺术家在创作时不抱任何的企图，而且想用这种对自己不起作用的效果来对读者产生效果。这就是一种真诚。这种区分，使我们看到了诗歌语言的基本特征。最后，在全书的附录中，在对艾略特的诗歌分析之后，瑞恰慈道出自己对诗歌寄予的某些希望。

（李　龙）

什克洛夫斯基

散文理论 1925年*

维·鲍·什克洛夫斯基(Виктор Борисович Шкловский, 1893—1984),俄国形式主义主要代表。出生在彼得堡一个教师家庭,后入彼得堡大学历史语言学系学习。1914年出版第一本著作《语词的复活》,后来与同道一起创办"诗歌语言研究会"。《散文理论》(1925)是俄国形式主义诞生的标志。

一、打破与重组:俄国形式主义的整合特征

俄国形式主义理论潜在的整体框架,就是"整合"的理论观念。它的生发、成长、壮大以及自我完善和更新,都不能离开"整合"观念的隐形支撑和内在指引。"整合"这个概念本身,就蕴涵着"打破"与"重组"的统一。"整合"这个词包含了"散"与"整"、"分"与

* [俄]维·什克洛夫斯基:《散文理论》,刘宗次译,南昌:百花洲文艺出版社1994年版。文内引文,只注页码。

“合”以及这几个要素之间的循环置换、对立统一。其一，要生发形成一个独立系统，必然要与其他平行系统相区别、相对立，从而与外界形成一个对抗的状态，这是外在的独立性；其二，要自我完善为一个完整有机体，其内部必须有机组织，动态融合，获得内在的趋同性和一致性，这是内在的完整性。

二、“文学性”的重新确立

《散文理论》通过“打破”与“重组”的整合过程，力求实现文学价值的自足性。它要打破旧有文艺学观念，为理论自身寻求新的空间；通过文学论争，让理论得以站稳脚跟。所以，该书内容以“对立”与“差异”为主线，旨在通过差异与对抗建立起一个新的价值实体。其一，俄国形式主义同传统文艺学有何根本性差异。这种差异主要表现在：传统文艺学未脱其功利主义目的，形式主义却主张艺术有其独立价值和特有规律，它是一个独立自主的体系，无须为社会承担外在于其自身的许诺。如果说它也有目的性的话，那么，它的唯一目的就是被欣赏和被感受。因此，审美是文艺的本质特征。“审美”的核心地位，是在形式主义与传统文艺学的对抗中建立起来的。什克洛夫斯基曾引述别人见解说，文学缺乏自己的课题系列，常常沦为其他学科的附庸。因此，为了确立文艺学的疆界，有必要将富于创造性的文学和一般写作，加以严格区分。其二，确立和界定文艺学的对象“文学性”。认为，“文学性”就是使特定作品成为其为文学作品的那一特性。《散文理论》研究的重点是明确艺术有其独立价值、特有规律，是一个独立自主的体系，而文学作品也有其本质属性和独特的存在方式。其中，什克洛夫斯基否认象征主义者所持的运用意象是诗语区别性特征的说法。认为如果意象是诗语区别性特征的话，那就必须肯定它有一个假定性潜在前提，那就是有一个外在于诗语本身的参照系存在。通过诗语与诗语以外的领域的对抗，他排除了“意象”这个区别特征。同时提出，意象与艺术作品中所能用到的其他手法，诸如排比、比较、重复、对仗、夸张等，在作用或功能上是一样的，都是为了强化作品的可感性。艺术的最高使命正在于此。而语词在诗中的用法本身，恰恰正是使艺术作品具有可感性的奥秘所在。在这里，他是将诗语范围之外的因素排除掉，将研究基点落在了诗中的语词本身。接着他断言，艺术，就是要还给人们对事物的新奇的感觉。文学不是对现实的反映，而仅仅是现实符号所表现的现实“陌生化”（准确应翻译成“奇特化”，下同——作者注），打破我们对现实世界的习惯性知觉方式。文学使其形式“陌生化”的能力，恰恰是它有别于其他陈述方式的根本之点。文学研究的任务就是揭示此种“陌生化”效果所能产生的内在机制。由此，他提出了“陌生化”的概念。什克洛夫斯基以向外对抗的方式，实现了文学的自足性、语词的自足性，这是一个“正名”的过程，通过对旧有格局的“破坏”与新生体系的“正名”，形式主义在众多支持的理论构建和论辩中逐渐眉目清晰，这本身就是一个以前期的对抗为主的“整合”的过程。

三、“对象”和“手段”的重新确立

1. 俄国形式主义研究的对象是“文学性”，而“文学性”本身就是一个开放性的、变动不居的概念。因此，有必要打入“文学性”的内部，明晰具体对象的身份确认。从横向定位看，他将研究名目确立为“形式”、“材料”与“手法”。按照他的解释，“材料”是指粗陋的文学素材，它期待审美效应，也就是说材料只有经过“手法”的中介和转换，才有资格进入文学作品的结构，成为审美客体。《散文理论》提出，“形式”是一种动态组合和支配原则，“文艺作品的形式是由对其以前存在的其他各种形式的关系来确定的。必须强调文艺作品的材料，也就是说突出‘材料’，‘竭力说出’材料”（第 26－27

页)。“材料”—“手法”—“形式”概念的确立和分析,完成了横向关系上研究对象在动态整合机制中的设置和定位。《散文理论》研究的核心在“诗语”上,为了确立诗语的价值自足性,便说“可以给诗歌下一个定义,这是一种困难的、扭曲的言语。诗歌的言语是经过加工的言语。散文则一直是普通的、节约的、容易的、正确的言语”(第22页)。其表达的理论命题是,艺术不是反映生活,而是对生活同时也是对艺术表现赖以实现的语言进行创造性的变形。

2.“手段”与“目的”的确认。《散文理论》中在《作为手法的艺术》一文里,对形式主义的“目的”和“手段”做了一个总体方向上的概括总结:“正是为了恢复对生活的体验,感觉到事物的存在,为了使石头成其为石头,才存在所谓的艺术。艺术的目的是为了把事物提供为一种可观可见之物。艺术的手法是将事物‘奇异化’的手法,是把形式艰深化,从而增加感受的难度时间的手法,因为在艺术中感受过程本身就是目的,应该使之延长。艺术是对事物的制作进行体验的一种方式,而已制成之物在艺术之中并不重要。”(第10页)这里所说的“奇异化”,就是通常所译的“陌生化”。按照什克洛夫斯基的表述,艺术就是要还给人们对事物的新奇感觉。“艺术更新人类的记忆”(第6页),文学不但不反映现实,而仅仅是现实符号化了的所指(“艺术的目的是使你对事物的感觉如同你所见的视像那样,而不是如同你所认识的那样”)。所以,文学文本倾向于使所表现的现实陌生化,打破我们对现实世界的习惯性知觉方式。文学使形式陌生化的能力,恰恰是它有别于其它陈述的根本之点。“文学的特性包含在其使体验‘陌生’的那一倾向之中,因此文艺学真正应该关注的要点是分析所以能达到如此效应的形式手法。”(第8页)

四、关于“陌生化”与“反陌生化”

在“陌生化”手段的背后，隐藏着一个“反陌生化”的程序与目的。

1. 俄国形式主义理论与俄国未来派诗歌一直是相辅相成的两翼，形式主义理论中的“陌生化”说，与俄国未来派的观点也不无联系。俄国形式主义与未来派唯一不同的一点是：形式主义者认为，文学是幻想，文学揭示的是与客观现实世界有区别的“第三种真实”；而未来派诗人则认为，文学就是要展现真实世界，让客观的现实在诗歌中展露出自己本来的面目。在他们看来，陌生化的功用，仅仅在于取代诸种认识方式中某一特定的方式。“认知”与“直观”并不是同一个概念。

2. “陌生化”的内在分化。“陌生化”的理论基础是形式主义对“现实”的性质设定。形式主义者认为，“现实”并不是固定不变的在语言之外实存的某种实体，而是经由各种认识方式折射过的观念范畴。文学的特点，恰恰在于善于将其他认识方式所认识的现实（或体验）加以“陌生化”，以此构成一个特殊的“现实”。

在此基础上，“陌生化”就有了两重含义：一是对人们惯常体验方式、既有认知积累所实现的“陌生化”；一是对艺术家用以传达体验的手段即语言形式所实现的“陌生化”。这两点与未来派诗学形成了彼此对应的关系。“使所表现的客体陌生化”，这是形式主义理论家的口号。它意味着诗歌研究的重点，实现了由认知到感受、由认识到功能的转移。

为了彰显“陌生化”的必要性，俄国形式主义者明确了“自动化”理论，即从人的对语言的接受体验来看，随着对语言的频繁使用，语言日益与某些客体或概念“固着”在一起，以致成为一种“一般化”的符号，语言像钞票一样，在流通过程中被使用得又脏又旧。

人对语言的接受呈现“自动化”倾向。从语言自生的性质和发展来看，语言的本质在于它是一种诗性的创造活动。语言本身就是在最初人们想要认识和把握这个世界的冲动中产生的。世界各民族在其产生之初，都是一种象形文字。按照形式主义者的解释，“万物有灵论”是语言所特有的“诗性”本质，随着社会历史及文化的发展，渐渐的流失和消退了。语言渐渐失去其表义属性，而堕落成一种毫无诗意的符号或代码。文学新流派及新文艺学的任务，就是要重新发掘和揭示语言身上这种诗性的本质。从这里可以看出，在“陌生化”的名目下，是“陌生”与“反陌生”理念在纵横方向上的动态整合。在横向上，“陌生”是对于人们语言习惯、惯常体验、认知方式的打破，让人抛开原有的知识积累，使用新的体验方式。在纵向上，人的体验与认知的“反陌生”和语言性质特征的“反陌生”，是让人复归到天地之初最原始的认知体验方式，让语言复归到创生之初的本来功用与特性。纵向的“反陌生”是“源”，横向的“陌生”是“流”，纵横交错，源流合一，形成了一个动态的整合式的概念体系。

自《散文理论》问世，俄国形式主义得到蓬勃发展。从什克洛夫斯基 1914 年发表《词语的复活》算起，到 1930 年发表《学术错误志》结束，俄国形式主义运动历时 16 年之久，影响广泛而深远。它所创造的大量专门术语、特殊概念以及其背后所传达的思想观念，至今仍能感受其理论价值。后来在苏联兴起的巴赫金学派和塔尔图符号学派，都同俄国形式主义的影响有直接关系。尤其是雅各布森，移居布拉格之后，直接促成了“布拉格学派”的诞生，而后进一步发展为结构主义文学理论。而英美兴起的“新批评”潮流，也与俄国形式主义有内在的渊源。

（邓韵娜）

弗里契

艺术社会学 1926 年*

弗里契(Владимир Максимович Фриче,1870—1930),俄苏文艺学家。1894 年毕业于莫斯科大学语文历史系,1904 年起在莫斯科大学任教。十月革命后,担任俄罗斯科协所属文学研究所和红色教授学院文学组领导工作。主要著作有《西欧文学史纲》(1908)、《西欧现代派主潮》(1909)、《普列汉诺夫与科学美学》(1922)、《弗洛伊德主义与艺术》(1925)、《艺术社会学》(1926)等。作为全书的"概要",弗里契 1926 年发表的《艺术社会学底任务与问题》,由冯雪峰根据藏原惟人的日译本译出,1930 年先在《萌芽月刊》第 1 卷第 1、2 期发表,同年 8 月由上海大江书铺出版。《艺术社会学》当时有两个全译本,其中天行(刘呐鸥)译本于 1930 年 10 月由水沫书店初版,1947 年 8 月上海作家书屋重印;胡秋原译本于 1931 年 5 月神州国光社出版。本提要同时参照了冯雪峰译

---

* [苏]弗里契:《艺术社会学》,胡秋原译,上海:神州国光社 1931 年版。[苏]弗里契:《艺术社会学》,天行(刘呐鸥)译,上海作家书屋 1947 年。

《艺术社会学底任务与问题》(简称冯本)和刘呐鸥、胡秋原的全译本(分别简称刘本、胡本)。

一、艺术社会学的学科性质、研究对象、研究任务与方法

弗里契给艺术社会学下的定义是:"艺术社会学——乃设立那建筑于经济基础之上的精神文化形态(ideologie)底上层机构之一部门的综合法则的科学(法典)。"(胡本《原著者之序文》)或者说,"艺术社会学——即在艺术底某种典型和社会底某种形态之间,设定合法的联系的科学"(刘本,第4—5页)。这种"联系",主要表现为艺术"和这一国底'政治的、产业的和社会的发达'底密切的关系上"(刘本,第3页)。因此,"关系研究"也就成为艺术社会学特定的研究对象。对此,弗里契在《艺术社会学底任务与问题》中,有更为明确的界定:所谓艺术社会学,也就是对艺术及艺术家的"社会学研究",即"说明"艺术或艺术家之"社会的及阶级的根原或基础"。它所遵循的原则是"说明"而不是"记述",是究明二者关系中的"一般法则",而不是描述其具体的历史过程。这便构成了艺术社会学与艺术史的根本区别。艺术社会学要求以"社会的、经济的发展,来说明艺术之发展"(冯本,第2页)。因此,它"并非内在的法则,而是社会的地被豫定的法则"(冯本,第3页)。因此,艺术社会学的研究,首先不是艺术的研究而是社会的研究。正是基于这一性质与特点,决定了艺术社会学乃"为一般社会学之一部"之学科定位(冯本,第3页);决定了"只有在社会怎样地发展的事弄明白了的时候",艺术社会学才可能是真正的科学;决定了"艺术社会学之建设,只有在马克思主义社会学底光之下,才是可能的"(冯本,第5页)。"只有马克思主义的世界观,使这个艺术社会学底建设有了根柢。""马克思主义一发生,建设艺术社会学的可能性的理

论的地盘便有了。”(刘本,第 8—9 页)据此,弗里契认为,艺术社会学的第一个任务,“便是在究明一定的艺术底型对于一定的社会形态(在阶级社会——就是阶级形态)的合法则的适应”(冯本,第 7 页)。艺术社会学研究的第二个任务是:“如果一定的社会形态是在人类发展史上反复着,则一定的意识形态底型,部分的是一定的艺术底型,也必定合法则地反复着。”(冯本,第 9 页)因此,探究艺术与社会之间“合法则的关联”与“合法则的反复”,便成了艺术社会学研究的两大任务。

二、关于艺术的十三个社会学法则

在对比利时的米盖尔思、法国的泰纳、德国的格罗塞、俄国的普列汉诺夫、德国的霍善斯坦因等著名学者在艺术社会学学科发展史上的理论建树及其意义和不足进行评述的基础上,弗里契着重探讨并建构了艺术社会学的十三个基本法则。

1. 艺术“社会的机能”的社会学法则。认为“艺术是组织社会生活的特别的手段”,是“支配阶级”“对于社会人底心理底强制之手段”。这一社会机能在不同的社会阶段“是不同的显现着的”。但在类似的阶段上,则“是常常相同地显现”。具体来说,在狩猎者那里是一种“魔术的手段”、“魔术的行为”。在封建的、僧官的、农业的组织那里,是一种“宗教的手段”、“宗教的行为”。在新兴资产阶级那里,是一种“道德的、市民教育的手段”与“行为”。当资产阶级成为支配阶级时,艺术则又成了非政治非道德的“快乐主义之表现”,并向着热衷于形式的“纯艺术”转化了。这就是“艺术之基本的社会的机能在合法则地变化着”(冯本,第 11—13 页)。

2. 艺术“生产之形式”的社会学法则。如同物质生产一样,在自然经济支配下,艺术生产是在被限定的经济(贵族或帝王的领地)范围内;在手工业社会里,是通过“定货”——集团定购或个人定购——的方式;在资本主义条件下,则“是以市场为目标”。就艺术家而言,在第一种条件下,艺术家或为农奴,或与领地相联系。在第二种条件下,艺术家成为同业组织中的“职人”。在第三种条件下,艺术家由“职人”转化为“依从需用和供给之铁则的那商品底生产者”。“由定货而被做成的艺术”,也就转化为“以市场为目标制造的艺术”。

3.艺术“隆盛和颓废”的社会学法则。由于艺术与经济与市场关系为上述铁的“法则”所决定,因此,艺术的繁荣与凋敝,便与经济的繁荣与凋敝成正比。“在艺术领域内的支配者——指导者,是那经济的前卫的国度,而在它底经济力没落着的时候,艺术也就颓废了。”可见,前卫的艺术只能产生于前卫的国家。

4.“综合的艺术”转化为“个别化的艺术”的社会学法则。“综合的艺术”与“个别化的艺术”是艺术“二个基本的型”。建筑、雕刻、绘画,构成造型艺术之总体。其中建筑是综合的艺术,雕刻及绘画则是个别化的艺术。综合的艺术,只有在群体主义、集团主义支配的社会,即在“由作为支配阶级之意识形态的宗教来支持着这综合的那被宗教所沉醉的社会(封建的,职人的型的社会)里,才是可能”的。当这一社会结构被资本主义侵蚀,宗教的力量被削弱,个人主义据支配地位时,艺术便不再为共同体的财产。艺术同其他商品一样转化为由市场决定价值的商品,壁画也就从墙上走到了架上,“综合的艺术便不得不将地位让给个别化的艺术了”(冯本,第19—22页)。

5.何种艺术成为“支配的艺术”的社会学法则。希腊占支配地位的艺术样式是雕刻,中世纪是建筑,17世纪是戏剧,19世纪是音乐。就造型艺术而言,其中心由建筑的支配转移到雕刻的支配,再由雕刻的支配转移到绘画的支配,这不但和阶级由原始集团向封建主向资产阶级的分化“一同”,而且“也和都市底被神圣化了的个人底意识之出现与成长一同”。只有在发达的资产阶级社会里,绘画才可能据于支配地位。这是因为,第一,只有绘画,才充满着这种社会所特有的个人主义的情感;第二,只有绘画,才能满足这种社会所特有的空想气氛;第三,只有绘画,才具备能够真正表现支配着资产阶级社会的人们的思考和创造所需要的物质材料。唯其如此,“只有绘画,在资产阶级经济上具有特别的意义”(冯本,第22—25页)。

6.建筑艺术“三种样式”的社会学法则。建筑艺术的样式,可分为构成的(构造的)、组织的、装饰的三种。对此可以设定的法则是:构成的(构造的)型,是适应正在上升的集团和阶级。组织的型,是适应那已经获得生活,已经成为支配者,因而羼入了美化的享乐的要素而成为复杂了的集团或阶级。装饰的型,则适应那颓废的、寄生的、消极的,因而实践的功利的要素是被美化的快乐主义的要素所消除或压迫的集团或阶级。(冯本,第26—28页)

7.“线的绘画”和“色彩的绘画”的社会学法则。“线的绘画是从在社会人底心理之中的积极的,智识的要素之优势,色彩的绘画是从在心理中的消极的,情绪的或快乐主义的要素之支配,而产生的。”这种心理的社会基础,前者是在生产上是积极的或在政治上是行动的集团或阶级之表现;反之,消极的、情绪的、快乐主义的心理和色彩的绘画之社会基础,则是已经获得生活,在生产上,政治上都逐渐成为消极的,并且因此正在握有着快乐主义的气氛的集团或阶级。(冯本,第28—31页)。

8.“艺术主题”的社会学法则。“一切经济的及社会的形态,都在艺术之中,带来特殊的,由其构成和意识形态作为支配的东西而被豫定着的那主题。”如狩猎集团的“兽”,原始农业集团的“植物”,阶级社会的“人”等。人,也依据社会的不同阶段,而呈现出“高贵的”的“类似神”的“主人”,为资产阶级的“市民”所取代的过程。(冯本,第32—33页)

9.“浮世画”中的社会学法则。只有在资产阶级的发展达到较高阶段，浮世画的分化——肖像、静物、风景在构图中分离，才是不可避免的。同时，在不同的社会阶段，它也不断地变形，如在封建的神官的社会形态上，最具特征是的"宗教的浮世画"。在半资产阶级半贵族的社会里，便转化为"神话的浮世画"。在纯资产阶级的形态上，则变形为"风俗的浮世画"（冯本，第 36—37 页）。

10. 关于"运动"等问题的社会学法则。关于运动：在不动的自然经济的基础上，不可能深入思考生活的运动的观念并把力学的生活感表现为形式。只有在资本主义的都市及个人主义的文化高度发达的阶段，对于生活的瞬间的运动的感觉，不是现实主义的而是印象主义的表现，才是可能的。（冯本，第 38—39 页）关于空间、透视法：4 世纪以后扩大了的商业活动增强了人们对于"广和远近之感觉"，商业资本主义"最初将生活和思考底视野扩大着"，因而透视法由资产阶级经济和思考所产生出来的写实主义画家们意识到并发展着。（冯本，第 42—43 页）关于光：只有当社会人的感情和思考基于个人主义主观主义幻想主义之欲求，只有在印象主义的文化处于支配的时代，光，才能成为"绘画的主人公"。（冯本，第 43—44 页）

11. "肉体造型"和"观念造型"的社会学法则。"肉体造型"和"观念造型"是雕刻中的两个基本样式。一个是在对于世界的非宗教的态度上，一个是在宗教的态度上；一是在好奇和认识之上，一个是在敬虔和恐怖之上。它们一个是宗教作为意识形态的封建的神官的社会组织的艺术，一个是被科学的精神所浸透或资产阶级取得支配地位时代的艺术。（冯本，第 46—47 页）

12. "色彩的型和谐调"的社会学法则。"可以设定一定的色彩底调子或谐调和一定的社会阶级底心理的意识形态之间的合法则的适应。"被压迫的阶级，是和它的地位及心境一样，"在其绘画上也以严重的不快悦的色彩现出自己"；肉体及心理上健康的支配阶级，"喜欢鲜丽的骚闹的色彩"；正在过去正在死亡的阶级，"是以沉落的,无生气的,没有光泽的色彩来包含那生活感情的”(冯本,第48—49页)。

13.“阶级的同化和阶级的分离”的社会学法则。阶级的同化的法则:第一,落后的国家落后的阶级能够摹仿先进国家先进阶级的艺术。第二,新兴阶级在尚未确立明确自觉的阶级意识之前,是从属于支配阶级的某些意识形态及其艺术的。第三,成为支配阶级的阶级,是必须继承以前的支配阶级的艺术与文化的。(冯本,第49—51页)阶级的对立与分离的法则:第一,为了别的支配阶级而创造艺术的某一阶级或阶层,“是藉他们所特有的阶级的心理的意识形态的特征,在破坏着支配阶级的美的规范的”。第二,同一社会内部的各个集团的艺术家,其主题或形式是相互分离的。第三,“新兴阶级创出着无论在主题上或形式上都和支配阶级底艺术或前一个的社会的经济的形态底艺术相对立的自己的艺术”(冯本,第51—52页)。

作为第一部以“艺术社会学”命名的著作,它在学术史上是有里程碑的意义的。不过,它将艺术与社会经济发展阶段及不同阶级不经过任何中介地直接关联,并简单化地设定其法则,则表现了不够科学的特点。

(周平远)

荣格

心理学与文学 1927年*

卡尔·古斯塔夫·荣格(Carl Gustav Jung,1875—1961),瑞士著名心理学家,精神分析学家,分析心理学创始者。1900年被任命为苏黎世的布勒霍尔兹利精神病院的助理医师。1902年获得苏黎世大学医学博士学位,1905年成为该大学的精神病学讲师,讲授心理病理学、弗洛伊德精神分析学及原始人心理学。1904到1905年间创立语词联想测验的研究方法,进行关于"情结"的研究。1907年出版第一本著作《精神分裂症心理学》,并寄给弗洛伊德,两人会面,从此结识并保持了六年友谊和合作,成为弗洛伊德门下最重要的弟子。1912年《力比多的变化与象征》发表,1914年辞去了国际精神分析学会主席职务并退出了学会,与弗洛伊德终因思想分歧而分道扬镳。此后,他逐渐形成和发展了自己的心理分析理论,最初称之为情结心理学,后来又称之为分析心理学。1914年,他放弃了在大学开设的课程,到非洲、亚利桑那、新墨西

---

* 荣格:《心理学与文学》,冯川、苏克译,北京:三联书店1987年版。

哥等地进行旅行考察，开始研究种族潜意识的性质与现象。1921年写出《心理类型》一书。荣格一直对东方的宗教和神话感兴趣，尤其是中国的《易经》与炼金术对他产生很大影响，1944年出版的《心理学与炼金术》一书。

荣格的分析心理学主要以集体无意识和心理类型见称，并且对人格的动力结构和发展过程做了分析。另外还提出原型、情结、象征、无意识等概念。荣格在许多方面修正和发展了弗洛伊德的理论，帮助精神分析在现代西方文化中奠定了重要地位。主要作品还有《精神分析理论》《无意识心理》《分析心理学文集》及自传《回忆、梦、反思》等。《心理学与文学》原是一篇不太长的论文，而中译本《心理学与文学》则是一部论文集。

一、"集体无意识"

这是荣格心理学的核心概念，贯穿他的全部理论，也是其文艺思想的基础。荣格指出，由于现代西方的物质至上观念，物质被看做一切事物的基础，精神被看做仅仅是物质过程的表现，意识被当作精神本身，现代心理学研究中"无意识"精神生活被忽视，因而提出要以"心理实在"为基础，建立一种"有灵魂的心理学"，研究心理学在精神上的决定因素。他提出"心理实在"或"心理现实"的概念，认为"心理现实"才是我们能够直接经验到的唯一的现实，它包括一切形式的精神现象，甚至包括"非现实"的观念和思想，即"无意识"。"无意识"中包含从原始时代遗传下来的生活和行为模式，它总是先于意识而存在，意识不过是"无意识"的后裔而已，是"无意识"造就了意识并从而为世界的存在提供了必不可少的条件，我们生活在一个我们自己的精神所创造的世界里。

荣格发展了弗洛伊德的"无意识"概念，将"无意识"分为"个人无意识"和"集体无意识"，认为表层的"无意识"含有个人特性，可以称之为“个人无意识”,但它有赖于更深的一层即“集体无意识”。“集体无意识”是先天的普遍存在的,是超个性的共同心理基础,普遍存在于每个人身上。它从来没有在意识中出现过,既未受压抑也没有被遗忘,而完全得自于继承和遗传。“集体无意识”是一种潜能,以特殊形式的记忆表象从原始时代一直传递下来,它“没有天赋的观念,却有观念的天赋可能性”。“个人无意识”主要由各种“情结”构成,而“集体无意识”的内容则主要是“原型”(archetype)。“原型”是一种与生俱来的心理模式,它指出了精神中各种确定形式的存在。有的时候荣格会把“原型”与原始意象通用,指出两者本质上是一种神话形象,它们为人类祖先的无数类型的经验提供形式。思想或意义不是我们赋予的,而是“无意识”强加给我们的,任何一个重要观念都有其历史上的先驱,最终建立在原始的“原型”模式之上。“集体无意识”不是自在的实体,只有从它的影响去考虑才能确证其存在。它们仅仅在艺术中作为一种有规律的造型原则出现,艺术作品中保留了“集体无意识”的痕迹。

二、两种艺术类型:幻觉的艺术和心理的艺术

荣格指出,艺术实践是一种心理活动,因此可以从心理学角度来考察。但是,心理学和文学是相互独立的,它们只是相互求助,而不会由一方去削弱另一方。文学的心理学研究对象“只是那些属于创作过程的方面,而不是成为艺术本质属性的那些方面”。荣格认为,艺术创作是一种自发的活动,其创作冲动和创作激情来源于“集体无意识”的自主情绪,艺术家只不过是它的工具。艺术创作是一个有生命的、自身包含自身的过程,艺术作品的意义和个性特征是与生俱来的,不取决于外来因素。在这种创作中,作品专横地把自己强加给作者,它们好像是完全打扮好了才来到这个世界,

作者主观服从于作品，他与创作过程并不一致。为艺术表现提供素材的是超越了人类理解力的原始经验，是人们所不熟悉的。这素材包括什么内容、意味着什么，人们被迫面对这一问题，这是心理学家所感兴趣的。艺术是一种天赋的动力，它抓住一个人，使他成为“不是拥有自由意志、寻找实现其个人的目的，而是一个允许艺术通过他实现艺术目的的人”。他是更高意义上的“集体的人”，负荷并造就人类无意识精神生活。创作时，作者受到“原型”的影响或“集体无意识”的支配，一旦“原型”情境发生，“在这一瞬间，我们不再是个人，而是整个族类，全人类的声音一齐在我们心中回响”。作者成为“集体无意识”的代言人，在这个意义上，“不是歌德创造了《浮士德》，而是《浮士德》创造了歌德”。荣格在这里区分了作为个人的艺术家和作为艺术家的个人。艺术家具有两重性，每一个富于创造力的人都是这样两种或多种矛盾倾向的统一体。作为艺术家的个人是客观的、无个性的甚至是非人的，他就是他的作品而不是他这个人。为了完成这一使命，创作激情会践踏一切个人欲望，他有时必须牺牲个人幸福，因此艺术家的生活是高度不幸的。

当然，荣格也承认存在另一种艺术类型，在这种艺术中，作品完全是按照作者想要达到某种特殊效果的意图创作出来，诗人的自觉意图可以驾驭材料，他与创作过程完全一致。作品加工的材料来自人的意识领域，它所包含的一切经验及其艺术表现形式，都是能够为人们所理解的，诗人解释和说明了意识的内容，他已经完成了他自己从心理学角度进行解释的任务，因此不再是心理学家所关心的研究对象。荣格称前一种艺术为外倾的艺术或幻觉的艺术，称后一种艺术为内倾的艺术或心理的艺术。荣格指出弗洛伊德式心理学家们的错误，即他们会倾向于假定创作材料来自于某些高度化的个人经验，从艺术家个人经历出发，如同研究神经症一样去推论艺术作品。他指出，艺术作品具有自己的独立存在的权利，渗透到艺术作品中的个人癖性并不能说明艺术的本质，作品中个人的东西越多，也就越不成其为艺术。“艺术作品的本质在于它超越了个人生活领域而以艺术家的心灵向全人类说话。”

三、两种审美态度：移情与抽象

这是对内倾和外倾两种基本心理类型划分在审美活动中的体现。“移情”是外倾的一种形式，它预定对象是空洞的并且企图对它灌注生命，主体无意识地将自己投射到对象之中，但并不觉得，反倒认为那对象本身显得富有生气，主体迎接对象，通过主观同化作用达到二者之间的善意的理解。“抽象”的态度是一种内倾机制，它预设对象是有生命的，以无意识的投射赋予对象一种可怕的有害的性质，它不主动迎接对象，而退缩下来以保护自己不受对象影响。在任何对于对象的欣赏和艺术创作中，“移情”和“抽象”两种审美态度都是需要的，两者都出现在每个人身上。两种审美心态都基于主体的无意识自发活动，“移情”是把自己的生命和情感灌注给对象，“抽象”则是把自己的恐惧投射给对象，对象的意义和价值都是主体赋予的。移情和抽象都源自于一种挣脱自身的需要，通过“移情”和“抽象”主体投入到对象之中，放弃或挣脱了真实的自我。

四、艺术的社会意义

“集体无意识”是对于意识的自觉倾向的补偿，它可以以一种带有目的的方式，把意识所具有的片面、病态和危险状态，带入一种平衡状态。同时，一个时代有自己的意识观念局限，需要通过“集体无意识”来进行补偿和调节。而“集体无意识”支配下创作的作品，也就具有积极的意义，它们是“原型”十分明显的变体，个人的命运转变为人类的命运，作者要表现的观念也就超出了偶然的暂时的意义，具有永恒的价值，这也是伟大艺术的奥秘所在。艺术的社会意义就在于通过对无意识深处原始意象的追溯，经过意识的改造和现时代的灵魂相结合，以此来补偿现时代的片面和匮乏，调节时代自身意识观念的局限。由于民族和时代有自己的独特的倾向与态度，通过艺术家对他那个时代的无意识需要的迎合，艺术也就代表了一种民族和时代生命中的自我调节过程。真正的艺术具有永恒的意义，一部作品诞生后，也就包含了世代相传的信息，在某一个历史时期我们因为自身的限制只能理解艺术的一个方面，艺术具有种种象征的性质，总是暗示着一种超越了我们今天理解力的意义，当时代精神发生演变，人类认识水平达到一个新的高度时，就有可能揭示隐藏的意义。荣格将文学当作“集体无意识”活动的场所，将作者看作毫无个性的工具，理论上确有偏颇，但他为人类认识自己打开了又一条隐秘的通道，也为文学研究指出一个特殊的方向。

（何瑞涓）

福斯特

小说面面观 1927年*

爱德华·摩根·福斯特(Edward Morgan Forster,1879—1970),20世纪英国著名作家、批评家,其作品包括六部小说、两个短篇小说集、几部传记和一些评论,其中尤以《印度之行》最为著名。福斯特生前其作品就在英国享有盛誉,并且和劳伦斯齐名。他于1927年应邀主持剑桥大学"克拉克讲座",并发表一系列关于长篇小说的演讲,后来汇集成书即《小说面面观》。

一、选材及理论阐释原则

全书共九章,第一章"开场白"概略介绍了此书的选材原则及理论阐释原则。在选材上,福斯特声明自己不严格遵守克拉克"某一时期或几个时期里的英语文学"这一原则,认为如果要谈论英语

* [英]福斯特:《小说面面观》,朱乃长译,中国对外翻译出版公司2002年版。文内引文,只注页码。

小说，就不能忽略其他语言写成的小说的相关问题，尤其是法语和俄语小说，因为“像托尔斯泰那样伟大的英语小说家，连一个都没有”(第 11 页)，因此，局限于乡土观念就会显得心胸狭窄。在理论阐释原则上，福斯特认为那些把小说的评价与学识、分类联系在一起，以及与作者的天才、小说产生的时代、作者的生平事迹等联系起来的做法，都是伪学者所进行的伪学术。福斯特的讲座，要打破这些伪学者的做法，把来自各个不同阶层、气质和目标各不相同的作家，都看做是同时在同一个地方进行着各自的写作，忽略诸如年代次序这样的标准，而把小说看作共时的产物。因为在福斯特看来，好小说都是受到相同情感影响而创作的，而作家生活的年代都被灵感所同化，可以不予考虑。

第九章“结束语”，福斯特再次重申了自己的“把过去两百年间的小说家都想象为在同一个房间里进行写作”的阐释原则。他认为，不论历史如何发展，作家是不会发生变化的，变化的仅仅是作品的题材。也许把视野放大，纵观人类一切活动，会看到在人类历史的更迭中，人性会像螃蟹爬行那样发生缓慢地变化，这样，“小说的发展”就不再是一种“伪学术”(pseudo－scholar tag)，因为它意味着人性的发展。至少，福斯特认为自己所探讨的这二百多年间小说的情形，他没有看到人性有什么变化。在这个阐释的原则的基础上，福斯特探讨、研究了小说的方方面面，包括故事、人物、情节、幻想、预言、模式和节奏等七个方面。

二、故事是小说的脊梁

小说就是讲故事，故事是小说的脊梁，是小说的支柱和基本内核。作为故事，其优点和缺点都只有一个评价标准：故事如果讲得好，读者就会对接下来发生什么兴味盎然；反之，故事讲得不好，读者则会对下文兴趣索然。故事是按照时间顺序排列的关于一些事件的叙述。(第 75 页)对于故事的这个定义,和日常生活联系起来,会有两个评价的方面,一个是事件,另一个是价值,好的小说是二者兼顾的较成功的范例。根据故事的定义,时间是故事基本的层面。故事也不同于情节,故事是情节的基础,情节则是小说较高层次的结构。司各特的小说既乏才气,也无激情。他之所以那么有声望,除历史原因外,就是他善于讲故事。福斯特指出,他的小说缺乏空间感,而空间感正是托尔斯泰《战争与和平》这类伟大小说的雄浑瑰丽之处,可这样的作品屈指可数。他还指出,真正伟大的小说应是一种富有音乐感的“说话声音贮藏所”,这个层面会涉及小说故事的价值因素。但故事的基本面仍然是时间,如果摒弃了这个基本面,完全依靠价值衡量,小说就什么也无法实现了。那些抽掉了以时间为基本面的小说,没有了故事,其价值就“无法让人理解,因此也就毫无价值可言”(第 109 页)。

三、人物是小说的角色

1. 小说人物与生活人物的区别。人物是小说的角色,指“故事发生在谁身上”。人物使得小说对读者有启发理解力和想象力的作用,人物的着重点在“故事”中不被看重的“价值”。小说中的人物必定与现实不同,反之,如果小说中的人物就是历史中的某个人本身,小说就不是小说而是传记和历史了。小说中的人物总是会对真人进行加工,增加或减少什么。传记、历史的作者主要关注的是人的行为,以及能够从这些行为中推断出来的人的性格、精神生活。而小说家更关注人内心中隐藏不露的东西,二者要抓住的“面”不同。历史学家是在记录,他的笔下是日常生活中的人物,而小说家则是在创作。人生大事有五件:出生、饮食、睡眠、爱情、死亡,人物就是在这五件大事上的不同展现。这些展现,在小说中都与现实生活中不同,小说中的人物比现实生活中的人物更加难以捉摸。比如,小说中的人物就不必具有任何“腺体”;小说家常会利用人们对爱情永恒的幻觉来结束小说,而在生活中,爱情却是变化的,不变的仅是婚姻习俗。以人物为主要表现对象的小说,除了主要、中心人物以外,别的一切都无关紧要,“某个人物就是它的一切”(第159页)。

2.小说人物的分类及小说叙事的角度。(1)不同类型的人物。福斯特把小说人物分为两类:扁型人物和圆型人物。“扁型人物”也叫“类型性人物”、“漫画式人物”。最纯粹的扁型人物,是作者围绕一个单独的观念或者品质创造出的、可以用一句话概括的人物。比如《大卫·科波菲尔》中的“米考伯太太”,可以概括为“我永远都不会抛弃米考伯先生”。这句话不是小说中人物的想法,而要这样理解:这句话、这个想法,就是扁型人物本身。扁型人物的优点是,它既能很容易地被在小说中认出来,也会在读过后容易回想起他们。因此,那些向往自己的作品能够流传久远的作家,更青睐于创作扁型人物。但有很多人贬低扁型人物,主要原因是这些人物与生活中的人物不同。这样的指责很牵强,狄更斯笔下的人物几乎全部是扁型的,却都生动活泼、具有人性深度。相反,威尔斯笔下的人物都是圆型的,却几乎没有任何生命力。被塑造为喜剧人物时,扁型人物最为出色,因为严肃、悲剧性的扁型人物,容易使之“口号化”而让人厌恶。“圆型人物”是那种在小说严密的组织下,处处发挥作用的人物,很难用用一句话将其宗旨概括殆尽。圆型人物的形象较为丰满,每次出场都会有些新鲜感,对小说形成一种扩展。圆型人物与扁型人物,也并非泾渭分明,伟大的小说家能够把一个扁型人物非常巧妙地变成圆型人物。简·奥斯丁、列夫·托尔斯泰、陀思妥耶夫斯基、普鲁斯特等作家,都是塑造圆型人物的高手。许多小说家是把圆型人物与扁型人物有机地融合在一起,使小说成为一个和谐的整体。

(2)叙事的角度。这属于小说美学的方面。勒伯克提出,小说家可以站在小说外面，做一个不动声色、无倾向性的旁观者；也可以站在无所不知的位置上，从人物的内心世界来描述他们；还可以取一种中间状态的态度。但是，福斯特并不觉得这些视角的变化是小说美学牢不可破的基础，他认为任何视角都只是让读者信以为真的手段而已。读者是否真的接受小说中的人物，并非是采取哪种视角的问题。达到取信读者的目的，完全可以根据小说家的能力采取各种叙事的角度，读者并不会去介意。过分关注叙事视角，完全是一种追求所谓“文学自律”或者“小说自律”的批评家们的一种现代性情结，他们认为小说有类似叙事视角这些特有的东西。福斯特指出，让读者信以为真才是最终目的，为此，人物的搭配才是更重要的。许多小说并不遵守叙事视角的统一性，甚至根本没有这个意识，但小说却写得非常成功。一个好的小说家，不应该始终把兴趣集中在成规、手法方面，而是要重点着眼人物创造。伟大的作品《战争与和平》的叙事视角不停转换，无所不知、半无所不知、戏剧独白等，都随时使用，我们却不会因为这些而去谴责托尔斯泰。真正应该摒弃的，倒是那些借着全知视角喋喋不休地对人物加以评论的作家，因为这样的评论会把读者引向去关注作家的内心活动，而不是关注小说所塑造的人物。

四、情节比故事更高级

小说不能仅凭借动作来展现人物内心，重要的是要看效果，要看是否达到让人信服的程度。故事仅仅是小说较为基础的技巧层面，情节则是小说中比故事更高级的一个“面”。小说的情节不是如亚里士多德所阐释的一套程式，如果作家为了迁就这些程式而创作，往往就会导致失败。情节和故事一样，关注事件发展，但情节更关注事件之所以会有这样发展的“因果关系”。“国王死了，然后王后死了”，是故事；“国王死了，然后王后因哀伤而死”，则是情节。对故事的关注，只需人类最低级的天赋——好奇心；对情节的欣赏，则需要智慧和记忆。智慧，需要读者用头脑去对待小说中的细节。记忆，与智慧关联，需要读者注意事件之间的联系。好的小说，情节必定和人物的性格联系在一起，不论多么令人惊诧的情节，都会因为其与人物性格的联系而最终让我们释然。小说家如果因为过分重视情节而忽略，甚至暂时抛开人物的性格，就会导致小说相对逊色或者失败。认为“情节必需有一个结局”是错误观念，为了交代清楚这个“因果联系”，非要出现一个滥俗无力的诸如“死亡”或是“婚姻”的结局，使得大多数小说在结尾时都软弱无力。因果逻辑永远不能取代血肉丰满的人物而占据小说的主导地位，小说完全可以没有任何结局。福斯特希望这种并不合乎因果逻辑，却合乎小说特征的结构，能够成为未来小说的发展方向，以克服大部分小说结局令人遗憾的现状。

五、幻想：要求读者接受生活中不可能发生的事情

“故事”满足读者的好奇心，“人物”诉诸读者的人情味和价值观念，情节要求读者具有智慧和记忆，而“幻想”则要求读者接受一些生活中不可能发生的事情。幻想与预言有相同之处，它们都包含神怪内容，两者都有一种神话情调。但它们的神怪内容还是有区别的：幻想中的神灵是小说家、读者想象出来的；而预言的神灵则是人类文化中已经定型的那些神祇，幻想和预言两类小说根据不同的神话体系来区别。幻想小说要我们承认超自然的因素，但是无须将它明说，作者又往往将它点明。福斯特以《弗莱特的魔法》中“如意指环”的幻想所起到的对人物塑造的作用，阐明幻想小说的生命力。他也着重探讨了“嘲讽”或者“改编”这种幻想的形式。嘲讽或者改编，是作者采用先前已经存在的作品，或者一个文

学传统中的某些材料作为自己的神话,作为自己小说意图的一个构架或材料来源。这些才华横溢的小说家也许不善于自己创造人物,但能够把自己的思想注入先前的作品或文学传统中,从而创作出崭新而优美的作品。

六、预言:关心作品的言外之意

预言小说的主题是宇宙或者是放之四海而皆准的某件事物。预言可以指人类的任何诸如基督教、佛教等的一种信仰,甚至可以仅仅是强烈的、非正常标准的对爱与根的信念。预言小说家比上面几类小说家更加关心作品的言外之意。阅读预言小说,需要读者具备两种素质:谦虚和暂时抛开幽默感。谦虚在生活的许多方面是一种“巨大的过失”,甚至是“软弱或者虚伪”,但在预言小说中,会让心存尊敬的读者超越形象而看到其深处的光晕。暂时抛开幽默感,会使你不仅仅对那些预言者采取嘲笑的态度。区别预言小说和非预言小说,最好的例证就是陀思妥耶夫斯基和乔治·艾略特。二人都保持了对基督教仁爱、惩罚、净化等观念的信仰,都营造了宗教气氛。但乔治·艾略特更像是个传教士,其小说更是一种说教,因为其叙事焦点始终如一,上帝和现实世界始终处在同一个平面,没有那种包容整个宇宙的宏阔之感,只有所描写的某个具体人物的宗教感化的需要。而陀思妥耶夫斯基的作品中,人物和情景永远不是仅仅代表其本身而已,他们从个别的人或事中扩展,包容了无限,又让无限包容了他们自身。陀思妥耶夫斯基之外,福斯特又着重探讨了三位杰出的预言小说家:梅尔维尔、戴·赫·劳伦斯、艾米丽·勃朗特。

七、小说的模式与节奏

模式属于小说的美学方面，其主要滋养来源于情节，又独立于情节，甚至情节结束后，它还会清晰可见。模式可以理解为是对小说形状的要求，是作为整体的那部小说，或者说，模式就是“连贯统一性”。不具备这种整体的连贯统一性时，就是“节奏”。有些小说具有对称的结构，其情节模式就像沙漏，比如《泰依丝》、《使节》等小说；而有的小说模式则形如长链，比如《罗马风光》。因为迁就美学意义上的完整模式，许多小说家对塑造人物所需要的生活中的许多内容略而不谈。福斯特认为，这种做法是“阉割”，是局限于美学而付出的“沉重的代价”。他同意威尔斯的看法：作家应该以表现生活为首要任务，不该为了顾全模式的统一性而削减或者扩展生活的内容。（第421页）节奏就像《追忆似水年华》中史瓦（也有译为“斯万”）听到的那个“小小的乐句”，它像一个有生命的东西以不同形式出现。节奏不要像“标志”、“象征”那样重复出现，而是要使小说有所扩展。简单的节奏可以是“重复加变化”的方式出现，复杂而困难的节奏，是各种节奏互相渗透，可以称作“节奏的关系”。

《小说面面观》问世后，被公认为一部影响深远、具有独到见解的著作。书中引证极为丰富，使得本书既是一部关于小说批评理论的著作，亦为对一些重要作家所做的卓有成效的评论著作。福斯特对许多知名作家的评价，都产生了广泛的影响，有些已经成为后来学者、文学史评价这些作家的基调。此书行文深入浅出，明白晓畅，观点鲜明，文辞生动，美国当代批评家莱昂内尔·特里林认为该书“充满了最最深邃细致的洞察力”。

（王金山）

普罗普

故事形态学 1928年*

弗·雅·普罗普(Владимир яковпевич Пропп,1895—1970),生于列宁格勒,1918年毕业于列宁格勒大学斯拉夫语系俄罗斯语文专业。1938年被授予教授职位,1939年通过博士论文答辩,主要学术方向为民间文学。《故事形态学》探讨的是叙事文体的特殊形态,称为"神奇故事",是区别于"神话"的"民间故事",也指童话。其研究目的是为了在民间故事领域里对形式进行考察,以确定故事结构的规律性。

一、故事形态学研究问题的方法

普罗普首先明确了"形态学"研究的目的,就是为了确立故事的形式。他借用歌德植物形态研究的方法,确立民间故事形态研

---

* [苏]普罗普:《故事形态学》,贾放译,施用勤校,北京:中华书局2006年版。文内引文,只注页码。

究的基础。民间故事形态的研究，除了确立故事中各功能项之外，还包括故事中人物角色标志物、故事的衍化变形等问题。此书既要研究故事的形态结构，也研究其逻辑结构，并为故事的历史研究打下基础。普罗普指出，在故事研究的历程中，空泛的玄想式的研究，一直代替着本该是精确的观察、分析和结论。许多研究者将这些不尽如人意的状况看做是材料缺乏的结果，但普罗普认为并非如此。他认为最根本的原因在于，故事形态的研究并没有像数理科学那样拥有严密统一的研究方法，缺乏系统描述。在对故事的全方位研究前，本应该先对故事进行恰当的分类，但实际的情形是，故事研究连分类的标准都没有做到前后一贯的统一。比如，把故事分成“有神奇内容的故事、日常生活故事、动物故事”，或者是“神话寓言故事、纯粹的神奇故事、生物的故事和寓言、起源故事”等等(第 4—5 页)，分类标准的互相重叠显而易见。对待故事的情节及其异文，也存在着不进行客观地对情节之间的密切关联进行研究，就粗略地进行情节的归类与划分的做法。为了能够有效地寻找这样统一且客观的划分标准，有人给故事的情节编制了一份目录，给情节类型编了号，为故事的破译提供了便利。但是，这个目录也同样存在标准交叉、重叠不统一的现象。

普罗普认为，事实上，真正精确的类型划分是不存在的，因为情节之间是有亲近关系的，也不可能将它们完全客观地割裂开来，类型的划分，只能是大概的相近。因此，要根据本质对故事进行描述，像 A・H・维谢洛夫斯基就将情节理解为“母题”的综合，是“母题”扩大为情节(第 11 页)，情节是由“母题”派生的。但这个研究也存在问题，因为“母题”并非不能再分解，而是可以再进行划分的。在普罗普从事故事研究的时代，矿物、植物、动物等都已经根据它们的结构进行了描述。他认为故事的研究也应该借鉴这样的做法，去研究所有种类故事的结构，去寻找故事的形式规律性。故事在实际存在的层面上，有千千万万种，但从形态学这样抽象的、形式的层面，却会发现它们之间有着能够互相比较的类同性。这种类同性，正是概括出有意味的结构的基础。这种概括结构的方法，其基础是寻找众多故事的不变因素与可变因素。可变的、多样的因素，是故事中角色的名称，不变的则是这些角色的行动或者功能，许多故事尽管表面上千变万化，但其功能却是惊人地重复。所以，这种角色的功能性，是故事的基本成分，只要考察故事的可变的功能项一共有多少，找到这种重复性的规律，就可以对故事进行划分。而且，对于民间文学（传奇故事）来说，功能项的排列顺序基本都是同一的。为了能准确划分功能，他指出："功能指的是从其对于行动过程意义角度定义的角色行为。"（第 18 页）在研究对象和材料上，普罗普以阿尔纳和汤普森的第 300—749 号故事为范围，集中在阿法纳西耶夫故事集中的 100 个故事。

二、角色的功能及其组合规律

普罗普用代码的形式，归纳出 32 种角色的不同功能所构成的故事的功能项，并为每个功能项都用一个词表达简略的定义，给出一个代码。这些功能项分别是：

1. 一位家庭成员离家外出（定义：外出。下边括弧中都是定义，不再一一标明）；2. 对主人公下一道禁令（禁止）；3. 打破禁令（破禁）；4. 对头试图刺探消息（刺探）；5. 对头获知其受害者的消息（获悉）；6. 对头企图欺骗其受害者，以掌握他或他的财物（设圈套）；7. 受害者上当并无意中帮助了敌人（协同）；8. 对头给一个家庭成员带来危害或损失（加害）；9. 家庭成员之一缺少某种东西，他想得到某种东西（缺失）；10. 灾难或缺失被告知，向主人公提出请求或发出命令，派遣他或允许他出发（调停）；11. 寻找者应允或决定反抗（最初的反抗）；12. 主人公离家（出发）；13. 主人公经受考验，遭到盘问，遭受攻击等等，以此为他获得魔法或相助者做铺垫

(赠与者的第一项功能);14.主人公对未来赠与者的行动做出反应(主人公的反应);15.宝物落入主人公的掌握之中(宝物的提供、获得);16.主人公转移,他被送到或被引领到所寻之物的所在之处(在两国之间的空间移动,引路);17.主人公与对头正面交锋(交锋);18.给主人公做标记(打印记);19.对头被打败(战胜);20.最初的灾难或缺失被消除(灾难或缺失的消除);21.主人公归来(归来);22.主人公遭受追捕(追捕);23.主人公从追捕中获救(获救);8再次出现,弟兄们盗走了伊万的所获之物(他自己被扔进了深渊);10—11再次出现,主人公重新上路去寻找(定义同10、11);12再次出现,主人公重新经历引导他获得宝物的行动(定义同12);13再次出现,主人公对未来的赠与者重新产生反应(定义同13);14再次出现,新的宝物落入主人公手中(定义同14);15再次出现,主人公被送到或被运到所寻之物的所在之处(定义同15);24.主人公以让人认不出的面貌回到家中或到达另一个国度(不被察觉的抵达);25.假冒主人公提出非分要求(非分要求);26.给主人公出难题(难题);27.难题被解答(解答);28.主人公被认出(认出);29.假冒主人公或对头被揭露(揭露);30.主人公改头换面(摇身一变);31.敌人受到惩罚(惩罚);32.主人公成婚并加冕为王(举行婚礼)。在每一种功能项的归纳中,普罗普都做了具体情形的举例。通过这个归纳,又进一步强化了故事中角色功能的有限性、重复性,这也就是规律性。

普罗普还探讨了以上功能项在某些情形下实现方式的同化现象。同化,是指不同功能用同样的方式完成,是形式之间的影响。他举了一些同化现象的例子。另外,与同化现象类似的,还有一个功能项具有双重形态意义的情形。

除了各种功能项所构成的故事的基本成分外,故事也有一些其他成分,它们分别为:第一,用于功能项之间联系的辅助成分,这种成分是一个信息传递系统,它使得故事由一个功能转向另一个功能。第二，这种辅助成分既可以作为点缀性的单个细节，也可以作为单个的功能项或者成对的功能项，甚至可以是成组的功能项或者整个回合。这种成分使得故事机械式重复或者在某些中断中发展并导致重复。第三，缘由这个成分，既可以指原因也可以指引发出人物行为的目的，它是故事中最不稳固的成分，甚至有些缘由就表现为“毫无来由”，故事并非要具有一个能够用语言表述的缘由。在没有“加害”的故事里，缘由的功能项缺失，这种缺失会以各种方式发生，包括被故事中的人物臆想出来。

普罗普将功能项在逻辑上按照一定范围联合起来，这些范围与完成者对应，就是“行动圈”。行动圈分为：对头或者加害者的行动圈、赠与者或提供者行动圈、相助者的行动圈、公主或要找的人物及其父王的行动圈、派遣者的行动圈、主人公的行动圈及假冒主人公的行动圈。对应着这七种行动圈，故事就有七种角色。但这种对应也不是机械的，即使按照单个的故事人物排列其中故事圈，也会出现三种情形：行动圈与人物准确对应，一个人物对应几个行动圈，或者几个人物对应一个行动圈。角色都有不同的出场方式，这些不同出场方式的排列，就构成故事的规范。在某些情况下，故事的进行也有违反这些规范的时候。

在上面三种情形中，都存在着一个辅助者，有纯粹的辅助者，也有由怀有敌意的赠与者变成的无意的辅助者，还有神奇的辅助者及宝物这些建立在角色功能之上的辅助者。普罗普把辅助者确立为三个范畴：能完成所有功能的全能辅助者，能完成几项功能的部分辅助者，和只完成一项功能的专门辅助者。把故事中“谁在行动”与“行动本身”进行区别，就可以明显地看到，故事中角色的名称及角色标志这些可变因素所构成的功能项，都是保持着稳定的。这种稳定表现为很高的重复率，而最常见、最突出的重复形式就是故事的定律。排除掉那些地域性、派生性的东西，就得到故事的基本形式，所有的事实上存在的神奇故事，就是这些基本形式的异文。

三、作为整体的故事

通过以上对故事主要成分、附加成分进行分析后,接下来就可以将任何一个故事分解为许多的组成部分。在这个过程之前,首先要明白什么是故事或神奇故事。普罗普给"故事"下的定义是:从形态学的角度说,任何一个始于加害行为或缺失、经过中间的一些功能项之后终结于婚礼或其他作为结局的功能项的过程,都可以称之为神奇故事。一个完整的故事,也就是具有了起始的加害行为或者缺失以及中间的功能项到结局的过程,就是一个回合,每一次新的这些功能项的过程就构成一个新的回合。一个故事可能有几个回合,比如平行、重复这些特例,就导致故事具有几个回合。

回合间的结合,会有六种方式:1.一个回合紧接另一个回合。2.新的回合在第一个回合结束前来到。3.新的回合的片段本身也被打断。4.故事从一下降临两个回合的方式起始,但先解决一个,然后再解决另一个。5.两个回合有一个共同的结尾。6.一个故事中有两个寻找者。在这样的基础上,就可以实现任何一个故事分解为许多组成部分的愿望。而且,在过去根据情节进行分类遭到失败后,根据结构标志进行分类,无疑是最可取的。这样的分类的标准,不仅可以将神奇故事从其他类别中划分出来,还可以科学地对神奇故事本身进行分类。通过对这些神奇故事类型的考察,尽管可以看到存在各种变体,但所有神奇故事都是完全同一的,普罗普最终得出了"神奇故事公式"。

四、结构主义研究的基础

该著作不仅是民俗学意义上的故事形态研究,而对后来的结构主义(包括结构叙事学)的许多重要人物如列维·施特劳斯、托多罗夫和格雷马斯等都有影响。该书确立了故事中十分重要的基本因素——功能,提供了按照功能因素及功能的关系研究叙事的可能性,为叙事结构和叙事要素分析找到了新的可能性。这种将故事结构简化为一系列顺序(普罗普公式)的做法,使叙事研究变得逐渐程式化。普罗普的研究,可以看做是结构主义研究基础。当然,就如后来结构主义研究只注重结构内部自足性而忽略其他方面一样,普罗普的研究也表现出极大的局限。因此,此书发表时也遭到了列维·施特劳斯等的批评,说普罗普忽略了历史因素。尽管普罗普有了一定程度的回应与辩护,但整个形式与结构研究的局限性却不能洗脱嫌疑。这也是后来格雷马斯等学者继续完善这一学说的原因。

(王金山)

白璧德

批评家和美国生活 1928 年 *

欧文·白璧德(Irving Babbit,1865－1933),美国文化和文艺批评家。哈佛大学法国文学与比较文学教授,20 世纪前三十年美国新人文主义的代表人物。自璧德主要著作有:《文学与美国大学》(1908)、《新拉奥孔》(1910)、《卢梭与浪漫主义》(1919)、《民主与领袖》(1924)、《论创造》(1932)、《西班牙人的性格及其他》(1940)等。

一、主张内心生活及对它的克制

在 1928 年发表的论文《批评家和美国生活》中,白璧德谈到了美国文化中存在的多方面的弊端,包括文化、文学、教育等,并将这些弊病的原因归结为人的内心生活的缺乏。他认为真正的现代精

* [美]白璧德:《批评家和美国生活》,伍蠡甫主编《西方现代文论选》,上海:上海译文出版社 1983 年版,第 229—249 页。文内引文,只注页码。

神是批评精神，应从人的内心产生约束、克制的力，由此强调了他一贯主张的人的内心生活和自我克制的观点。

这篇文章的开头就指出了当时的批评界存在的弊病：批评家一味力求具有创造性而判断力缺乏，他们通过自身气质生发出一种“自我表现”式的作品，而忽视了批评的本义：辨别与判断。白璧德提出：“严肃的批评家所更关心的不是自我表现，而是建立正确的评价标准，用它来准确地观察事物。他的主要美德就是均衡。”均衡可以在两种对立的极端性意见中起到调节的作用，而目前时代面临的状况是传统性标准的削弱。(第 233 页)时代需要一位批评家，能够像苏格拉底那样具备明智的辨别事物的能力，有足够的辨别力建立评价标准，这就是他所向往的“苏格拉底式批评家”。(第 237 页)他批判门肯主张创造性自我表现的观点，并以“直接的、无限制的民主”和“立宪民主”的区别为例说明门肯的缺陷所在。白璧德不满门肯主义对现实的嘲弄和逃避态度，认为宗教的原罪意识引起人的谦恭，而门肯所宣扬的人性论则引起骄傲。这种骄傲导致对现实的讥讽态度，以及“逃避到纯粹浪漫的非现实”的倾向。(第 235 页)门肯对自由的要求实际是对传统的反抗和一种随心所欲的生活态度，而人的内心是不应该无限制地放纵的，人心的放纵会导致精神的堕落。针对这一倾向，白璧德提出的对策是“重新肯定内心生活的真理”(第 237 页)。克制原则不是对教条和传统的固守，而是心理上的事实。传统中陈旧的东西应该被破除，但同时人应当保持对事物的辨别力，应当保存一种能够约束人心的类似信仰的力量，或称为“内心生活以及它所产生的克制”(第 236 页)。

由于内心生活及其约束效果的减弱，社会道德家或者人道主义立法家，只好用加强外部控制来弥补这一缺失，约束人们的行为。然而，如何保持内心生活，达到心灵的内在克制，仍然是现代人面临的真正根本性的问题。白璧德认为，道德自由的问题是关键问题，批评家面临的主要任务，就是在现代语境下加强人的内心克制。这个问题不能解决，就是现代生活的失败。

二、划分现实主义的三种类型

白璧德根据克制原则的程度和性质，把现实主义分成两个类型：一是宗教的现实主义，二是人道主义的现实主义。这两种类型所具有的克制原则的程度递减。在这两个类型之外，由于克制原则的逐渐削弱、中断，导致了第三种类型——自然主义的现实主义。自然主义的现实主义者，在宿命论的观点上与前两种类型的现实主义者有根本上的抵触。他认为，德莱塞的小说《美国的悲剧》就是由于秉承这种自然主义的宿命论，因而“悲惨得没有目的”，“没有站在比动物行为更高的水平上”（第239－240页）。这种悲剧缺乏希腊悲剧的崇高感和作用于人心的力量，因为希腊悲剧承认的并不是自然主义的命运。他认为，自然主义的现实主义比起宗教的和人道主义的现实主义观点，丧失了三种重要的内容：一是丧失了深度和敏锐感；二是优美、高尚和卓越；三是具有永恒魅力的希望。

白璧德还在文章中对当时的文学创作情况提出意见，认为一些批评家和文学创作者忽视文学的形式、技巧，是值得批判的弊端。他反对对惠特曼做出过高的评价，理由是技巧对于诗歌比之对于散文更重要，而惠特曼的诗歌技巧不够。他提出文学应当重视技巧，艺术的目的在于抽出世俗景象的内在意义的观点。他批评美国文化中“花哨恶俗的印象主义”（第242页），呼吁美国文化创造属于自己的东西而不是继续跟从欧洲文化的发展。但他所认可的创造性不是肤浅的气质流露和自我表现，而是一种建立在批判性观察基础上的有深度的思考。美国之所以缺乏他所要求的创造性，是由于文化的粗糙，“缺乏一种只有文化才能提供的标准”

(第 243 页),而文化的粗糙又是由于教育的缺陷。高等教育受到了平等主义民主的危害,导致学生质量下降,对学科质量的鉴别不够,并且导致无法说明承受学位者的文化程度的“无差别”学位出现。

三、批评美国文化的缺欠

此文的末尾,白璧德重申他写作此文的目的,是提出培养一般性的批判能力的问题,建议批判性地考察当时所谓的创造性,并再次对门肯及其学派的自我表现式批评方式表示反对。白璧德强调文学应维护传统,批评“激进分子”或“进步论者”所倡导的启蒙主义和革新的诗歌,并因此而被看做保守者,然而他所倡导的新人文主义在美国乃至欧洲都产生了广泛的影响。他的思想还影响了20 世纪二三十年代中国的一批知识分子,他的学生中,梅光迪、吴宓创办了文化批评刊物《学衡》,很多现代中国的知识分子通过《学衡》了解了白璧德的主要思想观点。“学衡派”知识分子反对新文化运动对传统的彻底破除和弃旧立新,强调新旧调和、东西调和,主张伦理道德的改革而非革命,以道德为文学批评的首要标准,这些主张中都可看出白璧德的新人文主义思想的影响。

(张静斐)

葛兰西

狱中札记 1929—1935 年*

安东尼奥·葛兰西(Antonio Gramsci,1891—1937),意大利共产党创始人和卓越的领导者、国际共产主义运动著名活动家、有创见的马克思主义理论家,与卢卡契一起被认为是"西方马克思主义"创始人。32 卷《狱中札记》是意大利现代思想史上的重要著作。

---

* [意]安东尼奥·葛兰西著《狱中札记》,分别编为《狱中书简》(1947)和 32 卷《狱中札记》出版。后来各国又陆续以各种选集形式分册出版,其文艺思想集中体现于《文学与民族生活》,也散见于其他著作和《狱中书简》中。中文译本中,有关文学理论与文学批评的论述,散见于内容互有重复但并不完全重合的三本书中:①《狱中札记》,北京:中国社会科学出版社 2000 年第 1 版,曹雷雨、姜丽、张跣译;②《狱中札记》,北京:人民出版社 1983 年第 1 版,葆煦译;③《论文学》,北京:人民文学出版社 1983 年第 1 版,吕同六译。本文引文,依据此三本书,只注页码。

一、“文化霸权”理论

1. 作为指导思想的“实践哲学”。为了回避狱中严密的检查，葛兰西在行文中将“马克思主义哲学”称为“实践哲学”，并对实践哲学有了新的解释。他认为，实践哲学是对唯物主义加以严肃认真批判的思想。哲学的唯物主义，在葛兰西看来，它的别名就是“形而上学的或机械的(庸俗的)唯物主义”(①第 351 页)。世界不是统一于物质及其运动之中，而是实践，是“人的意志(上层建筑)和经济基础之间的关系”(①第 316 页)。也就是说，葛兰西的“实践哲学”是以人类主体及其实践活动为内涵的哲学。因此，它不应仅仅是那些“通俗手册”上对于科学研究的介绍，那些“手册化”的研究，其逻辑次序是纯粹表面和虚幻的，人们在其中只能获得一些并无联系的机械的东西。实践哲学对那种存在于人之外的客观性是难以认可的。“我们只是在同人的关系中认识现实，而既然人是历史的生成，那么认识和实在也是一种生成，客观性同样如此。”(①第 363 页)在葛兰西看来，客观性总是意味着“人类的客观”，是与“历史的主观”相符合的“普遍的主观”或者“主观的普遍”。

2. “文化霸权”理论。在“实践哲学”基础上，葛兰西赋予“意识形态”以不同于传统马克思主义被经济基础所决定的定位，而突出了它的独立性。他认为上层建筑有两个层次，一个是“私人的”组织总和的“市民社会”；另一个是“政治社会”或“国家”。国家靠强制力实施的效果必然发生危机，市民社会的文化所代表的意识形态，却是一个社会赖以控制、规范人们的认识和行动的手段。因此，争取市民社会的文化、意识形态的领导权和霸权，就成为重要的斗争领域。“霸权”概念具有广义、狭义两种含义。广义“霸权”包括政治霸权和意识形态霸权。政治霸权是指统治阶级运用警察、监狱、法庭、军队等手段对被统治阶级的强制力。意识形态霸权是指统治阶级在文化观、价值观、世界观上对被统治阶级的优势地位，它主要是一种说服。葛兰西更强调狭义上“霸权”的概念，即将“霸权”看作统治阶级对被统治阶级行使的一种意识形态（包括文化、精神、道德等各个方面）的领导。一方面，因为“霸权”是通过占支配地位的各个集团和阶级与处于被支配地位的阶级进行谈判，彼此做出让步，才得以维持的。所以，被统治阶级应该顺应统治阶级的文化领导，以期与之达成一种融合状态，使资产阶级文化不再是一种纯粹的资产阶级文化，而成为一种从不同阶级取来的不同文化和意识形态的联合；另一方面，被统治阶级应该在统治阶级出现领导危机时，争取文化领导权（霸权）。文化是一个包容世界观、思想体系的概念，代表一个民族对生活和对人的观念，是一定社会的精神生活，是某种“哲学”或“世俗宗教”，会产生“某种道德、生活方式、个人与社会的行动准则”（③第 2 页）。通过包括艺术在内的文化形态的领导权的实现，摧毁旧的文化霸权，就可以建立一种新的社会秩序。这也就是无产阶级靠“阵地战”建立“民族—人民”的文学，从而夺取自己的文化霸权（领导权）的过程。

3.“民族—人民”的文学。“实践哲学”的文艺观就是争取文化领导权（霸权），就是要通过文化建立一种新的信仰。这就要求不能够仅仅停留在对文学、艺术作美学的批评和分析上，而是对艺术所蕴涵的各种情感进行“历史真实性的逻辑性的分析和批评”（③第 6 页），从而促发一种新型的文化、文学艺术的产生。这种新型的文化及文学艺术，既是民族的又是人民的，是一种新的对生活与人的观念，葛兰西称作“民族—人民的文学”（③第 56 页）。由于知识阶层脱离人民与民族而和等级制度联系在一起，也由于还没有一个自下而上的人民政治运动或者民族运动来打碎这个等级制度，因此，意大利的“民族”概念并不等于“人民”，意大利也从来未有过“民族—人民的文学”。要创作出反映人民强烈愿望的、表现本民族特性的文学，不要总是在文学、文化上“接受外国的统治”

(③第 36 页)。在葛兰西看来,当时意大利报刊上连载的法国大仲马等作家的作品,就是在文化上对法国的模仿,是接受法国的文化统治。包括文艺复兴,葛兰西也认为是异国历史进程在文化上的表现,形成了进步与反动两种倾向的文学艺术。建立"民族—人民"的文学,要依靠"有机的"知识界,而非传统和庸俗化的知识分子。任何在争取统治地位的集团,重要特征之一就是在"意识形态"上征服和同化知识分子,使其成为对该集团来说是"有机的知识分子"(①第 6 页)。

二、文学批评实践及理论

1. 通俗文学与人民更接近。通过对安娜·雷德克里孚的恐怖小说和情节小说、惊险小说、侦探小说、犯罪小说等连载小说的评论,葛兰西指出,通俗小说中既有市侩主义的成分,也有民主精神。因此,不能把通俗文学看成"无数穷困潦倒者"思想和理想的反映,更不能将通俗文学看作"人民美学"(③第 158 页)的表现。作为通俗文学早期重要类型的航海惊险小说,实质上是为第一批殖民者唱赞歌的史诗,这些小说骨子里包含着民族主义情绪。通俗文学早期最重要的作家欧仁·苏,是一位奉行雅各宾派传统的作家,他的作品中充满了对拿破仑时代的憧憬、反僧侣主义和小资产阶级的改良主义。而欧仁·苏 1848 年前后创作的连载小说,无不具有一定的"政治–社会"(③第 159 页)倾向,它们至今仍然被那些持有此观点的读者所欢迎。葛兰西认为,文化史不应该忽略具有极大价值的商业文学,因为商业小说的成就表明了"时代哲学"的内涵,通过商业文学,可以探究到什么样的"情感"和"世界观"占据、支配着沉默的群众。比如,"臭名远扬的尼采'超人性',决不是由扎腊士斯特腊,而是由大仲马的《基督山伯爵》开端,并且采取了理论形式"(②第 489 页)。商业文学很多时候是"麻醉剂",是"鸦片”，普通公众阅读《基督山伯爵》时，大多会幻想自己对所遭受强暴者欺凌的际遇进行复仇，而小说主人公给他们树立了楷模。因为通俗文学与人民的这种亲近，所以通过合理扬弃其中的因素，建立一种新型的大众文学，可以让通俗文学有效地成为“民族—人民”文学的组成基质。这不但要求作家本人是文学“新人”，也要求其艺术水准达到“足以同连载小说作家匹敌而毫不逊色”（③第 17 页）的地步，就像陀思妥耶夫斯基在艺术水平上同欧仁·苏、舒利耶并驾齐驱一样，查士特顿在侦探小说领域也能够与柯南道尔、华列士相媲美。

2. 文学批评的准则。葛兰西认为，文学批评家的任务是把作品的艺术特征和其中所贯穿的情感、对生活的态度这些思想内容结合起来。艺术作品中存在着两种要素，一是美学的或纯艺术性质的要素，另一种是政治、道德性质的要素。这两种要素在文学作品中是一个有机的整体。文学批评应该和艺术的这种性质相适应，必须把“对道德、情感和世界观的批评，同美学批评或纯粹的艺术批评和谐地冶于一炉”（③第 6 页）。因此，他一方面同意克罗齐“纯艺术”的观念，认为“艺术就是艺术，而不是‘预先安排的’和规定的政治宣传”（③第 13 页），这样的观念本身不仅不会阻碍文学艺术作为时代的反映，不会对具有积极作用的文化潮流形成阻碍，反而会促进文学批评更加切实有效，更加生动活泼。因为对于一部艺术作品来说，研究它的艺术特征，就绝对不可忽视研究这个作品贯穿着怎样的情感，以及它对生活采取怎样的态度。也在这个意义上，那些为文学施加压力的政治家，他们要求他那时代的艺术反映一定的文化世界，这种观念只不过是一种政治行动，同文学批评毫不相干。葛兰西反对用政治批评、空洞的政治术语代替和取消艺术的批评。但因为艺术批评同时要回答艺术具有怎样的情感、对生活采取怎样的态度，葛兰西也就同时强调艺术批评要同文化斗争、对社会文明的批评结合起来，为建立新文化进行斗争。

三、理论影响

葛兰西以“绝对历史主义”和实践理论为主要内容的“实践哲学”，同卢卡奇、科尔施的理论传统一起，形成为一种同“第二国际马克思主义”相对抗的“批判的马克思主义”思潮。他为适应西方发达国家革命发展战略而提出的“文化霸权”（领导权）和“阵地战”思想，在当代国际工人运动、文艺及文化批评中仍保持着影响。他的“有机知识分子”理论，对后来的萨义德等探讨知识分子立场和定位问题的学者，有重大的影响和启发。他提出的文学批评标准，也是对“美学的和历史的”批评标准的一种继承与发展。而他对通俗文学大量的阐发和论证，对通俗文学在社会文化中作用以及通俗文学在建设新型文学中作用的看法，也直接启发了德国法兰克福学派中本雅明等对大众文艺的认识。关于其自况为既非唯物主义也非唯心主义的“实践哲学”，则是存有争议的，许多学者认为是最终滑向唯心主义的“实践一元”论。

（王金山）

巴赫金

陀思妥耶夫斯基诗学问题 1929年*

米哈伊尔·米哈伊洛维奇·巴赫金（М·М·Бахтин，1895—1975），20世纪苏联著名文学理论家、符号学家和思想家。他一生著述甚丰，涉及的领域也非常广泛，对20世纪文学理论尤其是新马克思主义、结构主义、后结构主义、符号学研究等的发展产生了重要影响。某种意义上可以说，不了解巴赫金的文学理论，就不太可能真正理解20世纪西方文学理论的发展。

一、什么是"复调小说"

作为一位伟大作家，陀思妥耶夫斯基的著作一直备受关注，引起的争议也很多。《陀思妥耶夫斯基诗学问题》在同类著作中脱颖而出，是因为它以一种全新的视角和方法来进行研究，不仅使陀思

---

* [苏]巴赫金：《陀思妥耶夫斯基诗学问题》，见《诗学与访谈》，白春仁、顾亚铃等译，石家庄：河北教育出版社1998年版。文内引文，只注页码。

妥耶夫斯基的文学世界以一种新的面貌呈现在世人面前，也为文学理论研究提供了重要而丰富的方法资源。在巴赫金看来，陀氏在他的作品中，创造出了一种全新的艺术思维类型，这种类型就是“复调小说”。这是一种全新的小说体裁，在这样的小说中，“有着众多的各自独立而不相融合的声音和意识，由具有充分价值的不同声音组成真正的复调”(第 4 页)。这种复调小说具有内在的对话性，突破了传统欧洲小说的独白模式。在作品中，不是众多性格和命运构成了一个统一的世界，然后在作者的支配下层层展开，而是众多地位平等的意识连通着它们各自的世界，结合在某个统一的事件中，但它们之间却并不融合，作品中的人物不是作家要表现的客体，而是直抒己见的主体。所以，在陀氏的小说中，有着很多相互难以协调的成分，它们分为几个世界，分属于几个充分平等的意识。它们不是安排在一个人的视野中，而是分别置于几个完整的、同等重要的视野之中，这些世界、意识和它们的视野，共同结合成为“复调小说”的统一体。“复调的实质恰恰在于：不同声音在这里仍保持各自的独立，作为独立的声音结合在一个统一体内，这已是比单声结构高出一层的统一体。”(第 27 页)因此，陀氏小说是一个多元的世界。巴赫金认为，如果要找到一个既是陀氏所向往又能体现他世界观的形象的话，那就是教堂，它象征着互不融合的心灵交往。需要注意的是，陀氏所描写的，不是不同的思想之间的关系，而是指它们之间的相互作用，所以，在他的笔下，人物的意识总是和他人的意识处在紧张关系之中，这就构成了一种对话性。正因如此，小说结构的成分之间存在一种对话关系，这种对话关系“是几乎无所不在的现象，浸透了整个人类的语言，浸透了人类生活的一切关系和一切表现形式，总之是浸透了一切蕴含着意义的事物”(第 55－56 页)。那么，这种“复调小说”为什么会产生呢？巴赫金认为，它只有在资本主义时代的俄国才能出现，因为资本主义的兴起在这里成了一场灾难，社会矛盾的复杂性使得那种单一自信、冷静的审视者的独白型意识，已经不能把握它了。这种现实为复调的多元化和多声部性质，提供了客观的前提。

二、复调小说中的主人公以及作者对他的立场

在巴赫金看来，陀思妥耶夫斯基小说的兴趣是主人公对世界以及对自己的一种特殊的看法，所以，这才是小说应该揭示和刻画的，而不是主人公的特定生活和他的形象。因此，构成主人公形象的因素，就不是现实本身的特点，不是性格，不是典型，也不是气质，而是主人公本人和他生活环境的特点在他心目中和自我意识中所具有的意义。“陀思妥耶夫斯基的主人公，整个是自我意识。”(第 66 页)基于此，陀氏在他的小说中把一切都纳入主人公的视野，人们看到的不是“他”是谁，而是他是如何认识自己的。而作者，只能拿出一个客观的世界同主人公那无所不包的意识相抗衡，这个客观世界就是和主人公的意识平等的众多他人意识的世界。因而，作品的主人公不能与作者融合，不能成为作者的传声筒。除此之外，主人公自我意识的种种内容，都要真正的客体化，主人公同作者之间要保持一定的距离。

自我意识成为塑造主人公形象的艺术主导因素，这导致统一的独白型的艺术的解体。在独白型的艺术构思中，主人公是封闭式的，他的思想所及，有严格的范围，他的活动、感受、思考和意识，都要局限在他自己的特定的现实形象之内，不能超出自己的性格、典型和气质。这种形象建立在作者的世界观之中，主人公的意识被纳入到作者的意识之中，作者决定“他”的意识，“他”却不能突破作者的思想框架。但在复调小说中，主人公的自我意识具有不能完结、无法完成、永无结果的特性，这就要求作者对他采取一种新的立场。作者的议论和主人公的意识相互对峙，主人公意识总要

打破任何强加给它的规律和框架，因之这种自我意识“只有他本人在自由的自我意识和议论中才能揭示出来”(第77页)。与此同时，这些主人公又都对自己的未完成性和不确定性有着深刻的认识。所以，在陀思妥耶夫斯基的小说中，作者对待主人公的艺术立场，就是“认真实现了的和彻底贯彻了的一种对话立场”(第83页)。作者是在和主人公对话，而不是在讲述主人公。因为只有采取对话的立场，才能认真倾听他人的言说。因此，复调小说要求作者的，不是否定自己和自己的意识，而是要扩展、深化和改造自己的意识，从而能够包容同等价值的他人的意识，他人的意识产生一种特殊的对话交际，通过对话交际积极地深入探索人们内心的奥秘。在巴赫金看来，无论是从内容上还是从形式上看，陀氏小说都是在同资本主义条件下人的“物化”、人与人之间的关系以及一切人的价值的“物化”作斗争。因为在那个时代，人由于“物化”而贬值这种事实，已经渗透到各个时期和各种人们的思维之中。陀氏小说对物化的批判，不同于一般的批判，而是强调对话性的复调小说这种艺术形式具有解放人和使人摆脱“物化”的意义。陀氏明确反驳那种称他为心理学家的说法，而说自己是最高意义上的现实主义者，因为他认为自己描绘了人类心灵的全部的隐秘，而心灵，那种有着不确定性和未完成性的心灵，是不能被“物化”为心理学对象的。

三、陀思妥耶夫斯基小说中的思想

巴赫金分析的，并不是陀氏小说里的思想，而是这些思想在作品中的艺术功能。分析这一问题，首先就要考察独白型作品对思想的处理方式。巴赫金认为，独白型的原则之所以能够在现代得到巩固，并能够深入到意识形态的所有领域，得力于欧洲的理想主义及其对统一的和唯一的理智的崇拜，又特别得力于启蒙时代，欧洲小说的基本体裁形式就是在这一时期形成的。这种独白型是现代意识形态领域中创作活动的结构特点,决定了创作的内在和外在的形式。在思想的处理上,一切观念形态的东西,都分裂为两种基本范畴,要么是满足作者意识需要的正确的或者有价值的思想,要么就是不正确的或者无关作者痛痒的思想。所以,思想要么被肯定,要么被否定,作品自身的思想也就具有了一种单向性。这种思想又同形式融合在一起,这又决定了作品艺术风格在形式上也要成为统一体,并具有统一的情调。故此,独白型小说不是哲理小说,就是具有明显倾向性的小说。与这种独白型的小说不同,陀氏小说既能描绘他人的思想,同时又能保持这种思想的全部价值,然后自己也能保持一定的距离,既不对其不肯定,也不将其同自己的思想融合。思想在他的作品中成了艺术描绘的对象。

能够做到这一点的条件是什么呢?巴赫金认为有两个:一个是陀氏笔下的主人公是思想的人,具有未完成性,因而也就有了未定的交流的自由;另一个条件是陀氏深刻地理解人类思想和思想观念的对话本质。“思想只有同他人别的思想发生重要的对话关系,才能开始自己的生活,亦即才能形成、发展、寻找和更新自己的语言表现形式、衍生新的思想。”(第 114 页)除此之外,巴赫金提醒,还要充分考虑到陀氏小说的构形。在他那里不存在所谓的个别思想和多数思想结合而成的指称事物的统一体系。他不是用一个个的思想来思维,而是用完整的观点、意识和声音来思维。他的对话不是干巴巴的逻辑关系,而是带有深刻个性的完整的声音。因此,这个艺术世界不是由艺术对象经作者的独白思想阐发和安排,而是一个由相互阐发的不同意识组合起来的世界,一个由相互联结的不同人的思想意向组合起来的世界。作者则在这些不同的意向之间,寻找一个最权威的意向,这最权威的意向不是作者本人的真实思想,而是思想探索的必然结果——基督的形象。

四、"狂欢化"诗学

尽管陀思妥耶夫斯基的复调小说是对独白型小说的颠覆,但是,它也有自己的体裁传统,那就是"狂欢化"文学。更直接地说,就是"苏格拉底对话"和"梅尼普的讽刺"两种体裁。巴赫金认为,"苏格拉底对话"是在民间狂欢节的基础上成长起来的,渗透着狂欢节的世界感受。这种狂欢化体裁成为陀思妥耶夫斯基小说形成的基础之一。在"苏格拉底对话"解体的过程中,又形成了几种对话,其中"梅尼普讽刺"体,就部分地受到它的影响,因为这种体裁的直接根源,就是狂欢体的民间文学。巴赫金认为,它对古基督文学和拜占庭文学产生巨大影响。这种体裁增加了"笑"的比重,有极大的自由进行哲理和情节上的虚构,同时还能创造出异乎寻常的梦境,引发并考验哲理的思想,因此,"哲理的对话,崇高的象征,惊险的幻想,贫民窟的自然主义——它们的有机结合,是梅尼普体难能可贵的特点"(第151页)。此外,这种体裁中还出现了精神心理的实验,描写梦境、幻想和癫狂。它的典型场面是闹剧、古怪行径、不得体的言辞等有悖常理的诸种表现。在这种体裁中还广泛地插入各种文体,具有了一种多情调、多体式的性质。同时它还具有现实的政论性,对当时的思想做出尖锐的反应。这些特点共同有机地结合在一起,形成了一种内在的完整性。

那么,怎么理解文学的"狂欢化"问题呢?"狂欢化"的实质,可以追溯到人类原始制度和原始思维的深刻根源。狂欢不是一个文学现象,它是一种仪式性的混合的游艺形式,在狂欢节上,形成一套表示象征意义的具体感性形式的语言,这是一种没有舞台、不分演员和观众的游艺,人们都在过着狂欢式的生活。它首先取消的就是等级制以及与之相应的各种形态的畏惧、恭敬、礼仪秩序等,人们之间形成了一种新的关系,插科打诨、俯就、粗鄙等,成为它的范畴。这种狂欢式的感受的核心是交替与变更的精神、死亡与新生的精神。因之，狂欢式的形象就有了双重本质，体现了嬗变和危机两个极端，人们在这里可以建立一种大型的对话开放性结构。巴赫金认为，这种狂欢化席卷了正宗文学的所有体裁，从古希腊、古罗马以来的文学史，就成了"狂欢化"的历史，而陀氏的创作，正是这一体裁的顶峰，欧洲文学的这一传统为复调小说做了重要准备。

五、超语言学和对话

在方法论层面上，巴赫金提出一种超语言学的研究。在他看来，语言学研究只研究"语言"自身和语言普遍的逻辑，而问题在于，语言只能存在于使用者的对话交际之中，对话交际才是语言的真正生命所在。在对话交际中，每个人所接受的话语，都来自其他人的声音，充满了他人的声音。每个人讲话的语境，都吸收了取自他人语境的语言，吸收了渗透他人理解的语言。这种对话关系，正是超语言学的研究对象。因此，超语言学研究建立在语言学的基础上，但不是对纯粹的语言的研究，而是语言学无法解决的对话关系问题，它决定了陀氏小说中的语言结构的特点。陀氏小说中关注的是不同话语之间的紧张关系，它们各自独立，地位稳固，都有自己的语义中心，而不构成一种统一的独白语，也不受制于某种统一的风格和情调。他的作品中的任何语言，都带有交际的成分。主人公的独白语，具有一种高度惊人的内心的对话性。主人公不是在思考种种事物，而是在和它们对话。语言并不是作为一种性格或者典型，或者一个人物，而是作为某种生活目的和思想立场的象征进入他的内心。这些语言在主人公的内心相互接触，而在现实对话中，它们不可能会有这种接触。主人公在小说中的任务不是在新事实、新观点的影响下形成某种思想，而是要在众多不同的声音中找到自己的位置,“使自己的声音同一些声音结合起来,与另一些声音相对立,或者把自己的声音同自己密切交融的另一个声音分离开来”(第 322 页)。因此,在陀氏的艺术世界中,居于中心位置的就是对话,对话不是手段,而是目的,不是行动的前奏,而是行动本身。这种对话具有潜在的无限性,永远不会结束。所以,陀氏小说的结构原则也只有一个,那就是“到处都是公开对话的对语与主人公们内在对话的对语的交错、呼应或交锋。到处都是一定数量的观点、思想和语言,合起来由几个不相融合的声音说出,而在每个声音里听起来都有不同”(第 359 页)。作者要表现的不是这些思想本身,而是一个主题如何通过许多不同的声音来展示。这是主题的根本的不可或缺的多声部性和不谐调性。

最后,巴赫金认为,复调小说的出现,使长篇小说获得长足的进步,也是人类的艺术思维、审美思维的巨大进步。尽管我们不能说要彻底放弃独白小说,但是思考着的人的意识,这一意识生存的对话领域以及它的深刻和特别之处,却是独白型的艺术视角所无法企及的。《陀思妥耶夫斯基诗学问题》一书,体大虑深,理论含量十分丰富。在文学理论史上具有开拓性的意义。现当代西方众多的理论流派,都从这里得到不同程度的启发,可以说为推动现代文论的发展起了重要的作用。

(李　龙)

燕卜荪

朦胧的七种类型 1930年*

威廉·燕卜荪(William　Empson,1906－1984),英国诗人、批评家。1925年入剑桥大学攻读数学,后改读英国文学,师从批评家瑞恰慈。他借鉴瑞恰慈提出的“细读法”,在尚未毕业时就写出成名作《朦胧的七种类型》(1930),从而树立了被誉为“榨柠檬汁似的分析风格”,同时也将瑞恰慈的批评理论和方法加以光大。1947至1952年在北京大学执教,跟瑞恰兹一样,对中国文化情有独钟,曾在中国长期居住。

一、何谓“朦胧”

作为现代文学批评前驱,瑞恰慈虽提出了“细读法”,但却未能真正成功地将其运用到批评实践中去。燕卜荪则在《朦胧的七种

---

* [英]威廉·燕卜荪:《朦胧的七种类型》,周邦宪、王作虹、邓鹏译,杭州:中国美术学院出版社1996年版。文内引文,只注页码。

类型》中将这种方法发扬光大。该文是对诗歌语言的分析，诗歌语词具有丰富的多义性，正是这种语词的多义性，使诗歌语言具有巨大的表现力和内在张力。与此同时，在阅读过程中，读者常常会获得很多诗中没有的含义，或者诗歌表达出的内容同诗人在创作时要表达的并不一致，这几种情况就是燕卜荪所说的“朦胧”。一般来讲，所谓的“朦胧”，在普通语言中指的是一种非常明显的而且是机智或骗人的语言现象。燕卜荪则是在引申意义上使用这个词。他说：“任何导致对同一文字的不同解释及文字歧义，不管多么细微，都与我的论题有关。”（第 1 页）也就是说，“朦胧”其实涉及的是词语的意义的含混、多义现象。所以，“朦胧”一词本身可以指称读者自己的未曾确定的意思，可以是一个词表示几种事物的意图。在此基础上，他将“朦胧”划分为七种类型。

二、“朦胧”的类型之一：暗喻

第一种类型是暗喻。在燕卜荪看来，一切白话陈述都是朦胧的，每一句简单的陈述都可以变成包括另外的词语的复杂陈述，而每一组复杂陈述又都可以分解成为简单陈述。在分析一个句子构成的陈述时，读者会不断地遇见由暗喻引起的朦胧。暗喻是“一种复杂的思想表达，它借助的不是分析，也不是直接的陈述，而是对一种客观关系的突然的领悟”（第 3 页）。这也就是人们常说的一物与另一种事物相似，而这两种事物之所以具有这种相似性，是因为它们之间具有彼此相似的性质。燕卜荪认为这是诗歌的根基之一。与此同时，他还强调，对这第一种朦胧的界定其实包含“具有重大文学意义的一切”。所以这样讲，是因为这种朦胧所包含的意义是很难被抽取，也很难被传递的。人们对于语词意义的理解有其先在的习惯，所以这影响到了对于诗歌的理解，这时就需要对其进行解释。但是，在某种意义上讲，诗歌又是不可能用某种具体的语言来解释的,因为对于任何不理解的人来说,任何的解释都会和诗歌的原句一样难以理解,而对于已经理解了诗歌意义的读者来讲,又没有必要进行解释了。在这种情况下,诗人就凸现了自身的重要作用,"暗喻"这种朦胧类型使诗歌语言通过独立于读者的思维习惯,获得了自身更为有力的表现力。燕卜荪以瓦勒所译的陶渊明的《时运》诗为例,来说明这第一种朦胧。指出诗人可以同时领悟到这两种时间尺度,从而实现自我的超越。因为它们同时并存,在这个朦胧中两种时间互相转化,永恒可以看做是瞬间,而一瞬也可能就是永恒。

三、意义的融合及双关语

在词或句法之中,当两种或这两种以上的意义融而为一的时候,就是第二种朦胧类型。此类朦胧又可以分为三类:1.一旦被理解后会在读者的头脑中成为一个清晰的实体;2.读者每次阅读之后都会费些脑力来理解它,读者会得到探寻和领悟的乐趣;3.读者如果不能发现它,它就起作用了。一首诗歌属于哪一种完全取决于读者的思维习惯和批评观点。燕卜荪以莎士比亚的《麦克白》中的几句台词为例加以说明。根据他的分析,我们可以看到,这里到处都是充满歧义的词汇,增加了作品的朦胧感。第三种朦胧类型是指"两种只是在上下文中才互相关联的思想可以只用一个词同时表达"(第158页)。这同词的派生意义相关,其实也就是我们常说的双关语。它产生于这种情况,亦即作者表述的东西同时提到,或者同时表达几个有效的意思,几种不同的表达领域或者几种不同的思想或者情感方式。作者强调,讽喻和双关是它的主要的方法,是修辞中最能产生朦胧。

四、“朦胧”的其他类型

第四种类型指的是诗歌中的一个陈述具有多重不同意义，而正是这些不同的意义汇集到一起，结合起来，形成作者复杂的思想状态。同第三种相比，它也有自己的双关，但这不是第四种朦胧的重点。燕卜荪以邓恩的《哭泣的告别辞》为例，初看起来，诗人是为分离而哭泣，但实际上，暗暗体现了男主角对女方的怀疑，但又要审慎地不表白出来。

作家或诗人在写作过程中常常会遇到这种情况，自己的思想并不明朗，处于冲突之中，但是有一种表达的欲望，或者在写作过程中才忽然发现自己的真正的思想。这就使得诗歌中的语词介于两种不同的要表达的思想之间。这种情况就是朦胧的第五种类型。作者在这部分强调：“当然，只要一种朦胧体现了作者所要表达的错综复杂、精致微妙、内容丰富的思想，它就应受到我们的重视。我们几乎可以认为，不采用它，作者就不能有效地表达自己的思想。而在诗歌里，它则是诗人非用不可的手法。”（第250－251页）但是，如果作者思想空洞，单薄而又贫乏，又毫无必要地把材料搞得暧昧晦涩又不能很好地表达自己的附加目的，这就不是朦胧，而是作者在写作时的一种应付手段而已。第六种类型比较有意思，诗人虽然在诗歌中使用了各种手段，或者同义反复，或者文不对题，或者其他手段，这种累赘的表述不但没有明确意思，反而逼迫读者自己去寻找意义，而读者在自己的阅读中发现的意义又有可能互相冲突。也就是说，由于表面语词的矛盾，使得作者要向读者表明什么并不明确，而这也不是说作者的思想有冲突，而是说他让读者从表面主题转向探寻真正的主题。第七种类型被燕卜荪称为“它是所能设想的意义最含混的一类”（第302页），这里他自称受到弗洛伊德心理学的影响，是指一个词具有两种截然对立的意义，而这个意义又是由上下文所明确规定了的，整个的效果显示出作者的心中并没有一个统一的观念。

燕卜荪对诗歌语言朦胧特性的分析有其自身的目的。在他看来，英语语言的发展速度令人吃惊，如他所言："英语过去一直就以丰富而混乱著称，现在正变得更丰富更混乱了。它本来就缺少遣词造句的恰当手段，现在还正在迅速抛弃仅有的少得可怜的语言手段。它变得越来越含义丰富，越来越勇于把一切可能的意思一揽子包括进去。"(第 368 页)在这种情况下，如何使英语语言恢复自身的活力和丰富性，燕卜荪的理论就显得及时而必要了。燕卜荪对诗歌语言"朦胧性"的分析揭示了文学语言的基本特性，即多义性。朦胧打破了语言意义的一元性，赋予其丰富的多义性，在意义的多元展开中，不仅恢复了语言的生命力，也增强了文学作品的表现力。这种"细读"的方式，对新批评的产生起到了重要的推动作用。

（李　龙）

杜威

艺术即经验 1934 年*

约翰·杜威(John Dewey,1859—1952),美国实用主义哲学家、教育家、社会活动家,1884 年获得哲学博士学位,曾任教于芝加哥大学、哥伦比亚大学,并先后到中国、日本、土耳其、墨西哥、苏联等国讲学访问。《艺术即经验》是他 1934 年的著作。

一、艺术就是一种完满而强烈的经验

在这本书中,杜威运用他提出的"经验自然主义"哲学,对艺术的性质及与审美相关的问题做了详细分析。其基本观点是,经验来自于有机体和环境的相互合作,有机体与环境的状况、能量的相互作用形成了整体经验,这种整体经验的建构即是真正的艺术作品。我们所见到的物的形式的艺术产品,并不是真正的艺术品,真

* [美]杜威:《艺术即经验》,高建平译,北京:商务印书馆 2005 年版。文内引文,只注页码。

正的艺术品是作为物的艺术产品运用经验并处于经验之中而达到的。“经验是有机体与环境相互作用的结果、符号与回报。当这种相互作用达到极致时，就转化为参与和交流。”(第 22 页)经验离不开感觉器官的功能。有机体通过感觉器官和感觉器官的动力机制参与到环境之中并与环境相互交流。杜威特别强调经验对于艺术的重要意义，认为经验是艺术的萌芽，而艺术就是一种完满而强烈的经验，这种经验来自于艺术家与其产品的合作。判断是否是“美的艺术”，要看这种艺术在制作或感知时所体验到的生活的完满程度。有审美性的东西，在其生产行动中能使整个生命体具有活力，生产者在其中通过欣赏拥有他的生活。因此，艺术作为经验不能没有感觉机制的参与。然而在现代社会中，我们的生活存在着分区化的现象，日常生活中的普通经验被看做是世俗的，感官和肉体被轻视；审美经验则是高等的、理想的、精神性的。艺术作品被供奉在博物馆或画廊中成为美的标本，艺术品被经验的过程和艺术品本身成为了互相分离和独立的两个部分，这就相当于拔了艺术的生命之根，艺术品的真正活力丧失了。从事艺术哲学写作的人的任务，就是要恢复“作为艺术品的经验的精致而强烈的形式”与生活正常过程之间的连续性(第 1 页)，也是恢复审美经验与日常生活之间的连续性。这种连续性并不意味着同一。一个完整的经验的确具有审美性质，它与审美经验之间存在相通性。它们的不同在于，审美经验是包容性的，它的意义不在于达成一个单一的终点，而在于各组成部分的结合。一个经验要成为审美经验，就要“将抵制与紧张，将本身是倾向于分离的刺激，转化为一个朝向包容一切而又臻于完美的结局和运动”(第 60 页)。

二、人的生命活动与审美经验

关于人的生命活动与审美经验，杜威提议从活的动物的生命活动中寻找启发。他认为动物身上存在着一种经验的直接性和整体性,它们的感官和行动保持高度的一致性,并针对当下事物形成鲜活的经验。活的生物的每一个经验,都是该生物与它生活其间的世界的某个方面相互作用的结果,这个经验便成了有机体在这个物的世界中斗争和成就的实现,因而可以具有审美的性质,是艺术的萌芽。(第 19 页)审美性质就来自于有机体与世界的交流,人的经验也在与世界积极交流之时最具有生命力。在第十一章,杜威以"人的贡献"为题,专门论述了人的主观活动与审美经验的联系,并分析了人的"心灵"、"意识"、"直觉"、"兴趣"、"想象"这些心理机制与艺术、审美的关系。他认为高度分类化的心理学,不适于作为艺术理论的工具,因为有机体和环境两者在经验中各自消失,完全结合为一,因而要讨论审美活动,就不应将有机体与环境在经验中的作用机制割裂开来分析。审美经验的特征就在于没有自我与对象的区分。审美经验中那些关于人的心理的因素和机制也不能用心理学的方法去拆解,因为艺术是对作品的各种因素包括感觉和意义的综合。艺术作品中的所有手段相互渗透,成为一个整体,这样才能构成一个通过包容而结合起来的经验。(第 129 页)

一般认为艺术表示一个做或造的过程,审美则指一种鉴别、知觉、欣赏的经验。而杜威认为,这两者不能分离开来思考。艺术以其形式结合了做与受,也即能量的出与进的关系。当做与受相互联系并在知觉中成为一个整体时,所做的东西才是审美的。表现性动作是产生艺术品的一个条件。"表现"是"有规则地使用客观的条件以使情感得到客观的实现"(第 84 页)。经验是积累性的,人类会保存过去的经验,杜威在书中说:"活的存在物的特征在于拥有一个过去与一个现在。"(第 195 页)我们所经验的世界作为物质性的时间过去了,其意义、价值中的某些东西却被保留下来,成为自我的组成部分。这种过去的经验对未来的经验起作用,也受未来经验的影响。当从过去经验中保存下来的某种普遍化了的事物与当下状况协调一致时，产生的动作就是表现性的。艺术家要创造出艺术作品，他真正需要做的工作，就是要建立这样一个经验，它在知觉中具有连续性，又在其发展中不断变化。（第 54 页）这种经验的主题由于其积累的连续性而获得表现性。表现性动作构成对象，情感依附或渗透于该对象，生成审美情感。对于产生了一件艺术作品的表现性动作来说，情感至关重要。一个经验如果具有情感性的审美性质，就能够变得完满和整一。在一件具有审美特质的艺术品，如一首诗中，审美情感是由天然情感与客观材料共同作用而形成的。情感作为内在的冲动，寻找适合的材料，并将客观材料作为内容和质料，对材料进行组织和选择；周围作为阻力的物体与情感的冲动相对，造成一种类似“挤压”的效果，所表现的事物就是从生产者那里“挤压”出来的。艺术对于揭示表现性具有积极的作用。艺术作品具有完全而强烈的经验，能够揭示隐藏表现性的庸常和迟钝状态。通过生产者的个性化选择（主要是选择艺术作品呈现的形式），利用适当的材料作为表现媒介，艺术作品能将日常世界经验的原始材料变成通过形式安排的质料，将这些经验的多样的对象和形式安排进新的经验中。

三、形式和质料在经验中融合为一

杜威在书中还着重讨论了艺术作品的形式与实质的关系。形式产生于“负载着对事件、对象、景色与处境的经验的力量的运作达到其自身的完满实现”（第 151 页）。具有形式是经验的一个主要特征。作为一种完满而强烈的经验，所有艺术的关键就在于形式与质料的统一。形式和实质紧密结合在艺术作品本身，不能被拆分开来分析。这是由于一个活的生物与世界在受与做中，有密切的相互作用并形成经验，形式和质料已经在经验中融合为一。艺术家赋予材料以形式，使这些材料成为艺术作品的真正实质。

形式作为某种组织材料，成为艺术的质料，艺术作品凭借这一质料达到完满实现：它不再是先前的质料，也不是单纯的形式，而是形式和质料两者互相融合形成的审美实质。在材料被赋予形式之时，“美”以某种方式在艺术作品中获得了充分的表现性，从而使艺术品具有了审美性质。形式的形成与有机体的能量组织有关。杜威指出，所有艺术的共有的因素“是作为一种手段以产生一种结果的能量的组织”(第 195 页)。有机体和环境之间存在着不断的能量失衡和平衡的过程，由此形成阻碍、抵抗、促进、均衡等作用，这些以合适的方式与有机体的能量相遇时，就形成了形式。(第 163 页)审美经验的实现意味着在充满张力和冲突的环境中达到暂时的均衡。好的艺术作品在节奏和变异中达到能量的平衡。能量分配不平衡的作品不是好作品，艺术作品中一个成分所具有的力量以其他成分的虚弱为代价，这就是能量的失衡。

四、节奏成为经验中的节奏才是审美的

周围世界中节奏的存在使形式的存在成为可能。人类对自然节奏和秩序的感知、加工和表现的过程，最初表现为自然科学进步的历史，当这一发展到一定程度时，艺术和科学就相互分离了。因此艺术的节奏也来源于人类对自然规律和秩序的领会和模仿，所有的艺术门类都具有节奏。在艺术的过程中，能量的组织是累积性和保存性的。我们向前迈进一步，同时也是对以前的总结和完成，在这种累积和保存的过程中就产生了节奏。(第 190 页)节奏只有成为经验中的节奏时才是审美的。经验中的节奏不同于规律性的重现，它可以在保持审美秩序的前提下进行不断的变异。活的生物的生活过程既是有秩序的，也是秩序的变异。只有一成不变的秩序的生活必然沉闷而毫无生气，变异所带来的多样性就成为有机体的生命需求。在整体秩序得到保持的大前提下，活的生

物,包括人类,需要变异来满足他们对生活多样性的需要。这种独特的、由节奏和变异构成的秩序,能够表现出知觉中隐含着的纵深感的印象。我们的生活、审美和艺术都包含在节奏和变异共同作用的大环境中。

五、知觉则是审美经验的表现

审美节奏与知觉有关,知觉则是审美经验的表现。知觉需要各种感官之间持续的合作,对一个对象的知觉必须有一个在时间中发展的过程,也就是具有一种持续的时间因素。(第 193 页)当前的知觉需要基于一种过去的积累性经验。杜威认为知觉与对象不能割裂开来,因为“知觉与它的对象是在同一个连续的运作中建构与完成的”(第 196 页)。准确地说,对象是“知觉中的对象”,知觉是对对象的知觉。审美地知觉,是杜威对于艺术作品接受者的要求。一个接收者的知觉方式可以有多种选择,但唯有从审美角度知觉艺术作品时,他才能获得作品实质的审美体验,由作品中创造出一个具有全新内在的题材和实质的经验。接收者每次对艺术作品进行审美经验时,都再创造一次。(第 118 页)

六、特定媒介产生特定的审美效果

此书的后半部分,总结了各门艺术的共同实质,包括艺术媒介和时空两个方面。每一件艺术作品都有一个用来承载整体的独特媒介。在每一个独特的经验中,我们都通过一种专门的器官来接近世界,有机体的器官通过特殊的媒介起作用。在美的艺术中,媒介的重要性得到张扬,一个具体化和专门化的特殊器官,负载着只有它才能使之得以形成的经验,使该经验所有的可能性都得到了利用,同时又不失去这个器官的特征和特殊的合适性。“媒介”则是那些“会被吸收进结果之中”的“手段”，它既是传达载体，又实现了与所传达的东西的结合。从某种程度上说，审美效果是由媒介决定的，特定的媒介产生特定的审美效果。杜威强调：“对作为媒介的敏感是所有艺术创作与审美感知的核心”，它是“一位仲裁者，在艺术家与感知者之间起中介作用”(第 221 页)。如果没有媒介这种共同的实质，艺术就不会是表现性的，同时也没有形式。而各门艺术的不同实质，则存在于媒介的差异之中。“时一空”是另一种属于各门艺术作品实质中共有的东西，是“每一种在艺术表现与审美实现中所使用的材料的属性”，作为艺术中本质性的存在而被直接感知。空间与时间的多样性可以概括为三类，空间方面的特征是场地、广延、位置，或宽大性、广延性、间距；时间方面则是转变、持久和日期。在经验中，这些特征相互限定，并不单独存在。(第 231 页)关于艺术理论，杜威提出，理论应当关注发现艺术作品在生产中和知觉中被欣赏的性质。因此，他反对以现成的将美的艺术与普通经验分离的状况为开端的理论，称这些剥离了普通经验、人之语境的理论为“鸽笼式”的理论。(第 10 页)

七、重视艺术的交流功能

此书的第十一章，集中批判了几种主要的艺术理论流派的谬误，认为“艺术是一种虚拟”或“游戏”等理论比较现代，此理论的谬误在于，将个人或“主体”孤立起来，过于强调艺术的随意性，以至于否定了其整体的秩序和组织，尤其是目的对材料的控制。这些理论，以及在第四章批判的“自我表现”理论，从哲学根基上说，都与过分强调个人和主体性的现代哲学相对应。另一个极端则是将艺术看作再现、摹仿，淡化个人的古老理论。此理论的谬误在于将艺术品的质料等同于客观对象，而忽视了客观材料与个人经验之间的互动。杜威对艺术批评者也提出了自己的要求。他认为艺术批评者应有判断能力。判断涉及个别的对象，而不是通过外在的、预定的规则在不同事物之间进行比较。判断通过分析与综合而实现区分与结合的功能，因此具有一个共同的形式。要想展示判断，就必须按照其在形成一种综合经验中的分量与功能而区分其细节与部分。据此，他认为很多批评家的偏颇在于，往往用自己的作品取代要评论的作品。由于审美艺术的目的在于运用适合的媒介来加强直接经验本身，批评家所要装备的，首先是具有经验，其次是根据所使用的媒介抽引出艺术品经验的要素(第 355 页)，因此，批评家对作为经验的材料之间的多种相互作用应当保持特别的敏感。杜威还批评了马修·阿诺德“诗是生活的批评”的观点，认为这种将直接的道德效果与意图归结于艺术的理论是失败的。艺术对人的教导不是通过明显的对意图的表达而达到，而是通过人与人之间平等的交流。通过交流，艺术能够成为指导人生的工具。

杜威承认，艺术可以由欲望所推动并且能从某些方面满足人们的欲望需求。然而艺术并不因欲望的个人性而从人所处的环境、世界中孤立出来。个人的欲望的形成受人所处的环境影响，他的思想、信仰的材料并不完全来自他个人，也来自他周围生活的人。欲望的这一属性决定了艺术不是孤立的个人化的表现，而具有公共性和交流作用。杜威十分推重艺术的交流功能，认为“艺术作品是最为恰当与有力的帮助个人分享生活的艺术的手段”(第 374 页)。这一功能对文明生活有重要意义。艺术使经验的表现成为公共性和交流性的，而这种表现打破了人与人之间的隔膜和障碍，从而使艺术成为“最普遍而最自由的交流形式”(第 301 页)。因此，他指出，“艺术的孤立是文明缺乏内聚力的表现”(第 375 页)。

杜威是一位实用主义哲学思想的领袖和集大成者，他的经验论艺术观，对美国和世界的艺术实践都有重要的影响。

(张静斐)

海德格尔

艺术作品的本源 1935—1936 年*

马丁·海德格尔(Martin Heidegger,1889—1976),20 世纪德国思想家、存在主义哲学创始人,其主要著作有《存在与时间》(1927)、《康德与形而上学》(1929)、《什么是形而上学》(1929)、《真理的本质》(1943)、《荷尔德林诗的阐释》(1944)、《论人道主义》(1947)、《林中路》(1950)、《形而上学导论》(1953)、《演讲与论文集》(1954 年)、《走向语言之途》(1959 年)等。收入《林中路》的《艺术作品的本源》一文是他的文论代表作。

一、对艺术作品本源的追问

《艺术作品的本源》由五部分组成,包含三个章节,即"物与作品"、"作品与真理"、"真理与艺术"以及后记和附录。原为海德格

---

* [德]海德格尔:《艺术作品的本源》,载海德格尔:《林中路》,孙周兴译,上海:上海译文出版社 2004 年版。文内引文,只注页码。

尔在 1935 至 1936 年间所做的几次演讲，是他围绕“存在之真理”问题对艺术和诗的本质的沉思，也代表了他的思想在 20 世纪 30 年代后的转向，当时曾激起听众的狂热兴趣，成为轰动一时的哲学事件。

探求艺术作品的本源，首先要考察何谓本源。海德格尔认为：“本源是一个事物从何而来以及通过什么它是其所是并且如其所是。某个东西如其所是地是什么，我就称之为它的本质。某个东西的本源就是它的本质之源。”（第 1 页）因此，对艺术作品的本源的追问，就是追问艺术作品本质之源。那么，对艺术作品的本源的考察，我们可视为使得艺术作品如其所是的是什么的那个本源吗？对于这个艺术之谜，海德格尔在该文“后记”中说：“本文的思考关涉到艺术之谜，这个谜就是艺术本身。这里绝没有想要解开这个谜。我们的任务在于认识这个谜。”在该文临近结尾处，海德格尔指出了为什么要做这种对于艺术本质的考察：“目的是为了能够更本真地追问：艺术在我们的历史性此在中是不是一个本源，是否并且在何种条件下，艺术能够是而且必须是一个本源。”并以此断决“艺术是否能成为一个本源因而必然是一种领先，或者艺术是否始终是一个附庸从而只能作为一种流行的文化现象而伴生”。也就是说，海德格尔试图通过对艺术作品的本源的追问，寻得“艺术”或“诗”是否以及如何可能是“存在之真理”之发生的原始性的方式之一，而且是一种基本的、突出的方式。

通常的对于艺术作品的本质之源的看法形成了一种解释的循环：艺术家是作品的本源；作品是艺术家的本源。而海德格尔认为艺术家和作品都不能全部包含对方，因而需要一个第三者而使它们获得名称及存在，这个第三者就是艺术。但是，艺术能成为一个本源吗？既然它只不过是一个词语而已，没有任何现实的事物与其相对应（而艺术这个词语的意思恐怕也只有在作品和艺术家的现实性的基础上才能存在），于是，海德格尔提出了另外一种假设的可能,或者说"惟当艺术存在,而且是作为作品和艺术家的本源而存在之际,才有作品和艺术家吗"?这样一来,我们就要考察到底什么是艺术,以及艺术是否存在以及如何存在。传统的对于艺术是什么的回答,在海德格尔看来都是与逻辑抵牾的:一种观点认为,我们可以从对现有艺术作品的比较考察中获知。而问题在于我们如果事先不知道艺术是什么,我们又如何确认我们的这种考察是以艺术作品为基础的呢?第二种观点认为,我们可以从更高级的概念做推演。可是"这种推演必然也已经看到了那样一些规定性,这些规定性必然是以把我们事先就认为是艺术作品的东西呈现给我们"(第 2 页)。

因而,从现有作品的收集特性和从基本原理中推演,同样得不到关于艺术是什么的回答。

于是他转换思路,"为了找到在作品中真正起着支配作用的艺术本质,我们还是来探究一下现实的艺术作品,追问一下作品:作品是什么以及如何是"(第 3 页)。他发现,作为艺术的现实性基础的作品,都是有一种物因素,因此需要首先考察"物与作品"的问题。这一问题在"物与作品"一章中得到集中的追问。"一幅画挂在墙上,就像一支猎枪或者一顶帽子挂在墙上。一副油画,比如梵高的那描绘一双农鞋的油画,就从一个画展转到另一个画展。人们运送作品,犹如从鲁尔区运送煤炭,从黑森林运送木材。在战役期间,士兵们把荷尔德林的赞美诗与清洁用具一起放在背包里。贝多芬的四重奏放在出版社的仓库里,与地窖里的马铃薯无异。"(第 3 页)作为现实性存在的艺术作品,必然有其物性基础。所有艺术作品都离不开使其作为具有现实性可能的物因素。海德格尔发现这种物因素稳固地存在于艺术作品中,以至于我们必须要思索这种强大的物因素到底是什么,物之为物即物性究竟是什么以及它与作品究竟是一种什么关系的问题。

二、纯然物、器具、艺术作品

为了澄明物之为物的物性，海德格尔批判地考察了流行的三种传统的对物之物性的解释：即物是其特征的载体说，物是感官上被给予的多样性的统一体说，物是具有形式的质料说。他认为这些传统的对物因素的解释，“把握不了本质地现身的物，而倒是扰乱了它”（第10页）。但他同时发现，质料与形式的区分，具有各种不同的变式，绝对是所有艺术理论和美学的概念图式。据此他设想，是否有如下可能，即质料与形式是艺术作品之本质的原生性规定，只是后来被转嫁到物上去了。因此，他试图取消“质料与形式”这一概念结构的扩张和空洞化，以使其重新获得其规定性力量以及其实现的领域。通过对“自持的花岗岩石块”以及“罐、斧、鞋”诸物的分析，他发现在自持的花岗岩石块中的形式，是诸质料部分的空间位置分布及排列，某种意义上说，是质料规定了形式，因为这种“自持的花岗岩石块”是自生自足的。而罐、斧、鞋诸物则是形式规定了质料，“不止于此，形式甚至先行规定了质料的种类和选择：罐要有不渗透性，斧要有足够的硬度，鞋要坚固同时具有柔韧性”（第13页）。也就是说，它们是从物的有用性以及适用性方面被处置的，而且“这种有用性从来不是事后才被指派和加给罐、斧、鞋这类存在者的”（第13页）。由此看来，质料和形式绝不只是“纯然的物”的物性的规定性，因而绝不是纯然物的物性的原始规定性。我们将罐、斧、鞋称之为“器具”（Zeug），这一名称指为了使用和需要所特别制造出来的东西。这样一来，海德格尔实际上就把物分为了三类：纯然物（其特征为自身构形，自生，自持，自足）；器具（其特征为作为出自人的手工的完成了的器具，自持，但不具有自生性）；艺术作品（其特征为出自人的手工，但由于其自足的在场，因而堪与自身构形的不受压迫的纯然物相比。）相应的，其本质性的存在方式也分为三类:纯然物之物的存在;器具之器具存在;艺术作品之作品存在。他据此发现,器具既是物,可是因为它被有用性规定,所以又不只是物;器具是艺术作品,但又逊色于艺术作品,因为它的“被用于某种用途”而使它没有艺术作品的自足性。于是,器具有了在物与作品中的一种独特的中间地位。

三、“存在者的真理自行设置入作品”

那么,我们如何能寻找到器具之器具因素呢?“我们应该回归到存在者那里,根据存在者之存在来思考存在者本身,而与此同时通过这种思考又使存在者憩息于自身。”(第16页)这正是海德格尔存在主义的现象学还原方法——让物在其物之存在中憩息于自身,让存在者如其所是地显现并存在。他以田间农妇穿着的鞋子来描述我们如何遭遇器具的器具因素:“一双农鞋。田间农妇穿着鞋子。只有在这里,鞋才成其为所是。农妇在劳动时对鞋的思量越少,或者观看的越少,或者甚至感觉的越少,它们就越是真实地成其所是……必定是在这样一种器具使用过程中,我们真正遇到了器具因素。”(第18页)如果我们只是一般性地观察或者想象一双无人使用的摆在那里的鞋,那我们就不会经验到器具的器具存在实际上是什么。而我们寻获了器具的器具存在,只是通过对梵高的一副画的观赏。也就是说,正是艺术作品使得我们懂得了鞋具实际上是什么。作品不是为了让我们更好地目睹一个器具是什么,而是让器具的器具存在“专门显露”出来。正是在作品中,鞋,这样一个存在者进入了它的存在的无蔽状态中,“存在者是什么和存在者如何是”被开启出来,于是作品中的真理发生了。也即在这种存在者进入它的存在之无蔽之中时,存在存在了。因此,海德格尔认为,“在艺术作品中,存在者之真理已经自行设置入作品中了”。那么艺术的本质或许就是“存在者的真理自行设置入作品”。

海德格尔的真理不是认识论意义上的符合论的真理观，而是关于存在的真理观，是存在之真理，是存在者之为存在者的无蔽状态。

在对“物与作品”一节的追问后，海德格尔承认，对物的探讨，这是一段弯路，目的是“为了预先排除自以为是的障碍，把流行的虚假概念置于一边”，但是正是这段弯路，同时也使我们上了路。然而，“在艺术作品中，存在者之真理已经自行设置入作品了”这一看法毕竟始终还是一个先入为主式的断言。于是，在“作品与真理”一节中，海德格尔集中追问并思索了存在者之真理究竟是一种什么样的真理，这种真理是如何自行设置入作品的。

四、关于“真理的本质”的真理观

在对传统的关于“本质的真理”的真理观的批判中，海德格尔提出了关于“真理的本质”的真理观。认为存在者之真理既非存在者意义上的事物的一个特征，也不是命题的一个特征，它不是一种纯然现存的状态，而是一种生发，一种存在者之无蔽状态的生发。在作了这一澄清后，海德格尔思考的是这种真理究竟是如何自行设置入作品之中的。他首先对作品的对象存在和作品的作品存在做出了分析(第26－28页)，并得出结论说“真理自行设置入作品”源于“作品的作品存在”的两个基本特征：建立世界和制造大地(或敞开世界和回归大地)。而世界和大地处在一种原始的对立、争执中。敞开世界，意味着艺术作品设置了一个空间，促使世界万物从各自的晦蔽中现身，并且重新获得秩序、位置和节律，让存在者去蔽敞开在澄明领域中；回归大地，即艺术作品摆脱了器具的有用性，恢复了质料的自然面貌和力量。世界是澄明敞开，大地是晦暗遮蔽，作品之作品存在就在世界与大地的争执的实现过程中，这种争执，让世界成为世界，大地成为大地。而“真理之本质即是原始争执”(第41页)。海德格尔就此论证了为什么存在者的真理是自行置入作品中，他说："作品建立着世界并且制造着大地，作品因之是那种争执的实现过程。在这种争执中，存在者整体之无蔽状态亦即真理被争得了。"（第 42 页）在"真理与艺术"一节中，他展开了更为缜密的思考。既然"真理以几种根本的方式发生"，而"真理发生的方式之一就是作品的作品存在"（第 42 页）。那么，一个更加吸引人的深层次思考便又被提出来了，那就是"什么是能够作为艺术而发生，甚或必须作为艺术而发生的真理？何以有艺术呢？"

五、带有存在者之敞开性作品，才是被创作存在

从此文"后记"部分可以发现，其实海德格尔是在对黑格尔的艺术终结论进行反思。"黑格尔的《美学演讲录》是西方历史上关于艺术之本质的最全面的反思，因为那是一种根据形而上学而做的沉思。"（第 68 页）黑格尔指出，"对我们来说，艺术不再是真理由以使自己获得其实存的最高样式了"。"我们诚然可以希望艺术还将会蒸蒸日上，并使自己完善其来，但是艺术形式已不再是精神的最高需要了。""从这一切方面看，就它的最高职能来说，艺术对于我们现代人已经是过去的事了。"显然，他对黑格尔的这一论调并不苟同。海德格尔认为黑格尔所说的真理，依然是存在者之真理，而不是关于存在的真理。现在，如果敢于重新"认真对待"这一问题，就必须重新思考：艺术对我们的历史性"此在"来说，是否仍然是决定性的真理的一种基本的和必然的发生方式。在此，海德格尔首先肯定了作品之为作品，是一种"被创作存在"。那么何谓"被创作存在"？他说："当生产过程特地带来存在者之敞开性亦即真理之际，被生产者就是一件作品，这种生产就是创作。"（第 50 页）也就是说，带有存在者之敞开性即真理性的作品，才是被创作存在。因而，作品之成为作品，是真理之生成和发生的一种方式。一

切全然在于真理的本质即存在者之敞开性中。

对于“什么是能够作为艺术而发生，甚或必须作为艺术而发生的真理”的回答，或许就在于这种真理不是传统的形而上学的知识论意义上的真理，而是海德格尔的关于存在者之存在之真理。因为这种真理的本质在于“把自身设立于存在者之中从而才成其为真理，所以，在真理的本质中就包含着那种与作品的牵连，后者乃是真理本身得以在存在者中间存在的一种突出可能性”（第 49 页）。真理的生发在作品中起作用，而且是以作品的方式起作用。因此，艺术的本质，先行就被规定为真理之自行设置入作品中了。而为何要有艺术呢？因为艺术让真理脱颖而出。“作为创建着的保存，艺术是使存在之真理在作品中一跃而出的源泉。使某物凭一跃而源出，在出自本质渊源的创建着的跳跃中把某物带入存在之中，这就是本源一词的意思。”（第 66 页）海德格尔还进一步指出：艺术作品的本源，同时也就是创作者和保存者的本源，也就是一个民族的历史性“此在”的本源，乃是艺术。所以如此，是因为艺术在其本质中就是一个本源：真理进入存在的突出方式，亦即真理历史性生成的突出方式。

海德格尔 20 世纪 30 年代后对荷尔德林等诗人的作品的阐释和对艺术之本质的沉思，实际上都是以他的“存在”之思为基石的。追问“存在”既是其思之起点，也是其思之主题。该论文正是以“存在者在其存在中成其本质”的存在主义立场、以“回到事情本身”和“直接呈现”的现象学方法考察了作品、艺术、真理等问题。

（梁玉水）

本雅明

机械复制时代的艺术作品 1936 年*

瓦尔特·本雅明(Walter Benjamin,1892—1940),德国美学家、文艺批评家和哲学家,西方马克思主义的重要代表之一,法兰克福学派的先驱之一。本雅明的哲学研究主要涉及意识形态、认识论、历史哲学和文化批判,尤其是对法西斯主义及其哲学基础——"生机论"的批判。在文艺理论上,他认为20世纪是个重大的历史转折期,与手工劳动社会相对应的以叙事艺术为主的古典艺术走向终结,代之而起的是以普遍的费解为特征的现代艺术。他提出描述古典艺术和现代艺术交替的艺术生产理论,认为艺术的演变由艺术生产力决定,艺术生产力是由创作技巧组成的,现代艺术的产生是创造技巧的革命。他认为在20世纪,人类艺术活动发生了一系列变更,作品价值由膜拜转为展示,由有韵味转为机械

* [德]本雅明:《机械复制时代的艺术作品》,见瓦尔特·本雅明:《启迪》,汉娜·阿伦特编,张旭东、王斑译,北京:三联书店 2008 年版,第 231—264 页。文内引文,只注页码。

复制，由美转为后审美，等等。本雅明的主要著作有《德国浪漫派中的艺术批评概念》(1920)、《德国悲剧的起源》(1928)、《作为生产者的作者》(1936)、《机械复制时代的艺术作品》(1936)以及一直处于未完成状态的《拱廊计划》等。

一、艺术生产力和“灵晕”的消失

在序言中，本雅明指出，马克思通过对资本主义生产方式的批判，预言了资本主义在经济基础上不可克服的矛盾，以及超越资本主义的可能性，但未能在上层建筑方面深入地贯彻这种预言。本雅明认为，在作为上层建筑的艺术范畴当中，也存在“生产力”的不断发展问题，只有了解了“艺术生产力”的运动机制，才能为无产阶级从经济基础到文化的整体变革提供理论依据。因而，艺术生产力问题的提出，“有助于在艺术政治学中阐明一种革命要求”(第232页)。

艺术作为特殊的制品，总是可复制的。“人造的器物总是可以由人来仿制。学生制造复制品以练习技艺，大师制造复制品以传播自己的作品，最后其他人制造复制品以图收益。”(第233页)随着现代科学技术的进步，自18世纪末以来，人类社会进入了一个机械复制的时代，文化也相应的成了“技术复制文化”。从文化—艺术和生产力—技术手段之间的辩证关系来看，在文化艺术发展的过程中，具有特征性的生产力就是艺术创造中的“复制”能力，“机械复制”是艺术生产力水平达到的新的高度，“反映了某种新东西”(第233页)。机械复制技术的发展在历史上是持续跃进的，19世纪以来机械复制进入了一个全新阶段，石版印刷术、摄影术和声音复制技术相继产生，20世纪技术复制达到了一种新标准，“这使它不但能够复制所有流传下来的艺术作品，从而导致它们对公众的冲击力的深刻的变化，并且还在艺术的制作程序中为自己占据了一个位置”(第 234 页),电影艺术是这种新的历史水平上的艺术生产力的典型产物。

本雅明指出机械复制给艺术造成的影响,其最重要的体现就是艺术作品“灵晕”(aura)的消失。必须注意的是,在《机械复制时代的艺术作品》的文本语境中,“灵晕”的消失并不具有现代主义美学引用本雅明时为这一现象赋予的否定意味。在本雅明看来,现代艺术生产力的提高有着积极意义,是艺术手段和技巧进步的结果,电影、无线电广播等面向大众的传播技术,已经决定性地改变了当代艺术生产和艺术接受方式,“灵晕”的消失深刻地意味着改变了以往使艺术远离人民群众为少数人所专有的局面。何谓“灵晕”? 总的说来,“灵晕”可被“定义为一种距离现象”(第 237 页)。本雅明指出,19 世纪之前的传统艺术作品的生产方式和存在方式,使得这类艺术品具有某种“本真性”、“独一无二性”和“价值崇拜”的特征,内在地与欣赏者形成一种距离。“本真性”指作品物质性的真实存在方式,“原作的在场是本真性概念的先决条件”(第 234 页)。即是说,传统艺术品和在历史中存在的物质形态变化的不可复制性,因而具有的“艺术权威性”。传统艺术品的“灵晕”的另外一个来源是“崇拜价值”。传统艺术总是与宗教、礼仪密切相关的,也就是说与传统艺术的“使用价值”(第 239 页)密切相关。虽然随着文明化进程的发展,欧洲已经摆脱了原始崇拜的观念,但对美的崇拜成了新的拜物教崇拜,对唯一性的美的艺术品的崇拜取代了对艺术品作为宗教－巫术功利工具的膜拜,但拜物教的性质是同一的,进而使得“艺术”成了具有难以琢磨的“灵晕”的承担者。在机械时代,“灵晕”的消失成为了必然。新的艺术生产力打破了艺术品的物质性存在方式,因而也废黜了其“本真性”和“独一无二性”:“在世界历史上,机械复制首次把艺术从对仪式的寄生性依赖中解放出来。在大得多的程度上,被复制的艺术作品变成了为可复制性而设计出来的艺术作品。比方说,我们可以用一张底片印出任意数量相片，而问哪张是‘真品’则是毫无意义的事情。”（第240页）本雅明对“灵晕”消失的机械复制时代的艺术作品是怀着赞赏的态度来对待的。在他看来，新型艺术作品不仅是艺术生产力的结果，也深深地植根于现代人的感知结构当中。

二、新感知和展览价值

“在漫长的历史阶段中，人类感知方式随着整个人类生存方式的变化而变化。人类感知的组织形态，它赖以完成的手段不仅由自然来决定，而且也由历史环境来决定。”（第237页）现代的艺术感知基础，不再是传统的仪式性的崇拜，也不是不可消除的“距离”的“本真性”了。最主要的原因是，现代的艺术感知主体、消费主体发生了彻底的转变，这一主体成为“大众”，“当代生活中日益增长的大众影响”（第237页）决定了这一转变的必然性。“当代大众有一种欲望，想使事物在空间上和人情味儿上同自己更‘近’；这种欲望建制就和那种接受复制品来克服任何真实的独一无二的欲望一样强烈。这种通过持有它的逼肖物、它的复制品而得以在更为贴近的范围里占有对象的渴望正在与日俱增。无疑由画报和新闻短片提供的复制品与由未加武装的眼睛看到的形象是不同的。后者与独一无二和永恒性紧密相连，前者则与暂时性和可复制性密切相关，把一样物体从它的外壳中剥离出来。毁灭掉它的灵晕是这样一种知觉的标记，它的‘事情的普遍平等感’增强到如此地步，以致它甚至通过复制来从一个独一无二的对象中榨取这种感觉。”（第238页）

复制时代的艺术能将大众身边的事物精细地捕捉下来，对准那些隐藏于熟悉事物中的细节。复制时代的艺术作品让人们更进一步地了解支配人们生活的一切日常特性，同时开拓着意想不到的广大活动空间。复制时代的艺术品不仅扩大了人的认识领域，而且扩大了人的行动领域，它不仅是集体活动的产物，而且能够创造集体的感受。复制艺术是形成中的社会自我意识，它使艺术品从崇拜价值中解放出来，具有巨大的民主化潜能。本雅明认为，复制与技术复制是两个不同的概念。如木刻、蚀刻这类我们通常称之为手工复制的复制技术因其传播领域的有限性，并不足以对艺术品“灵晕”构成威胁。只有当技术复制所带来的数量的剧增、批量生产的出现才对艺术品的“灵晕”产生巨大的影响并最终导致其消逝。摄影、照相就是技术复制的代表。技术复制有两个特点是手工复制所无法企及的：首先，技术复制更为细致；其次，技术复制能把原作的摹本带到原作本身无法达到的境界。艺术复制品的出现使得观众可以在任意的时间、地点、环境欣赏到艺术作品。艺术不再是只供少数人欣赏的阳春白雪，而成为老少皆宜的大众文化。可以说技术复制使得艺术更大众化、普及化，“几个世纪以来，以一直是数目很小的作者面对成千上万的读者。然而这种情况到了上个世纪末有了变化。由于印刷越来越发达，不断把各种各样新的政治的、宗教的、科学的、专业的，以及地方的报刊推到读者眼前，越来越多的读者变成了作者——起先只是偶尔写写的作者……这样，作者和公众之间的区分就快要失去它最基本的特征了”（第251页）。

传统“光晕”艺术是崇拜价值为主的艺术，机械复制艺术是展览价值为重点的艺术。传统艺术之所以以崇拜价值为主，是因为它建立在仪式的基础上。机械复制技术第一次把艺术从对仪式的依附中解放出来。随着各种艺术实践从仪式的依附中解放出来，它们的产品获得了日益增多的展览机会，五花八门的技术手段使艺术作品越来越适合于展览。在当今复制时代的艺术作品中，绝对强调的是作品的展览价值，展览价值开始全面取代崇拜价值，艺术作品的展览价值使作品具有一种全新的功能。（第242页）由于生产和复制技术的不断提高，艺术品的可展览性越来越强。当艺术的展览价值在艺术中占主导地位时，这就标志着一种具有全新功能的艺术出现，即机械复制的艺术。

三、后审美时代的艺术

人类艺术从有灵晕艺术向机械复制艺术的转变，也就是从美的艺术向后审美艺术的转变。本雅明认为，在前机械复制时代，人类的所有艺术活动都是一种美的艺术。随着信息社会的出现，机械复制时代的到来，美的艺术就走到了尽头。后审美的艺术有以下几个方面的特征：首先，后审美艺术意味着审美自律性的消失。传统的艺术本身具有审美属性与自律价值，而机械复制的艺术则打破这种自律性，这种艺术本身不具有这种直接的审美属性。“当机械复制时代把艺术与它的崇拜根基分离开来，它的自律性的外貌便也永远地消失了。”（第244页）这种新艺术之所以不具有独立的审美性，是因为它脱离了拜物教化的作为崇拜对象的审美客体，其摹仿对象不再是离人的生活遥远的东西，而是现代性的现实生活本身。其次，后审美艺术的接受方式也经历深刻的转换。传统的审美艺术，其接受方式往往要求观众必须具有虔诚的态度，以个人欣赏为主导，并完全沉浸到作品及其联想之中。“艺术品作为圣物，当作值得我们去顶礼膜拜的对象来加以尊敬。”（第241页）随着复制时代的到来，“教堂或露天里上演的合作作品在私人客厅里再次响起”（235页）。艺术作品通过被复制的方式进入到普通的民众的日常生活当中，并且带来了接受方式的深刻改变。“艺术的机械复制改变了大众对艺术的反应。对毕加索绘画的消极态度变成了对一部卓别林电影的积极态度。”（第254页）这种积极的接受方式发生在日常环境中，不再是传统崇拜情境下的接受，这种积极的接受方式并不是纯粹的凝视和沉思，而是集体性的交流。最典型的例子还是电影。最后，后审美的艺术作品的政治功能愈加突出。这个政治功能就在于把观众从日常的无意识情境当中解放出来，通过作为其生活的复制品的艺术，再现其生活。新的艺术类似于精神分析的工作，就在于将日常生活的无意识层面提升到意识层面，深化观众对它的统觉认识，这种艺术保证了一个巨大的意想不到的活动领域，并获得一种“震惊”效果。他进一步提出：现代艺术应当利用机械复制艺术来把握和消解这种以知觉分散、凌乱、矛盾、冲突为特征的“震惊”心理。把整体分解为碎片，然后再从碎片看到当代社会的整体本质，这就是本雅明所揭示的机械复制时代艺术生产的原则。

本雅明宣告了康德美学的艺术非功利性论点的终结，并热切地对革命的艺术政治学做出了展望，使该文成为现代主义文艺理论中的一篇重要文献。

（赵　文）

英加登

对文学的艺术作品的认识 1937年*

罗曼·英加登(Roman Ingarden,1893—1970),波兰著名哲学家、美学家、文艺理论家。早年研究数学和哲学,后师从胡塞尔,但并未完全接受胡塞尔的现象学思想。他将现象学理论应用到美学和文艺理论领域,在本体论、审美价值论等方面取得重要成果,为现象学美学和文论奠定了理论基础。英加登的主要著作有《文学的艺术作品》(1931)、《对文学的艺术作品的认识》(1937)和《艺术作品本体论》(1962)等。

一、文学作品的存在方式

《文学的艺术作品》和《对文学的艺术作品的认识》是英加登对作为一种知识的对象的文学进行研究的姊妹篇。在《文学的艺术

* [波]罗曼·英加登:《对文学的艺术作品的认识》,陈燕谷、晓未译,北京:中国文联出版公司1988年版。文内引文,只注页码。

作品》中，他认为文学是一个复合的、分层次的客体，其存在取决于作者和接收者的意向行为，但又不等同于这些行为，因为它也有自己的实体基础。文学的艺术作品包括四个层次：语词声音层次；语义层次，也叫做意群层；由事态、句子的意向性关联物投射的客体层次；这些客体借以呈现在作品中的图示化外观层次。接收者可以在这种实体基础上重构作家的意向形式，因此作品也就成为主体间性的对象。接收者的阅读必然会导致作品的“具体化”，它填补作品中的“不定点”，并使潜在的要素得到现实化。所以，作品既非心理主义所说的观念性的存在，也非还原主义所谓的存在与物理实体中的客体，作品本身也不是一个审美对象，而是一方面要实现作品的具体化，另一方面也要审美接受者同这个具体化的作品形成一种意向性关系，构成审美关系，这样，作品才会成为审美对象。如果说《文学的艺术作品》一书解答的问题是文学作品的结构及存在，那么《对文学的艺术作品的认识》则回答文学作品是通过哪些程序获得的，会导致什么结果。

二、对文学作品认识的初级阶段

英加登认为，体验文学作品包括很多种方式，认识只是读者和文学作品交流的方式之一，但这却是本书的研究主题。阅读文学作品的第一个过程就是对语词声音层的理解。他认为，人们理解语词声音和理解语词的意义，这两种理解是同时发生的。语词意义的理解之所以可能，是因为，一方面，语词意义是超越于心理经验的客观性的存在；另一方面，它也是一个具有适应结构的心理经验的意向构成。语词本身可能没有意义，但是使用者进入特定的语境，形成主体间性关系，语词的意义就变得可理解了。在英加登看来，阅读分为两种，一种是普通的接受性阅读，也叫消极阅读；另一种是积极阅读。消极阅读忙于语词、句子而无法进入作品的世界，而积极阅读不仅理解句子的意义，还会同它们进行交流，从而形成一种创造的意向性。这样的话，“在阅读过程中，一个包括事物、人物、现象、事件的自足的世界，一个有着自己的动力和情感氛围的世界就显现出来了”（第42页）。两者都是通过对作品所描写的客体的客观化实现的。鉴于文学描写的客体不断地变化，所以客观化也是在不断地重新实现。通过客观化，再现的客体才对读者呈现出自己的“拟实在性”，从而获得自己的命运和动力，也就是独立性。作品中有无数的“不定点”，读者能够通过具体化和客观化，通过生动地再现，填补这些“不定点”，从而使作品变得丰富完满，同时实现对作品的重构。当然，由于客观化的方式是多样的，所以读者重构出来的作品也是不一样的。

那么，怎样理解作品所传递的“观念”呢？文学的作品的基本功能是使持正确态度的读者能够构成一个审美对象，同时才会产生相应的审美价值，而作品的审美价值并不单一，是一个审美价值素集，不同的作品有不同的审美价值核心，“文学艺术作品整体的这个具有确定审美价值的核心也可以在更为狭义的意义上设想为它的‘观念’”（第89页）。读者必须参与创作，才能在具体化的过程中实现其审美价值。阅读是一个时间维度上的延伸过程，呈现给读者的总是一个新的部分或新的阶段。那么，作品的客观化是如何可能的呢？这是由于积极记忆的结果。读者会用一种特殊的方式来“概括”读过的某个句子或句群，这是一种意义的浓缩和概括。在具体化过程中，读者会被双向视界所包围：1.已经读过的部分会沉入作品的“过去”；2.尚未阅读的部分，仍然是未知的。这种双重视界会不断地出现，从而使它不断地被作品的不同部分所填补，并影响到“正在”阅读的部分。这种现象被英加登称为“时间透视”现象，它由文学作品的基本结构决定，每种时间透视都有一种相应的阅读方式。

三、对文学的艺术作品的各种认识

英加登在《文学的艺术作品》一书中所说的“文学作品”,范围比较广泛,它既包括文学的艺术作品,也包括一切以语言为媒介的作品。这样的话,就涉及文学的艺术作品与科学著作之间的区别问题。文学的艺术作品是为了在客观化过程中实现审美价值,而科学著作则是为了向他人传达某个领域中科学研究的成果,以便读者能够继续和发展科学研究。所以,科学著作中的陈述是一种判断,而文学的艺术作品不包含真正的判断,只能是一种“拟判断”。科学著作中也有一种特殊的审美价值,但其中一般不需要图示化外观,科学著作的读者是透明的,没有也不需要再现客体的功能。而文学的艺术作品的功能是“使读者能够对一个审美对象进行适当的审美具体化”(第171页)。英加登认为,我们对文学的艺术作品的知识,事实上是由两种态度形成的:一种是读者的态度,这是以审美的态度完成的阅读;一种是学者的态度,这是出于研究目的完成的阅读。与之相应的是两种认识方式,前者是审美的方式,而后者则是前审美的方式。在学者那里,文学的艺术作品本身在它的图示化形式中成为研究的对象,而读者则关心在审美经验中得到现实化的作品的具体化。

一本书确实是一个物质存在,但这并不等于它就是文学的艺术作品,只有在它的基础上,形成一定的审美经验,它才会成为审美经验的对象。审美经验不仅仅是一种瞬间的愉快经验,由于接触对象的不同,它会具有自己的长度和复杂性。对于一个具体事物的知觉,会使我们产生一种特殊的情感——“原始情感”,这是审美经验的起点。尽管人们还来不及同对象形成明确的意向性和自觉的理解,但是原始情感会触动人们、激发人们,它会让我们发生从现实生活的自然态度到特殊的审美态度,从而使人们同其建立起一种意向性关系，这是从实践态度向审美态度的转变。这种审美经验不是被动的、消极的、非创造性地观照，而是一种积极的、富有创造性的生活的一部分，尽管它并没有实际改变生活。由于作品本身是多层次的存在，所以审美价值也是多层次的。而最终，审美经验会将各种审美价值形成一种审美的和谐，使艺术作品成为一个有机的整体，“构成一个有组织的(结构的)具有最终确定性质的质的和谐是审美经验的最终目标，或至少是其创造阶段的目标”(第 215 页)。

四、对文学的艺术作品的认识是否可能

英加登还探讨了对文学的艺术作品进行认识的前审美态度问题。对文学作品的认识是不是正确的？我们能否获得对它的“客观的”认识？英加登指出，只要认识对象是一个自主的存在，这种“客观的”认识就是可能的。但是问题在于，文学的艺术作品并不是一个客观的自主的存在，它是一个意向性关系的产物，或者说是一个纯粹的意向性客体。对于作品的重构，或者说具体化，不可能是完全精确地忠实于它的。尤其是在对作品的“语词层”和“意群层”的具体化过程中，重构往往会发生曲解现象，不仅会挖掘出本文中所蕴含的东西，而且还会增加各种纯属读者臆造的东西。如何解决这个问题呢？消除对一部作品的曲解，只能通过和其他读者对这部作品的重构的比较才能完成。在重构作品时，利用反思的前审美认识不断地对作品进行重构，也可以不断地返回到审美经验，利用反思的前审美认识来不断地检验和纠正重构的忠实性。

审美经验的形成将作品构成为一个审美对象。但是，审美对象也不是凝定不动的，“对象不是在一个单一的目前时刻完全构成的，而是在审美经验的过程中对艺术作品相继的新阶段进行现实化而构成的”(第 406 页)，因此，审美对象有其自身的时间结构和

时间性。正因如此,审美对象是在时间的延续中形成的,因而它们必须结合起来以便构成总体价值。这就又涉及各个审美价值同它们建立起来的总的价值之间的关系。只有确定了这些关系,我们才会真正理解文学的艺术作品的整体结构。阅读主体的能力和倾向、阅读时的心境,都会影响审美经验的形成。有的审美经验是以作品为主展开的,有的则是以读者为主展开。即使是同一部作品、同一个读者,审美经验也会以不同的进程出现,从而构成不同的审美对象。因此,审美经验的有效性在很大程度上要取决于读者的能力,取决于读者对一些艺术主题的兴趣,以及他所具有的想象的类型、范围和能动性,感受力的敏锐程度以及情感反应和他所具有的审美文化程度,等等。这样的话,读者对作品的具体化、客观化过程,就需要在作品本身的基础上,力图实现对它的忠实的重构,从而使其成为一个知识的对象。这里需要注意的是,为了给作品的价值确立一个客观的基础,英加登提醒人们不要混淆对价值的反应和对作品的审美判断,因为那会导致理论上的怀疑主义,从而出现"趣味无争辩"的结论。

该著的现象学文学理论,对20世纪诸多文学理论学派产生过影响,日内瓦学派、结构主义、阐释学、接受理论等都从这里汲取了营养。

(李　龙)

卢卡契

现实主义辩 1938年*

格奥尔格·卢卡契(Georg Lukács,1885—1971,又译卢卡奇),20世纪早期的马克思主义理论家和著名学者,强烈反对当时将马克思主义教条化、庸俗化的倾向。就文学理论方面的创造性贡献而言,卢卡契以其体系化了的马克思主义美学和文艺学理论,对"现实主义"问题做了深入探讨。他用"总体性"哲学,赋予了文学"现实主义"以权威地位。

在德国马克思主义文论史上,曾发生过有名的"济金根争论",另一场重要的论争则是"表现主义争论"。卢卡契在这场论战中,细化并完整表述了自己的现实主义文学思想,并对当时的现代主义文学思潮进行了历史的、内在的批判。这场争论是由克劳斯·曼论述弗利特·本的文章和恩哈特·齐格勒的文章《现在这笔遗产完结了》所引起的。随着1937年曼和齐格勒的文章在流亡莫斯

* 《卢卡契文学论文集》(二),北京:中国社会科学出版社1981年版,第1—33页。文内引文,只注页码。

科的德国文学杂志《发言》(*Das Wort*)上刊出,先后有十五位作家、艺术家、批评家加入到争论之中。他们基本上拥护现代主义特别是表现主义的创作方法,在论述过程中大多把批评的矛头指向卢卡契1934年写作的一篇论文《表现主义的兴衰》,认为卢卡契的保守态度压制了具有"革命性"的新的艺术形式。1938年6月,卢卡契以《现实主义辩》加入这场论战,并针锋相对地对布洛赫等人的现代主义理论基础进行了批判。该文可以说是卢卡契现实主义文艺思想的集中体现。

一、怎样看现实主义和现代主义

卢卡契的批评者们针对他提出批评时,对文学的发展做出了这样一种区分,将现代文学视为进步的文学,而将古典文学视为过时的、保守的文学。而他们所理解的现代文学,又仅仅是从自然主义、印象主义经过表现主义发展起来的超现实主义,并且"把现代艺术同某些文学流派的发展混为一谈"(第2页)。在卢卡契看来,这种区分仅仅是对复杂的文学现象所做的简单划分,而没有看到,文学作为一种特殊的意识形态形式的复杂性质。即使在现代社会的艺术发展环境中,从文学与意识形态的关系来看,文学艺术本质的三种区分仍然是有效的:第一类是反现实主义或伪现实主义的"为现存制度辩护的文学";第二类是先锋派文学;第三类是这个时期的现实主义文学。第一类文学的性质决定它不可能是真正的艺术,因而争论的焦点就在于,在先锋派和现实主义中,谁才代表了现代文学中进步的方向。卢卡契从理论上改变了表现主义拥护者的问题的讨论方向。后者无批判地以"现代的"方式看待文学艺术的发展,认为新的就是合理的,认为艺术中新的感知方式必然内在地反映着新的历史现实,但争论的问题经过卢卡契的这种"理论转换",就不能再用历史经验主义的方式去对待了,这个争论的焦点就应该表述为:现实主义和现代主义,谁能“本质”地反映现实,谁才是现代文学的精华。

二、关于“总体性”的理论

接着,卢卡契回到其“总体性”的理论前提,从历史唯物主义认识论的角度,澄清了现代主义的社会基础。现代主义者的基本理论主张是用“心理现实”取代“客观现实”。这一主张背后的“世界观”,认为适用于古典客观现实主义是建立在社会总体性的为分化的“紧密性”基础之上的。只有在那种条件下,作家才能较为完整地反映客观整体的现实,而现在资本主义的经济各种因素和各个部分以前所未有的方式独立出来,使得资本主义社会现象支离破碎,现代主义也因而是通过不连续性的艺术摹仿“反映”新现实本身的尝试。卢卡契从两个方面揭示了现代主义辩护者辩护词的虚假性:首先是“资本主义”的总体性问题。资本主义社会的分化独立的历史事实,是否说明资本主义社会就不具有“总体性”了呢?卢卡契的回答是否定的。他说,历史地看世界历史的进程,总体性越来越扩展,内容也越来越丰富,资本主义社会固然由于其经济的竞争性、现代生产的科学性使社会诸部门独立了出来,但并不因此而丧失其“总体性”。如此,毋宁说它形成了一种特殊的总体性,即随着资本主义世界经济的形成,它在客观上建构起来了客观的整体性,使更大范围内的经济关系、社会关系、文化关系构成了一个整体,但在主体的主观方面,又构成了认识的“支离破碎”性质。因此这种总体性是一种悖论结构,即客观上的总体性和主观上的支离性的总体性,它在资本主义社会的“普遍危机阶段”以其最明显的形式反映出来。(第 4—5 页)因而,另一方面的问题是,如何对这种总体性进行“反映”,是按照主观的“支离”性、按照资本主义经济社会现实在头脑中的“颠倒形象”去反映,还是用客观的、真正具有总体观的对现实的理解去反映？

卢卡契指出，从马克思主义的文艺观出发，答案只能是后者。“一个作家致力于如实地把握和描写真实的现实，就是说，假若他是一位现实主义作家，那么现实的客观整体性问题就起决定性作用。”(第6页)。卢卡契通过托马斯·曼和乔伊斯的比较，说明努力从客观整体性上反映现实的作家和摹仿“不连续性”的现代主义作家之间的本质区别。托马斯·曼的作品《布登勃洛克一家》和《魔山》中的主人公，也表现出了那种“破碎性、间断性，那种戛然而止的‘空空如也’”(第7页)，但是他通过现实主义的方法将这种“时髦的市民性”的社会基础展现了出来，他清楚地知道这种破碎的“思维和感觉是如何从社会存在中生产出来的，经历和情感是怎样成为现实这一综合体的组成部分的”(第10页)。与之形成对照的是，乔伊斯笔下的主人公的“破碎性”，这种特性只是一种“拼接”，这种“反映”方式仅仅停留在“直接取来，摄制下来，然后把各种思想和经历的片段加以拼排”(第9页)，除了这种精神破裂之外，这种“反映”是不会说明他所描写的对象究竟属于社会生活综合体中的哪一个部位，其发展趋向如何的。因而不管在帝国主义时期，“从自然主义到超现实主义的走马灯式的现代文学流派”(第10页)如何变换更迭，其本质是一致的。它们最大的特征就是停留在“直觉”层面(第12页)，以直觉面对整体的、复杂的现实，结果只能是制造“抽掉现实的抽象”，“不在思想上升华，而是把模糊的、支离破碎的、看来是混乱的、未加理解的、只是直接经历的‘表面’加以确认”(第13页)。这种“纯主观性”的现代主义艺术，在“剪接拼合”的风格手法中达到其顶点，“它能够迅速地把事实上完全不同的、零碎的、从联系中撕下的现实碎块令人惊奇的拼凑在一起”(第17—18页)。直觉性、抽象性、拼接性的艺术追求只能造成现代主义艺术实际上的“颓废”本质。卢卡契援引现代主义们所推崇的尼采的原话，勾勒出其颓废本质的总体特征：“生命不再存在于整体之中，每个字都是自主的，它跃出了句子；而句子又侵犯别的句子，于是模糊了整页字的意义；整页字又牺牲了全篇而赢得了生命。全篇就再也不成其为整体了……到处是瘫痪、困倦、僵化或者敌意、混乱：把这两者的组织形式提得越高，它们就越能清楚地跃入人们的眼帘。整体根本不复存在了；它是一个经过计算拼凑起来的人工制造品。”（第 18 页）

三、先锋的、创造典型的现实主义

卢卡契认为，如果将表现主义等现代主义创作思潮当作“先锋”，恰恰是一种误解。因为表现主义等现代主义思潮只具有表面上的激进性以及本质上的反现实主义的倾向。“这种倾向阻碍了艺术上深刻地把握现实，从而控制和克服错误的倾向。如我们所看到的那样，表现主义坚持直觉立场，并且在艺术和世界观上给这一立场罩上深刻和完善的面纱。”（第 26 页）这样的思潮对于受它影响的人们的革命觉醒，与其说起了促进作用，毋宁说起了阻碍作用。那么在现代文学发展中什么才是“先锋”文学呢？卢卡契毫不含糊地指出，只有与现实历史运动保持着客观的总体性关系、反思关系的现实主义文学，才是真正意义上的先锋文学。

先锋的现实主义文学，在卢卡契看来，首先是作家在艺术和世界观上巨大的、双倍的劳动的结果，是对历史和现实经验的思想揭示。按照列宁的说法，“非本质的、现象的、浮在表面上的东西往往要消失，它不像‘本质’那样靠的‘紧’，也不像‘本质’那样坐得‘牢’”（第 7 页）。现实主义作家创造典型，通过艺术典型“解释社会现实的更加深刻的、隐藏的、间接的、不能直接感觉到的联系”（第 13 页），对创造典型的现实主义作家来说，他们也不会停留在非本质的直觉经验当中，而是通过艺术创造进入“本质与现象在艺术上的统一”，“这种统一愈是强烈地抓住生活中活生生的矛盾，抓住丰富多彩的矛盾统一，抓住社会现实的统一，现实主义就愈加伟大，愈加深刻"(第 13 页)。"由于从堂吉珂德、奥勃洛摩夫到当代的现实主义者的这样的现实主义者是为了创造典型，它就必然要到人们中间，到人与人之间的关系中间，到人们活动的场所去寻找这样持续的特点，这样的特点作为社会发展的客观倾向，甚至作为整个人类发展的客观倾向，是长时期都起作用的，这样的作家在意识形态方面形成了一支真正的先锋队，因为他们对活生生的，但还直接被掩盖着的客观现实的倾向刻画得那样深刻和真实，以致后来的实际发展证实了他们的描写。"(第 21－22 页)现实主义作家的典型塑造能创造出"预言形象"，揭示历史发展的本质及其现象趋势，这才是真正的"先锋"性的表现所在。最后，现实主义内在地具有人民性。现实主义的文学来自生活和人们关系的发展形态构成历史本身，坚持文学与普通人具有天然的联系，坚持广大人民群众的实际经历与文学作品中的人物、事物、场景是现实主义作家本人的基本立场，人民群众的生活也与现实主义作家本人的生活息息相通。这种相通为现实主义文学的广泛而持续的影响力奠定了基础。而普通读者、群众在阅读过程中，一方面扩大了自己的阅历和眼界，另一方面又使自己的生活经历和精神情感得到净化。卢卡契认为，共产主义的现实主义创作甚至可以帮助革命力量的政治主张得到人民的认同，在人民的灵魂之中为即将或正在进行的革命运动准备肥沃的土壤，实现伟大的人性和人道主义的胜利。因此，"同人民保持活跃的联系，使群众自己的生活实践朝着进步方向继续发展——这就是文学的伟大社会使命"(第 32 页)。相比之下，自命具有"人民性"的现代主义文学创作，缺乏真实、缺乏生活，"把一种对生活的狭隘的主观主义的理解强加给它的读者"，读者对现代主义艺术好不容易才弄懂，"得到的却是那么一点关于现实的主观主义的、被歪曲了的余音，人民绝对无法把它重新翻译成自己的生活经验的语言"(第 32 页)。

作为一篇针对现代主义攻击的反驳文章，此文从文学的世界观基础到文学史发展的规律，辨明了现代主义的本质，指出了以非本质的经验直觉为基础、与帝国主义的精神结构保持着同一性的文艺思潮，以盲目的激进性、脱离人民的人民性为其口号的文艺思潮，是不可能被当作代表文学史发展真正方向的“先锋”文学的，并最终证明了只有创造典型、预言历史趋势的人民性的现实主义文学，才是文学发展中的主流。

（赵　文）

科林伍德

艺术原理 1938年*

罗宾·乔治·科林伍德(Robin George Collingwood,1889—1943),英国哲学家、历史学家兼考古学家、美学家,表现主义美学的主要代表之一。科林伍德一生著述颇丰,主要有《宗教与哲学》(1916)、《心灵的思辨》(1924)、《历史哲学》(1936)、《牛津英国史》(第一卷)(1936)、《艺术原理》(1938)、《新利维坦》(1942)、《自然概念》(1945)、《历史概念》(1946)等。作为表现主义的代表人物,他早期美学思想与克罗齐不尽相同,到晚期在其《艺术原理》中,体现出向克罗齐多方面的靠拢。此书主导思想与克罗齐一脉相承,强调艺术即表现,澄清了表现主义的一些概念,并对艺术创作和艺术作品所涉及的各个因素做了成分分析。书中提出了"什么是艺术"的问题,分为三编,首先对艺术和非艺术做出了区分,接着从艺术哲学角度对真正艺术概念中的重要术语进行阐发,最后又深入一

---

* [英]科林伍德:《艺术原理》,王至元、陈华中译,北京:中国社会科学出版社1985年版。文内引文,只注页码。

步分析艺术，并对艺术实践中艺术家和观众的任务做出了说明。

一、艺术与非艺术的区分

首先，是对“艺术技巧论”的驳斥。技艺是通过自觉控制和有目标的活动以产生预期结果的能力，把艺术和技巧等同起来的谬误，科林伍德称之为“艺术的技巧论”。通过对艺术和技艺六个特征的对照解析，他指出，艺术不存在技艺所涉及的种种区别，因而真正的艺术不可能是任何一种技艺。这里，他更多强调的是艺术不存在目的和手段的区别，其价值在于其自身。艺术中确实需要一定程度的技巧性技能，但它们只是服务于艺术的东西，而不是艺术本身。现代心理学派试图复活艺术技巧论，认为创作者能够运用技巧在观众身上引起合乎愿望的心理反应，科林伍德认为他们的研究对象是“名不副实的艺术”或“伪艺术”。非艺术是不同于艺术的事物，而伪艺术是指把非艺术误解为艺术的那些东西，包括娱乐、巫术、哑谜、教诲、宣传和告诫，它们作为心理刺激而存在，实际上是分派给艺术的形形色色的用途，是独立自足的艺术对其原有本性的背离。他指出，“实用艺术”和“优美艺术”都是艺术技巧论者的术语，“美”其实和艺术无关，艺术并无美学含义，审美经验是一种自主性活动，起自内心，并不是对特定外在物体刺激做出的特定反应，美学理论也并不是关于美的理论，而是关于艺术的理论。

其次，是对“艺术再现论”的驳斥。再现是一种专门技巧，真正的艺术不可能是再现性的。艺术和再现也有部分重合，但艺术品比再现物所指的更多。再现主要是情感再现，“再现总是达到一定目的的手段，这个目的在于重新唤起某些感情”（第 58 页）。科林伍德将再现艺术分为两种：“如果是为了它们的实用价值，再现就称为巫术；如果是为了它们自身，再现就称为娱乐。”（第 58 页）巫术艺术唤起的情感是能对实际生活产生作用的情感，并指向实际生活。巫术并不是伪科学,也不是精神病,它的原初功能在于鼓舞自己的士气或破坏敌人的士气。艺术传统中依旧保持着具有巫术性质的支流,如民间艺术和上层阶级中的传统低俗艺术以及宗教艺术等。娱乐艺术中,情感并不释放到实际生活中去,而作为本身有价值的某种东西加以享受,情感在虚拟情境中"接地"释放得以净化,如色情艺术、恐怖作品、侦探小说、狡诈文学等。情感是复杂的,某些情感以实用形式释放,某些情感则以接地形式释放,寓教于乐,二者可以并行。针对现实状况,科林伍德强调了娱乐艺术的危害性,过度耽于娱乐就会对实际生活产生一种危险,娱乐在虚拟情境中的释放会使人对实际生活厌倦,完全丧失对实际生活事务和必要工作的兴趣与能力,这对于它所流行的那个社会来说可能是致命的。科林伍德将欧洲历史构化成一部娱乐史,指出娱乐阶级的兴起从实际生活事物中吸走了全部情感的能量,导致了古代文明的逐渐没落,而巫术艺术也渐渐被清洗一空,现代文明也成为娱乐世界,艺术名义下从事的几乎都是娱乐,走上古罗马晚期老路,那么,我们能做的事情只能是培植我们的艺术园地来进行补救。

再次,对真正的艺术的分析。他分析了真正的艺术的特性,就目的而言它不是要唤起情感而是要表现情感,就手段而言艺术不是制造而是想象的创造。艺术具有表现性。表现情感并不具有手段和目的或者说技巧,表现者在未表现情感时,只是意识到有某种情感,但却不知道这种情感是什么。表现情感的过程,也是他对自己的情感进行探测的过程。情感在表现之前已经存在,但是表现时赋予了它另一种不同的情感色彩,当情感得以表现时我们才能说情感是什么。艺术表现是一种个性化活动,要表现的是某一情感而不是某一类情感。他强调艺术表现的是能够引起观众共鸣的社会性情感,观众领会了艺术家用语言表现的情感,心中有了同样的感受,艺术家的语言也就成了他的语言,表现了他自己的情感。

艺术具有想象性。艺术品并不是制造品，不是由艺术家建造出来的具有形体或可感知的东西，而是存在于艺术家和观众的头脑中，是一种总体想象性经验的创造物。艺术品只要在艺术家的头脑里占有了位置，就可以说它被完全创造出来了，观众通过做好的作品，为自己重建艺术家头脑中的那个想象物。艺术不是由形式构成的，形式只不过是名不副实的艺术作品整体的知觉结构而已，观众听到或看到的也是通过其想象力用各种方式加以补充和校正过的。想象性创造是不带有目的性的。想象与虚拟不同，想象不存在真实与不真实的区别，也不存在要获得某种东西的动机。这样，他得出结论："通过为自己创造一种想象性经验或想象性活动以表现自己的情感，这就是我们所说的艺术。"(第 156 页)

二、想象论

科林伍德考察了思维、感觉、想象、意识和语言等范畴及其之间的关系，试图提出一种有关想象及其在整个经验结构中的地位的理论。感觉(feeling)可以分为两种，即感觉(sensation)和情感(emotion)，特定的情感只是相应感觉的情感负荷。意识是还未达到理智水平的原始形态的思维，对感觉具有修正作用，它能够挑选感觉中的因素，决定注意什么样的感觉，注意使感觉保留在头脑中得以长久化并进入经验发展新的阶段，从而纯粹的感觉或印象，就转化成驯化了的感觉即想象或观念了。简言之，意识支配了感觉，将印象转化为观念，即把未加工的感觉变成了想象。想象是思维活动和单纯的感觉心理生活接触的交点，思维就是以这种经过意识加工改造成想象的感觉为基础的。意识所注意的是不能超出整体的感觉一情感的一部分，正确意识就是向我们自己承认自己的感觉，错误意识则会否认它们和自己的联系。一种感觉被承认了就从印象转变成观念，受到意识的支配，不被承认则不受注意而被忽略。而当意识到如果这种感觉转化成观念之后我们不能支配它,有意识的自我就会否认对这些感觉负责,放弃它,转而去注意较为容易的对象。想象则是感觉被意识活动改造时所采取的新形式,依旧是感觉,它们并不是并列共存的,二者的对象是不可分割的统一体。科林伍德考察了想象理论的历史发展,最后指出,真实的感受物和想象的感受物之间的区别,不是感受物中间的区别而是不同方式的区别,思维对其做出正确解释的就是真实的感受物,解释错误的感受物则是幻觉的感受物,根本未予解释的则是想象的感受物。

接下来科林伍德着重分析了语言,认为如果艺术具有表现性和想象性,那么艺术必然是语言。语言在原始状态中是一种想象性或表现性的活动,功能在于表现情感,理智语言则通过理智化以便于表达思想,但依旧表现理智化情感。除语言表现之外,还有另一种表现即心理表现,它不依赖于意识而发生,是纯粹心理水平上的经验的一个特征,存在于非随意的行动中。心理表现是完全不能控制的,如前所言,意识把纯粹感觉转化为想象性经验,同样的变化也影响着表现的身体动作,使具有特定情感负荷的心理一生理活动转化为一种受意识控制的有机体活动。这些受到控制的情感的身体表现活动,科林伍德称之为广义的语言,包括与语言表现方式相关的任何器官的任何表现活动。这种全身姿势的原始语言,是唯一实际存在的语言,每个人无论用什么方式表现他自己,随时都在使用着它,言语及其他种类的语言只是其中的一部分。全身性的语言是从心理水平提高到意识水平的那种自动活动的总体,是我们总体想象性经验的运动方面,而总体性想象经验即真正的艺术作品,因而艺术与语言是同一性的。

三、艺术论

科林伍德在这一部分将艺术理论又推进了一步。任何真正的表现必然是一个独创性的表现，表现活动不“使用”“现成的语言”作为达到目的的手段，它在进行中“创造”语言，反之则是伪审美活动，是名不副实的艺术。它不是艺术，是技艺，利用“陈词滥调”在人们身上引起种种心理状态，包括娱乐和巫术，它们不是一种原料，给它灌输审美意识的精神也并不能制作出艺术来，它们也都不是坏的艺术。艺术家力图要做的事情是表现一个特定的情感，一件坏的艺术品是创作者试图表现一个特定的情感却失败了的一种活动。名不副实的艺术没有表面上的失败，有的只是另有所为的企图。在艺术与真理的关系中，他指出，一个艺术家在特定场合所创作的作品是他所能创作而且必须创作的唯一的东西。好的艺术作品必然力图叙述真理，其艺术价值与真理性是一回事，艺术实质上是对关于个别事实的真理的追求，理智的真理则确定这些个体之间的关系。然而艺术也并不是一种不同于实践的纯粹理论的活动，审美经验呈现出理论和实践两种类型活动的特征，审美经验是对一个人自己以及对他的世界即构成他的总体想象性经验的东西的认识，也是对一个人的自我和他的世界的创造，原来是心灵的这个自我，在意识的形态中转化为观念，逐渐肯定自己是情感的主人，而本来是未加工的感受物的这个世界，则在语言的形态中被转变为想象的并携带情感意义负荷的感受物。

艺术品并不是一种有形体或可感知的东西，而是艺术家的意识的活动。不存在将一个完满自足已存在的经验“外化”的问题，审美经验是在内在的创作过程中逐渐显现并被“观看”到的，内在的或想象性经验与外在的或有形体的经验是一体的。艺术作品并不是艺术家们以任何专有或完全的方式在头脑中进行的工作，不是诗人的自我表现。艺术创作也不是艺术家独自完成的，而是属于社会的合作性活动。艺术家总是处于与其他人的关系之中，艺术家对其他艺术家有所师法、借鉴，表演者和观众也是艺术家的合作者。艺术家在构思作品时可以把观众的局限性也考虑在内，艺术家就会将自己看成是观众的代言人，表现他与观众所共享的那种情感，这就存在着观众和艺术家之间的合作。文学中建立作家和观众联系的途径，就是作家放弃"纯文学"的观念，自发去写人们希望读到的素材。

科林伍德与克罗齐相比，更强调意识、思想在审美活动和艺术创作中的作用，而不十分强调直觉的作用，认为艺术表现的感情是一种社会性的感情，不应片面追求"自我表现"。表现主义文论经科林伍德的大力宣传，影响逐渐扩大。

（何瑞涓）

瓦莱里

诗与抽象思维 1940年左右*

保罗·瓦莱里(Paul Valery,1871—1945),法国著名诗人、散文家、批评家,象征派诗歌的重要代表人物,在文艺批评和诗歌理论领域卓有成就。瓦莱里同时还是一位兴趣广泛的思想家,曾在长达二十多年的时间里放弃诗歌创作转向哲学思索,在哲学、美学、文学及艺术批评方面有广泛的涉猎。他的有关文艺批评和诗歌理论的论文结集为《文艺杂谈》。《诗与抽象思维》选自《文艺杂谈》的"诗歌和美学理论"部分。

一、诗的语言是"语言中的语言"

《诗与抽象思维》开篇提出,人们通常将诗与思维,尤其是抽象

* [法]保罗·瓦莱里:《诗与抽象思维》,见《文艺杂谈》,段映虹译,天津:百花文艺出版社2002年版,第277—304页。该论著发表确切年代不详。文内引文,只注中译本页码。

思维对立起来,认为诗歌创造不需要严谨的理性思考。但是,这种简单的对立并不正确,诗与抽象思维的关系需要进行重新的考察。接下来,瓦莱里结合自己诗歌创作的体验对这一问题做了分析。

首先,瓦莱里指出在讨论问题之前,要先“清理语言状况”,避免语言的模糊多义遮蔽了要讨论的问题。各种话语表达不得不借助语言进行,然而语言并不是自明的,而是充满了复杂多样的含义。语言往往遮蔽了真正的问题,而变成语言的游戏。因此,对诗与抽象思维这个问题的探讨,不能通过概念的辨析和抽象的探讨获得答案。他提出:“与其模拟独立于任何人的认识和没有观察者的观察,不如讲述自己的体会更有用。”(第 282 页)接下来,他通过对自身内心活动的考察,描述自己亲身感受到的“诗的状态”来检视诗与抽象思维的关系。其次,瓦莱里将诗的情感状态与诗的语言形式联系在一起,指出:“诗是一门语言的艺术;话语的某些组合可以产生别的组合所不能产生的,我们名之为诗意的情感。”(第 283 页)所谓诗意的情感,指的是在某些特定的时刻,人们日常生活中的生命、事件、感觉和行为,突然与通常的感觉方式处于一种难以名状的奇妙关系中。在这种状态下,一个人会感觉各种事物处于一种相互呼应、和谐共鸣的音乐化状态中。这种状态,他称之为“诗的状态”。然而诗的状态是生活中偶然出现的情感状态,仅仅为创作诗歌提供条件,并不一定能够转化为一首诗。在这里,他将对诗意的感受和创作一首诗区分开来。一个人对诗意的感受是属于个人的、偶然的,而诗人的职责在于将诗意的感受传达给读者,“在别人身上创造这一状态”(第 284 页)。瓦莱里描述了自己某一天散步时突然陷入诗意情感状态的个人体验,在那个时刻,他陷入了奇妙激动的诗意状态,但却没能将这种状态用语言固定下来成为诗句。这说明,无论诗意的情感多么奇特,也根本不同于创作一首诗。创作一首诗不仅是获得诗意的情感,而且能够用诗句将这种情感固定、保存下来。也就是说，诗意的情感要成为一首诗，要借助语言的形式外壳。再次，瓦莱里讨论了诗的语言问题。他将诗的语言与日常所用的普通语言做了比较，指出，诗是语言中的语言。他将现实生活中各种话语形式所运用的语言称之为散文语言。散文语言总是指向现实世界，以某个现实需要为目的，其价值在于传达所携带的意义，语言本身没有独立的价值。一旦语言所携带的意义得以传达，语言自身就失去了效用。诗的语言是“语言中的语言”，目的在于自身，不以现实意义的传达为目的，不会因为现实完成的发生而失去效用。诗的语言不指向现实世界，而是有着自身独立的价值，“它生就是专门为了从它的灰烬中复活并且无限地成为它从前的样子。诗体现出这样的性质，那就是它试图以自己的形式再现：它刺激我们照原样复制它”（第295页）。

然而诗的语言不是和意义毫无关系的纯粹形式，在诗的语言中，语言的形式和内容、声音和意义之间呈现一副钟摆状的张力关系。与散文语言不同，诗的语言的意义并不会因意义传达的完成而取消语言自身，反而会加强人们对语言形式的感受。这样，与散文语言相反，诗的语言“在形式与内容、声音与意义、诗与诗的状态之间，表达出了一种对称，一种重要性、价值和权力的平等”（第296页）。如果说在散文语言中的钟摆偏向意义一端的话，那么在诗的语言中，钟摆的两端同样重要。诗的基本原则就是用语言来制造出两种状态的和谐交换，“诗的钟摆摇晃在声音和思想之间，在思想和声音之间，在在场和不在场之间”（第296页）。

二、诗歌创造需要一种抽象思维

最后，瓦莱里指出，诗的创作过程是诗性情感获得语言形式得以传达的过程，诗人对语言的依赖决定了诗歌创造同样需要抽象思维。他认为，诗人要“带给我们话语与精神之间密切联系的感觉”(第 297 页)。在这里,他没有从纯粹精神的角度论述诗人的地位,而是强调诗的语言形式外壳,强调“只对一个人有价值的东西没有价值。这是文学中铁的法则”(第 300 页)。亦即诗人不仅在于有诗意的感受,更在于将这种感受固定下来传达给读者。但创造诗歌的难度在于诗没有专属于自己的材料。其他艺术形式,如音乐,具有自身独特的表达符号和表达程式,乐音和杂音的界限泾渭分明。而诗则不同。诗人要运用的语言,不仅属于诗,也是日常语言和抽象语言等实用性话语活动的材料,诗人要运用各种话语共同使用的语言创造出独特的诗意状态,这如同在沙砾堆里发掘宝藏一样,需要艰苦卓绝的努力。诗人不能满足于简单传达他所感受到的东西,而是要对语言进行选择、创造,以便传达诗的状态。因此,诗人不能只依靠灵感和感性,而要同时具有理性思考的能力,能够在繁芜的日常语言和抽象语言中萃取出诗句。这一过程是艰苦复杂的,“这是一场与时刻的不平等、结合的偶然、注意力的涣散、外部消遣进行的抗争”(第 300 页)。这就要求诗人不仅能够具有诗的情感状态,还要具有驾驭语言的能力,要从日常语言和抽象语言中萃取出诗的语言。因此,诗歌创作的过程,就不仅要依靠感性思维,而需要理性思维和抽象思维的参与。他甚至断言:“凡是真正的诗人必定同时也是一流的批评家”,而且“任何真正的诗人,远比人们一般所认为的更加擅长正确推理和抽象思维”(第 300 页)。

然而,“诗人自有其抽象思维,或者说,哲学”(第 301 页)。瓦莱里所肯定的抽象思维,并不同于一般意义上的抽象思维,而是诗人所具备的诗歌创作所需要的抽象思维。诗人创作之所以不能只依靠感情的冲动,是因为诗要寄寓于语言中实现表达,“作为诗人,我经常注意到,我的工作不仅要求我置身于前面谈到过的诗的世界,而且还要求我进行大量思考、决定、选择和组合”(第 301 页),诗人的创作不是单纯的感情书法,而是艰苦的语言劳作,“一首诗就是用词语来制造诗的状态的一种机器”(第 301 页)。诗人创作诗的过程是诗人协调声音和意义、内容和形式的过程,也就是将感情的冲动和语言的表达协调为一体的过程。由于语言总是受到各种实用性话语形式的“污染”,所以给诗人创作出形式和意义相平衡的诗的语言带来了巨大的困难。“我们的任务是从中提取一个纯粹、完美的声音,它悦耳动听,无损瞬间的诗的世界,它能够举重若轻地传达远远高于自我的某个自我的概念。”(第 304 页)也就是说,诗人之所以需要抽象思维,因为诗要借助普通语言这一实用性的工具,要从不断被污染的普通语言中提取出一个纯粹完美的声音。瓦莱里探讨诗与抽象思维关系的基本思路是:将诗意的主体感受和诗意的语言表达区分开来,将诗的创作过程分解为感受诗的状态和传达诗的状态两个阶段,强调创作一首诗的关键步骤在于制造形式和内容动态平衡的诗句。由于诗歌没有专属自己表达的语言,诗人必须凭借各种话语表达共用的语言来创造出诗的语言。这就要求诗人不仅具有敏锐的感性思维生发诗意,还必须具有抽象的思维来萃取语言。

需要指出的是,瓦莱里所强调的诗人所应具有的抽象思维,和开始要讨论的与诗对立的抽象思维,并不完全相同。他所强调的抽象思维,是诗人创造富有张力、饱含意蕴的诗句所需要的思维能力。这种抽象思维能力是与独特的诗意情感紧密联系在一起的,是与诗歌创作所需要的丰富的想象力、独特的创造性以及突如其来的灵感紧密联系在一起的。他所强调的抽象思维,其实就是诗人的创造性思维。从文章探讨问题的方式来看,他并未在抽象思维概念上做辨析,而是从诗的创造状态入手,结合自己的诗歌阅读和创造经验,对诗的创造状态进行了描述,最终得出诗人自有其抽象思维结论。这样的论证过程也比较独特。

瓦莱里强调诗的语言形式在诗歌创作中的重要地位,指出诗的根本特质不在于个人情感的感受,而在于诗意情感的传达。这对只强调诗人主观情感的浪漫主义天才论是个补充和修正。这也反映了瓦莱里一贯坚持的文艺观,即认为诗歌创作是一种理性活动,反对那种单纯推崇直觉和感性的天才论。

（崔　柯）

兰色姆

新批评 1941年 *

约翰·克罗·兰色姆(John Crowe Ransom,1888－1974),“新批评”派承上启下的关键人物。韦勒克说他在“新批评”运动中“居于一言九鼎的元老地位”。兰色姆生于美国,获英国牛津大学文学博士学位,曾在美国多所大学任教,创办杂志《逃亡者》(1922－1925)和《肯庸评论》(1938－1959)。他的主要代表作有《没有雷霆的上帝》(1930)、《诗歌:本体论札记》(1934)、《世界的躯体》(1938)以及《劈荆斩棘:1941－1970年文选》(1972),影响最大的是这本《新批评》(1941)。

一、“结构—肌质”说

兰色姆诗学理论是“结构—肌质”说,而这一理论源自他的独

* [美]约翰·克罗·兰色姆:《新批评》,王腊宝、张哲译,南京:江苏教育出版社2006年版。文内引文,只注页码。

特的本体论。在他看来,“诗歌作为一种话语的根本特征是本体性的”(第 192 页)。诗歌表现的是现实世界的一个层面,而对这个层面,科学话语无能为力,因为科学话语虽然是简约的话语,但也是不再鲜活的话语,而诗歌则试图恢复那虽然难以驾驭却丰富多彩的世界。因此,诗歌也提供了一种知识,只不过这种知识在本体上迥异于其他知识。所以,本体,就是诗歌存在的现实。为什么这样讲呢?他认为,语言的混乱证明的恰好是世界的混乱,而诗歌语言的丰富的内蕴,反映出的就是这个世界的丰富性。所以,诗歌也具有一种哲学禀赋,“这种禀赋一面细心地寻找机会探求科学,一面坚决否认科学具有一种合理的世界观和现实的本体论”(第 52 页)。既然诗歌的本质在于恢复世界的本质存在,那么,诗歌就是一个“结构—肌质”的存在,“诗歌是一种松散的逻辑构架,伴有局部不甚相干的肌质”。怎么来理解“结构—肌质”呢?他指出,诗歌的“结构”就是诗歌的散文释义,是任何一种性质的逻辑话语,可以表达适合于逻辑话语的任何内容。而“肌质”则是诗人可以随意想到的任何真实的内容。它是诗歌的细节,诗歌的“肌质”完全都是由一些个性细胞构成的,每个细节都能够唤起情感和态度,而纯粹的科学话语只包含功能性的文字,缺乏这种肌质和美感。所以,正是“肌质”使一种话语变成了诗歌。

兰色姆认为,诗学理论之所以不尽如人意,除了缺乏哲学根基之外,更深层次的原因还在于未能对诗歌最基本、最直接的特征——格律形式做出解释。而格律与意义的动态过程,就是诗歌的全部有机活动,所以诗歌创作应该满足两个要求,一是能表达预定的意义,一是要符合规定的格律。换言之,诗人必须同时做两件事,一面要搭建一个逻辑结构,一面还要创造韵律。逻辑结构就是诗人最初的立意,意义要选择适合的字眼,而作为纯粹的韵律,它也要选择适合的词。所以,为了合乎韵律,就要对表达意义的词进行处理和改变,诗歌才能最终成形。一首成形的诗歌中的意义和韵律的关系，就是结构和肌质的关系。文字的推敲会使得原本严密的逻辑结构变得松散，造成了迂曲、省略和含混。更有价值的是，文字的推敲将陌生材料引进了诗歌，把合乎逻辑的细节变成合乎格律的文字，从而产生与结构不相干的意义。这被他称为“意义的非结构性的衍生”，是诗之为诗的关键所在，是诗歌的特质。其中的异质性是诗歌独特的、典型的方式。读者应该尽情地发挥自己的想象力去面对诗歌的这种丰富的异质性。兰色姆还用一个图表，来说明意义和格律在诗歌之中的作用。

他认为，诗歌是两个来自相反方向的动态作用的结果。诗人要考虑把表达的词语换成合乎格律的其他词语，反过来，诗人的这个倾向又会受到反向过程的牵制。诗人必须将自己选择的格律模式纳入到自己要表达的意义之中，这个时候他就倾向于用那些符合逻辑但不符合格律的其他词语去取代格律所规定的词汇的声音。诗人既要改变格律以适应意义，同时也要修改意义以适应格律。这样的话，一首诗歌就包含多个要素。他认为，区分格律和意义是诗歌批评最典型的职责，因为它的技术性更强，对知识的储备要求也很高。诗歌不会计较逻辑的完美，但是却在意从格律的需要中悄然产生的那种不确定因素的积极意义。而在不确定性的阶段，既关系到诗人的语言技巧，也关系到诗人的想象力。诗人在创作之始，发现很多进入诗篇的不切题的内容，这让人感到很别扭。但诗人很快就会发现这些不切题的内容也有颇为可取之处，并将其作为作品表意的一种重要方式，因为“想象力引入诗篇的内容能够将潜藏于表面确定的情境‘体’内的‘特殊性’开发出来”(第 216 页)。这样，这种不切题的成分反而能够恰如其分地表现本属于逻辑客体的特殊性。对于批评家而言，积极的不确定意义就成了诗歌的肌质。

格律造成了这种意义的不确定性。反之，意义也造成了格律的不稳定性。在阅读诗歌的时候，人们的听觉始终随着格律展开，而思想的大脑则关注着观点的陈述进程。独立地审视语音效果自身,就会发现,诗人努力在自己的格律中开发属于自己的肌质,这种肌质是由格律变异而成的。意义适应格律,就产生了意义中的肌质;而格律必须适应意义,又产生了格律中的肌质。格律与格律的变化造成的效果是把语言变得灵活圆转,能够表达任何的意义。诗人可以选择变化格律,通过把格律变得不确定以求得相对确定的意义,也可以选择改变意义或者把意义变得不确定,以求更加确定的格律。因此,诗歌的语义结构自身就像高声部的音乐旋律一样,构成了审美结构,因为它虽然是一种逻辑结构,但包含了纯粹的逻辑结构所没有的肌质,看起来同语义结构没有关系的语音结构又能够和它结合到一起。因此,"从本体论的角度来说,诗歌短句让人体验到一个更为丰富多彩、更难以预料的世界,也建构起了一种更加多维的话语"(第 228 页)。

二、对瑞恰慈、艾略特、温特斯的批评

《新批评》一书的大部分篇幅是运用这种"结构—肌质"理论,分别对瑞恰慈、艾略特、温特斯等人的文学批评进行批评,并在批评中更细致地丰富这一理论。在作者看来,"新批评"在理论上至少有两个具体的错误:一个是用心理学上的情感性的词汇,试图根据诗歌的情绪、感觉和态度,而不是根据其对象来评判文学;另一个就是过多的道德说教。

兰色姆认为,瑞恰慈是"新批评"的开始,"新批评"是从他开始走上正轨的,而且他还发现了诗歌的非逻辑性。但是,由于瑞恰慈是用心理学来研究文学,强调文学的价值在于它所激发和表现的情感状态,这就不符合兰色姆所说的诗歌本体了。兰色姆认为,情感是认知客体的对应物,如果没有这个对应物,或者批评家找不到这个对应物,就不可能有情感的存在。瑞恰慈提出,讨论诗歌时需

要分清四种成分:意义、情感、语气和意图。兰色姆则提出,用"戏剧情境"来替代瑞恰慈所说的语气和风格、语气和方法以及语气和说话对象之间的关系。"戏剧情境"是一种结构原则,这种结构关系同诗歌的思想结构之间存在着竞争关系,并且消解了对思想的释义。如果说作者的意图相当于逻辑主题,或者说是真正的结构原则的话,那么"戏剧情境"就是反原则。这种反原则,又决定了局部特性实现的总体范围,因此它也构成了一种结构原则。瑞恰慈认为,反讽是最上乘的诗歌的特性。但兰色姆认为,对立事物置于诗中,不会因为张力而得到调和,只能通过逻辑的途径来解决对立。反讽只是诗篇结构性整体效果中的特征,和决定诗歌优劣的感悟力无关,诗歌感悟才是诗歌的肌质。所以,兰色姆说:"把反讽用于某一首诗的创作无可厚非,只有当它被奉为诗歌的常规手法时,它才会令人反感。"(第 172 页)在这一点上,他认为,燕卜荪指出"含混"或者说"复义"是一种诗歌手法存在于逻辑结构之中是正确的。

兰色姆称艾略特为"历史学批评家"。但是,他也肯定艾略特最积极的影响在于"他一贯认为作品的审美效果本身就是目的,它独立于宗教、道德或社会政治效果,超然其外,凌乎其上"(第 91 页)。他评论艾略特的批评有很多地方同瑞恰慈的心理学批评,有异曲同工之处。认为艾略特将对自然事物的感情和在艺术的超然中获得的感觉做了区分,这是对的。但是艾略特并未说清二者的区别。认为从实际中得到的感情是现实性情感,而由物体意象引发的、由回忆或想象力唤起混合的情感是一种尝试性的情感,也是审美情感的一部分。情感还有大小之分,大情感是对于整体情境的感受,小情感则是对于情境中的细节的感受,显然,这又回到了"结构—肌质"说。大情感附着于主体"结构",小情感则附着于局部"肌质"。

兰色姆称温特斯为"逻辑学批评家"。这是因为温特斯的长处就在于他的结构分析技巧，而且在“新批评”家中，认为评价诗歌需要对格律进行极其精确研究的，只有温特斯一人而已。在这里，兰色姆还是依据“结构—肌质”说来分析问题的。

兰色姆指出，一方面，诗歌是一个意义的综合体，另一方面，诗歌又是一个声音的综合体。因此诗歌不能只有肌质而无论点，因为在不了解逻辑结构，不理解诗歌陈述意义的时候，人们尽管可能拥有审美体验并能够敞开自己的感受力，但令人叹惋之处就是没有诗歌的出现，也就不能留下什么永恒的东西。因为如果诗歌创作只需要感受力，我们有许多人都能够成为诗人。那么应该怎样来处理结构和肌质之间的关系呢？他说：“最终结构越难理解，肌质带给我们的乐趣就越少；我们在走近结构的过程中看到的肌质越华丽，作品最终的结构可能就越笼统、越简单。”(第 186 页)

《新批评》一书的重要性，并不在于它明确提出了“新批评”这一名词，为新兴的批评话语命名，而是它借对瑞恰慈、艾略特和温特斯等“新批评”理论家的研究和批判，系统地表述了自己的诗学理论。“结构—肌质”说虽然对那种偏重心理学、道德批评的文学理论来说是一种反拨，但它仍然陷入一种“内容—形式”的形式主义和机械论之中。后来的“新批评”理论家比如布鲁克斯、维姆萨特和韦勒克等，都对此提出了批评。

（李　龙）

奥尔巴赫

论摹仿:西方文学中所描绘的现实 1946 年*

埃里希·奥尔巴赫(Erich Auerbach,1892—1957),德国著名的罗曼语文学家与语言教育家、文学批评家、中世纪文学研究者。移居美国后任教于耶鲁大学和在普林斯顿研究院当研究员,其主要著作有《欧洲文学戏剧中的场景》(1959)、《古代后期和中世纪的文学语言及其读者》(1965)等。

一、文体与现实

《论摹仿》是奥尔巴赫流亡土耳其期间撰写的著作,于 1946 年用德文出版。该书详尽地论述了上至荷马、下至弗吉尼亚·伍尔芙的欧洲文学对现实的表现及其形式。他所分析的对象几乎囊括

* [德]埃里希·奥尔巴赫:《论摹仿:西方文学中所描绘的现实》,吴麟绶、周新建、高艳婷译,天津:百花文艺出版社 2002 年版。文内引文,只注页码。

了但丁、拉伯雷、塞万提斯、莎士比亚、蒙田、巴尔扎克、司汤达、歌德、席勒、左拉等公认的西方经典作家，以及几十部具有里程碑意义的作品。这部著作共分 20 章(1949 年又补充了第 14 章，即论塞万提斯的《堂吉珂德》一章)，约合中文 50 万字。从柏拉图以来，文学与现实的问题，一直是文学理论的焦点。奥尔巴赫的这部书，用历史主义的、文本实证的方式，为这个问题的现代解答提供了重要的理解视角。奥尔巴赫写作《论摹仿》的主旨在于反驳“文体分用”的古典主义美学原则。该原则认为，文体有高、中、低之分，悲剧文体属于高贵文体，论战讽刺性文体只能归入中等文体，而喜剧则属于低等文体。(第 207 页)高级文体用来描写崇高、悲剧性问题，而低级文体只能用来描绘日常生活和喜剧性内容。奥尔巴赫将这种文体分用的法则当作非现实主义的文体法则，和描绘现实的文体混用相对立，指出文学的现实主义正是从后者当中发端的。在第一章中，他对文体混用的滥觞——《荷马史诗》与《圣经・旧约》进行了比较性分析，以揭示“欧洲文化对现实进行文学描述的出发点”(第 26 页)。

在奥尔巴赫看来，早在古希腊文学《荷马史诗》中，文体与题材内容之间就没有绝对而严格的界限。奥尔巴赫指出，《荷马史诗》的总体风格是对现实的细致叙述，力图做到把事情经过的前因、后果逻辑关系叙述完整，而并不虑及叙述中的文体规范问题。比如，家庭场景的描写与伟大、重要、崇高的返乡主题并不矛盾。用席勒的评价来说，荷马的这种叙事方式是“仅仅按照事物的本来面貌给我们描述事物的平静状态和作用”(第 3 页)。到了《圣经・旧约》，文体混用的现实主义倾向更为明显，在旧约故事中，崇高、悲剧和问题从一开始就展现在家庭和日常生活中，许多故事都讲的是凡人琐事，但是正因为叙述者站在更高的世界历史的“现实”之上，才凸显了在历史中进行抉择的人的行为的崇高性。而《新约》则更以社会基层的小人物的历史性行动为关注对象，“这里所出现的世界一方面是完全真实的、日常的,根据地点、时间及环境是可辨认的,另一方面又是一个在基层动荡的、在我们面前不断变化、不断更新的世界”(第 49 页)。必须指出的是,《圣经》叙事的“世界历史”现实基点是神的创世和救赎的“世界历史”,但在奥尔巴赫看来,这种神的历史是被意识到的人的历史的象征,因而具有深刻的现实性。

“现实主义”在奥尔巴赫看来就是不断打破文体混用樊篱的过程。自《旧约》之后,西方文学中的文体混用方式越来越多地得到重视和使用。但宫廷文学、中世纪文学却是这个解放潮流中的一股“逆流”。“早在古典时期,关于文体有高低之分的学说发挥着同样的限制作用之前,宫廷骑士小说广泛而久远的作用便对文学现实主义产生了重大的影响:即一种限制性的影响。”(第 153 页)文体的分用在这里的影响已经表现为对内容模式的影响。作为中世纪文学代表的宫廷文学,讲的无非是一个等级共同体内部有意识的封闭和对“优秀人才”的培育。文艺复兴运动是打破这种封闭性的历史运动,其文学再次将文体混用的现实主义策略带向了一个历史发展的契机。但丁的《神曲》是这一发展过程结果的集中体现。在《神曲》中,但丁所使用的不是“崇高的意大利语的表达形式”,而是“随意的日常大众语的表达形式”。他将意大利民间的低级文体改造成了一种可以表现崇高内容的文体,并将低级文体与崇高文体混合在一起,彻底打破了文学描写中的古典等级规范,“文体混用在这里比任何地方都更加接近文体的破坏”(第 204 页)。奥尔巴赫站在历史的高度,指出由于时代的局限,基督教文学与但丁只能从宗教的视角来理解人类历史与个体经验。随着人类世界进入理性时代,神的世界渐渐被人的世界历史现实所取代,人们开始以自身与历史的真实关系看待现实本身,而文体混用的新的历史发展则带有了强烈的人道主义精神,文学对现实的再现也表现出了历史主义的观念。经历了法国新古典主义主张恢复文体等级制的不成功的尝试之后,司汤达、巴尔扎克、福楼拜等人,又一次打破了文体分用的非现实主义框架,促进西方现代现实主义的形成。

二、"现实"的历史

奥尔巴赫认为,西方文学当中所描绘的现实是历史发展着的,因此不难得出推论。现实主义本身也是在历史当中发展着的,而且表现为人的一种理解世界和自我理解方式的演进。在《论摹仿》中,他通过对荷马以来各个时期的代表性文本的解读,以实证性的方式勾勒了西方文学中的"现实的历史"。

荷马笔下的"现实"接近于纯粹的具体现实,"所描述的每一部分都摸得着,看得见,可以具体地想象出各种情况发生的时间和地点。内心的活动也是如此:没有可以隐瞒的不可表述的事情……荷马笔下人物的言谈话语毫无保留地表达自己"(第5页),荷马营造的现实感,侧重于感官的现实,以质朴的观察方式平静、舒缓地描述具体现实。他的世界是"静止不动的"(第25页),叙事者、故事中的人物都处在一个稳固的,没有终点也没有结束、没有历史的世界之中。因而这种现实只是直观的、静观的现实。与之不同的是,稍晚些时候古希伯来文明的宗教文学经典《圣经·旧约》当中的"现实",已经不再保持这种静观的特征了。这部大书中的所有故事都不是"抽象的"、"静态的",这些故事毋宁说只是某个整体的一个片段,它们的现实意义都不在它们自身之中,而取决于那个更大的整体,奥尔巴赫把这个整体称为"世界历史"。这些故事中的人物的行动和选择都因为外在历史的发展方向而获得意义,而历史的发展进程又总是因为故事中的人的行动和选择而显得动荡不定,充满了不确定性或者"革命性"。总之,在这种世界观当中,现实是人与历史的相互赋予意义的关系,人物在这种关系之中获得其性格的个性及其丰富性,而历史也以具体的、运动的方式获得自身的象征。

对世界意义理解范围的扩大,也促进了对自身意义反思的精神世界的扩大。丰富的人性和人的丰富性也历史地进入到文学表现的视野之中。在但丁笔下,这个人与世界关系的历史图景首次以全景方式得以展现,他不仅将历史事件仅仅看作世俗的发展模式,而是将它与“上帝意图”联系在一起,让人们获得了对于三重现实的整体认识,这三重现实就是“道德、自然和历史”(第 210 页)。而自从薄伽丘以后,中世纪末期的现实主义又和“大市民文化的产生”保持密切的关系。现实的题材也不再限于“道德、自然和历史”的重大题材,而更多地开辟出反映市民社会生活、家庭生活的现实题材。如果说,薄伽丘开始了从市民生活当中表现悲剧性题材的尝试,那么,莎士比亚笔下的“夏洛克”形象则代表着更大的社会运动在这个深刻而复杂的市民身上所产生出的悲喜剧效果。(第 361－365 页)

历史和历史意识是“现实”在文学表现中扩大的根本原因,最终,现代现实主义在司汤达那里获得确定的形式。奥尔巴赫用了一段和他所描述的内容一样富于动感的词句,来描绘这种历史条件:“为什么在这样的历史时刻,司汤达这样一个当代人物能够写出具有现代悲剧性的、基于时代历史之上的现实主义作品。其原因就是,当时发生了广大人民群众积极参与的现代第一个伟大运动——震撼了整个欧洲的法国大革命。与激烈程度及群众动员毫不逊色的宗教改革运动相比,法国大革命传播速度更快,在群众中的影响更大,实际生活变化的范围更广……在欧洲,历史事件的发生开始在时间上集中,每个人对历史事件的认识也开始加快。自此以来,这一过程发展极快,它预示着全人类的生活将更为一致,甚至从某种意义上来说,这种一致已经得以实现。这种发展动摇或削弱了迄今为止行之有效的所有生活秩序及安排;变化的速度要求人们不断地、极为艰难地进行内心调整,因而造成了巨大的适应危机。要想对自己的实际生活及在人类社会中的位置予以辩解的人，都需要比迄今为止更为广泛的实际生活基础，需要更广阔的生活环境，他必须不断认识到，他得以立足的社会基础没有一时一刻是稳固的，它处于各种各样巨大的变动之中，因而始终在不断变化。"(第 510 页)只有在这种真正意义上的"世界历史"的条件下，现代现实主义的出现才成为了可能。在奥尔巴赫看来，现代现实主义的两个基本特征就是社会下层人物广泛进入文学作品，乃至于成为主人公；另一方面，事件发生在时代的生活背景下，有着内在的历史必然性。

《论摹仿》的最后一章讨论的是弗吉尼亚·伍尔芙。在这一章里，奥尔巴赫把伍尔芙所代表的意识流写作的心理表象描写也界定为"心理现实"，对 20 世纪文学描写中的"新现实"进行了分析。他认为，伍尔芙笔下的现实固然与表现性现实、历史现实不同，但仍然反映了对岁月整体流逝的艺术呈现，外部现实仅仅是触发人物意识和内心体验流动的契机。奥尔巴赫以包容的理解的态度认为，就其表现性而言，这种心理现实比外部现实更加现实。

三、文学的多重现实

《论摹仿》对文学描绘中的"现实"的界定是十分宽泛的。虽然奥尔巴赫没有用理论性的语言对"现实"进行说明，但可以清晰地从整部书的叙述理路中梳理出其理论框架中现实的多重内涵。首先，奥尔巴赫认为，文学对象的现实，就其表面而言，就是现实的整体在历史意识中的呈现，就是人所意识到的生活。"如果把现实主义这个词理解得更为深刻一些的话，那就是：所有的日常职业和社会等级，如商人、匠人、农民及奴隶，所有的日常生活地点，如家庭、作坊、商店与田地，所有的日常生活习惯，如婚姻、孩子、劳作、养家糊口，简言之，所有小人物及其生活。"(第 36 页)随着社会历史和与之相关的人的意识的发展,生活的范围和广度都会历史地发生变化。如果说,荷马笔下细致描写的现实还是早期宗法制度贵族意识中的“现实”,在这里“男人们的生活就是打仗、狩猎、市场咨询和狂饮欢宴,而女人则在家里管理奴仆”(第 24 页),那么到了中世纪晚期的文学现实,则已经是市民意识中的生活世界的反映了:“现实主义发展还由于大市民阶层文化的产生得到了促进。”(第 274 页)在这种文化中,日常生活真正进入了文学描写的领域。

其次,在奥尔巴赫的理论当中,更为深刻的“现实”概念是对人类历史进程的观念性把握,是对人在历史中的实际位置和意义的现实性把握。在这个意义上说,文学的“现实”应该具有三个要件:第一是这种现实必须用文体混用的方式予以呈现。现实中的小人物也是生活在历史中的,往往代表了历史基层运动的方向,对其命运的写照往往能体现人的生存价值和生存抗争的意义。第二是这种现实描写往往使得小人物的行为动作带有反映历史发展趋向的崇高性或悲剧性。第三是这类现实主义作品具有深刻的问题性,这种问题性总是对现实历史及人在其中的位置的深刻反思的结果。在奥尔巴赫看来,正是这种现实型文学构成了欧洲文学现实主义发展的基本内核。从《圣经》中唤醒“新的心灵和新的精神”(第 49 页)的彼得故事,到洞悉“人类行动和受难的活生生的世界,更确切地说是人类个体行为和命运的世界沉入了这种无变化的存在之中”(第 211 页)的《神曲》,再到表达“尖锐思想魅力”(第 361 页)以及新道德与传统道德冲突的戏剧性变化的莎士比亚戏剧等等,以人物典型的方式把握影响历史的社会、经济与文化等外在现实的这种现实主义精神,一直不绝如缕地贯穿于欧洲现实主义文学史当中,最终在人类历史进入世界历史的条件下,促成了司汤达、巴尔扎克的现代现实主义的诞生。

再次,现实还指心理现实,是一种内化了的,或者意识化了的外在现实。在奥尔巴赫看来,随着外部世界日益发展,这种内在现实越来越成为文学中主要表现的现实形态，因为现代以来人们的视野日益开阔，人们的经验、知识、思想及生活方式日益丰富，而“这些变化的全貌是无法看到的”(第614页)，因而现代作家更多地回到自己的心理表象当中，通过不同时间内对许多不同人物的主观印象来接近真正的客观现实，或者发挥内心观察力的作用，着力描写“作家无意中捕获的任意一个瞬间之中所有的真实和生活的深度”(第618页)。

《论摹仿》虽然还没有用典型学说来揭示现实主义的文学本质，但以独特的视角切入欧洲文学发展的脉络，从文体学、现实内涵的历史性以及文学现实的多元性等方面呈现出了一个特殊的现实主义观。

（赵　文）

布鲁克斯

精致的瓮：诗歌结构研究 1947年*

克林斯·布鲁克斯(Cleanth Brooks,1906—1994),著名的美国文学批评家和理论家之一。他的文学批评和文学理论深受"新批评"早期代表人物瑞恰兹、燕卜荪、兰色姆的影响,并成为"新批评"活跃而杰出的代表。1939年,布鲁克斯发表了他的第一部代表作《现代诗歌与传统》,奠定了他在美国批评界的文学批评家地位。而《精致的瓮:诗歌结构研究》(1947)一书的出版,则标志已经达到了他的文学批评和文学理论的顶峰。此外,他还著有《理解诗歌》(1938)、《理解小说》(1943)等。

一、批评及其对象

《精致的瓮:诗歌结构研究》一书共十一章。除最后一章"释义

* 克林斯·布鲁克斯:《精致的瓮:诗歌结构研究》,郭乙瑶、王楠、姜小卫等译,上海:上海人民出版社2008年版。文内引文,只注页码。

异说”之外，其他章节分别对几首名篇，诸如邓恩的《成圣》、约翰逊的《快乐的人—幽思的人》、格雷的《墓畔哀歌》、华兹华斯的《不朽颂》、济慈的《希腊古瓮颂》等诗歌，运用细读法进行了分析。通过对这些诗歌的分析，布鲁克斯提出了自己的批评理念和批评方法。

布鲁克斯希望把文学批评变成一种“应用科学”，使批评能够像科学一样，在对诗歌进行批评时拥有严谨、准确和精细的特性。在“序言”中他指出，诗歌并不像一些诗人、理论家或者读者所认为的那样，具有无法认识的神秘性。诗是一种“自然”的活动，是人类最基本的活动之一，它并不神秘。既然诗歌并不神秘，并且是人类的自然的活动之一，因此它也就是可读、可分析的客观对象。但是，这种对诗的分析又不同于流行的心理学、社会一历史或者新人文主义的方法，而是强调对诗歌的文本自身进行研究。他认为，我们最好运用最细致的方式去考察诗如何像诗一样言说作为走进诗歌的开始。因此，文学批评应该以文本自身作为研究对象。当然，这种观点必然会招致各种不同的意见，比如说形式主义的指责、非历史化的指责等等。面对种种对其理论的反驳和质疑，布鲁克斯也不是没有意识到作者的心理和思想状况、社会和历史乃至文学本身发展历史的因素等的重要性。“我们会倾向于每一首诗都是其时代的表述，我们对诗歌的探究要符合其时代的要求，我们必须根据其时代的准则对诗歌做出判断。”(第 2 页)因此，诗人的个体的背景和文化环境必然地会参与到诗歌创作中来，但诗歌的意义不仅仅限于此，因为它毕竟不只具有文化人类学的意义，不只是政治、道德或者宗教的工具，也不仅仅是读者自身的阅读经验的传递。文学批评就是对文学作品文本本身的研究，那些从作者的角度来研究文学作品产生的根源，或者从读者的角度研究作品的影响的都不是真正的文学批评。“作品的感染力应该源于诗歌本身”(第 106 页)，所以，应当寻找一种可以达到批评的精确性的工具，能够适合所有的诗歌，并把诗歌作为诗歌来考察，同时也能使批评家据此做出标准化的判断。

二、结构是诗歌整体形式上的效果

那么,应该怎样才能做到把诗歌作为诗歌来考察?选择哪些诗歌才适于使用这种达到批评精确性的工具呢?在全书的第十一章"释义异说"中,布鲁克斯具体地阐述了自己的观点。他首先提出这样的问题:为什么自己会选择前面提到的诸如邓恩的《成圣》、格雷的《墓畔哀歌》、华兹华斯的《不朽颂》、济慈的《希腊古瓮颂》等诗歌呢?是什么使得这些诗成为名诗佳作呢?他认为,其原因并不在于常讲的内容或主题,而是结构。正如此书的副标题所表明的,此书的主题就是对诗歌结构的研究。因为诗歌的内容千变万化,而试图在内容上寻找诗歌的共同特质,比如说把诗歌定位为某个特殊的主题、某种特殊的教条或某种特殊的意象,这些只能使问题变得模糊不清。因为从思想内容上来看,不同诗歌的陈述是明显互相矛盾的。所以,研究诗歌,应该强调的是诗歌到底是用什么方式来建构的,打个比方,就是说当诗歌在诗人头脑中形成的时候,它采用的是什么形式,而这种构成方式也就是这里讨论的结构。结构是诗歌整体形式上的效果。但是这里所说的结构,又不同于传统文学理论所理解的"形式",不是"内容/形式"的二元结构中和内容相对立的形式,不是包裹内容的外壳,不是韵律、意象等,而是一种更内在的东西。这种结构是指意义、评价和阐释的结构,是指一种统一性原则,是可以平衡和协调诗的内涵、态度和意义的原则。但是同时需要注意的是,这种统一性原则,并不意味着把各种各样的诗的元素分门别类地归纳为同质因素的组合,或者是把这些相似的因素组合起来,而是把相似和不同的元素统一起来,这种统一也不是让这一种内涵抵消另一种内涵,不是通过减少对立来实现诗歌的和谐,这种统一类似于算术公式中的约分和合并达到的统一。“诗人以其特有的方式调和对立的元素,并不是细心割裂相对立的极端观点之间的差异。”(第186页)所以,这种结构和我们从诗歌中抽象出来的逻辑结构不同,它就好像建筑或者绘画的结构,能够分散压力,使诗歌内部的力量达到互相的平衡。通过以上观点不难看出,布鲁克斯坚持的是一种有机整体论。

想要理解、处理这样的结构,或者说解决形式结构和修辞组织的问题,就要讨论意义的层次、象征、内涵的冲突、悖论和反讽等问题。在第四章“诗歌要传达什么”中,布鲁克斯说:“无论是好是坏,现代诗现在已经把责任的重担放在了读者的肩上。读者必须时时密切关注诗歌中语气的转换、反讽陈述、暗示,而不是直接陈述。”(第74页)这一过程就是“新批评”所倡导的对文本的“细读”。因此,“细读法”构成了“新批评”的阅读方式,它强调从诗歌的整体内在结构上来阅读和理解诗歌语言,通过这种阅读发现文学作品的语言是否成功地形成了一个富有张力的和谐整体,组成这个整体的各个部分之间又具有怎样的相互关系。

三、语言的悖论,就是诗歌的本质

在第一章“悖论的语言”一开始,布鲁克斯就明确提出:诗歌语言是悖论的语言。悖论和反讽是布鲁克斯常用的术语,在别的文章中他还将反讽视为诗歌语言的根本特性和基本原则。由于反讽与悖论这两个名词并不具有本质上的区别,所以在批评实践中常常混用。

布鲁克斯对反讽作了较为详细的解释。所谓反讽,就是实际意义和语言的字面意义相对立。反讽和语境密切相关。语境对于一个陈述语的明显的歪曲,即可称之为“反讽”。反讽作为对于语境压力的承认,存在于任何时期的诗,甚至简单的抒情诗里。在我们时代的诗里,这种压力又显得特别突出。所以这样讲,是因为同语言的日常意义相比,诗歌语言本身就有某种变形,在诗歌中的语言往往受整体语境的影响而与日常意义发生疏离,所以反讽在诗歌中随处可见,是语言新颖而富有活力的一种表现。布鲁克斯所强调的“反讽”不仅如此,他还着意揭示为读者所忽略的那些相对较为隐蔽的反讽。除此之外,他还扩大了反讽在文学批评中的应用范围。在他看来,反讽的原则不仅构成了诗歌的语言技巧,还是诗歌的一种结构原则,因此也就成为诗歌与其他文体相区别的重要标志。

那么何为悖论?悖论是诗歌无法规避的语言。在语言的使用上,既有科学的语言,又有诗的语言。科学的语言拒绝悖论,具有清晰性、抽象性和稳定性特征,而诗人则只能通过悖论来表达真理。“诗人是不断探索语言潜能的人”(第 72 页),诗歌语言具有无限的丰富性,既关涉人的情感和思想,又包括人的体验,它是具体的、意象的、含蓄的。在这一点上,布鲁克斯继承了早期“新批评”理论家尤其是瑞恰兹对于诗歌语言和科学语言区别的理论。他解释说:“为保持术语概念的稳定性,科学的倾向是必需的,这可以使它有明确的外延;诗性语言则恰恰相反,它具有破坏性。这些语词之间互相不断地修饰,进而违背了它们在字典中的意义。”(第 11 页,译文有修改)这里所说的就是一种悖论,悖论就是表面上荒谬而实则是一种真实的陈述。诗人在进行诗歌创作时,把语言的日常意义疏离和变形,把在日常意义上互相对立乃至发生冲突的语言放在一起,从而在语言的碰撞和意义的对立交织中生发出诗性。

根据这一点来看“诗歌究竟要传达什么”的问题,就显得非常的拙劣了。对诗歌的意义的解释并非是完全错误的,但是不能把它当作诗歌的内核。因为任何一首好诗都会拒绝那些释义的企图,无论读者抓住什么样的表述来综合诗的意义,诗歌意象和节奏都会立刻产生相应的张力,歪曲或者曲解它。诗歌语言或者说态度的表达方式,一旦脱离了它的背景和涉及的语境,就失去了意义。诗人被迫不断地再造语言,诗人笔下的语言是意义的可能性,是意义的集成。诗人最终的任务是统一各种经验,呈献给读者的是经验的统一体,是一个通过命题、隐喻和象征而形成的张力结构。因此,在分析诗歌语言的悖论的时候,语境就变得尤为重要,不能忽视诗歌的整体语境的限制,诗歌不是以逻辑性结论结束,而是通过"戏剧化"过程,也就是通过解决内部的冲突获得结局的过程,实现各个力量之间的平衡。因此,诗人总是在不断地消除差异,做出调和。这种诗歌语言的悖论,就是诗歌的本质。

四、诗歌批评实例

这里,我们不能把布鲁克斯对经典诗歌的那种细腻的分析完全呈现出来,只好选取部分精彩片断,以观其批评理论和细读方法之概略。比如,玄学派诗人邓恩的《成圣》是一首爱情诗,是陷入狂热恋爱的人对那些善意的"劝告"所作的回答。诗的题目本身就是一种悖论,因为它把世俗的爱比作神圣的爱。开篇"看上帝面上请住嘴,让我爱",这里的言说对象并不确定,但通过诗人所说的"胸有文采"、"高升发财"、"看重御赐的荣耀和恩典",可以看出,它比喻的是实用的世界,讲究功利的、现实的世俗世界,这个世界把真正的爱情看做是愚蠢的感情。所以,爱侣沉醉的爱和世俗世界构成了贯穿该诗的冲突。在第三节的最后,恋人将他们的爱情比喻为凤凰,凤凰能涅槃,恋人也能死而复生,而这神秘之力全都来自神圣的爱。第四节,恋人们为了自己的爱情准备离开这个现实的、功利的、世俗的世界,带着圣贤般的自信和果敢,而且坚信,即使他们不能进人史册,也会进人这首十四行诗,就好像被装人精制的瓮而获得永生,但事实上十四行诗是琐碎的、没有实体的。可恋人们却相信,这精制的瓮,并不比占据半英亩的墓地要逊色,因为他们已经因爱成圣,远离那粗鄙庸俗的尘世。在诗歌的最后一节,主题被复杂化了,恋人在舍弃尘世的同时却又赢得最热切的生活,爱情是他们互为庇护的隐居之地,在彼此之中发现这是个更加热烈更有意义的世界,他们把世界的灵魂提炼出来,在彼此的眼中看到的是“乡村、小镇、宫闱”,而这又是他们开始的时候想要放弃的世界,到这里,超脱凡俗的恋人又变成世俗的人了。这就是一种反讽和悖论。正是这些悖论使得《成圣》这首诗成为经典。再比如,济慈的《希腊古瓮颂》一诗,意味深长,是诗中的经典。但由于济慈在诗中说了“美即是真,真即是美”这样具有格言性质的话,使得很多批评家对其颇有微词。但布鲁克斯却从悖论和反讽中找到了其所以不朽的原因。

《精致的瓮:诗歌结构研究》一书的出版,是英美“新批评”在批评实践中的杰出成果,它对于扩大“新批评”的影响,推动20世纪文学批评的发展功不可没。不仅如此,布鲁克斯在此书中坚持的诗歌的语言是悖论的语言,认为悖论是诗歌的本质,强调“诗歌的精髓是隐喻,而隐喻最终是类比的而不是逻辑的”等观点,对后来的文学研究和文学理论产生重要影响。保罗·德曼的解构主义批评倡导的“文学性就是修辞性”就同其具有直接的承继关系。

（李　龙）

萨特

什么是文学 1947 年 *

萨特(Jean－Paul Sartre,1905—1980),存在主义思想家、文论家。1955 年,曾与西蒙娜·德·波伏瓦一起访问中国。1964 年获诺贝尔文学奖,拒绝接受,理由是拒绝一切来自官方的荣誉。文学作品有剧本《苍蝇》(1943)、《禁闭》(1945)、《肮脏的手》(1948)、《恶魔与上帝》(1951)等,小说《恶心》(1938)、《自由之路》(1945－1949,3 卷)等。哲学著作有《存在与虚无》(1943)、《辩证理性批判》(1960)等。文学论著有《什么是文学》(1947)、《境遇》(1 至 10 集,1947—1976)、回忆录《字句》(1964)等。他在《现代》杂志上宣传文学"介入"说,遭到各方面的指责和非议,于是写了《什么是文学》进行反驳。全文共四部分:"什么是写作"、"为什么写作"、"为谁写作"及"1947 年作家的处境"。

---

* [法]让－保罗·萨特:《什么是文学》(Qu'est－ce que la littérature),选自《萨特文学论文集》,李瑜青、凡人主编,施康强译,合肥:安徽文艺出版社 1998 年第 1 版。本文引用此书,只注页码。

一、什么是写作

1. 艺术分类——“介入”与“不介入”。这一部分阐发了对绘画、雕塑和音乐等艺术形式的看法。他认为音符、色彩、形式不是单纯的符号，符号的作用是表示一个自身之外的事物，但这些艺术形式，是不表示其自身之外的东西的。也就是说，音乐、雕塑、绘画这些艺术是以自身为目的的，类似于人们说的“为艺术而艺术”或“纯艺术”。尽管这些艺术形式也表明“意义”，但附在它们身上的意义都是它们内在于符号自身的，或者说这个意义就是颜色或声音本身。“如果我同意说白玫瑰对我表示的意义是‘忠贞不渝’，这是因为我已停止把它们看作玫瑰；我忘了它们，我不去注意它们似烟如雾地茂密盛开，也不理会它们滞留不散的甜香。”(第 71 页)艺术家是“创造”一个自足的世界，并非是为了这个世界之外符号的目的或是意义。这些纯艺术，是“不介入”的艺术，而那些关注“意义”，而非把符号看作自身的艺术，则是“介入”的艺术。

2. 文学的分类——“介入”的散文，“不介入”的诗歌。由上面艺术观出发，萨特对文学作品进行了区分。他认为作家应该是与意义打交道的，而诗人却应该是纯艺术家，是站在绘画、雕塑、音乐这一边的人。不是说诗歌的艺术价值完全排斥意义，相反，正是意义使诗歌具有“语言的一致性”。但诗歌的意义，是内在于诗中词的发音、它的长度、以开音节或闭音节结尾这样一些“词的内部结构”的，而不再是指向诗歌外部的纯粹意义的符号。所以，诗歌像音乐、雕塑、绘画一样，是指向自身的一个自足世界。即使诗歌在根源上激起了诸如愤怒、政治仇恨的激情，它也不是像散文(指广义的与韵文对应的散文)那样传达激情，而是把它“关闭在词汇里”，即使抵抗运动的诗人，也像毕加索的那幅名画《格尔尼卡的屠杀》一样，诚然是杰作，但也绝没有人相信它曾为西班牙共和国的事业赢得哪怕是一个人的支持。诗人和画家一样，画的是激情与物二位一体的客体，绝不是意义。而散文则不然，散文的目的不在于词语本身，词语对于散文来讲仅仅是“符号”、工具，就像当人们遇到危险或是困难时，会拿起一件什么器具——比如木棍或是锤子，但当危险过后便忘记了这些器具。也就是说，一个散文家应该是把语言、形象当作符号和工具的，他的最终旨归是意义世界，“散文在本质上是功利性的”(第 79 页)。

3. 积极主张文学的“介入”。所以做如上的区分，萨特的目的是说明诗歌是“不介入”的，而散文却是要“介入”的。在对散文和诗歌做这样区分后，萨特阐释了他的文学“介入”的主张，一种极具现实针对性的政治性“介入”的主张。“介入”是指文学家用文学语言和形象来说话，达到揭示社会生活、干预现实人生的目的。为了实现自身的自由本质，同社会的非正义、危害自由的行为作斗争，作家必须用写作来介入社会，保卫自由。

二、为什么写作

1. 创作主体性的张扬。“主体”是创作过程中作家的自由本性，是人作为“自为的存在”所独有的个性创造力。艺术活动中的主体，就是拥有自由追求意向与能动创造精神的艺术家。“艺术创作的主要动机之一当然在于我们需要感到自己对于世界而言是主要的。”(第 95 页)也就是在万事万物的运动中，只有人的“存在”是“起揭示作用的”，有了人的“存在”，才有世界的被认识，也才有真正意义上的世界存在。既然艺术需要主观意识参与其中，那么主体意识也就会随时随地更新，艺术也就会永远没有完成之时。如果可以肯定我们的创作冲动来自我们内心的最深处，那么我们在自己的作品中所能找到的永远只是我们自己，我们在作品里看到的就是我们自己的历史、爱情和欢乐。萨特反对作家丧失主体精神而堕落为“常人”状态，在他看来，作品总是表现人对自由的追求，因之在创作中要把“介入”因素加以贯彻。

2. 阅读与创作二位一体。萨特的阅读理论，同他的“文学介入”说息息相关。整个文学活动都是自由的“介入”，读者的阅读自然也不例外。“阅读是在揭示过程中进行创造。”（第 98 页）他认为，阅读过程也是读者主观性发挥作用的过程，是对接下来出现的句子、段落、页码在词语的引导下进行猜想的过程。阅读，是在创造中揭示，在揭示中创造，不应该被看做是一项消极被动的“机械运动”，而应看做是积极主动的“创造性行动”。意义是作者没有明言而读者可以意会的东西，是在阅读的任何瞬间都找不到但又无地藏身、无所不在的东西。它拥有超越文字的丰富内涵，因而当获得它时，读者便表现为对整体意义心领神会的“沉默的高度”。所以，萨特又指出，说意义“没有被表达出来还嫌不够：它们正是不能表达的”（第 99 页）。文学作品作为完整的精神产品，只有在作家和读者的联合“介入”努力下，才能富有意义。

3. 作品是一项对自由的召唤。创造活动只能在阅读中完成，也就是说，艺术家想做的事情只有通过读者的意识才能实现，因而，艺术作品也就成为一种召唤。在萨特看来，康德对艺术“无目的的目的性”的判断，是完全不适合的，因为这个命题没有看到文学、艺术作品中回荡着充分取决于读者自由的召唤，这是一部艺术品真正的价值所在，这种价值的根源就是读者的自由。文学作品不只是一种独立于读者的静态存在，文学作品有许多未知要依赖于读者通过阅读去填补。读者如果完全被作者的意愿牵着走，完全相信那个故事，失却了自身自由存在，是不能让人容忍的；读者如果完全不信作品中的故事，那又会是可笑的。这两种情形都是荒谬而不可能的，因为审美意识的特点就在于它通过“介入”取得信任而最终走向“不断更新的选择”（第 104 页）。作品被作家创作出来，就是要承认读者的自由，信任读者的自由，召唤读者的自由，这是好的小说的标志。相反，那些“坏小说”则是为奉承阿谀、献媚取宠而创作的。

三、为谁写作

1.作家的历史限定性。作者作为自由的人，通过写作来召唤另一些人的自由。因此，作家的题材只有一个，那便是自由。所以，原则上作家面对的是所有的人。但这只是理想状态，因为作家和读者都是处于一定历史情境中的，是有历史的限定性的。作家和读者在这具体的历史情境中互相碰撞，作家选择历史的哪一个面貌，也就确定了他选择的读者，也在选择读者的同时选定了他的题材。因为“作家专事生产，不事消费”（第126页），因此，他们是被养活着的，而只有统治阶级才有财力酬劳作家。可是，作家本身又是自由的，他的活动虽然“完全无用”，但却可以让这个社会产生一种因为对自己既定价值和制度的争议而存在的“负疚心理”。因此，自由的作家事实上又是一种打破平衡的、对抗保守力量的群体。这样，作家与读者便产生了各种关系，在不同的历史时期，这种关系也有所变化。

2.作家与读者关系的历史变迁。作家的真正读者，是那些养活作家的保守势力，而其潜在读者，却是那些进步势力，这两种读者的对抗时隐时现。如果没有一种潜在的读者群体，作家处于特权阶级内部，那么，这种冲突就简化到极点，文学与统治阶级的意识形态就趋于一致。欧洲在12世纪左右就出现了这样的情形，当时教士专门为教士们写作。作家在这样的历史情境中，其使命就是沉思冥想、静观永恒。但这个理想使命得以实现的条件，却是精神性和文学必须被异化，从而使得封建制度这个特殊的意识形态大获全胜，这样，才能做到教士可以与世隔绝，而大多数的民众却几乎都是文盲。但这样局限于永恒价值和先验思想为内容的，又是为一个狭隘范围读者群服务的写作，与作家的自由是违背的，是以文学的死亡为代价的。后来又出现了第二种情况，比如法国17世纪的情形。这时作家与其读者的世俗化过程日益完成，但世俗化又不等于普遍化，读者群仍然十分有限，也不过包括宫廷显贵、教士、法官和有钱的资产者。这时，作家被特权阶级的意识形态俘虏，不再有别的思想。这时的读者尽管是潜在作家，但却不再与作家等同。第三种类型的作家是地道的世俗作家，一般是寄生于资产阶级、贵族，与12世纪的教士作家几乎完全一致。这三种作家与读者关系的情形都是潜在作家几乎不存在的情况。

18世纪，作为实际读者的资产阶级壮大，却没有政治权力和意识形态的保障，就要求作家为他们阐明自己的历史作用。这样，作家与读者的历史情境出现了第四种情形，在这种情况中，作家在"为资产阶级的利益服务"(第145页)，以普遍人性的代言者自居，作家第一次发挥了巨大的社会功能。但事实上，普遍、永恒的人性是不存在的，这时的作家，符合他们读者——上升的资产阶级的要求，批判的对象都是过去的"典章制度、迷信、传统和一个传统政府的各项职能"(第147页)。可是，一旦资产阶级革命的任务完成，这样的作家与读者的和谐关系也就断绝了。资产者养活作家，也就要求作家去论证他们的理想主义、心理主义、决定论、功利主义、严肃精神等，这几乎"杀害"了文学。而最优秀的作家拒绝合作，这样的拒绝，拯救了文学，出现了第五种作家与读者群的历史情境。从1848年到1914年的大战，由于读者群的彻底统一，促使作家在原则上"为反对所有读者而写作"(第154页)。因为这个时候，资产阶级意识形态与文学本身的冲突再也无法掩饰了。作家本可以转向无产阶级，但除了像雨果这样少数的作家受到民众的广泛欢迎外，作家都不愿从自己出生的资产阶级脱离出来，但他们又不愿承认这一点。可事实上，他们与无产阶级并无真正的交融，作家陷入不被对立的两个读者群承认的双重孤独之中。作家表白自己是在为抽象的普遍性(甚至上帝)而写作,是为所有的人在写作,但真正的读者群却只是一小部分。由于对读者的选择制约着对题材的选择,这样的文学作品注定是抽象的。可是,还有一种具体的普遍性,那就是生活在某一社会的所有人的整体。这个具体的读者群向作家提出问题,等待他们的回答。如果作家要摆脱虚假的抽象的普遍性,就只有在无产阶级社会中才能实现文学"行动"的本质,作家才能发现其主题和读者群的真正契合,因为"文学的主题始终是处在世界之中的人"(第 180 页),既然不是那一小部分人,自然就应该是大部分人。

四、理论影响

《什么是文学》对文学艺术从符号自律的角度进行的"介入"与"不介入"分类,对文学艺术研究产生了重要意义,是一种较早的符号研究。它对文学艺术在"自由"层面的定位,对创作、阅读、读者理论的阐发,也给后来的接受理论以启发。它的以现象学、存在主义为学术背景的"文本空白"、"召唤"理论,也很有学术见地。其"介入"现实、干预政治的文学理论和实践主张,产生过广泛的影响。它在涉及"介入"理论和在谈论文学与其读者群关系时表现出的两不合作的"中立"态度,尽管争议很大,但也对知识分子定位的思考、对文学家角色意识的探讨,颇具启发意义。

(王金山)

韦勒克、沃伦

文学理论 1948年*

勒内·韦勒克(René Wellek,1903－1995),捷克裔美籍文学理论家、文学批评史家,比较文学学科创始人,后期"新批评"的杰出代表。著有《英国文学史的兴起》(1941)、《文学理论》(1949)、《批评的概念》(1963)、《辨析:再论批评的概念》(1970)、《近代文学批评史》(1955－1992)。奥斯汀·沃伦(Austin Warren,1899－1986),美国文学批评家,长期执教于密歇根大学。其代表作有《批评家和人文主义者蒲柏》(1929)、《新英格兰良知》(1966)以及和韦勒克等学者共同编写的《文学学:目标与方法》(1941)等,影响最大的还是他和韦勒克合著的《文学理论》。

---

* [美]勒内·韦勒克、奥斯汀·沃伦:《文学理论》,刘象愚、邢培明、陈圣生、李哲明译,南京:江苏教育出版社2005年版。文内引文,只注页码。

一、关于文学、文学研究和文学本质

《文学理论》一书是从总体上对文学所作的理论探讨。在该书的第一版中，作者交代了自己的想法："我们力图把'诗学'(文学理论)、'批评'(文学的评价)和'研究'('探索')、'文学史'(文学的'动态'与文学理论与批评的'静态'相对照)这四个范围统一成一体。"全书分为四部分共十九章。在第一部分"定义和区分"中，阐释了文学的本质、作用，对文学和文学研究的关系、文学理论、文学批评和文学史的关系进行了界定，并对总体文学、比较文学和民族文学的概念进行了分析。作者认为，文学和文学研究是截然不同的两回事，文学是一种创造性的艺术；而文学研究，即便不能称为科学，也应该说是一门知识或者学问。因此，文学研究者虽然也要有文学创作的经验，但他一定要把这种经验转化成为知性的形式，而且还必须能够将其同化为首尾一贯的合理的体系，才能成为一种知识。文学批评和文学史虽然致力于说明一部作品、一个时期或者一国文学的个性，但是只有基于文学理论，采用通行的术语，才有成功的可能。所以，阅读尽管是进行理论研究的前提，但是仅仅把理论研究作为阅读的附庸，就误解了文学理论的宗旨，"因为'文学学'这一观念已经被认为是超乎个人意义的传统，是一个不断发展的知识、识见和判断的体系"(第8页)。而如果只限于阅读名著，不仅会失去对社会的、语言的和意识形态的背景以及其他左右文学的环境因素的明晰认识，而且也无法了解文学传统的连续性、文学类型的演化和文学创作过程的本质。

文学的本质是什么呢？首先，解决这一问题的最简单的方法就是弄清楚文学中语言的特殊用法，也就是说要弄清文学语言同日常语言和科学语言之间的关系。科学语言是指称性的，要求语言符号与对象之间的一致性，而文学语言的特点在于：1. 充满了歧义，也就是燕卜荪所说的“朦胧”，而且其中还充满了历史上的事件、记忆和联想，因此它是高度“内涵的”。2. 文学语言除了指称性以外，还能表情达意。3. 文学语言强调语言自身的意义，语词的声音象征，比如格律和声音模式等。同日常语言相比，日常语言也能表情达意，也能注意到符号自身，但文学语言在语源的发掘和利用上更加用心，每种艺术品都能给予原有的材料以某种秩序、组织和统一性，文学就是使语言诗化，而且文学语言没有实际的功能。更重要的是，文学的本质最清楚地显现在文学所涉猎的范畴内，它们处理的是一个虚构的、想象的世界，因此，文学的突出特征就是虚构性、创造性和想象性。而一部文学作品，就“是交织着多层意义和关系的一个极其复杂的组合体”(第 18 页)。

二、关于文学研究划分的原则

在谈到文学的作用的时候，作者认为，整个美学史可以概括为一个辩证法，正题和反题，就是贺拉斯所说的“甜美”和“有用”。而当一部文学作品成功地发挥其作用的时候，快感和有用性这两个基调不应该简单地共存，而是交汇在一起，给人一种更高级的快感，是从无所希求的冥思默想中获得的快感。该书将文学研究分为文学理论、文学批评和文学史三部分。认为文学是一个与时代同时出现的秩序，这与认为文学是按年代顺序排列的作品的观点或者文学与历史继承不可分割的观点是不同的。文学批评是对具体的文学作品的研究，它的方式是静态的。而文学理论是对文学的原理、范畴和判断标准的研究，三者之间是一种辩证的关系，文学的准则、范畴和技巧都不可能凭空产生，文学理论必须根植于具体的文学作品。反之，如果“没有一套问题、一系列概念、一些可资参考的论点和一些抽象的概括，文学批评和文学史的编写也是无法进行的”(第 33 页)。在谈到文学作品的意义的时候，该书认为，作品的意义并不等于作者的创作意图，作品是一个体现种种价值的系统，它有自己的生命，它是历代的无数读者对此作品批评过程的结果。所以，在研究文学作品的时候，应该提倡透视主义的方法，"'透视主义'的意思就是把诗，把其他类型的文学，看作一个整体，这个整体在不同时代都在发展着，变化着，可以互相比较，而且充满着各种可能性"（第 37 页）。

作者还提出了另一种文学研究的划分原则，亦即总体文学、比较文学和民族文学的区分。比较文学首先是关于口头文学的研究，特别是民间故事的主题及其流变的研究以及关于民间故事如何和何时进入"高级文学"或"艺术性文学"的研究。另一个含义，是指对两种或多种文学之间的关系的研究。总体文学的提出纠正了民族文学的谬误，民族文学容易导致狭隘的地方性观点，总体文学则是对诗学或者文学理论和原则的研究。作者认为，虽然民族文学有自己的语言和文明，但是主题和形式、手法、文学类型等研究是国际性的。而比较文学研究的核心问题正是"文学的民族性"以及各个民族对这个总的文学进程做出的独特贡献。最终，比较文学的目标就是去撰写一部综合的文学史，一部超越了民族界限的文学史。

三、文学的"外部研究"和"内部研究"

此书的第二部分阐述的是文学研究的初步工作，即论据的编排与确定。这部分强调搜集材料和一些具体的考证方法。该书最有影响的观点就是将对文学作品的研究分为"外部研究"和"内部研究"，书中第三、四两部分分别阐述了这两个问题。该书认为，大部分研究者都试图从外部来寻找决定文学作品的因素，由于态度僵硬而形成了一种决定论式的起因解释法，它们包括：1. 文学是创作者个人的产品，因此应该考察作者的生平和心理。2. 从社会、政治和经济中探索文学创作的决定性要素。3.从人类精神的集体创造活动，诸如思想史、神学史和其他艺术中探索文学的起因。4.从时代精神，亦即一个时代的精神实质、知识界气氛或舆论环境以及从其他艺术中抽取出来的一元性力量来解释文学。

对于传记对文学研究的影响，作者认为应区分两类诗人，一种是客观诗人，对世界开放，而泯灭自己的具体个性；另一种是主观诗人，旨在表现自己的个性，注重自我表现。传记研究可能适合第二类诗人，但是主观诗人的自传性的个人叙述和同一母题在文学作品中的运用是不能画等号的，它们也不是简单的因果关系。艺术作品不可能是作家生活的摹本，因此“任何传记上的材料都不可能改变和影响文学批评中对作品的评价”(第 81 页)。

作者认为，文学心理学的含义可以指从心理学的角度把作家当作一种类型和个体来研究，也可以指对创作过程的研究，或者指对文学作品中所表现的心理学类型和法则的研究，最后还可以指对读者的影响。但实际上，只有第三种勉强可以算得上属于文学研究的范围。前两个是艺术心理学，最后一个是文学和社会的关系。所以，所谓的文学天才资质、作家被赋予的补偿性的天赋、创作时的灵感、创作过程的心理结构等问题，都不是文学研究。

作者承认文学是一种社会性的实践，它以语言这一社会创造物作为自己的媒介，象征、格律这些文学手段，本质上都是社会性的。作家不可避免地要表现他的生活经验和他对生活的总的观念。每一个社会的层次都会反映在相应的社会趣味的层次之中。但是艺术不仅重现社会，也造就社会。如果研究者想当然地把文学单纯当作生活的一面镜子，或把文学当成是一种社会文献，这样的研究没有价值。只有了解了小说的艺术手法，而且能够具体而非空泛地说明作品中的生活画面与其反映的社会生活之间是什么关系，这样的研究才有意义。

通常人们把文学看成是哲学的一种形式，但是这把文学作品贬低成了教条的陈述，割裂了作品的内在的统一性。哲学与诗之间，不是一种平行的关系，哲学标准不能当成文学批评的标准。“精神史”的研究方法假定一个时代、一个种族、一件艺术品是一个完全的整体，这是可疑的。哲学与文学是一种紧密的关系这种观点被夸大了。作者认为，文学研究者不必去思考那些历史的哲学和文明成为一体之类的大问题，而应关注思想是如何进入文学的。文学和其他艺术的关系也是作者思考的一个问题。作者认为，各门艺术都有自己的独特的进化历程，有自己不同的发展速度和包含着不同因素的内在结构，因此，不能简单地相信从一点出发而影响其他艺术的发展，它们之间是一种复杂的辩证的关系。

在第四部分“内部研究”中，作者指出：“文学研究的合情合理的出发点是解释和分析作品本身。”（第155页）作者认为，传统的“内容”和“形式”的二分法割裂了文学作品，因此要用“材料”和“结构”来取代传统的区分。“材料”是与美学没有什么关系的因素，“结构”则是需要美学效果的因素。这样，艺术品就成了“一个为某种特别的审美目的服务的完整的符号体系或者符号结构”（第157页）。作者认为，文学作品的“内部研究”包括：1.声音层面，包括谐音、节奏和韵律。2.意义单元，它决定了文学作品形式上的语言结构、风格与文体规则，简言之，文体学。3.意象和隐喻。4.由叙述性小说投射出的世界所提出的诗的“神话”。5.形式和技巧问题。6.文学类型的性质问题。7.文学作品的评价问题。8.文学史。第四部分就是按照这几个层面展开论述的。在这一部分，作者还集中阐释了大量的名词、术语和演变的历史。

四、文体分析和文学评价问题

作者认为，当文体分析能够建立起整个文学作品中普遍存在的统一原则和某种审美目的时，它才会对文学研究有帮助。至于所谓的诗的神话，认为现代批评家喜欢“神话”这个术语，是因为它是一种叙述，是故事，是非理性的、直觉的，是“逻各斯”的反义词，与系统的哲学相对照。神话在今天是指一个“意义的范围”。同将“神话”一词神化、宗教化不同，文学的意义与功能主要呈现在隐喻和神话中。人们有一种隐喻式和神话式的思维，它们是借助隐喻的手段和诗歌的叙述来实现的。至于小说叙述所建构起来的世界同生活世界的关系，作者认为，“正确的批判方法是拿整个虚构的小说世界同我们自己的经验的、想象的世界加以比较，而我们的经验和想象的世界比起小说家的世界来说通常缺少整体性”（第 250 页）。因此，该书系统地考察了情节、人物塑造和背景等几个和叙事学相关的问题。

在文学的评价问题上，作者提出的标准是包容性的，它是想象的综合和综合材料的总和与多样性。而文学的多重价值存在于文学结构之中，只有当读者遇到必要的条件时才能在观察它们时认识它们并对其进行评价。至于文学史的任务，作者指出，首先，文学有其自己的“决定性结构”，这个结构穿越时间，但又处在动态之中，解释、批评、阐释的过程，从来就没有中断过，文学史的一个任务就是要描述这个过程。其次，就是按照共同的作者或者类型、风格类型、语言传统等分成或大或小的各种小组作品考察其发展过程，并且进而探索整个文学内在结构中作品的发展过程。但是，对文学史不能做生物学的类比。解决问题的关键在于把历史过程同某种价值或者标准结合起来，这样才会把无意义的事件系列分离成本质因素和非本质因素。从逻辑上讲，历史的过程由价值来判断，而价值本身又要从历史中获得。这就是二者的悖论。因此，在文学史的写作上，一个特定的历史时期就是一个由文学的规范、标准和惯例的体系所支配的时间的横断面，没有任何作品能从整体上显现它，文学史研究的是这些规范、标准和惯例的被采用、传播、变化、综合以及消失，研究的是从一个规范体系到另一个规范体系的变化。

《文学理论》一问世，便声名鹊起，被翻译成了几十种文字。它已成为世界各国通用的、经典的文学理论教材，对现代文学理论学科的建构和发展产生了重要的影响。

（李 龙）

凯塞尔

语言的艺术作品 1948年*

沃尔夫冈·凯塞尔(1906－1960),瑞士文学理论家。《语言的艺术作品》最早于1948年7月在里斯本出版,此后不断完善,一直到1956年出了第四版。该书名副标题为"文艺学引论",该书实际上是一部形式主义的文学理论著作。

一、把文学作为语言的艺术作品来研究

"序言"部分开门见山地提出,这部理论著作所介绍的一些研究方式致力于"把一部文学创作作为语言的艺术作品来加以研究"。紧随其后的"引论"部分,则明确了全书的理论研究对象。对文学进行研究,不仅要具有理论才能,还要具有对文学现象的感受性,这是从事文学理论工作的前提。那么,对于"什么是文学"的回

---

* [瑞士]沃尔夫冈·凯塞尔:《语言的艺术作品》,陈铨译,上海:上海译文出版社1984年版。

答，则阐述了文学理论的研究对象这一问题。作者认为，诗学才是真正涉及了文学理论研究的核心，并且把亚里士多德的《诗学》追溯为文学理论最早的纪念文献之一。在列举了大量的中世纪重要诗学著作之后，作者指出，正是这些著作标志着理解和判断文学作品的标准在18世纪已经得以确立。然而，进入19世纪，文学史代替诗学，成为文学理论的工作重点，但只是在"文学作品的精校版本"、"来源的研究和作品的诞生史"、"关于作家生活情况的尽可能全面的研究"这三个领域取得了突出成果。这种实证主义的研究，导致文学史变成仅仅是接连排列起来的作家专论。19世纪末20世纪初以来，新的研究方法不断涌现，文学论争此起彼伏，学界普遍感到文学史陷入了危机，诗学重新与文学史并驾齐驱，并且被公认为文学理论最为核心的部分，文学史也因之必须重新建构。

全书包括两个主干部分，即第二章至第五章"分析的基本概念"，第七章至第九章"综合的基本概念"。另外，还包括两个必不可少的衔接部分。其中，第一章"语言学的先决条件"，为全书的理论阐述奠定了基础；第六章"提供的形式"，则是两个主干部分之间的过渡，即从研究文学作品中的各种孤立的基本现象，过渡到研究文学作品的整体。也可以说，从个别文学作品的分解，过渡到文学作品整体的重新建立。

二、作为分析的基本概念

为了能够科学地研究一部文学作品，第一章讨论了一些需要满足的先决条件，即语言学的先决条件。一是通过版本鉴定确立一个作品的精校本；二是从一个作品的本文去探求和证实作者；三是确定一个作品的出版日期和写作日期。另外，进入任何学科的研究都需要掌握其术语和专业语言，同时也要充分利用相关的工具书、学术专著、期刊论文等理论资源。第二章讨论了关于内容的基本概念，包括素材、动机、本事。素材是在文学作品之外独立流传下来，而今对某个作品发生影响的东西，可以来源于编年史、报纸、口头传告等。动机是一种在文学作品中一再重复的、对于人类非常重要的典型场面。一个素材本身可以隐藏着许多动机。具体说来，一个素材在时间、地点、人物方面往往是固定的，其中的具体动机则不是固定的，而是作为一种推动情节的力量，具有一种结构上的固定性，即一个具体场面的模型。为此，需要对动机进行图样研究，即研究特定动机的文学传统及其固定形态。本事是对一部文学作品的情节中最重要的东西进行概括所获得的模型。本事的加工，就是作家在整个作品这个更大的范围中对动机的重述。这是每个作家都必须解决的技巧问题。第三章至第五章，讨论了关于形式的基本概念。第三章讨论了关于诗的基本概念，包括重音、韵脚、音步、句读、章节、韵的位置。这些都属于韵律的范围。第四章继续讨论了语言的形式，包括发音、词类、修辞形态、句法。文学理论就是要研究这些语言形式对于文学作品的构造的贡献，以使作品的整体性得到理解。充满韵律形式的整体性综合概念是节奏，一个作品语言形式的整体性综合概念是风格。后面的第八章、第九章专门对节奏、风格进行了讨论。第五章在前两章的基础上讨论了文学作品的结构问题。抒情诗的结构包括韵律、节奏、声音、意义四个层次。这四个层次互相制约，互相支持。韵律的图案这一外在的结构，是节奏不可缺少的基础，节奏必定要跟声音发生联系，声音需要意义来达到它充分的发展。它们共同作用而产生了自身逐渐展开的“抒情的过程”。戏剧的结构，除了“场”和“幕”外，还包括与“戏剧的过程”密切相关的情节。史诗的结构以歌与章作为外在的结构形式，“史诗的过程”则伴随着人物、事件在世界中扩展。这些都说明，对结构的准确理解，有助于阐释文学作品。

三、作为综合的基本概念

第六章明确驳斥了文学创作是“无意识”的以及不需要学习的观念，集中探讨了文学创作的技巧问题，并且根据其所提供的形式的不同，把文学作品分别归属于抒情诗、戏剧和史诗，具体论证了技巧研究的必要性和重要性。抒情诗作为一个自我独白的表现，它的标题、开头和结构图案都会因技巧的运用而形成不同的类型，进而影响到诗歌的内容和表达效果；戏剧则必须以整个作品的风格为标准，解决其在舞台形式、剧情介绍、人物描写、独白和上场下场等方面的技巧问题，不同的风格意志就会导致不同的技巧选择；史诗作为一种叙述艺术，常常采取框形叙述的技巧，即作者安排了另外一个讲故事的人把故事讲出来。叙述者的角色、叙述人称、叙述态度的不同，也会让史诗呈现出不同的风格特点。与第二章相对应，第七章探讨了“观念”这一综合概念。观念涵盖了素材、动机、本事这些内容因素，它是文学作品精神内容的综合，可以视作一部作品中所包含的全部问题和解答，为文学作品提供意义上的统一。对于“观念”可以有三种理解，一是作家支配着的观念，二是读者感觉到的观念，三是从文学作品本身得来的观念。运用观念历史解释的工作方法来研究作品内容，并不要求把文学作品当成一个整体来理解。即使增添了其他方法加以补充，比如运用美学和风格的考察方法来研究作品形式，也不能够达到把握文学作品的最终目的。这种运用内在的固有趋势，就是常常割裂内容和形式的互相联系和互相影响。因此，文学作品内容的研究，首先必须在作品的结构方面确定自己的方向。

与第三章相对应，第八章探讨了“节奏”这一综合概念。韵律的图案，提供了文学作品中重音的位置、行列的组织、章节的安排以及韵的位置。作为一个广大而统一的现象，它可以是相同的，可以脱离作品中的具体实现而独立存在。节奏则是有差异的，是属于每个作品的个别成分。它是一个有组织的，在时间中经过并在感情方面可以觉察的运动。二者的关系在于，无论具体作品中的节奏如何不同，都依赖于作为基础的韵律的图案。作者在辨析了韵律与节奏之后，对诗的节奏和散文的节奏进一步展开了深入的剖析。诗的节奏，可以让人感觉到一种秩序，可以让人事先合理地预料到语音的进展与变换。节奏的单位是重点，即通过明显的停顿而划分出的诗组。重点的秩序就是节奏的秩序，可以有丰富的变化，可以有效地强调作品的意义。节奏的类型，同时也就是风格的类型。"流利的节奏"、"汹涌的节奏"、"构造的节奏"和"跳舞者的节奏"分别适宜于不同的文学风格。散文的节奏，其研究目标在于散文组织所具有的手段，包括音节强调与非强调的区别、停顿、小组构成、紧张性。散文通过一种节奏的愉快性来达到意义的特别深入，节奏的成分与词义的成分之间具有内在的联系，二者在同一的方向上共同发生效果。总之，无论是散文还是诗，只有通过与词义的紧密联系，节奏才能达到它充分的效果。

第九章则以第四章列举的诸要素为不可或缺的先决条件，探讨文学作品的风格研究问题。除了传统上关于作品中出现的修辞形态，或者关于适合语言习惯的风格学，风格研究有三种不同的工作方式：一是来自语言科学的风格研究，认为风格是民族语言的一种现象；二是来自语言哲学、语言心理学的风格研究，认为风格即人，它是艺术人格在不同意义之下所表现出的现象；三是来自艺术科学的风格研究，认为风格主要是时代的现象。这些研究方向的共同点在于，都把风格看作对某个个体事物统一表现的觉察。文学作品是一个完全摆脱其创造者的、完全独立自主的形态。每个文学作品都呈现为一个统一的艺术世界。理解一个文学作品的风格，就是理解推动这个艺术世界形成的力量，以及作品统一的个别的结构。只有从认识的范畴和从创作本身所包含的态度出发的风格研究，才能够保证文学形式与文学内容的结合，才合乎文学的本质。

四、理论观点的升华

第十章是对全书理论观点的最后升华。如果说第二章至第五章，作为“分析的”基本概念部分，对文学作品的一些特定现象进行了孤立的和个别的解释，进而第七章至第九章，作为“综合的”基本概念部分，揭示了在生动的文学作品中不存在任何个别部分的孤立，所有的要素都常常超越自身而共同发生作用。那么，第十章更进一步阐明这些力量都在参与文学作品的构造，各种体裁的创作都是由一种内在的、统一的、构成的规律来决定的。与第六章研究文学作品的外在提供形式的种类不同，这里集中研究抒情诗、史诗、戏剧这三大类文学作品的内部形成存在的种类。语言本身的能力在这种内在的意义上成为抒情诗的、史诗的和戏剧的成分的基础，这也就回应了本书开篇所提出的观点。抒情作品的语言可能存在的基本态度仅有三种，即“抒情的陈述”、“抒情的讲话”、“诗歌的说话”。其中，“抒情的讲话”是最纯粹的抒情态度，这时自我和客观完全互相交融，抒情的宣布完全是情绪内在的自我表现。这种态度就是典型的颂诗的态度。也就是说，“抒情的讲话”这一基本态度形成了颂诗这个文学作品的种类。除了说话的态度，抒情作品还需要发言以圆满的形式成为统一和整体。结构的研究，可以显示这种形式最后的完成性。

总之，《语言的艺术作品》一书先是分开考察了内容和内涵、韵律和节奏、语言和风格、结构和提供形式这些最基本的分支，然后深入一个文学作品最内在的核心来指出这个文学生命是如何组织起来的，它强调文学作为语言的艺术作品本身是独立生存的观点。

（冯　巍）

马利坦

艺术与诗中的创造性直觉 1953 年*

雅克·马利坦(Jacques Maritain,1882—1973),法国天主教哲学家、新托马斯主义重要代表。1941—1944 年曾在美国讲学,1945—1948 年任法国驻梵蒂冈大使,其后任普林顿大学教授。1958 年印第安纳州圣母大学成立了马利坦研究中心,他致力于哲学研究。重要著作有《艺术与经院哲学》、《知识程度》、《艺术与诗》、《人与国家》、《伦理哲学》等。《艺术与诗中的创造性直觉》是他为 1952 年华盛顿艺术馆举办的"梅隆美的艺术讲座"准备的讲稿,用英文写成,次年在普林顿大学出版社出版。

一、诗、人和事物

诗与艺术,一个不能没有另一个。然而这两个词绝非同义。

---

* [法]马利坦:《艺术与诗中的创造性直觉》,刘有元、罗选民等译,北京:三联书店 1991 年版。

艺术是指人类精神创造性的或生产性的、制作作品的活动。诗不是指存在于写作的诗篇中的艺术，而是更普遍、更原始的过程，即事物的内在存在与人的自我的内在存在之间的联系。就像在古代所理解的那样，它是一种预言。在此意义上，诗是一切艺术的隐秘的生命，柏拉图也称它为音乐。

智性或理性在艺术与诗中起着根本的作用。但是，智性或者理性不是纯逻辑的，它涉及更深奥、更隐秘的生命。这生命同我们努力进入诗性活动幽深处成比例地向我们显现。人，当其感到美的愉悦时，不仅仅是与自然事物一起进入构成认识的意向的或精神的同质性关系中，在某种程度上，自然进入他的生命，和他共同吐露他的愿望。反过来讲，在一定程度上，也总是存在一种自然被人的侵入。

关于事物与艺术家自我的关系，在东西方观点、精神和诗的观念中，存在着差异和对立。一般来讲，东方艺术家羞于思考他的自我(ego)，羞于在他的作品中表明他的主观性。他观看事物，深思它们看得见的外观的奥秘和隐藏的生命力的奥秘。希腊艺术和东方艺术具有共同的基本特征：它完全专注于事物；人仍是自然中的对象和宇宙中的事物，只是就艺术家关心他面对观看对象或竞争者拥有优势而言，多半比中国艺术家较少忘我。在极其多姿多彩的发展中，西方艺术从最初把人的自我的意义理解为客体，而且依据基督神性自我的神圣典范，转化为最终把人的自我的意义理解为主体，或者理解为人本身的、艺术家或诗人之人的创作主观性。但是，东方艺术当仅仅关注事物的艺术成功、揭示了事物和它们所隐藏的意义时，也朦胧地揭示了艺术家的创作主观性；当主要关注艺术家自我的西方艺术成功揭示了创作主观性时，它也揭示了事物和它们隐藏的景象与意义。

二、作为实践智性效能的艺术

思辨的智性是为认识而认识，真理是它唯一的目标；实践的智性为行动而认识，它的对象是要支配的行动或要完成的工作。真，在思辨的认识中，是智性与存在、与事物所是的符合或相似；在实践的认识中，是智性与以人去创造而使之存在的事物为直接目的的欲望相符合或相似。实践智性的行动，区分为要完成的行动和要做的工作，即区分为道德行为和艺术行为。艺术则是处理某个要制作的对象的特殊实践智性的效能，它关心作品的善，而不关心人的善。在实用艺术中，意志或欲望追求的是独特需要的满足；在美的艺术中，意志或欲望要求的是纯粹精神创造性的释放。精神创造性是艺术创作首要的存在论根源。在美的艺术中，它是纯粹的、摆脱了一切偶然因素、倾向于完成某种精神智力在其中发现它特有的愉悦的东西，这东西便是在美中产生的对象。就实用艺术而言，匠人可能发现的越来越精确的补充规则无论多么重要和必需，他首要的职责是遵循最初的规则，最初的规则对他来说就是满足某种从一开始他的意志即朝向的需要。对于美的艺术来说，最初的规则就是充满活力的发动或决定——通过这发动或决定，自由的精神创造性首次和最初表现自身。这最初的规则存在于创造性直觉中，艺术家必须对这规则完全忠实、顺从和关注。当然，实用艺术与美的艺术之间的区分，不应绝对地理解。

三、智性的前意识生命

艺术越来越充分注意到它的自由，注意到掌握使它产生效能东西的必要，注意到那种艺术家所需要的对于真的忠实。现代艺术，尤其是现代绘画和现代诗的发展，可以分成三个主要阶段。首先，艺术努力使自己从自然和自然形式中获得自由。第二个阶段是从语言中解放出来或对语言进行改变。第三阶段，艺术努力摆脱理性的或逻辑的意义。这一进程充满危险，以许多损失作代价。正确的方向乃是直接指向诗本身，终极目的是诗性意义本身。另一个方向指向单纯的艺术创造力。再一个方向则偏离正道，最高目标是通过诗来探究人的自我。超现实主义蓄意地、有系统地渴望摒弃精神性力量至高的自律，渴望完全拒绝自觉理性的支配，甚至也拒绝理性前意识生命中智性直觉性的支配，渴望放纵人身上无理性生物无拘束的无限力量，从而使人之超人得以自由。诗特有的本质，既不在超现实主义的地狱中，也不在柏拉图的天堂中，而在人的灵魂中。在灵魂中柏拉图的缪斯成了创造性直觉，他的灵感降落进与想象力合成一体的智性中，成了诗性经验。于是，一切都取决于精神无意识或前意识。在精神无意识中隐藏着启发性智性，它以理智力发动一切，但不去认识。

四、创造性直觉与诗性认识

在精神无意识中，存在一个所有灵魂力量的共同根源。在这里，智性、想象力同欲望、爱、情感诸种力量一样，共同参与一种根本的活动。灵魂的力量彼此包容，感性知觉整体包容在想象整体中，想象整体包容在智力整体中。而它们全都被启发性智性所激发和发动。

精神无意识中的智性生命，并非完全贯注于推理认识手段的准备和形成、概念和观念产生过程。对于智性来说，还有另一种生活，它使用生命力的另一些资源和另一种储备，而且是自由的。这种自由不是漫无目的的自由，它也是认识的和生产的，它服从扩展和丰富的内在法则，这法则将它径直引向精神创造性的表现，而且它是由创造性直觉形成和激活的。作为认识，诗性直觉并不针对本质，本质是思辨认识的对象，它指向与特定情感深深打动的灵魂同质的具体存在。在诗性直觉的成就中，最直接的东西是对世界事物的经验，但是，对自我的经验则是最主要的。这二者合起来构成一种唯一完满而复杂的意义。诗性直觉的第二个方面，是创造性。诗性直觉一旦存在，一旦使诗人的本体领悟到自身和共鸣的现实奥秘，便是智性非概念生命深处的一种创造诱因。不过，它们并非全都能引起行动，甚至诗性直觉能在灵魂中长时间保存、潜伏，直到有一天从沉睡中醒来，使之不得不去创作。但那时也不需要任何附加的因素，而仅仅是付诸实施的问题。一切早已存在，包含在诗性直觉中，一切已经给出，全部活力、全部悟力、全部创造力现在行动着，好像由智性指挥力推动的突进。由于本性的必然，诗性活动自然是无利害的。它使人的自我在最深的幽深处忙碌，但绝非为了我。它在创作的迷狂状态下被引出，它死掉自身以便在作品中活着。

五、诗与美

传统公认的美有三个基本特征：完整、比例或和谐、光辉或明晰。光辉或明晰与智性最基本的渴求相关联，因而是最重要的。美属于超越物的领域。美是统一、一致、真、善等所有超越物的光辉。超越物的本质特性不能被任何一个类别涵盖，它们超越任何一个类别或种类，又显现于任何一个事物上。它们与存在相一致。审美的美与超越的美不同。审美的美只是性质上与人的精神最相称的美，它是超越的美的特殊规定：超越的美并非单单面对智性，而是面对被智力灌注的感官。结果，在审美的美的领域，就智力渗透的感官的要求而言，或者就是否适合人的感官而言，事物分为美的和丑的。丑是看上去不愉快。而对于纯粹智性来说，一切都是美的。艺术极力打破审美的美与超越的美之间的差别，极力在超越的美中吸收审美的美。美不是诗的对象。科学中和艺术中的精神创造力服从对象,而诗没有对象。诗中的创造力是自由的,诗中只有表达诗性直觉认识的冲动。诗被托付给艺术的生产活动,由于本性而参与艺术的活动。当诗托付于艺术时,则诗超越艺术。诗与美是平等、同族的关系,而且除了在美中便不能存在。美是诗的必然关联物,是诗的超目的之目的。美的艺术和任何一种艺术一样,更直接地想要生产好的作品,而非美的作品。实际的情形是:美的艺术把美当作对象,于是错误地转向学院风气。正如诗的优美能够并且需要唤醒一种艺术,任何一种艺术都能够并且都渴望在美中生成。在人类历史的漫长时期内,美的杰作是由那些并不声称是创造美的艺术家、也不知道他们是为美效力的人生产出来的。

六、诗性经验与诗性意义

诗的层面是抽象认识层面和巫术层面的中间形态。诗人的思想有点类似于最宽泛意义上的巫术方式,很容易滑向严格意义上的巫术。在我们的时代,文明提供给诗人智性的理性认识是抽象认识。这种抽象认识向诗人提供的是矛盾外观的混乱画面,使巫术的诱惑加强。只有当巫术的诱惑被重新找到自己领域的理性认识的引力抵消,意识到自我的诗,才能在精神世界中恢复它正常的稳定状态和自律。诗性经验和神秘经验不同:诗性经验关涉被创造的世界,关涉存在者彼此神秘的、无穷的关系;神秘经验关涉在其高深莫测的、超现世的统一体中的事物本原。但它们都诞生于前概念或超概念精神生命的源头,彼此靠近。

诗在本性上依恋艺术,本质上朝向艺术。在创造力的等级上,诗超越艺术。首先,诗本质上是精神自由创造力的释放和开动,它自身没有对象。而艺术的精神创造是不自由的,被限制在作品的制作上，作品是被限定在特殊种类中的对象。诗性直觉进入实施的领域后，仍是自由的，它是艺术的最初规则，它不服从规则，而规则服从它。其次，诗是以其特殊方式与存在的精神交流，而艺术却完全包含于某种实践认识，并需要去进行此一严格意义上的实践认识——去制作。诗性经验是出现在精神前意识边缘的朦胧的、不言明的、有味道的认识状态，这种认识当之后再次生发在作品中时仍将是有味道的。没有一首真正的诗不是诗性经验凭内在必然性发展的结果。诗性经验包含两个阶段，即收缩的阶段和舒张的阶段。在第一阶段，平静中积聚在一起的所有灵魂力量处于有效和潜能的状态。第二个阶段是静默的积聚之后发生自灵魂中心的气息，是“灵感”的阶段。诗性直觉是灵感的最初要素和催化剂。灵感作为诗性直觉或者处于其最初萌芽中永远是必需的，作为充分展开或者全面渗透的运动，则永远是最为理想的。

作品中的诗性意义，相当于诗人的诗性经验。诗性意义是诗篇的内在旋律，是由多重意义构成的内在意义：词语的概念意义；词语的意象意义；词语之间、词语承载的意味深长的内容之间的音乐关系的更神秘的意义。诗篇的概念意义，完全从属于诗篇借以存在的诗性意义。就概念意义而论，诗篇或者是明晰的，或者是朦胧的。没有一篇诗会是完全朦胧的，因为它不能够完全摆脱概念的或逻辑的意义；没有一首诗是绝对明晰的，因为它不能唯以概念的或逻辑的意义而存在。伟大的诗人坚持诗性意义第一。

七、诗性直觉包含一种音乐的内化

诗性认识和诗性直觉的最初成果和迹象，是生产于精神深处的一种音乐运动。在智性、想象、情感的前意识生命中，没有任何实际的概念和观念，但充满意象和情感活动，在它之中灵魂所获得的一切经验和记忆的珍藏，都呈现为有效力的状态。在此背景内，诗性经验和诗性直觉作为动作或发动被形成，诗性直觉一波接一波地扩展。在诗性直觉的整体与它扩展或表达的连续的局部单元之间的关系中，包含着一种音乐。局部单元之中的每一个都是意象和情感的综合体，本质上是意向性的、动力的、短暂的。而局部单元之间运动的连续，是在运动中释放的意义：一种无声的原始旋律。诗性直觉越是展开扩展，直觉的律动也越加明显，于是诗人灵魂中有一种扩大着的音乐运动。这是诗性经验表达的最初阶段，是纯粹意象的和情感的阶段；它是短暂的和意向性的，它趋向文字表达。而在文字表达阶段，创造性智力作为工作的理性也发挥着作用，完成着艺术的任务，应用着从属的制作原则。由于词语被牢固地固定在最小的含义内，诗性直觉中不可言说的内在显示越是超验，加给艺术效能的任务就越是严峻。诗篇是作为在美中产生的新的创造物的目的，而不是作为交流工具的手段。它使诗人与别人交流，甚至它被看或被听，这是它自身太丰富的结果，这对于诗人作为人来说是重要的，但对于诗的最初本质要求却是附加的。从读者或听者的角度来说，这也是必需的。好的作品使感官和智性愉悦，而它的美的光辉首先是诗人的直觉所捕捉到的存在论的奥秘之光，因而能实现一种直觉的交流。

八、创造性直觉的三种显现

主题是诗篇行动的终点和意义，是诗篇中最接近推理理性的元素。诗篇中首要的和最基本的意义价值是诗性意义。诗篇在智力之前通过诗性意义获得其本质和实体。行动源自创造性直觉，是诗篇的第二意义价值，它以诗性意义为前提，并且补充诗性意义。节奏或和声展开，构成诗篇的第三意义价值，通过它，诗性意义和行动得到补充或外部表现。对于诗，有一个作品在其中统一的诗性空间，它在诸因素互相交替中展开，在时间中或者在物理空间中延展。这些因素相互联系，而这种联系取决于艺术家心中先于它们的整体性，并且将其统一性要求强加于每一因素。这种有生命的多重联合，便是诗篇的节奏或和声的展开。这样，在智性前意识的创造之夜中，诗性直觉处于纯粹的、原始的天然状态，它通过诗性意义变成作品。随着实施活动的加强，诗性直觉渗入发生中的逻各斯世界，在这里，它处于心中想象的作品、思想的作品的状态，它通过行动和主题变成作品。最后，诗性直觉渗入艺术效能的领域，于是处于制作中的作品的状态，它通过节奏或和声的展开变成作品。诗篇或歌的诗，是内在音乐的诗。戏剧的诗，是行动的诗。小说的诗，是人类图画的诗。与此对应，从读者或听众方面来说，有三种不同的诗性感受类型：抒情感受、戏剧感受、内省感受。

（姜泽阳）

罗兰·巴特

写作的零度 1953年*

罗兰·巴特(Roland Barthes,1915—1980),法国著名文学理论家、文化评论家,开创了研究社会、历史、文化、文学等深层意义的结构主义和符号学方法。他的学术思想一般划分为三个时期:第一是探索时期,在接受存在主义和西方马克思主义的同时,深受现代结构语言学的影响,对语言结构与写作的关系进行深入思考,初具结构主义思想,代表作是《写作的零度》。第二是他的符号学与结构主义时期,代表作为《符号学原理》、《论拉辛》、《神话学》、《批评与真实》、《叙事作品结构分析导论》。在这一时期,他形成了自己独具特色的符号学和结构主义理论。第三是他从结构主义向解构主义转向的时期,以《S/Z》、《作者之死》、《文之悦》、《符号帝国》、《罗兰·巴特论罗兰·巴特》和《一个解构主义的文本》为代表。《写作的零度》是其早期代表作,决定了他后来的理论趋向和

* [法]罗兰·巴特:《写作的零度》,李幼蒸译,北京:中国人民大学出版社 2008 年版。文内引文,只注页码。

毕生的思想主题。

一、什么是写作

《写作的零度》是罗兰·巴特的第一本专著，是针对萨特的《什么是文学》一文而写的。在此书中，巴特回答了萨特提出的三个问题：什么是写作？为什么写作？为谁写作？这种回答不仅标示着两位思想家之间文学观念的不同，也意味着一种新的文学观念的确立，从而开启了在法国文学理论和文学批评领域内存在主义和结构主义的对立。第一部分，“什么是写作”。巴特认为，语言结构是某一时代一切作家共同遵从的一套规定和习惯，它贯穿在作家的言语表达之中，但是却并不赋予它任何形式。但语言结构又包括全部的文学创作，像天地一样构成了人类生活的生态环境。语言结构既是界限又是栖息之地，属于人类而非作家的私有财产。语言结构对作家来说是否定性的，与其说是作家语言的基础，不如说是他的极限。风格则在文学之外，因为形象、叙述方式和词汇都是从作家的身体和经历中产生的，并逐渐成为艺术规律机制的组成部分。所以，风格往往浸入到作者个人的和隐私的神话中，它和社会没关系，但却又要向社会显现，它属于个人，而非进行选择和对文学进行反省的结果，是深锁在作家躯体内的记忆，成为文学习惯的私人性部分。

语言结构的水平性和风格的垂直性，共同构成了作家的一种天性。语言结构是作家的可能性，而风格则是一种必然性，体现的是作家个体的性情。处在语言结构和个人风格两者之间的，就是写作，作家正是在写作这一领域才真正显示自己的个性，才真正介入文学。语言结构和风格都是对象，写作则是一种功能。写作穿过了语言结构的封闭性，永远根植于语言之外。因此，在同一时代的语言结构之内，存在着风格迥异的写作方式，一种写作方式的选择，表明了一种可能选择的自由。同一时代的写作虽然彼此不同，但是却可以进行比较，因为它们都是作家对写作的形式的社会惯用法和他对所承担的选择的思考。所以，写作在本质上形成了形式的伦理，也即是社会性场景的选择，作家只能在这个场景内来决定如何确立自己的语言的“自然”。因此，写作的自由仅仅是形式的自由。作家的写作是思考“文学”的一种方式，而不是扩展“文学”的一种方式。写作是一种含混的观念，它一方面产生于作家和社会的接触，另一方面又通过一种悲剧性的逆转，使作家从社会的目的性返回到创作行为的工具性根源。历史并没有向作家提供一种能够被自由消费的语言，而是促使他去要求一种被自由生产的语言。因此，一种写作的选择及其责任表示一种“自由”，这种自由在不同的历史时期并不具有相同的限制。作家并未被赋予在一种非时间性的文学形式的储备中去进行选择的自由，作家的各种可能的写作是在“历史”与“传统”的双重压力下确立的。

二、政治的写作

罗兰·巴特认为，写作绝对不是交流的工具，它是一种“空的记号之流”(第 14 页)，它处在语言之外，是一种反交流。他把革命写作、马克思主义写作和思想式写作都归入政治写作之中，这也是一种价值学写作。在这种写作中，它的任务就是把行为的现实性和目的的理想性结合起来。革命写作是一种夸张的姿态，真理由于自己所付出的流血的代价而变得沉重，所以，它为了要表现自己就需要戏剧性的夸张的形式本身，不仅丰富了历史，还滋养了一切未来的革命思想。马克思主义写作的形式的封闭性，既不是修辞学夸张，也不是来自某种叙述技巧，而是来自一种像技术词汇一样专门的和功能性的词汇，它的写作是单义的，每个字词都紧紧地指示着某种原则，所以常用的词汇就是“意味着”，它不是中性词，而是展示一种准确的历史过程,像代数符号一样被置入括号的一套先前的假定。它是一种有价值判断的语言,是以被判决的形式表达的一种事实,是强加于读者的一种谴责性的直接的解读。当政治的和社会的现象伸展到文学意识领域之后,就产生了介于战斗者和作家之间的新型作者,他既获得了一种道义承担的理想形象,又把自己的写作看作是一种行动,这就是思想式写作。语言在这种写作中不占主导地位,却致力于成为道义承担的记号。但是这种写作又具有一种双重性,因为文学性在这里尚未完全消失,所以这也导致了它的自我的异化。

三、小说的写作

罗兰·巴特认为小说和历史在19世纪取得巨大成功,建立了自足的世界,有自己的幅员和界限,并在其中安排自己的时间、空间、任务以及种种的物件和神话。它们都是叙事。叙事体是纯文学的组成部分,它是一种叙事的可理解性,所以它是有关宇宙演化、神话、小说和历史的虚构时间。这里的世界是被虚构的、被制作的、独立自足的线性排列,表现的是一种秩序,在它背后隐藏着的是一个造物主、上帝或者叙事者。这也说明,小说是明显的谎言,它用形式的辩证法遮掩着谎言本身,所以,小说和某种适用于资产阶级社会的普遍性神话相关联。小说是资产阶级社会的特定产物:小说赋予想象物一种真实性的形式保证,但又在这个对象身上留下了一种双重性对象的含混性,这个对象既是似真的又是虚假的,而这是西方艺术中一直存在的一种程序,将虚假等同于真实。比如说20世纪取得胜利的资产阶级,就把自己的价值看做是具有普遍性的价值,而这正是神话机制之所在。写作中的第三人称,其实也在生产一种神话,只不过更隐蔽,因为它"是一种在社会与作者之间的可理解的契约记号"(第24页),而且它也是以作家喜欢的方式去建立世界的主要手段。

四、有没有诗的写作

语言的统一性是古典时期的信条，人们会按照不同的语境来分配不同的说话方式。它们是社会中的不同的表达方式，它们反映的是精神的各种永恒的范畴。而诗只不过是一种装饰性的散文而已，只是技巧的结果。但是现代诗把语言制作成为一个封闭的自然，诗成为一种独立自足的存在。在古典艺术中，思想产生语言，而语言只是在表达和传递思想。而在现代诗中，字词产生了形式上的连续性，它是言语的偶然性。古典语言的机制是关系性的，字词是一个表层的意图链，彼此连接成为一个整体，形成关系的对称性或者简洁性，是表达的艺术，交流或者宣告的手段，传递的是意义。而现代诗，只保留下来关系的运动和表述形式，而没有保留关系的真实性，关系只是字词的一种延伸，字词只是在一条毫无内容的关系线上闪烁，是一种空洞的陶醉。“现代诗共同具有的这种对字词的饥渴，把诗的语言变成了一种可怕的和非人性的言语。”(第32页)在古典语言中，自然是充实的、可把握的，既无裂缝又无阴影，完全受言语之网支配。而现代诗摧毁了语言的关系，把话语变成了字词的静止的栖所。这说明我们对自然的认识发生了逆转，现代诗变成一种客观的诗，自然变成了一些由孤单的和令人无法忍受的客体所组成的非连续体，因为人们不再为这些客体选择特有的意义、用法或者用途，不再把等级系统强加在客体之上。这些诗的字词排除了人的因素，是一种语言自足体的暴力，摧毁了一切伦理的意义，所以诗歌变成了语言伦理学。

五、资产阶级写作的胜利与断裂

在第二部分，根据前面的分析，罗兰·巴特认为，古典语法使法语摆脱了一切语言学问题，“样式”的多样性和风格的变迁属于美学问题，而非结构问题。法国在资产阶级意识形态获胜时期完成了一种工具性、修饰性的写作，它以自身功能之外的外在事件来修饰自身。这种古典写作是一种阶级的写作，所以表现为一种少数派的和特权阶级的语言，明晰性成为一种价值，在资产阶级时代发展出了关于人的本质主义的神话。但是三件历史事实使资产阶级意识形态普遍性的神话破产了，那就是欧洲人口统计学的反转，现代资本主义的诞生和自由主义幻想的破灭。从这时开始，写作开始多样化了。每当作家在探索一种复杂的字词的时候，质疑的恰好是文学存在自身，所以，当现代主义显示在多样性的写作中的时候，正好是其历史日暮穷途之时。

六、艺匠式写作及其他

罗兰·巴特认为，福楼拜以来的文学创作开辟了一种新的艺匠式写作。在资产阶级写作主宰一切的时候，形式的价值相当于思想的价值。但是古典语言的普遍性又说明语言是公共财产，只有思想才会有差异。而福楼拜的创作，则奠定了一种新的写作，这种写作包含了一种夸张的修辞法的技术性规则，美学目的已经不能说明这种语言惯习了。莫泊桑、左拉等人的现实主义写作，是源于福楼拜的“亚写作类”，这种写作充满了写作制作术中最为绚丽多姿的记号。他们试图逼真地再现现实，使写作和自然相一致，所以精心地在字词上做文章。但他们只是强调模仿和表现，因而不过是些无风格的艺匠而已，他们只是建立了关于事物的一种理想的可理解性，是一种小资产阶级的写作。巴特认为，存在于资产阶级遗产内部的艺匠式写作，并没有打破任何秩序，作家只是在语言中寄予一种热情，表面上强调写作就是写作，但实际上他们暗中损坏文学语言，瓦解作家的套语和习惯表达，试图在形式中去寻找一种新的语言状态。这种语言的骚乱创造了自己的规则，而这种混乱的语法又导致了社会性语言在这里的解体，语言的解体导致了一种写作的沉默。这种纯文学陷入了一种失写症，脱离作家的一些技术性思考和习惯套语等杂质的字词，不对语境负责了，变成了一种单一性的行为，具有一种孤独性和纯洁性。巴特以一百多年来法国文学的创作为例说明，作家并未注意到有各种不同的说话的方式。而现代文学的梦想就是建立“与社会语言的自然性相结合的一种文学语言”(第 51 页)。很多作家在真正的文学的语言插入了下层社会语言的成分，但这些只是一种戏剧性的装饰。从普鲁斯特之后，文学把社会看成是一个自然世界，力图把它复制下来，这样文学就变成了一种清晰的传达行为，而没有超脱自己的语言结构。

七、语言的乌托邦

罗兰·巴特在此书的最后一部分指出，写作的扩增是一种近代现象，它迫使作家去进行选择，以形式为先导，引发了一门写作伦理学。所以，现代文学是一种双重的存在，比如萨特的小说，只有在“忠实于某种被叙述的，而且是间断性的格调时才是小说，这种格调的规范是在小说诞生之前的整个地质学式成长过程中被建立的”(第 53 页)。所以，如果作家的写作不能使自己摆脱这种矛盾的话，就不会产生杰作。而如果把文学的对象交给形式的惯习来处理的话，文学的神话就仍然没有被超越。语言是历史性的、超越于作家的存在，所以就像仪式一样强加给作家，这就产生了写作的悲剧。每位作家一诞生就要面对这种判决，尽管他会力求突破，并创造一种自由的语言，但最后还是会被重新征服，因为他不得不继续使用它。所以，一切写作都存在着双重假定，“革命在它想要摧毁的东西之内获得它想具有的东西的形象”（第55页），文学的写作既有历史的异化，也有历史的梦想：“作为一种必然性，文学的写作证明了语言的分裂，后者又是与阶级的分裂联系在一起的；作为一种自由，它就是这种分裂的良知和超越这种分裂的努力。”（第55页）因此，文学的写作仍然是对语言至善的热切想象，朝向一种梦想的语言——语言的乌托邦。

罗兰·巴特一生都被“写作”问题纠缠。作为20世纪文学理论中一个重要的概念，“写作”在西方尤其是英美文论界并未引起应有的重视，且存在诸多误读。但不可否认的是，这种写作观标志一种新文学观的确立，而后来他提出的影响甚大的“作者之死”、“文本的快乐”等理论，都能从这里找到影子。

（李　龙）

杜夫海纳

审美经验现象学 1953年 *

米盖尔·杜夫海纳(Mikel Dufrenne,1910—1995),法国著名现象学美学家。他曾任法国美学学会主席、世界美学学会副主席。其主要著作有《审美经验现象学》(1953)、《诗学》(1963)和《美学与哲学》(1967)等。他的研究全都围绕审美经验展开。

一、艺术表现"赋予对象以最高形式"

《审美经验现象学》是杜夫海纳美学思想的集中体现,在此书中,他从审美对象、艺术作品、审美感知以及审美经验的批判四个方面,详细、系统地讨论了审美经验的相关问题。他认为,艺术作品一般可以分为两种类型:时间艺术(以音乐为代表)和空间艺术(以绘画为代表)。但这个区分并不是绝对的,时间和空间在艺术

---

* [法]米·杜夫海纳:《审美经验现象学》,韩树站译,北京:文化艺术出版社1992年版。文内引文,只注页码。

作品中是共同存在的，它们彼此相依。文学作品作为一个历时性的存在，必然是时间艺术，但同时它又展现一幅幅世界图景，因此也是空间艺术。时间和空间在文学作品中的联系是紧密的，不可分的。杜夫海纳认为艺术作品的材料是感性的，他明确区分了这种作为材料的感性和产生感性的物质手段。比如“诗歌的材料是词语这种特殊的声音，而不是讲出这些词语的喉咙或戏院中用全身讲出这词语的演员”(第 339 页)。在艺术作品中，感性是按照一定的特殊的模式被整合在一起的。艺术作品所使用的材料虽然是感性，但是杜夫海纳并不否认艺术作品对于客观对象的再现。他认为艺术作品总是不可避免地要再现对象，这种再现形成了作品中的主题，“通过主题，作品才真正起意指作用”(第 348 页)。只是这种再现应该是感性的再现，它必须能够激发感性，并且为感性赋予意指作用以及带有逻辑可靠性的统一性。但在杜夫海纳那里，作品最终还是表现的。再现的主题所带来的作品的意义，只有在作品本身中才能被感知。艺术作品将内在于其自身的再现对象，纳入到一个统一的表现系统中，从而赋予再现对象以无穷性。在此，他举了《哈姆莱特》为例子。也就是说，再现的对象，在作品中最终而且只能在表现的世界中得以展现。他认为表现是不可分析的，因为表现本身是一个不可分割的统一体。在他那里，表现“赋予对象以最高形式”，它是“互相主体性的基础”。(第 364 页)

二、关于“艺术作品”和“审美对象”

杜夫海纳认为，艺术作品并非全然是审美对象。只有当艺术作品被欣赏者感知了之后，它才能转化为审美对象。任何艺术作品都有着成为审美对象的内在趋势和要求，因为艺术作品只有在被欣赏者接受，成为审美对象之后才能成为完全的存在。因此，“艺术作品就是审美对象未被感知时留存下来的东西——在显示以前处于可能状态的审美对象。”(第39页)在他看来,审美对象需要通过审美经验才能被界定,因为只有经过了审美感知的对象才能成为审美对象。另一方面,审美经验也需要通过审美对象来界定,因为只有对于审美对象的感知才能成为审美经验。这便是杜夫海纳所认识到的两个概念之间相互界定的循环。他按照现象学还原的观点,认为应该首先从对象的界定入手,用审美对象来界定审美经验。在这个过程中,艺术作品发挥了重要作用,因为“把经验从属于对象,而不是把对象从属于经验,就要通过艺术作品来界定对象自身”(第7页)。

因为艺术作品只有在得到公众的接受之后,才能成为审美对象,所以,他细致地论述了艺术作品和公众之间的关系。他认为公众对于艺术作品是至关重要的,公众不仅确认艺术作品,并且最终完成艺术作品。另一方面,艺术作品赋予公众以鉴赏力和情趣,但更为重要的是艺术作品使公众得以自我确认,成为真正意义上的“人类”。他说:“审美对象使公众构成人群,因为它把自己看作是一种最高的客观性,这种客观性把各个人联合起来,强迫他们忘掉个人的特殊性。”(第94页)而最终结果就是公众在面对审美对象时,超越自己,“走向了人类的普遍性”(第96页)。那么,审美对象本身具有哪些特征,能够让其发挥如何的功能呢?首先,审美对象是感性的。它要诉诸感知,直接呈现在公众面前的,并通过其形式上的感性而得以呈现。因此,杜夫海纳说:“审美对象不规定我去做任何事情,但要我去感知,即把我自己向感性开放。因为审美对象首先就是感性的不可抗拒的出色呈现。”(第114页)在此,审美对象不仅是感性,它还是一个“准主体”,它是主动的,它呼唤我们去感知,而不是我们将感知强加于其上。可见,审美对象是“自在—为我们”的。“自在—为我们”这一关系结构,来源于梅洛·庞蒂,杜夫海纳在书中直接引用了《知觉现象学》中的一段话,用以说明这一关系结构:“我们常说,没有人去感知物,就无法设想感知之物。但事实仍然是，物是作为自在之物呈现于感知它的那个人，它提出了一个真正的自在—为我们的问题。”(第 257 页)在此，杜夫海纳重点突出了审美对象“自在”和自律的一面。

在杜夫海纳看来，审美对象的意义是内在于审美对象的，它是审美对象的表现，是形式和主题、感性和题材的统一。审美对象不排除再现和意指作用，因此审美对象也不排除主题。但人们却不能按照主题对审美对象进行判断，因为“真正的主题存在于作品本身。它只有在作品中才能被感知，才能得到像作品对待它那样的对待”(第 156 页)。在艺术作品中，主题总是和某种形式联系在一起，正是形式使得主题成为表现性的，最终被以感性的形式表现出来。但这种表现，对于不同个体而言是不同的，也就是说，审美对象的意义是不确定的，是可以丰富的。杜夫海纳认为艺术作品的含义是无可穷尽的，作品所面对的公众越多，那么作品针对于公众所呈现出来的意义也就越多，审美对象也就越是丰富。所以，当我们面对审美对象时，我们就是在不断地创造着审美对象更为丰富的意义。因此，可以说审美对象是再现和表现的统一，但归根结底它是表现的。这一点在作为语言艺术的文学中体现得最为明显。杜夫海纳首先将语言艺术定性为再现艺术，虽然它并不直接呈现或显现某一对象而是对其进行描述，但是语言艺术无疑具有内在的主题，正是这个主题的存在，让他将语言艺术勉强归入再现艺术中。之所以如此，在于语言艺术所使用的特殊媒介、手段和表现方式——语言。语言作为符号，它自然地指向某种特定意义，在这个层面上语言是意指的，通过意义指向，语言得以再现对象。但是语言要具有意指作用，首先就要在符号与对象之间确立某种联系，以至于在符号面前我们能够看到对象的具体的呈现，因此，也可以说语言表现着对象。另一方面，语言总是人的语言，语言在表现对象的同时表现着主体。但是语言所表现出来的主体，并不是一个客观真实的主体，而是呈现主体的一个姿态，它直接揭示了主体的情感。也就是说,在杜夫海纳看来,语言不仅仅表现了对象,也表现了主体。这两方面的表现并不是孤立的,它们是同时存在和进行着的。至此,可以看出审美对象的一些主要性质和特征:审美对象具有现实性,它是自在的,但同时它也具有真实性,这种真实性不仅是再现的真实性,更是通过形式的表现引起我们感知而存在着的真实性。这种真实性,赋予审美对象以意义,从而让审美对象形成一个独立而完整的世界。审美知觉就在这个审美对象的世界中展开。

三、审美知觉中的想象与思考

审美知觉,在杜夫海纳看来和一般知觉一样,经历着三个阶段:呈现、再现和思考。审美知觉以感性呈现为其开始,这是因为审美对象是感性的,而感性的把握和体认要求肉体的直接感知。审美对象向肉体呈现出来的感性,是再现和思考的基础和前提。但是审美对象意义的把握,则不是感性呈现所能具备的,它使得审美知觉向再现阶段迈进。

在审美知觉的再现阶段,对象以具体的形象再现出来。这时,知觉由肉体层面进入精神层面,在这个过程中,想象发挥着重要作用。在杜夫海纳看来,想象"是精神与肉体之间的纽带"(第 382 页)。想象具有两个方面:先验的和经验的。先验的想象所提供的是再现的可能性,它开拓出一个再现对象出现的领域、场所。经验的想象则是为再现赋予意指,带来充实场所的形象。杜夫海纳认为:"想象在审美知觉中承担的功能类似于我们所说的'先验'功能。"(第 395 页)在审美知觉中想象引起知觉,但是想象并不增加任何知觉。因为审美对象的意义在于其再现的对象,这种再现对象是非现实的,它不需要想象给予任何说明。另外,想象总是从一个给定物出发,它最终也"回到给定物,消失在给定物之中"(第

397 页)。这样,想象在审美知觉中就失去了其狂放不羁的特质。在审美知觉中,想象的最大的功能在于"赋予再现对象以确定性"(第 398 页),并使人物成为"一个有意指整体"(第 402 页)。杜夫海纳还将审美知觉中的想象比喻为"隐含的记忆"。总之,在审美知觉中,想象是被抑制的,它必须要从属于知觉。感知物不能被混同于想象物。在抑制想象方面,思考发挥着重要作用。审美知觉中的思考,抑制着想象力,它让审美主体在审美知觉过程中保持冷静,发现新的意义。但是,理解力又不能离开想象,因为认知如果没有再现的话,将是无能为力的。于是一个过程便就明晰了起来:想象力通过在符号与所指事物之间建立一种统一,而将再现呈现出来,产生一个再现的世界。而理解力则对这个世界进行限制,并赋予这个世界以秩序和意义。对于审美对象的思考,不仅仅是形式上的,也是意义上的;不仅仅是与对象隔离的,也是依附于对象的。但审美对象具有自身特有的深度,这种深度"不仅是自在的不透明性,而且是一种意义的充实性"(第 437 页)。在面对这种深度时,审美思考就展现出了局限性,因此审美思考必须要通向审美感觉。在审美感觉中审美经验达到高峰,但审美经验也不能离开思考,它是审美思考和审美感觉之间的交接点。

在《审美经验现象学》一书中,杜夫海纳构建了从艺术作品到审美对象,再到审美知觉的一套完整的现象学美学的理论体系。他的研究不仅继承了他之前的胡塞尔、英伽登的理论,更启发了后来的接受美学、读者反映批评。

(兰善兴)

艾布拉姆斯

镜与灯:浪漫主义文论及批评传统 1953年 *

M. H. 艾布拉姆斯(Meyer Howard Abrams),美国当代文学理论家,《镜与灯》(1953)是他哈佛大学毕业的博士论文。长期在康乃尔大学任教,一生著述甚丰。除《镜与灯》外,还著有《自然的超自然主义:浪漫主义文学中的传统与革新》(1971)、《相似的微风:英国浪漫主义文学论集》(1984)、《探讨文本:批评和批评理论文集》(1989)等。

一、艺术批评的诸坐标

《镜与灯》考查的是现代"文学"观念形成的过程。只不过作者将论述的对象集中在浪漫主义运动上,确切地说是19世纪上半叶

---

* [美]艾布拉姆斯:《镜与灯:浪漫主义文论及批评传统》,郦稚牛、张照进、童庆生译,王宁校,北京:北京大学出版社2004年版。文内引文,只注页码。

英国的诗歌理论。所以如此,是因为浪漫主义运动作家“关心的是诗歌或艺术的本质,有些探索其心理原由,有些研究其结构种类,有些探讨其主要准则,有些则研究诗歌或艺术与人类所关注的另一些重大问题之间的关系”(序言)。

关于《镜与灯》的隐喻意义,正如作者在“序言”中所言:“本书的书名把两个常见而相对的用来形容心灵的隐喻放到了一起:一个把心灵比作外界事物的反映者,另一个则把心灵比作发光体,认为心灵也是它所感知的事物的一部分。前者概括了从柏拉图到18世纪的主要思维特征;后者则代表了浪漫主义关于诗人心灵的主导观念。这两个隐喻以及其他各种隐喻不论是用于文学批评,还是用于诗歌创作,我都试图予以同样认真的对待。”这种比喻,对于理解从柏拉图到浪漫主义运动以来的文学理论有着重要的意义。作者认为,尽管从严格的科学的意义上讲,人们在探讨文学时候的论述并不真实,而且也不可能获得根本的一致,但是好的批评自然有其存在的理由,“其衡量标准并不是看该理论的单个命题能否得到科学的证实,而是看它在揭示单一艺术作品内涵时的范围、精确性和一致性,看它能否阐释各种不同的艺术”(第3页)。因此有多种不同的理论能够分别合理地解释审美现象。但是,这种多样性也导致了批评史家的任务变得艰巨而繁重。因为很多理论没有共同的思想基础,没有共同的术语(即使有,也赋予了不同的内涵),所以根本就无法进行相互比较。因而,找到一个既简易又灵活的参照系,在不损害任何一种理论的前提下,尽可能地将各种理论纳入到这个体系中来,就成为需要着力解决的问题。任何一部文学作品,总要涉及四个要素,即:第一,作品自身;第二,艺术家;第三,过去叫“自然”,作者采用了较为中性的词汇——“世界”;第四,欣赏者。据此,艾布拉姆斯提出一个著名的理论参照系:

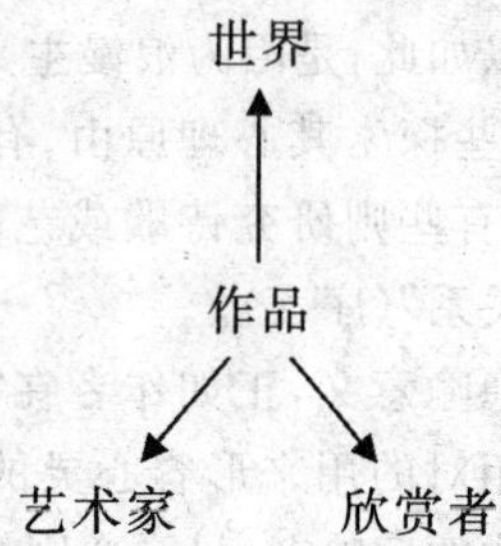

这个图示几乎囊括了任何一种文论，但这并不等于说每种文论要面面俱到地考虑到这几种要素，而是说每种理论都会明显地倾向于某一要素，根据它来界定、划分和剖析文学作品的主要范畴，进而提出评判文学作品的价值标准。当然，这四种要素的具体内涵、意义和功能并非固定不变。比如"世界"，既可以指常识世界，也可以指艺术家那想象力丰富的直觉世界；这个世界既可以有柏拉图的理念，也可能什么都没有。这个图示的优点是"它能使我们说明 19 世纪早期大多数理论所共有的一个根本特点：一味地依赖诗人来解释诗的本质和标准"(第 7 页)。与此相对应的是文艺理论上的四种学说：模仿说、实用说、表现说、客观说。将艺术解释为"模仿"是最原始的美学理论，但从柏拉图开始，模仿的含义就已经相当复杂了。它是一个关联语词，表明的是两项事物之间的某种对应。这种对应或者说"模仿"的含义，在不断地变化。在柏拉图这里是指对理念的模仿，而艺术和理念之间又隔了一层表象世界，所以艺术的地位相当低微。亚里士多德的"模仿"摆脱了理念的彼岸世界，指向现实世界，成为艺术的专用语，使艺术同其他事物相区别。艺术起源于人类与生俱来的模仿的本能，亦即从模仿中获得快感的天性。但亚里士多德并未把诗歌的决定性作用赋予诗人。从亚氏之后，"模仿"一直是文论中的一个重要概念，只是人们赋予了它不同的内涵。有的认为是模仿实际的事物，有的认为是理想性的，还有的人认为是人的行动，等等。正是这种变化，最后导致了“模仿说”逐渐演变为“实用说”。

“实用说”是以欣赏者为中心的批评。这种理论认为,诗歌的模仿只是一种手段,其目的还是为了在使人愉悦的同时给人以教导,它把艺术品视为达到某种目的的手段、从事某件事情的工具,而且还根据能否达到既定目的来判断其价值。尽管实用说在细节和侧重点上各不相同,但主要倾向是一致的:“他们都把诗歌看做是引发读者的必要反应为目的的人工产品;根据作者为了达到这种目的所必备的能力和必须经受的训练来考察作者;在很大程度上根据各种诗歌或其组成部分最适于获取的特殊效果来对诗歌进行分类和剖析;并根据诗歌欣赏者的需要和合理要求来决定诗的艺术规范和批评准则。”(第 13 页)它将艺术家和作品的目标指向欣赏者快感的本质、需求和源泉,而这也是从贺拉斯一直到 18 世纪绝大部分批评理论具有的特征。所以,作者认为,从持续的时间和支持者的人数来看,实用主义可以看做是西方世界主要的审美态度。

从 19 世纪的英国浪漫主义开始,出现了“表现说”。它强调诗歌是诗人思想情感的流露,其主要倾向大致包括:第一,一件艺术品在本质上是内心世界的外化,是激情支配下的创造,是诗人的感受、思想、情感的共同体现。第二,诗的起因并非模仿,也不是新古典主义者所强调的打动欣赏者,而是诗人的情感和愿望寻求表现的冲动,是具有内在动力的“创造性”想象的驱使。第三,措辞要素和修辞手法成了诗歌的基本要素,判断诗歌的标准,不再是“是否忠于自然”或者“是否符合理想的评判者和人类普遍性的要求”,而是看它是否真诚,是否符合诗人创作时的意图、情感和真实的心境。这样的话,文学的探索就变成了探寻个性的指南。而文学批评的这种转向的各种表现形式,它们的起源、细节和历史,正是此书讨论的主要内容。

在作者看来,上述几种学说,都只考虑了艺术品本身的各个部分及其相互关系，而判别和评价的前提就是在根本上把它们和观察者、艺术家和外部世界相联系。但是在文论的发展过程中，还有一种趋向就是“客观化”走向。“它在原则上把艺术品从所有这些外界参照物中孤立出来看待，把它当作一个由各部分按其内在联系而构成的自足体来分析，并只根据作品存在方式的内在标准来评判它。”（第 24 页）这种观点在文学理论中相对来说比较少见，亚里士多德《诗学》对悲剧的分析是早期文论的唯一一次尝试。作为一种比较全面的探讨诗歌的方法，这一走向在 18 世纪末、19 世纪初开始出现，并逐渐形成了“为艺术而艺术”的提法。到了“英美新批评”，诸如艾略特、兰色姆等人的理论观点，都是此种学说的代表。

根据作者的这一图式，每一种理论都可以对一般的艺术进行令人满意的批评。如果追溯它们历史演变脉络的话，至少到 19 世纪，批评的历史进程是“先是模仿说，由柏拉图首创，到亚里士多德已做了一些修改；继而是实用说，它始于古希腊、罗马时期修辞学写作、诗法的合并，一直延续到整个 18 世纪；再到英国浪漫主义批评（以及较早的德国）的表现说”（第 26 页）。因此可以说，这个图式既是静态的，又是动态的，因为它在共时性的层面上涵盖了各种不同的批评理论，同时又在历时性层面上揭示了文论演进的大致脉络。

二、对浪漫主义文论及传统的研究

正如副标题所表明的，此书是对浪漫主义文论及传统的研究。作者先用一章专门分析了“模仿说”。在他看来，在批评史上有很多被淹没了的概念模式，也叫“类比原型”，它们在选择、阐释、整理和评估艺术事实的过程中起到了重要作用，而对它们进行充分说明也是此书的目标之一。作者认为，这些类比不是说明性的，而是构成性的,因为“它们能生发出一种文学理论或任何理论的总纲及其基本的构成因素,而且,它们还能对一种理论所包含的‘事实’做出选择并施加影响”(第 34 页)。此书题目“镜与灯”,就是这种构成性的类比。柏拉图提出“镜子说”后的很长一段时间里,理论家一直喜欢用这个比喻来说明艺术的本质。这种比喻在客观上使人们更关注作品的题材和现实中的各种原型,而忽视了艺术传统的决定性影响,忽视了单一作品的内在要求和作者的个性。对于新柏拉图主义者和宗教的超验主义者们的模仿,作者认为,他们把附属于现实或者其他事物的艺术拔高到了超越人类一切追求和理式,同上帝紧密相连的显赫地位。艺术家的心灵得到了重视,寻求理式的空间变成了心灵之眼的重任。这样的话,艺术就从感觉经验中解脱出来,开始依靠艺术家的主观想象力了。浪漫主义的宣言是华兹华斯所说的“诗歌是强烈情感的自然流溢”,其重点是艺术家,关注的焦点是作品的各要素和艺术家心境的关系。其他理论家对“表现”也提出了种种不同的比喻。作者在考察了关于心灵和表现比喻的一系列变迁之后,认为除了将心灵喻为“主的蜡烛”、灯、泉、风琴之外,还有一种就是柯勒律治的比喻,将心灵表现比喻为植物的生长,这其实开启了一种“有机论”的比喻。这两种不同类型的比喻是浪漫主义文论重要组成部分。

随后,作者又考察了从古代修辞学到新古典主义对诗歌情感因素的理解,同时重点考察了朗吉努斯的崇高理论及其接受史,从而说明他的崇高理论对浪漫主义的影响。以作者的心灵与情感力量作为诗歌效果的主要源泉,是浪漫主义对朗吉努斯理论的借鉴。在浪漫主义时代,关于诗歌起源的观点也发生了重大变化,诗歌并不是如亚里士多德所说的,源于人的模仿本能,而是从原始人充满激情,有节奏的、形象的呼喊声中发展而来的。换言之,语言和诗歌都是受情感的驱使而产生的。与此相应,抒情诗取代了史诗和悲剧,成为唯一有代表性的诗歌形式。

对于浪漫主义文论家,此书重点比较、分析了华兹华斯、柯勒律治、雪莱、哈兹里特、基布尔等在哲学假想、描述用语、论证主题和批评判断上的多样性。浪漫主义文论推动了艺术心理学的诞生和发展,"有机论"就是其中的代表。浪漫主义的"有机论"有三个相互联系的主题:自然天才、有灵感的创作和文学的浑然天成。"有机论"推动了艺术自足论、文化多元论以及审美价值中很多重要标准的形成。浪漫主义的审美倾向,使人们开始把文学看作个性的标志。风格与人、主观和客观的关系等,得到了不同的解释。

怎样理解艺术真实和自然真实的问题呢? 18 世纪的批评家们提出了"创造性想象"来解决这一问题。浪漫主义出于将诗人与造物主之间的类比,提出了各种答案。根据"有机论",自然的内在灵魂取代了上帝,无论是真实世界还是诗歌世界,都变成了自生、自活、自我推动的自足体。诗人最终通过各种不同的修辞手法创造出了一个同自然真实完全不同的艺术真实。所以,神话反而变成了诗歌之根本所在,因而,形态纷繁多样的象征主义、泛灵论和神话手法,构成了界定浪漫主义诗歌最为突出的单一属性。

但是,浪漫主义者又要面临另一个问题,就是诗应怎样去面对科学的审判。在诗歌论述的逻辑中,总有一种作为诗歌的对立面的非诗话语的存在,在亚里士多德时代是历史,而在浪漫主义时代则变成了科学。这种做法的本意是要界定诗歌的本质,但是最终却变成了一种不同话语的论战。在一个日益崇尚科学的时代,在论证诗歌存在合法性的问题上,批评家们经历了先是认同科学、把科学和理性看做是推动诗歌和想象的积极力量,再到将两者对立、认为科学是对诗歌的威胁的过程。于是,诗歌的真实成为很多批评家关注的重点。诗歌之所以是真实的,是因为它如实地反映了超乎感觉之上的现实,是实际情感和想象经验的产物,与诗人的真实心境相一致。但也有批评家认为,诗歌不受真实标准的限制,它是为了审美思考而表现某个事物。因此,围绕诗歌的作用,出现了两类学说:一类认为诗歌自身就是目的,它只有内在价值,这就是“为艺术而艺术”;另一类认为,对诗歌的价值判断不应该忽视对其读者所产生的效果。于是这种对立就导致了“奇异的现代病”的出现,亦即“对社会负责的要求和审美的分离层次之间那种有意识的持续的冲突”(第407页)。诗歌勇敢地担当了已经破产的宗教的重任,审美也变成了一种新的宗教。于是,在此书的最后,艾布拉姆斯不无深刻地指出:“只是在维多利亚时代的初期,当一切话语都被公认或默许为想象的和理性的、表现的或判断的这两种唯有的模式时,诗才与宗教合流而对立于科学,结果是,宗教摇身一变而成了诗,而诗也变成了一种宗教。”(第415)

在《镜与灯》中,作者渊博的学识、透辟的理论分析能力以及洒脱的文风为浪漫主义文论研究树立了一座令后人难以逾越的丰碑。和作者同时代的诺思洛普·弗莱以及后来的保罗·德曼和哈罗德·布鲁姆等致力于浪漫主义研究的文论大家都在某种程度上受到了此书的影响。此书提出的文学四要素说,对我国当代文学理论建构起到了重要作用。

(李　龙)

弗莱

批评的剖析 1957年 *

诺思洛普·弗莱(Northrop Frye,1912—1991),加拿大著名文学理论家、批评家。一生著述甚丰,代表作包括《威严的对称》(1947)、《批评的剖析》(1957)、《有教养的想象力》(1963)、《批评之路》(1971)、《伟大的代码:〈圣经〉与文学》(1982)等。

一、什么是批评

《批评的剖析》一书气势宏阔,是弗莱在批评之路上重构文学批评和文学理论的重要一步。在弗莱看来,文学批评的对象是艺术,而文学批评自身也是艺术,是和文学有关的学问与艺术趣味。批评的要义在于,要假定批评是一种思想和知识的结构,而且它所讨论的艺术有一定的独立性。因此,批评就具有一定的科学因素,

---

* [加]诺思洛普·弗莱:《批评的剖析》,陈慧、袁宪军、吴伟仁译,天津:百花文艺出版社1998年版。文内引文,只注页码。

它既不同于寄生于文学的附属品，也不是那种印象式的批评态度。对于批评的这种科学性，弗莱指出“如果有读者感到‘科学的’这个词含有缺乏想象力的武断的情感色彩的话，那么他们不妨用‘系统的’或‘进步的’等词语取而代之”（见“论辩式的前言”），或者就直接采用亚里士多德提出的“诗学”一词。弗莱认为，批评应该被纳入到一个统一的知识结构中，从而使其研究更加系统，同时，也在批评内为社会批评家和艺术趣味的代表建立起权威性。在他看来，传统的文学研究是人文科学研究的中央分水岭，它的一侧是历史，另一侧是哲学。而由于文学自身不是一个有组织的知识结构，所以，批评家在史实上要求助于历史学家的概念框架，在观点上又要求助于哲学家的概念框架，批评家很少关心批评的理论建设。所以，批评应该进入一个新的阶段，亦即科学的阶段。“从那里，批评就可以发现其概念框架的有组织的或有内容的形式是什么。批评看起来急需一个坐标系的原则，一个中心的假说，它就像生物学中的进化理论一样，将视它所研究的现象为整体的一部分。”（见“论辩式的前言”）建构这样的坐标系的原则和中心的假说，就成了弗莱在此书中想要实现的目标。

二、历史批评：模式理论

从历史演变的角度出发，弗莱将西方文学作品分为两大类：虚构型与主题型。虚构型主要是叙述人物及其故事，主题型则是以传达某种意义为根本目的。对于虚构型作品，他又将其分为五种模式：第一种为神话，是关于神祇的故事。主人公是神，在性质上比他人优越，环境也比他人优越，他能够超越自然规律的限制。这种故事在文学中有重要地位，但常被置于文学范畴之外。第二种是浪漫故事。尽管它的主人公出类拔萃，但仍然是人类的一员。他可以将日常的规律抛在一边，却又要受自然规律的束缚，例如传说、民间故事和童话等。第三种是"高模仿"。它的主人公比普通人要优越,但是要受日常规律的限制,无法超越它所处的自然环境,其代表就是史诗和悲剧的主人公。第四种因为模仿的是现实生活中的普通人,所以称作"低模仿",比如喜剧和现实主义小说中的主人公即是。第五种是反讽。在这里,主人公同普通人相比在智力和能力上要低劣,使我们对其受奴役、遭挫折和荒唐可笑的境况会有轻蔑的感觉。弗莱认为,欧洲文学史一直是在沿着这五个顺序下移。在中世纪之前,文学紧紧地依附于基督教、古希腊、罗马等民族的神话;中世纪基督教时期,出现了大量的浪漫故事,包括描写骑士制度、骑士游侠的世俗形式和撰写圣人传说的宗教形式;在文艺复兴时期出现了"高模仿",出现大量的悲剧和民族史诗;资产阶级兴起后,"低模仿"模式主宰了从笛福到19世纪的英国文学;19世纪之后,则是反讽模式占了主流,比如卡夫卡的《审判》等小说。弗莱指出,由神话下移到反讽之后,它们又要循环往复。比如乔伊斯的《尤利西斯》以及卡夫卡的小说,正在显示出由反讽向神话回归的趋势,换言之,后来的文学都是神话的移位。同时,他还把虚构型分为悲剧和喜剧两类,并用这五种模式理论分析了它们的发展。主题型模式也包括这五种模式。但如果说虚构型是一种内向的虚构的话,那么主题型则是一种外向的虚构,它关注的是作者和作者的社会之间的关系,着力表现的是某种理想或理念。

三、伦理批评:象征理论

在弗莱看来,由于诗学理论一直缺少技术性词汇,这导致了两个问题的出现:第一是命名的困惑,就是没有合适的词语来称呼文艺作品。第二是批评始于文学象征的系统化,文学作品蕴含着丰富的意蕴,但批评很少能公正地面对这一问题。所以,弗莱认为应该把文学作品的象征置于一系列的关联域之中考察,他称这些关联域为"相位",其实就是五个不同的层面。第一个层面是文字相位,我们接触到的是语词结构与象征的符号价值。第二个相位是描述层面,这一层面关注的是词语的序列和事件之间的关系,这些事件和外部生活中的事件的关系。第三个层面是形式相位,关注的是对其意象系统的考察,它"始于对诗的意象的考察,始于对其有特色的布局进行周详的观察"(第 80 页)。第四个是神话相位。他认为文学是程式化的,因而不是完全个人的事情。"诗的真正父亲或使之成形的精灵是诗本身的形式,这个形式是诗歌的普遍精神的宣言。"(第 98—99 页)作为整体的诗歌或者说文学,不只是模仿自然的人工制品的集合,而是成为作为整体的人类技巧活动之一。象征在这个层面是可交流的单位,也叫"原型",它是一种典型的或反复出现的意象,它把一首诗和别的诗联系起来,从而统一并整合我们的文学经验。第五个相位是原型的中心,是一组普遍的象征,它使文学成为一个自我包容的宇宙,一个包含了生活和现实的语词关系的系统,模仿作为整体的自然秩序。基于这样的观点,弗莱把自己的批评称作"原型批评"。

四、原型批评:神话理论

弗莱认为,原型批评为整体的文学提供了范围更加广阔的关联域,因此它们也构成了文学的结构原则。从原型的意义出发,他将西方文学分为三种类型或者三种隐喻结构,它们也是在文学中神话和原型象征的三种组织形式。第一种类型为"神启意象",这里表现的是人们所向往的世界,如天堂景象。人类文明的创造呈现出的种种形式,对此都有所揭示。第二种类型是"魔怪意象",这是人的愿望被彻底否定的世界的表现,它是梦魇和替罪羊的世界,是痛苦迷惘和被奴役的世界,是地狱的世界。"神启意象"和"魔怪意象"是完全对立的两个世界的表现。这两种意象属于永恒不变的原始意象，弗莱称之为"非移用"的意象。第三种意象表现的是介于天堂和地狱两个极端世界之间的世界。在前文提到的五种类型中，弗莱认为，"神启意象"适用于神话模式，"魔怪意象"适用于反讽模式，其他三种可以总称为"类比意象"，也就是现实主义叙述结构。这其中，浪漫故事再现的是神启的世界在人类世界的对应物，是理想化的世界，是"天真的类比"；"高模仿"把作为神的世界和精神世界代表者的人理想化，所以是"自然和理性的类比"；都是普通经验意象的"低模仿"则是"经验的类比"。在这样的理论基础上，弗莱提出了叙述结构问题。他认为一部作品、一首诗的意象结构只是一个静态的定式，既然神话是一种叙述和情节，而叙述是从一个结构到一个结构的运动，同时"过程之基本形式是循环运动、兴衰的嬗变、努力与休息、生命与死亡：这是过程的节奏"（第185页）。因此，文学的叙述结构也是这样的一种循环，与自然界循环运动有着内在的一致性。在弗莱"文学循环论"看来，同春天的叙述结构相对应的是喜剧，其中充满了欢乐和希望的绿色的世界；同夏天的叙事结构相对应的是浪漫故事，其中充满了冒险精神；而同秋天的叙述结构相对应的是悲剧；同冬天的叙述结构相对应的则是反讽和讽刺。神话作为最原始的原型是文学的总的叙述原则，在其中孕育了各种叙述结构形态，每一种叙述结构都发展了其中的某一部分。既然过程的基本形式是循环运动，所以这几种叙述结构也是循环往复、生生不息的。不难看出，弗莱的"原型理论"体现了一种宏阔的文学观念，将文学视为一个有机的发展整体。

五、修辞批评：文类理论

弗莱从修辞的角度分析文类问题。他认为，修辞意味着两种事物，一个是修饰性的话语，一个是劝说性的话语。修饰性修辞同文学密不可分，使文学成为一种假设性修辞结构，为自身而存在。劝说性修辞则是对文学的应用。文类理论是批评理论中的弱项，西方文学研究有三种文类：戏剧、史诗和抒情诗。从这个分类可以看出，文类区分的基础是表现的原则。但是，它没有把那种具有中等长度、通过一本书向读者说话的文类表示出来。弗莱提出“虚构作品”(fiction)一词来概括用于书面语的这种文类。他认为荷马时代的口传史诗被理论化之后，在不知不觉间转化成了虚构作品。所以，口传史诗和虚构作品构成了文学的中心领域，而其两侧则分别是戏剧和抒情诗。口传史诗是一种面对听众的讲话的模仿，口传史诗和虚构作品最早是以经文圣典和神话形式出现的，然后是传统的故事形式，接着就是叙述和说教诗歌(包括史诗本身)，接着是演说性的散文，然后就是小说和其他书面形式。这种发展形式构成了文学体裁的沿革历程。传统中把“虚构作品”当作“小说”来理解，可是，弗莱却认为，小说只是虚构作品的一种形式，虚构作品包括浪漫故事、自传体和剖析体几种形式。浪漫故事和小说的根本区别在于人物塑造的观念，浪漫故事不打算刻画真实的人物，人物只是一种风格化的形象。小说倾向于外向和个人化，表现社会中的人物的性格，而浪漫故事则倾向于内向和个人化。自传体趋向内向，内容也更理智化。剖析体则既外向又理智化。这几种形式又有几种可能的结合形式，构成了体裁的不同形式。

弗莱指出：“过去的文化并不仅是人类的记忆，而是我们自己已埋葬了生活，对它的研究会导致一种承认，一种发现，通过它我们不但看到过去的生活，而且看到我们现在生活的总体文化形式。”(第 454 页)由此出发，他建构起了他的“原型批评”的理论大厦。这一理论对现代文学理论影响很大，它既是对“新批评”形式主义的反拨，也是从更广阔的人类文化的语境中来理解文学的开始。

(李　龙)

雅各布森

语言学与诗学 1958年*

罗曼·雅各布森(Roman Jakobson,1896—1982),出生于莫斯科,语言学家、文学理论家和符号学家。他不仅是莫斯科语言学小组的发起人和布拉格学派的奠基人,欧洲和美国语言学之间的搭桥人物,而且也是上承索绪尔、胡塞尔下接列维-施特劳斯、拉康的关键人物。作为俄国形式主义的后裔,布拉格学派即捷克结构主义在很多方面发展了俄国形式主义,并直接发展成法国结构主义。雅各布森的理论贡献是多方面的,结构主义语言学、生成语言学、形式主义文论、结构主义文论都从他这里汲取必不可少的思想资源。最为集中而全面地体现他的理论成果的是已经出版的8

* [俄]罗曼·雅各布森:《语言学与诗学》,见《符号学文学论文集》,赵毅衡编选,滕守尧译,天津:百花文艺出版社,2004年版,第169—184页;[俄]罗曼·雅各布森:《语言学与诗学》,见《结构-符号学文艺学——方法论体系和论争》,[俄]波利亚科夫编,佟景韩译,北京:文化艺术出版社1994年版,第172—211页。这两个中文节译本,可相互参照。

卷本《雅各布森选集》(1962—1982,计划出10卷)。他首次提出"文学性"(literariness)概念,第一个使用"结构主义"(structuralism)这一术语。他的功能结构观是结构主义从语言学移植到文学研究的一个不可越过的节点。

一、诗学和语言学不可分离

《语言学与诗学》可以视作一门新学科——语言学诗学的理论纲领。这篇文章最初是雅各布森1958年在美国印第安纳大学一次语言学学术会议上的总结性讲演,后经整理,刊载在托马斯·塞贝奥克主编的《风格与语言》一书上。1981年,《雅各布森选集》八卷本的第三卷《语法的诗与诗的语法》,再次收录这篇讲演。他在开篇就表明了学术讨论应该以提出不一致的意见为贵的立场,随后围绕诗与语言的关系问题,引用了许多国家和不同时代的诗歌作品,提出语言艺术的功能结构理论,集中阐述了语言艺术以诗性功能为主导的观点。其中,关于语言传达行为的"六大构成要素"及相应的"六大功能",这两个图表,以醒目的姿态,奠定了他在语言学和文学理论领域的地位和贡献。

诗学必须研究语言结构的问题,以便确定语言艺术同其他艺术以及其他语言行为之间的区别,因之成为语言学不可分割的组成部分,而且还属于一般符号学的研究范围。符号学的研究范围大于语言学的研究范围,也大于诗学的研究范围。语言学与诗学之间更具有相似性。对于二者之间的关系,学界存在着一些误解。比如,诗的语言是有目的的,而其他的语言是无目的的。雅各布森对此特别强调,尽管其目标各不相同,但任何语言行为都是指向一个目标的;对于如何使各种用来达到目标的手段达成一致,是研究各种不同的语言传达形式的学者们所共同关心的问题。在辨析了符号学、语言学与诗学三者之间的关系之后，他指出“文学研究”与“批评”在术语上的混淆，强调要对一件文学作品进行内在价值的描述。文学研究家不等于文学批评家，前者关注对语言艺术进行客观和学术性分析，后者发出的则是源自批评家个人趣味和看法的关于文学创作的种种宣言，所以，他们之间应当有清晰的界限。

文学研究是以诗学作为它的核心部分。诗学研究涵盖了共时性的诗学研究和历时性的诗学研究两个维度，而且同语言学研究一样，隐含着共时与历时的协作关系。共时性的诗学研究，与共时性的语言学研究一样，不能混同于静力学。对文学的每一发展阶段的描述，都是既要面临这一特定阶段的文学创作，也要处理这一阶段积极或被动保留下来的文学传统；既可以见到较富创新性的形式，也可以见到较为保守的形式；在一种新的文学潮流中对古典作品的选择和重新解释，更是共时性的文学研究所面临的关键问题。另一方面，一种较为全面的诗歌史或语言史，就是一种上层建筑，即建立于一系列连续进行的共时性描述基础上的建筑。也就是说，不管是对语言还是对文学进行历时性的研究，仅仅指向它们的变化就处理得太简单了，还应该指向它们的永恒连续的静态因素。至此，雅各布森再次强调诗学和语言学是不可分离的，提出对语言的研究必须涉及它的多种功能，尤其是语言的诗性功能，进而列出他的第一个图表，即语言传达行为的“六大构成要素”。在逐一考察了这六个要素之后，他又列出了他的第二个图表，即语言传达行为的“六大功能”。

二、语言诗性功能分析

为了直观地显示上述两者的对应关系，现将这两个图表合并如下：

语境——指称功能
信息——诗性功能
发送者——情绪功能　　接收者——意动功能
接触——交际功能
信码——元语言功能

德国语言哲学家布勒曾经提出语言传统模式具有的三种功能，即语言具有情感功能、意动功能、指称功能。同时，语言具有三个出发点，即讲话者（第一人）、听话者（第二人）、讲话所涉对象（第三人）。这对雅各布森产生了一定的影响。雅各布森在《语言学与诗学》一文中首先阐述了这三个方面，由此又进一步推导出另外三个构成要素以及三种相应的语言功能，即交际功能、元语言功能、诗性功能。

任何语言交际行为都有“发送者”和“接收者”，二者之间的“信息”沟通，既需要一定的“语境”作为参照，又需要一定的“信码”作为媒介。此外，还需要保持“接触”，不仅包括物理上的接触，而且包括心理上的接触。“信息”不可能提供语言交际行为的全部意义，每一个要素都能决定意义的生成，每一个要素的变化都能引起意义的变化。这六个要素共同构成并推动语言交际行为的进程，并对应着六种不同的语言功能，在不同性质的交流活动中呈现出不同的结构关系。语言具有这六个基本方面，并非意味着每一种语言信息只具有其中的一种功能，而是六种功能可以同时具备，且其中的某一种功能会居于主导地位。这六种功能的运作重点各有不同，它们分别覆盖不同的语言现象，但整体而言，却又是守恒的和互相依存的。在进行语言研究时，既要考察居于主导地位的那一种语言功能，也要考察其他辅助性语言功能的参与，必须对语言的所有功能进行研究。雅各布森特别强调，“信息”这一要素对应的是语言的“诗性功能”，其特征是语言以自身为目的，具有“指向信息本身和仅仅是为了获得信息的倾向”。语言的这种自我指涉现象,是整个语言交际行为中一种特定的功能等级序列造成的。对雅各布森来说,语言不是静态的、抽象的系统,而是动态的、功能的结构。他把文学活动也看做是通过语言符号而进行的信息传达过程。文学作为语言艺术,与其他语言行为的差别,不是质的差别,而是同一功能结构中主导地位的转换。他坚持把诗性功能置于语言的多功能结构中。语言艺术的标志就是,在语言的多功能结构中,诗性功能占据决定性的位置。也就是说,诗性功能是语言艺术的主导功能,但不是语言艺术的唯一功能。这一功能提高了符号的具体性和形象性,从而加深了符号与客观物体之间基本的分裂。我们必须注意两个方面:一方面,对于诗性功能的语言学研究不能局限于诗歌领域,而是要拓展到全部的语言行为。例如,“I like Ike”这句竞选用语也具有附属的诗性功能。另一方面,对于诗歌本身的语言的分析不能局限于诗性功能。诗性功能只是在诗歌的语言所具有的功能结构中占据了主导地位,但它不是唯一的,其他五种语言功能也同时在不同程度上发挥着作用。简而言之,诗性功能不可以终结于诗歌,诗歌也不可以终结于诗性功能。

结合选择与组合这两种语言行为的最基本结构模式,雅各布森对语言的诗性功能做出更加具体的界定,即诗性功能进一步把语言行为的对等性选择从以选择为轴心的构造活动,投射到以组合为轴心的构造活动。这就是文学理论界经常提到的雅各布森的著名论断,即“诗性功能把对等原则从选择轴投射到组合轴”。另外,与元语言不同,诗性功能运用相当关系达到某种组合;与其他不具有诗性功能的语言不同,诗性功能能够使各种组合之间相当。韵文也利用了诗性功能。韵文分析属于诗学,诗学属于语言学。广义的诗学,既研究诗歌的诗性功能,也研究其他文体的诗性功能。换言之,广义的诗学,既研究诗性功能居于主导地位的语言行为,也研究诗性功能居于从属地位的语言行为。雅各布森随后结合大量诗歌作品，逐一谈到音节的强弱、长短、高低及其频率，还有诗句的切分和韵脚等因素的二项对立结构和差异等级，在语音层面分析了诗歌的格律与意义的内在联系。在诗歌的语言中，不仅词与词之间存在着这种对等关系，而且在句与句、节与节、部分与部分之间也存在着这种对等关系。对等关系是构成语言的诗性功能的支配因素。

该文的最后，雅各布森再一次表明了自己的观点，即语言学研究涵盖并指导着诗学研究，文学研究家不必对语言学家涉足诗学领域心存疑虑。语言学家对语言的诗性功能置若罔闻，以及文学研究家对语言学问题漠不关心和不精通语言学方法，都是不合时宜的。

（冯　巍）

威廉斯

文化与社会 1958年*

雷蒙德·威廉斯(Raymond Williams,1921－1988),1939年获剑桥大学奖学金进入该校圣三一学院学习文学。1941年应征入伍,亲历了第二次世界大战的残酷。1945年战争一结束就立即重返剑桥大学并于次年获得了文学硕士学位。在此后的15年间,他一直任职于牛津大学。此间,写成了《文化与社会》、《漫长的革命》等著作。特里·伊格尔顿将他与法国萨特、德国哈贝马斯相提并论,认为是战后乃至20世纪英国最重要的文化思想家、英国左派知识阵营中最具智慧和独立思考精神的知识分子。他发表在《新左派评论》(New Left Review)上的文章收入《马克思主义与文学》一书。威廉斯的研究涉及语言学、思想史、文化史、社会学、文

---

* 雷蒙德·威廉斯:《文化与社会》,吴松江、张文定译,北京:北京大学出版社1991年版。《文化与社会》英文本写于1950—1956年,1958年在英国初版,此后又经不同出版社多次再版。该书还有一个中译本:《文化与社会——1780至1950年英国文化观念之发展》,彭淮栋译,台北联经出版事业公司1985年出版。本文以前者为准。

学批评等多个领域，最终形成了独具特色的文化研究理论体系。

一、内容概述

威廉斯对文化的关注始于1946年编辑《政治与文学》杂志之时，该杂志的目标就是以现代人的经验重新注释“文化”一词所描述的传统。《文化与社会》一书则体现了这种文化探讨的延续。威廉斯以文化观念为核心，力图说明文化的各种现代用法是如何及为何进入英国思想的，同时探讨了文化观念从1780年至1950年期间的演变过程。他将这一时期在英国文化思想界具有广泛影响力的40位思想家划分为三组：伯克、边沁、布雷克等生活在19世纪的26人构成了“十九世纪传统”；马洛克、萧伯纳、王尔德等19世纪与20世纪之交的7位作家形成了一个特殊的“中间时期”，起到承上启下的作用；劳伦斯、托尼、艾略特等6位思想家则被视为“二十世纪的见解”的代表人物。在评析众位思想家关于文化的观念之后，他在最后的“结论”部分表明了自己的观点。《文化与社会》的核心概念是“文化”。在威廉斯看来，“文化”在观念上是一个错综复杂的综合体，文化理论则是“整个生活方式中各种成分之关系的理论”。他认为，工业、民主、阶级、艺术和文化五个词，代表了英语中词义变迁的普遍样式，构成了绘制社会思想变迁地图的主要依据。围绕“文化”一词含义的许多问题，都是由“工业”、“民主”、“阶级”等词的改变所代表的重大历史变迁所引起的。基于此，我们就以文化与工业、民主、阶级的关系为纲，分析文化观念、艺术形式在整个生活方式变迁之中的内涵演变。

二、文化与工业

文化观念是人们在感觉和思想上对社会变迁所做出的反应。

18世纪以来，最大限度地体现社会变迁的词汇莫过于“工业”。威廉斯首先从词义着手分析：在工业革命之前，“工业”(industry)原指一种特殊的人类属性，意译为“技术、刻苦、坚毅、勤奋”。18世纪末，亚当·斯密在《国富论》中首次赋予“工业”一种新的意义，意指制造与生产的机构以及这些机构的一般活动。此后，“工业”一词除指人类的一种属性外，还指一种机构、一个活动群体。“工业的”、“工业主义”、“工业革命”一系列相关词汇的出现，足以证明“以一种改变的样式而产生了一个新的社会”。威廉斯在此书的结论部分，将人们对工业的认识划分为三个阶段：第一个阶段是拒绝，既拒绝机器生产又拒绝工厂制度所体现的社会关系；第二阶段是对抗机器生产本身；第三阶段是机器生产被接受，人们主要关注工业生产制度内部的社会关系问题。将相关的认识对应到文化领域，他认为社会已进入工业的第三阶段，新的大众传播手段代表了一个重大的技术进展。他充分肯定了18世纪以来不断发展的大众传播手段，对当时出现的广播、电影和电视等传播媒介在技术层面给予高度认可。对于文化艺术领域的重要变化与发展，他在分析浪漫派艺术家之时，做出了详细而有条理的说明。第一，作家与读者之间关系的性质发生了重大变化，原先的贵族资助制度逐渐演变成现代的商业出版，“文学市场”逐渐成形并占据了支配地位。第二，19世纪初，作家对“公众”的不满变成尖锐而且普遍的感觉。他们在自己的观念中树立了一个有“理念”、有“理想读者”、“高于作家与社会实际关系”的标准，以此来抗衡市场和工业社会其他交易所建立的世俗价值。第三，艺术的生产逐渐被视为专业化生产的种类之一，且它的生产条件被认为与一般生产的条件相似。第四，艺术是“超越的真实”、想象真理的本源，这种理论日益受到重视。第五，独立的创造性作家、自主的天才，这种观念逐渐成为一种常规认识。

三、文化与民主

文化不仅是对工业的反应，也是对新的政治和社会发展、对“民主”的反应。按照威廉斯的考证，人们对民主问题的关注同样经历了三个阶段：第一阶段是关注民权的出现对个人价值的威胁；第二阶段是注重共同体、有机社会等观念，以此反抗个人主义的伦理和实践；第三阶段在20世纪，强烈复苏了第一阶段的恐惧，“恐惧的是大众传播这个新世界中所谓的‘大众民主’”。威廉斯犀利地指出了人们因恐惧“大众民主”而产生的错误心态，揭露了其中存在的否定民主的险恶意图。“大众民主”由“群众”(masses)观念衍生而来。“群众”在词源上具有“集合”的意义。根据当时英国社会的理解，民主是多数人的统治，如果群众基本上是乌合之众的话，那么“大众民主”就是乌合之众的统治。对于这样一种当时盛行的文化观念，威廉斯从两方面加以驳斥。首先，上述解释其实是人们对“群众”、“大众民主”的偏见所致。一个人从来不认为自己是“群众”，也不认为他的亲戚、朋友等熟人是“群众”；群众往往被定义为其他人。然后根据“群众＝群氓”的公式，他们把人类的多数人转变成了可恨或可怕的低级之物。群众确实是多数人，但是不可随意将其等同于低劣的“群氓”。另外，威廉斯深刻地指出，否定“大众民主”实质上是在扼杀民主。威廉斯认为，在文化领域盛行的大众传播，也存在否定民主的隐患。大众传播的意图有两种，如果针对有理性的感兴趣的人进行“艺术、教育、传递信息或见解”，这是值得提倡的。但是，如果传播的目的在于支配，即说服大量的人以某种方式去行动、感觉、思考、了解，那么这就是又将大众贬低为“容易受骗、变化无常、乌合之众、趣味习惯低下”的“群氓”。这不是民主的产物，而是对民主的否定。对于以支配为主旨的大众传播，威廉斯称之为“一种现在非常盛行的反动”。他认为，传播不应试图支配或操纵，而是要获得大众接受与反应。接受与反应的效果取决于是否形成共同的文化，是否拥有有效的经验公共体，其质量则要看是否承认实际的平等即生命的平等。意图正确、传送高效的大众传播才是对民主的有效实践。

四、文化与阶级

针对当时工人阶级正在转化为资产阶级的指责，威廉斯给予了有力批驳。他认为，虽然“工人阶级现在打扮像中产阶级一样，住进了半独立的房子，正在拥有汽车、洗衣机和电视机”，但是“拥有实用的物品，或者享受高度的物质生活水平，并非就是‘资产阶级’”。希求物质供给的物质主义，是正当而合理的生存诉求，况且大多数英国的工人要的只是中产阶级的物质水平，除此之外，“他们还想保持他们的现状”。至于某些工人阶级领袖使用资产阶级的“阶梯观念”向上爬的现象，威廉斯指出，成功的人毕竟是少数。这种观念的存在削弱了社会共同改善的原则，获利的永远是少数人，并使等级制度变成了裹着蜜糖的毒药。

威廉斯不同意将英国现有文化描述为“资产阶级文化”，因为在他看来，“一个文化的范围，它似乎常常是与一个语言的范围相对称，而不是与一个阶级的范围相对称”。文化的形成是在继承前人文化传统的基础之上，根据已经变化了的现实和经验，不断进行重新评价的过程。各个时代对文化都有着自己的建树，即使在一个由某个阶级所支配的社会中，其他阶级的成员也可能对共同的文化作出贡献。同样的，威廉斯也不认为人为地制造出一个“工人阶级文化”以对立于现有的文化传统是明智之举。在一个工人阶级成为支配阶级的社会中，文化领域会产生新的评价和作出新的贡献，这一过程是相当复杂的，不可简单化为一种“粗糙的图式”。对于英国社会已有的“工人阶级文化”，威廉斯给予了清晰的界定。

在他所处的社会中，“工人阶级文化”不能理解为现存的少量无产阶级的著作与艺术。这些作品可被视为“一种可贵的异议成分”，但是不能把它当作一种文化。再者，无产阶级文化与资产阶级文化的首要区分应该是整个生活方式的区分。我们区分整个生活方式，不能“囿于居室、衣着与安逸模式之类的证据”，而是要关注“有关社会关系的性质的各种观念”。在分析了诸多社会因素之后，威廉斯明确给出了对“工人阶级文化”的定义：“不是无产阶级艺术，不是会场，也不是语言的某种特殊用法，而是基本的集体观念以及从集体观念而来的机构、习俗、思想习惯和意图。”

五、理论影响

威廉斯将文化定义为“整个生活方式”，认为文化不仅是对工业主义的反应，也能体现社会政治与民主发展的变迁。鉴于文化与社会诸要素之间关系的复杂性，他采用解析“关键词”的方法，论述了文化与工业、民主、阶级的关系，并在阐释其他思想家的理论观点时，论及了艺术与社会诸要素之间的密切关联。《文化与社会》影响广泛。1958 年初版之后截至中译本出版之时，已重印 20 多次，先后被译成意大利文、日文、德文等多种文字。此书确立了威廉斯的基本学术立场，即关注工人阶级，为工人阶级正名。这一思想贯穿于威廉斯一生的学术研究。此书反映了威廉斯对现代大众传播的浓厚兴趣，为他此后进行大众文化研究勾勒了深层的理论架构。此书中有涉及马克思主义与文学的精彩论述，既有历史性的探究，又有现实性的分析，为他此后关于“马克思主义与文学”的研究奠定了基础。

（周　明）

布斯

小说修辞学 1961年*

韦恩·克雷森·布斯(Wayne Clayson Booth,1921— 2005),美国芝加哥大学教授,著名文学批评家。1961年出版的《小说修辞学》,被学术界称为小说理论的里程碑,被译成多种文字。书中提出的一些观念和术语,如"隐含的作者"、"可靠的叙述者"、"不可靠的叙述者"等,都成为当今叙事理论的代表性术语。他的著作还有《反讽修辞学》(1974)、《批评的理解:多元论的力量与局限》(1979)、《我们所交的朋友:小说伦理学》(1988)、《修辞的修辞学》(2004)等。

一、讲述与显示

此书虽名为《小说修辞学》,但它并不是对语言的措辞、用法等

* [美]W.C.布斯:《小说修辞学》,华明、胡晓苏、周宪等译,北京:北京大学出版社1987年版。文内引文,只注页码。

问题的研究，而是对作者的叙述技巧、文学的阅读效果、小说的叙述等问题的研究，更确切地说是对作者控制读者的手段的研究。为什么要提出这个问题呢？一般认为，早期的故事是一种专断的讲述，讲述的可靠性取决于作者本人，作者是叙述的上帝。但自福楼拜之后，很多作家开始抛弃这种叙述方式，而是相信那种“客观化”的、“非人格化”的或者“戏剧式”的叙述方法。作家选择了自我的隐退，放弃了直接介入的特权，让人物自己在小说中决定自己的命运，这种区别被简化为艺术的“显示”和非艺术的“讲述”的区别。“显示”这种客观化的叙述方法要优于“讲述”，所以“显示”被认为是真正小说艺术的开始。可是，讲述的客观性真的存在吗？布斯认为，在小说中提出行动本身就是作者的一种介入，完全去掉作者的声音是不可能的。正如萨特所说：“每一件事物都是作者操纵的表现信号。”这足以说明，对于那些知道如何去找的人来说，作者的判断总是明显存在的。“虽然作者可以在一定程度上选择他的伪装，但是永远不能选择消失不见。”(第 23 页)在小说中存在着作者多种的声音，只不过它更加隐蔽而已，所以，“讲述”与“显示”的区别是错误的教条。布斯认为，这种所谓的客观性和不介入甚至已经成了继“三一律”之后的第四个整一，而布斯想要做的，正是要剥掉所谓的客观化的伪装，将小说中作者的叙述技巧呈现出来。这种叙述技巧就是作者的修辞选择，因而也构成了小说修辞学的研究对象和内容。

基于这样的观点，布斯对被现代小说理论奉为普遍规律又比较流行的几条原则，比如“真正的小说一定是现实主义的”、“所有的作者都应该是客观的”、“真正的艺术无视读者”和“感情、信念和读者的客观性”等分别进行了批驳。这几条规律源自普遍标准的三个根源：对作品本身的普遍性质的要求，对作者所要求的态度和对读者所要求的态度。詹姆斯和福楼拜分别从理论和创作实践上对小说技巧的探索，是值得肯定的。但是到了后来，詹姆斯和福楼拜的探索已经被公式化并被绝对化了。为了获得那种“现实”的强烈幻觉，很多作家精心地介入自己的作品之中。但是所谓的小说要“真实”中的“真实”，有很多不同的解释，有的要求忠实内心的生活，有的要求能够对事物进行精确地复制，还有的要求符合现实主义的叙述技巧。但由于作者从来就没有真正沉默过，其中起作用的是人为性的技巧，所以，这些不过是一种现实主义的幻觉，其理论本身的目的和手段充满了矛盾，常常可以用来反驳它自己。与此同时，作者的写作也并不意味着彻底为自己写作，因为他在写作的过程中，必然地就已经在寻找作品可以被接受的表达技巧和修辞手段了。

二、隐含作者

在布斯看来，作者的客观性，要求作家保持对所有价值的中立态度，保证对其人物的公正性态度以及对事件和人物的无动于衷。这种中立性、客观性和冷漠性体现了现代作家企图摆脱主观性的努力。但是，既然作者的介入已经不可避免，所以作者的这种客观性就是不可能的。那么，作者是如何介入的呢？布斯认为，在小说中存在着一个“隐含作者”，“不管一位作者怎样试图一贯真诚，他的不同作品都将含有不同的替身，即不同的思想规范组成的理想。正如一个人的私人信件，根据与每个通信人的不同关系和每封信的目的，含有他的自我的不同替身，因此，作家也根据具体作品的需要，用不同的态度表明自己”（第 81 页）。这样在每部小说里就要区分叙述者和隐含作者的关系。叙述者就是小说中作品的讲话者，而隐含作者则比叙述者要宽泛得多，是作品中的第二自我。隐含作者是作者本人的一个理想的、文学的、创造出来的替身，他是作者自己选择的东西的总和。隐含作者之所以能够存在，是因为有一种基本的要求：“读者们要知道，在价值领域中，他站在哪里。

即，知道作者要他站在哪里。”（第 83 页）而这种功能正是通过隐含作者实现的。关于这一概念争议颇多，其实布斯为此做了自己的解释：“一部伟大的作品确立起它的隐含作者的‘忠实性’，不管创造了那个作者的真人在他的其他行为中，如何完全不符合他的作品中体现的价值。因为我们知道，他生命中唯一忠实的时候，就是他写自己的小说的那个时候。”（第 84 页）在作品中的说话者只是隐含作者创造的成分之一，是隐含作者而非作者本人的感情和判断，才是伟大作品的构成材料。

三、审美距离和趣味

布斯借用布洛提出的“距离说”，来分析所谓的感情、信念和读者的客观性问题。在他看来，审美距离有多种不同的效果，而且距离本身从来就不是目的。真正控制作者的是审美趣味。“每一部具有某种力量的文学作品——不管它的作者是否头脑里想着读者来创作它——事实上，都是一种沿着各种趣味方向来控制读者的涉及与超然的精心创作的体系。作者只受到人类趣味范围的限制。”（第 137 页）换言之，文学作品本身是多层面的，每一位读者阅读的效果都不相同，这是因为人们所强调的其实是由人们所要回答问题的类型所决定的。趣味即由此而来，它包括认知的趣味；性质的完成，它包括原因一效果（读者希望事件的因果联系）、惯例的预期（叙述的惯例、体裁的惯例等）、抽象形式和许诺（叙述风格、作品的独创性等）；实践的趣味（对想象出来的人物命运的关注）等几种类型，而小说的结构常常是多种趣味的结合与冲突。怎样去拓宽这些趣味呢？布斯认为，作家创造了一个自我的形象和其读者的形象，作家创造了他的第二自我，也创造了他的读者。最成功的阅读就是在阅读时被创造出来的两个自我、作者和读者，能够找到完全的和谐一致。拒绝去做作者假想的读者就不会很好地理解作品。“伟大的艺术把不同信仰的人们带到一起，因为它好像是把他们的不同词汇转变为一种合并了这些词汇所有含义的一种综合体验。”(第155页)布斯强调，这样讲并不等于说伟大的文学与所有的信念都能共容。但是阅读时必须接受作者给予的信念，同意作者的判断，才能有效地理解作品。

四、不同的叙述类型

布斯认为，作者的声音在作品中以多种形式存在，它包括十种叙述类型：1.人称。他认为被使用得最滥的就是人称，以第一人称或第三人称来讲述并不能告诉读者什么重要的东西。2.戏剧化与戏剧化的叙述者。小说的叙述是作者精心制作的修辞，杰出的叙述者总要设法让叙述变得有趣。既然作者的声音在作品中以多种形式出现，那么，从人称的角度来分析叙述就不成立了。他认为，叙述者必须使自己戏剧化，才能实现小说的叙述效果。通过讲述者的意识来叙述的就是非戏剧化的叙述者，而变成与其讲述的人物同样生动的人物就是戏剧化的叙述者。很多戏剧化的叙述者并未被看做是叙述者，但是他们每一次说话、每一个姿态都是在讲述，所以“大多数作品都有乔装打扮的叙述者”(第171页)。其中的隐含作者是作者的第二自我，始终与真实的作者不同。3.旁观者与叙述代言人。4.场面与概述。一切叙述者和旁观者，不论是第一人称还是第三人称，都能把他们的故事基本上作为场面转述给我们，或者是概述或者二者的结合，但是它们的文学效果是值得怀疑的。5.议论。6.自觉的叙述者。这是超越了旁观者与叙述代言人之间的区别，意识到自己是作家的自觉的叙述者。7.距离的变化。距离的变化，包括叙述者可以或多或少地离开隐含的作者，叙述者可以在道德上、理智上、情感上或时间上远离他所讲述的故事中的人物，叙述者可以远离读者自己的准则，隐含作者可以在道德上、理智上、审美上远离读者，隐含作者可以或多或少地远离其他人物。8.赞同或修正的变化：二者之间的根本区别在于它是由情节内部提供的还是由情节之外提供的。9.不受限制的叙述：即全知的视角和观点。10.内心观察。这样的话，就可以看到，现代小说所倡导的“第四个整一”根本就不能成立，它只不过说明作者的叙述更加复杂、更加艰苦而已。

五、非人格化的叙述

现代小说理论试图让作者隐退，尽管作者和读者可以在作品中相遇，但是他们不能直接对话。因为在对话中仍然是作者的声音起主导作用，并控制着读者对细节的评介。布斯承认，作者保持沉默，让人物自己设计自己的命运、讲述自己的故事，确实能够起到文学效果。但是这并不能成为对作者的隐退的辩护。事实上，在小说中有两种类型的叙述者，一种是可信的叙述者，一种是不可信的叙述者。可信的叙述者同作者的思想规范相一致，反之则是不可信的叙述者。现代小说大部分是不可信的叙述者，通过对艺术与真实、道德与精神的混淆，以一种非人格化的叙述呈现出来。但是，布斯认为，作者与读者其实是在背着叙述者进行着秘密的交流，艺术创作和交流不可能是一种中性活动，作者也不可能在道德上、理智上和审美上保持完全中立的创作。因此，非人格化的叙述事实上存在着危险，它造成了阅读的虚无主义和困惑与反讽的效果，比如说对道德的悬置。因为“小说是在一个真实本身似乎日趋含混、相对和变动的世界里，追求它所谓的‘表现的现实主义’，所以它必定要牺牲其他体裁的‘评价的现实主义’的某些东西”(第432页)。因此，作者的非人格化叙述，应该有道德尺度，作者有义务澄清自己的道德立场，作者创造的形式不可能与人类的意义相分离，只要有人参与了这个活动，道德判断就会存在，因为“小说修辞的最终问题是，决定作者应该为谁写作”（第440页）。作者如果在所谓的纯洁性中创造的是理解能力和思想规范都和他一致的读者，那么这个作者就是技巧低劣的作者。反之，如果他能够创造一种新奇的阅读体验，使读者进入到理解和经验的新秩序中，这样的作者就是成功的作者。

《小说修辞学》一书对20世纪上半叶之前的小说理论作了一次系统的总结和批判，是现代小说理论的经典之作，在现代叙述学中有着重要的地位。

（李　龙）

托多洛夫

诗　学 1962 年 *

茨维坦·托多洛夫(Tzvetan Todorov,1939—),保加利亚裔法籍文学理论家,研究领域广泛,涉及文学理论、思想史及文化研究等。"叙述学"这门学科的构想和这一概念也是他提出来的。已出版专著20余部,主要有《散文的诗学》(1971)、《诗学导论》(1981)、《米哈伊尔·巴赫金:对话原则》(1984)、《论人类的差异性》(1993)等。1962年出版的《诗学》,较全面地总结了他早期结构主义文学理论的基本观点。

一、结构主义诗学

托多洛夫认为,在文学研究中有两种态度,一种是描述性态度,它把文学作品自身看做是研究的最终和唯一的目的,所以,文

---

* [法]茨维坦·托多洛夫:《诗学》,沈一民、万小器译,赵毅衡编选《符号学文学论文集》,天津:百花文艺出版社2004年版。文内引文,只注页码。

学不是现实的反映，不表现某种哲学观念，也不体现某种结构，研究者根据文学著作各种因素之间的关系或者文学著作和其他著作之间的关系来解释文学。因此，研究者研究的不是文学现象之所以形成的原因，而是它得以存在的理由。阅读最接近这种理想的描述，但同样的一部作品，阅读多次的效果是不一样的，所以这种内在性的神话也就不可能了。托多洛夫肯定的是另一种态度，它将文学作品看做是“他物”的体现。这种态度最接近科学，因为这种“他物”也是它的目的，就是要找出作品的抽象结构。这种研究就是结构主义诗学。托多洛夫指出，结构主义诗学研究的不是文学作品自身，或者说单个的文学作品，而是文学作品这种特殊话语的各种特性。也就是说，任何一部作品都是具有普遍意义的抽象结构的体现，而具体的作品只不过是各种可能的体现中的一个而已。所以，“结构主义这门科学所关心的不再是现实的文学，而是可能的文学。换言之，它所关心的，是造成文学现象特征——文学性——的抽象特质”(第 190 页)。因而其研究目的不再是对具体的作品进行重写，而是对文学性作品的结构和功能提出一种新的理论，它描述的是可能的文学，而各种现存著作不过是已经写成的个别例子而已。

在他看来，将诗学视为科学，并不是说它是一种“实体的科学”。相反，人们认识到自从康德以来，研究的对象都是研究方法的产物，文学科学研究的是一种精神的劳动成果，它不是空泛的文学评论，而是一种科学分析。这种科学分析不是把抽象概念放在具体的作品中，而是放在整个文学之中，它并不关心作品的片断，而是“描写”、“情节”和“叙述”的抽象结构。既然诗学想要成为关于一种言语作品的科学，那么语言学的概念和方法对它自然就具有重要的意义。

二、文学性讲述的分析

结构主义诗学研究的是作品的抽象结构，托多洛夫对讲述的语域、叙事作品的视角、文本结构、叙述的句法和真实性等几个问题进行了分析。文学作品是由句子组成的，而组成的句子又分属于不同的语域，因而，需要对不同的语域进行描述。语域研究触及的是文学性言语作品的底层单位。语域分析有两种分类法：一种将语域分为话语和话语行为，话语是纯言语，而话语行为则是一个包括接受者、受话者及语境的情境；另一种是在话语内部对语域的区分，可分为话语的“指称意义”和“字面意义”。指称意义是指符号唤起其自身之外其他事物的能力，需要注意的是，这个和它所指的对象是完全不能等同的。“字面意义”也叫做系统意义，是指符号不是在指称其他东西，而是在人们所领会中的、作为符号本身的能力。根据这种分析，可区分为三类语域：第一类语域突出的是讲述的指称意义；第二类语域强调的是话语的字面的意义；第三类语域是讲述行为过程本身的体现。这几类语域，又包括不同的讲述类型。比如，第一类有“转移性讲述”；第二类包括抽象讲述和形象讲述，它们可以统称为“内涵性讲述”，能表现多种指称关系；第三类语域指称言语行为，包括“人称性话语”和“评价性讲述”等，言语行为本身成为话语的对象。使一部作品获得整体结构的，正是分布在作品中的语域，作品的其他层次都从属于语域的分布。

视角问题虽然属于叙事者，但却会潜在地影响读者的感受。衡量视角的尺度有很多种，托多洛夫根据人物和叙述者之间的关系，将其分为“内视角”和“外视角”。内视角是指人物对叙述者无所隐瞒，它还可以进一步细分，其根据是：1. 叙述者看到的是所有人物还是一个人物；2. 视角的变化是有意识还是无意识；3. 叙述的效果。外视角是指叙述者可以把人物的全部行为描写给我们看，但叙述者对人物的内心思想一无所知，也无意对其进行猜测。根据结构主义诗学的基本原则，它分析的是文本的总体结构，而任何一篇作品都可以被分割为几种结构，结构主义诗学研究的是这几种结构之间的关系类型。托多洛夫将这些类型分为三种：逻辑顺序、时间顺序和空间顺序。逻辑顺序以因果关系为顺序，包括顺事因果关系、心理因果关系和哲理因果关系。时间顺序虽然类似因果关系，但并不等于它，而是指最小的单位之间的关系是纯粹地按照时间顺序排列的。其中又包括指称性时间关系和写作时间关系。根据空间顺序构成的作品，一般并不称为叙事作品，它主要在诗歌中体现，是一种形式上的结构，比如说诗歌的对称、递进、对照等。在文学中这几种顺序常常是混在一起的。

叙述作品具有总体的连贯性，托多洛夫以构成情节的主要因素为考察对象分析了这一问题。在这里他提出了两个概念：一个是“命题”，它是叙事作品分析的最小单位。另一个是“序列”，它由几个命题组成，成为一个完整的故事整体。将其模式化，就可以得到一些叙事文学的叙述模式。这些序列之间有三种接合方式：插入、连环、交替，通过这些方式将故事序列连接成为一个整体，建立起故事的语义模式。

文学与现实之间的关系，是文学研究者争论不休的问题。托多洛夫认为，文学作品要把一种现实作为自己的参照物，从而创立一种“真实”的关系，来接受现实对文学的考验。但是，现代逻辑学已经改变了这种看法，文学并不是同科学对立的虚构的讲述，它既不真实也不虚构，所以文学同现实的关系问题其实是一个伪命题。文学与现实的关系尽管存在，但在文学研究中并不那么突出。批评家们所说的现实主义，其实是逼真性问题，也就是作品同别的事物的关系。这里的“别的事物”并不是指现实，而是两种言语作品类型。一种是体裁规则，一部作品在符合这种规则的时候才能说是逼真的。因此，它是具体作品和普遍的法则之间的关系。另一种是同现实的关系，但是亚里士多德已经指出，逼真性不是作品与所指事物的关系，而是指作品与读者所认为的真实事物之间的关系，也就是作品同公众舆论之间的关系。而这种公众舆论其实也是一种规则系统。因此，对于读者而言，他们其实并不熟悉逼真，他们熟悉的是规则，符合它的就是真实的。

三、对诗学的理解

对于诗学和文学史的关系，托多洛夫认为，如果诗学研究的是作品的抽象结构，而不是具体的作品，那么相应的就一定会有另一种类型的研究，描述作品自身。有关诗学的理论如果没有对文学作品的考察为依据，就会显得贫乏无力，而具体的分析又需要诗学提供的方法才能进行。文学史的主题就是演变，根据结构主义诗学，要写文学史就要遵循文学性言语作品的特性的演变，而不是作品的演变，所以，发生演变的是整个“文学”而不是作品。这样的话，结构和历史之间的对立就消失了。对结构的了解不仅不妨碍对文学演变的了解，反而是理解这种演变的唯一途径。诗学和美学之间是什么关系呢？托多洛夫认为，结构主义诗学对审美价值的理解不同于传统的批评家，一部作品的审美价值一方面依赖于作品的结构，另一方面也要在作品和读者统一的前景里才能提出来，因为只有在读者阅读的时候，作品的审美价值才能体现出来。所以，阅读不仅是作品的一种表现行为，也是作品的一个增值过程。因此，结构主义诗学不需要关注审美评价，而只研究文学性问题即可。

托多洛夫提出的一个引人注目的观点就是“诗学的研究对象是诗学自身”。诗学是一门科学，它的研究对象是文学性，诗学的方法则是指导诗学作品的法则。但是通过文学，诗学还要从更深的层面上来论述诗学自身的作品，因为它最终目的是要创建一种理论,科学著作的目的不是对对象的尽善尽美的理解,而是自身的完善。所以,想要完善自己,就要借助对象来阐明自己。诗学研究的对象虽然包括具体的作品,但由于它最终总要借助对象来阐明自己,所以它会用自己的著作取代了对象,因而在诗学研究中就出现了一个奇怪的现象,就是诗学的对象变成了它自己的方法,“至于文学,它正是诗学用以检查自身的语言,又是诗学用以了解自身的介质。换言之,文学这个明显的对象其实只是被一部论著为了论述自己而选中的特定的方法而已。方法是科学的对象,而科学的对象成了科学所使用的方法”(第 257 页)。也就是说,诗学研究常常变成对其他理论的指涉,选择哪种作品完全由其研究方法所决定,因此它既是对象,同时也体现了研究的方法。这正是结构主义的逻辑,也是它的悖论。诗学的发展就是一个不断的指涉过程,一种方法成为科学,就会有另一种方法对它进行研究,这个方法又会成为一门新的科学的研究对象。因此,诗学的发展不是简单地对诗学研究对象进行重新的组织,而是对整个论域进行重新安排。所以,诗学家的论著的独创性只是相对的,因为它出现在一个已经存在的、极其复杂的世界之中,它的地位只有在和其他类型的论文的关系中来确定。

这部论著推动了现代文学理论学科的科学化建构,但过于学院化的理论体系也招致后结构主义文论对它的质疑。

(李　龙)

加洛蒂

论无边的现实主义 1963 年*

罗杰·加洛蒂(Roger Garaudy),法国著名理论家和文艺批评家,曾当选为法共中央政治局委员,1955 年开始主持法共创办的“马克思主义学习研究中心”,著作有《马克思主义的人道主义》(1957)、《20 世纪的马克思主义》(1966)等,还有许多文艺评论和随笔。《论无边的现实主义》是为反对苏联提倡的“社会主义现实主义”而作,对当代艺术现实主义的出路作出新阐释。

一、对毕加索、圣琼·佩斯、卡夫卡创作的阐释

1. 毕加索。对毕加索来说,艺术是一种生活方式,它是反映与创造的统一。他的绘画用精神分析去解释是徒劳的,这就像把拉

---

* [法]罗杰·加洛蒂:《论无边的现实主义》,吴岳添译,天津:百花文艺出版社 1998 年第 1 版。本文所引此书,只注页码。

马丁之所以成为伟大演说家的原因解释为“断奶过早”一样荒谬。假如毕加索确实是“精神分裂症”患者，也不能得出所有的这类患者都是毕加索一样的画家的结论，如同并非每个断奶过早的婴儿并非都能成为拉马丁似的演说家一样。艺术不是各种因素拼凑的结果，而是环境和时代这些并非作品成分的东西向人们提出问题，作为创造者的艺术家就会回答这些问题。毕加索是一个人，是一个艺术家，他既反映这个世界，也创造世界，他的作品使我们从感受、反映的世界走向构想、创造的世界。他的作品像地震仪一样，用一种有规律、形象化、能动的方式（而非机械、被动的手法）记录并创造了这个世界。毕加索一生的创作轨迹，从蓝色时期、粉色时期、玫瑰色时期、立体派时期、古典主义时期，到加入法国共产党的时期，都表现出他既感受、反映，又构想、创造世界的信念。他的创作历程，充分表明了一种对现实存在的一切习惯与制度的挑战，是一种“反抗的辩证法”（第 4 页）。从脱胎于“神童”阶段的对学院主义绘画法规的反抗，到用失去社会地位的人、穷困潦倒的人、妓女等题材去反对“虚假欢乐的世界”，一直到从创造性地运用“结构”的“立体派”的空间或动态的变形方法对传统造型的反抗，无不表明毕加索对人在现实面前所具有的焦虑和恐惧的感受，并试图克服它们的努力。这种焦虑和恐惧，在毕加索看来，是人们对于自己所创造出的现实的无力之感，就像贫困、危机、压迫人的机构、战争一样，是“人类的异化力量的形式”（第 27 页）。毕加索发展了一种新的、深刻的“神话的创造”，他以此表明艺术不只是对自然的模仿和再现，而是按照人类特有的规律所进行的创造，是对人的肯定，是表达人的愿望。他在造型方面的发展，指出了一种对现实的抵抗或反击，在并未抹杀现实与人的存在的基础上，对人的意志的优先地位做了人道主义的肯定。毕加索向我们表明，艺术家不仅仅是忠实地记录世界的普通的人，更是对世界的变化有清醒判断的政治家。不是毕加索的政治观念导致他创作的变化，而是因为他的创作的必然发展导致了他加入法国共产党，因为他的艺术“反抗”的本质的深入，必然使他的生活节奏与世界发展的节奏走向一致。毕加索创作中的新颖的东西，就是在生活中作为“快乐的战士”(第59页)的他自己。在这个时期的绘画里，毕加索的世界观和创作技巧完美地得到统一。最终，我们看到，在毕加索的创作中，对现实仅按照自然或异化诗歌的规律进行解释是不够的，更重要的是对它按照人类自身的规律来“改变和重建它”(第74页)，真正的现实，真正的生活，就在这个重建和创造中。毕加索是一个善于让梦想为未来服务、让神话为人类理想服务的艺术家。

2.圣琼·佩斯。作为外交官的圣琼·佩斯和作为诗人的他，是一种矛盾的、双重的存在，体现出作为资产阶级人道主义者“伟大和局限”的双重并置。作为从事社会活动的人，他不能将自己的行动变成诗歌；但作为一个诗人，他也不能将诗歌变成行动。他的诗歌是他行动的反面，是行动的对立面和复制品。在行动上，他甚至听凭“希特勒主义”的泛滥。但在诗歌上，他成为浪漫主义以来对“主体构造世界”作用的发扬者，从而反对那种单纯模仿世界的理论。圣琼·佩斯的诗歌及其世界观的中心，是赫拉克利特式的不断变化、不断毁灭和创造的生命主题，是一种在宇宙意义上的预言及神谕般的形式。他的诗歌时刻保持着对生活、人类及其未来的信心，从欢呼和热爱生命开始，又从对生活的骄傲和欢乐使历史波涛滚滚向前。在圣琼·佩斯的笔下，历史既倾听各民族遥远过去的不朽声音，又把人类全部的历史抛向更高远的未来。就像黑格尔的意愿一样，圣琼·佩斯力图建立一种包容全部人类历史的万能个人，希望从人类的过去里发现必然超越现在的潜能，从而汲取新的力量去向生活的上升方向前进。“诗歌对他来说，就是表现人和正在变化的世界的一切。”(第97页)黑格尔在其哲学论著中由于体系、观念对精神的迷惑，缺乏令人陶醉的具体的东西，圣琼·佩斯在不降低黑格尔对伟大需求的同时，满足了这样的需要。

他的诗歌由于对人的充分信仰而生气勃勃，是一种“哲学家和战士”的同一。

3. 卡夫卡。我们的世界是一个令人窒息、不人道的、异化的世界。同时，我们生活其中的人又对这种异化有着强烈的意识，从而去反抗异化，充满对光明与出路的期望。卡夫卡生活的世界和他在作品中创造的世界，正是这样的一个统一的世界。两种对卡夫卡的注解都用预想的体系对他的作品进行削足适履的评注：一种是神学家，他们或者把卡夫卡看作预言家，或者看作必须受洗和拯救的痛苦灵魂，或是看作肯定或者否定某种神学的人；另一种是“假马克思主义者”的评注，他们把卡夫卡看作具有破坏性悲观主义的颓废的小资产者，或者是一个并非社会主义的反抗者。而存在主义者又把卡夫卡和“西叙福斯（一般译为西西弗——笔者注）神话”的荒谬任务以及海德格尔的焦虑相联系。还有人像对待毕加索那样用精神分析中的诸如“恋母情结”来理解卡夫卡。更有一些人用医学观念来解释他，把他的作品与他的“肺痨病”联系起来。这些注解，都不过体现了卡夫卡因为其伟大而被人关注。卡夫卡的小说是一种史诗，它们不至于降低到为上述注解提供论点。他的作品并非一种“被隐喻弄得怪里怪气的抽象观念”，而是一种“揭示性的神话”（第 107 页）。卡夫卡生活的世界就是他作品的材料，他自己沉没在这个不人道的、异化的世界里，他作品表现的也正是被剥夺了人的特性的、变成了不具人格的、古怪可怜的“物”的世界，亦即一个“资本的世界”。对这个世界的“反抗”，是他作品中最重要的表现。对世界的否定、超越，是卡夫卡最重要的特质。他不是一个绝望者，但也不是革命者，他是一个见证者和启发者，见证这个世界的异化，启发人们去超越和对抗。作为犹太人的卡夫卡，其“异乡人”的感受，以及与包括类似父亲一样“压迫人的、异化的、扼杀个人特性的社会形象”（第 115 页）的紧张状态的冲突，那种人与其所处现实的裂痕及其对抗性，也包括孤独和爱情的悲剧性的辩证法，那种由于人的社会地位及宗教处境的矛盾等的现象，都是卡夫卡作品重要而痛苦的主题。这些主题绝不可用“潜意识”来说明，因为它们都是非常清醒状态的表述。这些表述自有其阶级的局限性，但却表现出一种现代世纪儿忏悔录的价值。在这个异化的、冲突的世界，卡夫卡的作品在笨拙地模仿之外，企图重新发现被遗忘的、已经丧失的生活的意义。这种表现手法是彻底的个性化、特殊性和一般所构成的辩证法——“一致和孤独、信仰和他的否定”(第 142 页)。这种孤独决然不同于克尔凯郭尔的恐惧与战栗似的绝望，相反，卡夫卡是对“人类主动性”主题的探究，是用信仰(希望)来超越生活的异化。他就是通过艺术所创造的神话，来克服存在的冲突而摆脱异化。于是，文学在卡夫卡这里就是一种在现实面前贬义和逃避的艺术。艺术是他内心世界的投影和客观化，使看不见的内心世界变得可见。因此，他既有得益于狄更斯创作的方面，更有与之不同的地方。狄更斯处于资本主义上升时期，他是其时代先进民族的公民，他的言说富有感召力。而卡夫卡是资本主义制度没落时代的公民，他对异化的感受更为尖锐，但他却意料到其作品只能在一个小团体里流传。他用更加荒谬的投影提出了这个不人道的异化世界的问题，既不想模仿世界，也不想解释世界，而是重新创造它，以摧毁它的缺陷来激起我们的希望。同毕加索等同时代的立体派画家一样，卡夫卡艺术里的真实是一种创造，是按照另一种法则对世界的重新组合，“创造了一个幻想体裁的世界”，用卡夫卡自己的话说，“艺术是一面像表一样‘快走’的镜子”(第 174 页)。

二、代后记——对现实主义的思考

“一切真正的艺术品都是表现人在世界上存在的一种形式”(第 175 页)，因此，没有脱离开它之外的现实世界的“非现实主义的作品”，只不过，因为作为艺术品起因的“人”在现实中心的存在不同，表现出一些复杂性。现实主义应该从作品出发来定义，而不是从作品之前的教条出发。所以，不能用过去作品形成的标准来判断艺术作品的价值，就如不能用辩证法得出的几条规律来判断科学研究的价值一样。从过去司汤达、巴尔扎克到托尔斯泰、马雅可夫斯基的作品里，可以概括出一种伟大的现实主义的标准，但卡夫卡、圣琼·佩斯、毕加索的作品不符合这些标准，我们就应该把他们排斥于现实主义以及艺术之外吗？结论当然是否定的，“应该开放和扩大现实主义的定义，根据这些当代特有的作品，赋予现实主义以新的尺度”(第 176 页)，把它们的新贡献和过去的遗产融为一体。

现实主义者不应该是模仿现实的形象，而是模仿现实的能动性，不是仅提供一种现实的仿制品或者复制品，而更是参与其中，成为一个具有历史主动性和责任感的战士。就像一切真正的马克思主义者所认为的那样，问题不在于说明和解释世界，而在于改造世界。艺术与哲学、历史不同，它不一定要反映全部现实，不能以现实主义的名义对作品提出这种哲学而非美学的要求。一部作品哪怕只是对既定时代的人和世界的关系做了不完整的、极为主观的见证，那这个见证同样也是真实而伟大的。同样，不能用历史学家、政治家和哲学家的标准来要求一位艺术家对其哲学和政治意识的高度。对道德问题的明确意识也是如此，艺术不是道德训诫，而是一种提醒。

现实主义的主要论点是“生活决定意识”、“基础决定上层建筑”的唯物主义，但绝对不能变成一种机械决定论。所以，从一个人的阶级地位判断他的世界观是荒谬的。马克思、恩格斯也都是资产者，但他们都在工人阶级确实成为自主的历史力量时，把以往的“空想”变为真正的马克思主义。卡夫卡没有超越他本阶级的历史前途，他作为十月革命和战后大规模工人运动的同代人，仍然受着他所揭示的异化的束缚，并未得出革命的结论，但这并不影响他的作品的价值。对圣琼·佩斯的理解也如此。同样，毕加索也不能用对其生活的社会环境所做的所谓“社会学的解释”而得出“颓废”的结论。相反，毕加索“立体派”的绘画探索，是一种更为“现实”的包含着我们时代活力的现实主义，是对过去现实主义的“辩证的超越”。每个时代，艺术品都与劳动和神话相关。劳动是现实的力量，神话是具体而拟人化地表现一种人类在自然和社会中尚未主宰的领域里所缺乏的、有待创造的事物的意识。加洛蒂认为，神话是基础和上层建筑之间的媒介，而马克思指出艺术真实的首要因素是“人的作用”，由此，也就排斥了一种封闭的现实主义观念。因为有了“人”，现实也就不仅仅是它本来的样子，不仅是现实本身，而更是它要改变成的、趋向成为的、希望成为的一切，是现实中正在消失的或将要诞生的东西。所以，“当代的现实主义是神话的创造者，是史诗般的现实主义，是普罗米修斯的现实主义”（第180页），也就是开放的、无边的现实主义。

三、理论上引起激烈论战

苏联“社会主义现实主义”的提出，导致独尊“现实主义”的局面，直接影响到对新兴的现代主义文艺的评价。一些文论家对现实主义的僵化理解，也导致现实主义创作上的模式化、公式化、教条化倾向。《论无边的现实主义》的问世，在理论界产生强烈反响。“无边的现实主义”的提出，冲破了在文艺理论界占统治地位的左的、狭隘的理论束缚，扩大了马克思主义文艺理论的视界和宽容度，也让人们充分认识到现代主义文学与艺术的价值与地位。此书出版后立刻被译成了10多种语言，在世界上引起激烈的论战。

（王金山）

戈尔德曼

论小说的社会学 1964 年*

吕西安·戈尔德曼(Lucien Goldmann,1913—1970),法国马克思主义文论家,文学社会学批评的先驱和代表人物。他创立了"发生学结构主义"文学社会学理论。1956 年出版的博士论文《隐蔽的上帝》,论述了文学作品的结构与政治经济结构及社会集团的意识结构之间的对应关系。《论小说的社会学》则是他的文学社会学批评的代表作。这部论著阐释了小说的社会学问题和文学史的发生学结构主义方法,揭示了社会集团意识与小说结构之间的同源性和同构性。

一、小说的社会学问题

在戈尔德曼看来,小说社会学最重要及优先考虑的问题,是小

* [法]吕西安·戈尔德曼:《论小说的社会学》,吴岳添译,北京:中国社会科学出版社 1988 年版。文内引文,只注页码。

说的形式结构与社会环境结构之间的对应和同构关系。这种对应和同构关系，在小说的发展史上一直是存在的，到了近现代以后，这种关系变得更加明显和突出。这与资本主义的“个人主义社会”密切相关，小说的繁荣与这种社会形态分不开。戈尔德曼将小说形式与日常社会生活对应起来，认为它们具有完全的、严格的“同源性”：“小说形式实际上是在市场生产所产生的个人主义社会里日常生活在文学方面的搬移。在一个为市场而产生的社会里，小说的文学形式，和一般来说人与财富，广而言之人与人的关系之间，存在着一种严格的同源性。”（第 11 页）这里的“个人主义社会”，即指资本主义社会。在资本主义社会里，人与物、人与财富、人与人之间的关系都体现为“物”的关系。小说同样如此，它不过是日常社会生活在文学方面的搬移，体现出来的亦是“物”的关系。这种关系是由市场生产造成的。戈尔德曼的这个思想完全来自于他的老师卢卡契。卢卡契的“物化”理论被戈尔德曼用于小说和社会关系的分析。

具体来说，戈尔德曼是从文学与社会集团意识之间的关联来构筑他的文学社会学理论的。集体意识是文学与社会的中间环节，“文学社会学的大部分著作，的确在最重要的文学作品和使它们得以产生的这个或那个社会集团的集体意识之间确立了一种关系”（第 14 页）。这种关系主要体现在四个方面：1. 文学不是既定的集团意识的简单反映，即不一定是真实的集团意识本身，但同这个集团意识密切相关。2. 文学作品与集体思想之间的关系，不在于内容的一致，而在于深层的“结构同源性”。这种同源性可以通过与这种集体意识的真实内容截然不同的、虚构的内容表现出来。3. 文学作品的社会性质，也可以由与这个集团很少联系的个人构思出来，他所进行的虚构创作、思想观念等方面，仍然是与集团意识的心理结构相适应的。4. 归根到底，这种集体意识受经济、社会、政治的关系的制约。

在小说的表现形式上，戈尔德曼认为，从传统小说到现代小说（他称之为“新小说”）的过渡，与自由竞争的资本主义向垄断资本主义的过渡相平行，它们在发生的时间上基本同步（19世纪末到20世纪初）。如果说传统小说始终是以没有积极价值的文学形式表现“有疑问的”追求，即表现一个“有疑问的主人公”和这个主人公恶魔般的经历，那么“新小说”则试图取消这两个内容，走向一种没有主体和没有任何价值追求的小说形式。

二、文学社会学的方法：“发生学结构主义”

戈尔德曼文学社会学理论的主要方法是“发生学结构主义”。“发生学结构主义”从这样一个假设出发：“人类的一切行为是对一种具体境遇做出一种有意义的反应，并由此趋向于在行动主体和行动对象，即周围世界之间建立一种平衡的尝试。”（第230页）这既是文学与社会之间的结构上的关联，也是文学的创作主体问题。在戈尔德曼看来，在经验论的、唯理论的和现象学的观点那里，个人是思想和行动的主体；浪漫主义把集体看成是唯一现实的和真正的主体，个人则被贬低为一种简单的附带现象；第三种是前两者的辩证综合，特别在马克思主义那里，承认集体是现实的主体，同时又不忘记这种集体不是别的，恰是个人之间的复杂的关系网。所以，他认为文学作品虽然是由个人创作的，但是首先应该归属于社会集团而不是写作它的个人。社会集团的主体性以及集团内部个人与个人之间的复杂关系，也体现在心理结构方面。戈尔德曼承认个人心理结构的复杂性，比如任何心理学研究都不可能说明为什么拉辛恰恰写出了他的全部悲剧，而为何写不出高乃依或莫里哀那样的剧作。但他认为，文学的社会学研究仍然可以得出一些必然性的联系。这种必然性的联系在于，个人同时属于不同的各种集团，如家庭、行业、民族、友好关系、社会阶级等，“每一个集团都根据它自己的意识行动，并且由此产生一种唯一的、复杂的、比较不一致的结构；反过来，当我们研究属于同一个社会集团的、数量足够多的个人的时候，他们每个人同时所属的其他社会集团的行动和这种附属所产生的心理因素便互相抵消，这样我们就面临着一种简单得多和一致得多的结构了"（第233页）。他认为，真正重要的作品和作为主体的社会集团的关系，就好比作品的部分与整体的关系，它们是同一范畴。这就是发生学结构主义的社会学研究方法。

"发生学结构主义"意味着文学社会学研究的一次重大转折。戈尔德曼将以往的一切文学社会学流派归入"内容社会学"，即试图在文学作品的内容和集体意识的内容之间建立关系的社会学。"内容社会学"从作品中看到的是集体意识的反映，而"发生学结构主义"则"相反地从中看到了集体意识的最重要的构成因素之一，即可以使集团成员在不了解客观意义的情况下意识到他们所想、所感觉和所做的一切的因素"（第236页）。因此，"内容社会学"在研究一般水平的作品时较为有效，而涉及世界文学的杰作时，"发生学结构主义"则更为可行。所以，他的"发生学结构主义"只是为研究伟大的文学作品而创立的。对于"发生学结构主义"社会学来说，最重要的问题是对象的划分。只有规定了结构的组成部分，即规定了全部直接经验的材料的范围之后，才能研究结构。反过来，只有在对统一这些经验材料的结构形成一定的假设时，才能规定它们的范围。戈尔德曼似乎陷入了一种互设与悖谬，他认为这个范围的划分是困难甚至难以解决的。但他同时又认为，可以通过一系列连续的近似法来解决，可以在一个结构单位里集中一定数量的现象，这些现象具有最大限度上的理解性和解释性的关系，同时把与这些结构无关的其他现象也包括进去。不过，这些包括进去的无关现象，必须不至于改变最初的假设。这样，通过连续的近似法来重复这一程序，就可以得到一组完全一致的现象的结构假设。

划分了结构对象之后，下一步是对结构对象及结构对象所确定的经验材料范围进行研究。结构的划分，即确定以统一的方式来设想一切人类现象，是“发生学结构主义”的第一个优越性。“发生学结构主义”的理解性与解释性的统一，是其第二个优越性。戈尔德曼阐释了“理解”和“解释”这对范畴在“发生学结构主义”中的具体运用：“阐明一个有意义的结构是一个理解的过程，而纳入一个更广泛的结构，对前者来说是一个解释的过程。”(第 240 页)阐明帕斯卡尔的《思想录》和拉辛剧作的悲剧结构，是一个理解的过程；把它们纳入冉森主义极端派并得出后者的结构，对后者来说是一个理解的过程，而对帕斯卡尔和拉辛的作品来说则是一个解释的过程。这样，既把文学作品结构与整个社会结构对应起来，又进行了文学史的研究，所以，这也是一种“文学史的发生学结构主义”方法。

三、以马尔罗为例的作品分析

戈尔德曼通过对马尔罗小说的社会学分析，来论证发生学结构主义，认为马尔罗是 20 世纪最伟大的小说家之一。他首先从分析个人主义出发，认为当中世纪的基督教教义解体，死亡对个人来说构成最为重要的限制，而不再是一种永恒的受难或救赎的时候，个人主义就摆脱了上帝的附庸而成为社会的普遍价值。但是，这造成了西方的价值危机，因为在他看来，个人主义的潜在倾向是非道德、非美学和非宗教的。所以，他主张以集体意识代替个人意识，以集体主义代替个人主义，个人意识归根结底源于集体意识。在戈尔德曼看来，马尔罗的早期小说《征服者》和《王家大道》，充满了个人主义和存在主义思想。在分析中，他注意到这两部小说在结构上的某种一致性，即人物所处的社会历史环境及人物的行动——革命或反抗——所产生的意义和人物自身面临死亡这个局限性时所造成的孤独感、虚幻感之间的矛盾很相似。从《人类的命运》开始，马尔罗的小说逐渐摆脱个人主义的或“有疑问的主人公”的模式，过渡到对集体意识和团体价值的发掘。马尔罗赋予他的小说主人公以集体的力量和行动的意义。《可鄙的时代》叙述的是共产主义知识分子卡斯内的故事。戈尔德曼认为，马尔罗的这部作品已经完全脱离了“有疑问的主人公”的模式，将其思想意识完全交给了共产党。因而，作品的故事“描写的是个人卡斯内和革命战士的无疑问的团体、不言而喻也就是和参与及领导这个团体的共产党之间的无疑问的关系”(第 129 页)。在这一点上，小说《希望》也显示了马尔罗小说作品发展的一个新阶段。依据“发生学结构主义理论”，马尔罗前后期小说结构的变化，正是社会集团意识结构的变化所导致的。

（陈　诚）

福柯

词与物:人文科学考古学 1966年*

米歇尔·福柯(Michel Foucault,1926—1984),法国20世纪著名的思想家,其思想在文学理论、文学批评、哲学、历史哲学、知识社会学等领域产生广泛影响。尽管他不喜欢自己被归类,但一般还是被视为后现代主义和后结构主义的标志性人物。其代表作有《疯癫与文明》(1961)、《死亡与迷宫:雷蒙·鲁塞尔的世界》(1963)、《诊所的诞生》(1963)、《词与物:人文科学考古学》(1966)、《知识考古学》(1969)以及《规训与惩罚》(1975)等。《词与物》一书是要将思想从"人类学的沉睡"中唤醒,驱除笼罩在现代人的思想观念和知识形式头上的人本主义的迷雾,从而重新思考人类知识的可能性。而人类学主体主义正是自康德以来的现代思想的核心问题和知识基础,该书试图批判这一传统。但福柯并没有将自己的视角仅仅局限于康德及其之后的思想,而是将目光投向了遥远

---

* [法]米歇尔·福柯:《词与物:人文科学考古学》,莫伟民译,上海:上海三联书店2001年版。文内引文,只注页码。

的古代,并从文艺复兴开始了自己这种独特的人文科学考古学。

一、思想的"认识型"

福柯所以做这种人文科学考古学,是缘于他的一次有趣的阅读。他在阅读博尔赫斯的某部作品的时候,其中有一段引用"中国某部百科全书"写到,动物可以分为奇怪的十几种,这些分类让人看了不可思议,这令他哑然失笑。但笑声之余,他发现,这种分类之所以不可理解,是因为它超出了阅读者自己的思想的限度,超出了其习惯性的理解和常识,因而会令人发笑。因为对于他这样的西方人来说,不可能做出那样的思考。所以,他开始思考这种不可能性的原因,研究我们思考的方式、内容和界限是如何形成的。

在福柯看来,思想包括着两端,一端是文化的基本代码,比如语言、价值、实践、知觉框架等等,从一开始就已经为每个人确定了他的经验秩序。而另一端则是对这些秩序之所以存在的阐释。但在这两端的中间地带,是沉默着的存在,不过这些沉默之处,却也有其自身的秩序。这一地带就是"认识型"。"在任何特定的文化和任何特定的时候,总是存在着一种对所有知识的可能性条件加以限定的认识型。这种知识或者体现在一个理论中,或者被默默地投入一个实践中。"(第 222 页)正是"认识型"决定了我们思考的限度与可能性,决定了我们去思考什么和不思考什么,只有在它的基础上,知识和理论才会成为可能。所谓的知识,其实就是在它的基础上建立起来的。同时,它并不等同于意识形态、观念这类东西,所谓"观念史"、"科学史",这些都是学科分类的产物,它们把学科知识看作是一个逐渐走向真理的过程,而如果从"认识型"的角度来看,就不存在什么绝对的真理,只不过是不同的"认识型"发生了转换而已。简单地说,这种"认识型"类似于一种话语实践,它涉及的是话语建构的规则。在他看来,近代以来的思想都是人类学中心主义这种“认识型”的结果，都陷入了人类学中心主义的沉睡之中，所以需要把它们唤醒。

二、古典时代的认识型

在福柯看来，西方文化的认识型发生两次较大的断裂。第一次开创了古典时代（大致在17世纪中叶），第二次则是从19世纪开始的所谓现代。与之相应，西方文化的认识型就包括文艺复兴时期的认识型、古典时代的认识型和现代的认识型三种。不同的认识型，决定了不同的知识对象的建构、思想的方式和方法。

在文艺复兴时期，或者说直到16世纪末，相似性就一直在西方文化知识中起到创建者的作用。相似性支配着人们对语言与世界及其关系的理解。“生活的舞台或世界的镜子，这是所有语言的身份，是其宣称并表达自己的发言权的方式。”（第23页）通过“适合、仿效、类推和交感”四种相似性，世界成为符号的世界，这个时候流行的是释义学，探寻符号的意义，阐明词与物的相似性。所以，语言是透明的，是上帝赋予人类的恩典。语言在不断地被书写的时候，其实就是在重构世界，知识就是要让一切都能说话，它的本义就是阐释。然而，堂·吉珂德那曲折的历险经历却为西方文化的认识型标出了一条界限。“它们结束了相似性与符号之间古老的作用，并在那里结成了新的关系。”（第61页）古典时代的认识型取代了文艺复兴时期的认识型，词与物的新的关系的时代到来了。相似性解除了同符号的约定，词与物之间也变得疏离了，书写也不再是世界的散文了。符号同世界之间不再是相似性关系，相似性关系变成了幻想。在堂·吉珂德那里，世界是颠倒的，桑丘是个“总督”，风车是个“魔鬼”，羊群变成了“军队”等，其原因就在于他没能走出文艺复兴时期的认识型，只能独自在书写与物之间闲荡。而在这个时代，“物除了成为自己所是的一切以外，不再成为其他任何东西;词独自漫游,却没有内容,没有相似性可以填满它们的空白;词不再是物的标记;而是沉睡在布满灰尘的书本中"(第63页)。因之,福柯说《堂·吉珂德》是第一部现代文学作品。在那个时代,语言成为最高且又隐而不显的存在。人们开始思考能指和所指的关系,内容和形式的对立出现了,语言不再是世界的相似物,思想不再指向世界。语言要把世界组织进自己的秩序,于是语法出现了。通过语法,语言实现了自我完善,语言开始借助各种语法手段来传递一个命题的意义,而这些手段已不再拥有任何表象的意义。

古典时代的认识型,需要建构一种普遍的秩序科学。这种秩序科学是既能分析表象的符号学,又是能把同一性和差异性统一到一起来的分类学。前者涉及的是关于真理的科学,而后者则是关于世界存在物的知识,在这两者之间的是发生学,也就是假定了一个渐进秩序的规则。这三者交织在一起共同构成了古典时代的认识型,通过分类和描述,世界上的存在物,比如动物、植物在语言中找到了自己的位置,并成为被塑造出来的类别和归属,以及在语言中自己呈现给读者的形式。古典时代的这个认识型,控制着人们对话语、自然存在物的理解以及财富的交换。在这里,福柯提醒人们,在古典时代或者说在19世纪之前的西方文化之中,生命并不存在,只有生物的概念,而没有"人"的概念。人们对自然的理解,对语法的理解,只能通过对语言或者说普通语法的研究才能实现,这个时候根本就不存在人文科学,更不存在后来人类学中心主义者所说的"人"的存在。

三、现代的认识型

到了19世纪,语言发生了新的排列,语言不再像古典时代那样具有表象的功能。大写的历史出现了,其原因在于"思想只有在它自己的历史的根基处重新认识自身，才能完全确信无疑地为这一事件的独立真理提供基础”(第 284 页)。这是有关真理和普遍规范的历史，这种大写的历史支配了人类的经验和历史，它是规范和普遍真理，内在于人类的小写的经验性历史之中。于是，在这新的时代，语言不再指向对象，而是词与词之间互相交流，通过一些手段，将词相互关联地排列在一起。于是，就出现了观念学和批判哲学的共存。观念学不关心表象，不关心表象的界限基础和根源，它只是把所有的知识安放在一个空间内，然后阐明之所以能够组织起这个空间的知识是什么。因而，观念学就是关于知识的知识。而以康德为代表的批判哲学，则试图对表象进行询问，询问表象的根源和界限，对观念学的可能性进行批判。于是，从康德开始，现代的认识型，导致了两个结果：一是纯粹认识论领域的出现，所有的知识都获得了学科的自治，成为一种纯粹的“科学”；一是知识的普遍化又需要被不断地反思，通过批判来寻求自己的可能性。所以，在现代认识型中，知识的空间其实已经变得摇摆不定。这个时代的知识不再是像古典时代那样，是对自然分类的图表的模式，而是一种语言的系列、连贯和生成的模式。大写的历史事实上已变成了一个因果关系的乌托邦。在这种情况下，语言的古典秩序封闭了，它丧失了自己在知识领域的透明性和基本功能。它开始了对自我的反省，变成一个被认识的对象，具有了自己的历史、法则和客观性。认识语言并不意味着去理解语言背后的认识本身，而仅仅是认识语言而已。变成对象的语言，通过三种方式得到了补偿：第一，语言成为任何一门科学认识所必须经过的中介，任何科学都无法穿越语言而存在；第二，语言成为一个和传统、思想的沉默习惯和民族精神相关的场所。于是，阐释和形式化成为现代的分析形式，一切都需要在语言之内被阐释。福柯说了一句意味深长的话：“也许，上帝与其说是知识的彼岸，还不如说是某个处于我们语句内的东西。”(第 389 页)第三，就是文学的出现。文学不再和任何观念相关联,它自我封闭,自我指涉,不再承担传播价值、趣味、快乐、自然等等的责任,文学也不再和体裁相关,文学就是对一种语言的单纯表现,文学成为一种不及物的语言。“话语仍具有说出所是的一切的任务,但除了称为所说的一切,话语不再成为任何东西。”(第 58 页)因此,在文学的写作中,“词默默地和小心谨慎地在纸张的空白处排列开来,在这个空白处,词既不能拥有声音,也不能具有对话者,在那里,词所要讲述的只是自身,词所要做的只是在自己的存在中闪烁”(第 393 页)。在福柯看来,只有这样的文学才真正恢复了语言的存在。

四、对“人”学、人道主义的批判

康德在寻求建立知识的可能性的时候,将基础建立在人类学之上。他在《逻辑学讲义》中说:在世界公民的意义上,哲学领域提出了下列问题:1. 我能知道什么? 2. 我应当做什么? 3. 我能够期待什么? 4. 人是什么? 形而上学回答第一个问题,伦理学回答第二个问题,宗教回答第三个问题,人类学回答第四个问题。但是从根本来说,可以把这一切都归结为人类学,因为前三个问题都与最后一个问题有关系。而福柯则说在 18 世纪末之前,“人”并不存在。为什么会这样呢? 如前所述,在古典时代的认识型中,知识只是为了获得表象的秩序,创立明晰的体系和百科全书,虽然它涉及到了人的各个方面,但对“人”的认识却并不存在。而当康德开始对表象的界限、起源等进行质疑,以一种批判的精神来反思,表象变成知识的对象的时候,它既需要认识的主体,也需要认识的客体,因此,“人”出现了。所以,福柯认为“人”出现在话语的空白之处,因为此时的话语已经失去了古典时代那种组织秩序的作用。这是一种先验主体思想,一直到现象学都还占据着思想的主流。它把“人”建构为知识对象。但是,人受制于劳动、生命和语言,人是一个有限的存在,有限性才是人具有的一切。而意识哲学偏偏遮蔽了人的这种有限性,反而夸大了人的无限性。“人”其实是一个被界定了的存在,是一种话语实践建构的产物。而在这一时代,“一切存在物(诚如被表象的)与词(具有其表象价值)之间的关系维度中起作用的东西,已被置于语言内部并负责确保语言的内在合法性”(第440页)。人的存在与话语的存在是永恒的矛盾。所以,先验的主体——“人”并不存在,人道主义不过是一个虚妄的话语生成物而已。因此,福柯宣告了自康德以来支配西方文化的人类学中心主义的终结:“对所有那些还想谈论人及其统治或自由的人们,对所有那些还在设问何谓人的本质的人们,对所有那些想从人出发来获得真理的人们……我们只能付诸哲学的一笑——这就是说,在某种程度上,付诸默默地一笑。”(第446－447页)

福柯摧毁了近代以来人文科学研究中的主体中心主义和人类学中心主义,初步建立起了知识考古学和话语实践理论,对于后结构主义文论、解构主义文论、新历史主义文论、女权主义文论的发生发展影响巨大。

(李　龙)

马舍雷

文学生产理论 1966年 *

皮埃尔·马舍雷(Pierre Macherey,1938—),法国新马克思主义哲学家、美学家和文学批评家,现为巴黎大学哲学系教授。他是"结构主义马克思主义"流派的主要理论家路易·阿尔都塞的学生。主要作品除《文学生产理论》(1966)外,还有《反映问题》(1976)、《作为意识形态的文学》(1976)、《文学的对象》(1990)、《唯物主义道路》(1998)等。其中影响最大的是《文学生产理论》。该书以文学这个特殊意识形态领域为个案,考察了文本、历史和意识形态之间的关系。

一、文学的意识形态生产理论

在马舍雷看来,文学并非如它表面所呈现的那样是作家的独

* [法]Pierre Macherey, *A Theory of Literary Production*, trans., Geoffrey Wall, Routledge, London, 1978. 引文只注页码。

创结果，相反，文学必须被视为社会意识形态环节内的生产结果。在传统的马克思主义批评语境中，意识形态被理解为“错误意识”，但马舍雷对意识形态概念的使用是在阿尔都塞学派的意义上来使用的。对他来说，意识形态是与历史中的物质力量同样起作用的一种观念系统，这个系统是被历史决定的人借以理解自身的一种观念性的中介。意识形态中文学生产的成品即作品的特殊价值在于，它通过一定的结构化表现形式展现意识形态，或者说将历史时期内的意识形态及其无穷无尽的话语之流展现为可以体验的经验：“人们生活于其中的自发意识形态不是简单的文本的镜面反映，意识形态被打碎、翻转和暴露，在文本中改变了它原来的意识状态。艺术，至少是文学，因为它们自然地要嘲笑那种关于世界的盲目轻信的观点，把神话和幻象塑造成了可见的对象。”(第132—133页)。也就是说，文学把生活中流动的意识形态材料固定下来。用传统的说法来讲，意识形态的内容被赋予了一种特殊的形式，即使这一形式本身也与意识形态相关。但要注意的是，这是以“可见对象”这一非意识形态的形式固定下来的，意识形态被内在地移置了，或者说，意识形态变成了“不在场”。在文本中，没有意识形态本身，只有意识形态的具体表现形式。

在这一基础上，马舍雷否定了文学反映现实的理论。因为现实总是被意识形态所规划了的现实，它甚至连对现实的感知也不是。在分析托尔斯泰的作品时，马舍雷说：“你可能说伟大作家之所以伟大，就在于他提供了对现实的清晰的感知，但这种看法会引出各种问题。很明显它与理论知识不同，作家对现实的理解与马克思主义政党给出的科学分析不能相混，因为作家使用的是他自己的特殊方法。他的知识是暗藏着的，这种知识对其本身的领域和来源是盲视的……即使我们把文学的感知当成知识的类似物来对待，作为获取知识的一种方法，这种知识的对象仍然需要建构。它会是对现实的意识形态感知吗？或者就是现实本身？如果是前者，那文学就仅仅是一种信息或意识形态材料的传输工具；如果是后者，那文学充其量也就是某些具体数据的容器。”（第116－117页）。

二、文学文本通过“沉默”说话

“作品的话语：既是封闭的，又是无限发展的；既是完成了的，又是不断开始的；它分散，又聚合，围绕着一个既无法隐藏又无法揭示的不在场的中心。”（第27页）。一般阅读者以及传统的批评家的眼光，正是被这种作品内容所吸引，他们之间的区别只是在这一内容范围内的区别。即使是结构主义批评家，他们的深层结构仍然没有逃离这一范围。他们都没有注意到，意识形态这时悄然离去：作品内容似乎是一件意识形态留下的漂亮外衣，被人们消费、鉴别和分析。一旦突破这个范围，我们就能发现意识形态在生产过程中所经历的革命性转换，才能发现文学生产的真正秘密和文学文本的真正特殊性所在。如果文学真能告诉我们什么的话，那也绝不是作品那可阅读的内容表层告诉我们的。因此，文本真正的言说只能来自于那没有说出的沉默部分。沉默的场所作为一种表达的媒介，没有丧失重要性，它不是单一的意义，而是那赋予意义以意义的东西：正是沉默，虽然它并没有告诉我们任何东西，但它告知了我们语辞出现的精确环境，划定了界限并给予其真正的含义，而不是代言辞说话。所以马舍雷说：“沉默是表达之源。”（第86页）那么，文本通过“沉默”表达的是什么呢？马舍雷说，它表达的是文本生产历史中的意识形态的作用机制。在文学文本加工之前，意识形态以幻象的形式处于自在的状态，并且在这种状态下维持着自己的虚假的同一性。因此就具体历史阶段的某一意识形态而言，并不存在它自身内部的矛盾。但由于它是对现实矛盾的一种虚假的解决，因此，一旦面对真正的现实，意识形态就立即显现出自己的裂缝。马舍雷说，意识形态最本质的弱点就在于它不承认自己的局限，“它对自己的局限浑然不知，甚至忘掉了它是在什么样的情况下得以产生的”，它总以为自己是永恒的真理，所以它不能面对历史和现实的缺损和复杂性。如果说意识形态的幻象语言内含了意识形态之间的可能的冲突的话，那么，文学意象和叙事结构就把这些冲突集合在一起，并让它们开始行动，通过碰撞显示出意识形态自身的裂隙，正是这一裂隙，让我们得以明白它的虚假的、脆弱的外衣，并通过裂隙看到历史和现实的真实状况。

一方面，就文学的可阅读性、自治性和封闭性而言，文学不是意识形态，也不是意识形态的其余加工方式。文学作品作为虚构的产物，它不是知识也不是意识形态本身，使用了意识形态材料，但却因具体化而把意识形态的内容驱逐进了“沉默”领域，因此，文学生产是对意识形态的扭曲和偏离；另一方面，就文学的非自治性和开放性而言，它又提示了意识形态在“黑暗”中的存在，同时使意识形态进入相互冲撞的状态，并最终使其暴露出自身的缺陷，揭穿它的虚假性质。从这个意义上说，它又能“提供”知识，至少提供了知识的线索，只是需要批评家去清理而已。所以，在后一个方面，马舍雷指出“文学是以利用意识形态的方式向它提出挑战”，并且使意识形态得以“逃离自发的意识形态领域，摆脱对于自己、历史和时代的虚假意识”(第 132—133 页)。

三、作品是一种反映和反映的缺失

在马舍雷看来，文本毋宁说是一种“离心结构”的意识形态组织方式，它不是现实的镜子而是一面“破碎的镜子”。镜子中的影像本身就是破碎的。马舍雷说，这就像梦中的影像一样，即使是一个完整的梦，也需要我们首先对其进行拆分，然后通过对碎片的重组，才能了解它真正的意义。以托尔斯泰为例，他分析了被列宁称为“俄国革命的一面镜子”的托尔斯泰作品与其历史现实的复杂关系，认为托氏作品处理的历史阶段在政治经济层面汇集了各种特殊力量，包括了封建地主、农民、资产阶级和成长中的无产阶级。这些力量相互之间构成了复杂的矛盾关系：冲突、对抗、依赖、联合与力量的消长等等。托尔斯泰在这个关系结构中的特殊位置：作家、地主、基督徒、农民的同情者等，确定了他的“学说”和对现实的认识，即托尔斯泰的意识形态观念。它通过文学特有的方式进入文本后，就变成了“不在场”。在场的是那些完整自足的可阅读的“意义”——现实整体被反映的局部元素，它具体化为作品文本。所以，马舍雷说：“作品也许是一面镜子，准确地讲是因为它记下了这一反映本身的偏好和某些简单元素的残缺的现实。”(第 121 页)因此，“作品同时是一种反映和一种反映的缺失”，作品的矛盾和基本失衡，正是在这个开放性的意义上来说的。(第 128 页)但他同时指出，说镜子是残缺的，这还不能完全说明问题的复杂性。事实上，镜子中的影像本身也是破碎的，没有明确的连续性。作品本身不是同一的，它不是一个简单的反射平面，而是一个由碎片拼装出来的东西。(第 122 页)

四、形式主义批判：批评的坟墓

马舍雷《文学生产理论》的写作主旨，是通过对文学机制的本质揭示，澄清批评理论的新的基础。批评之所以需要，在于它能提供真正的知识。在作者看来，传统的批评都是对给定对象的“消费”，在他们眼里，作品唯一的存在价值就是被接受、被描述和在批评过程中被吸收。作品的变化，仅仅是把文本这个容器中的东西搬进对清晰性和可读性有着不同兴趣的读者脑袋中，这可以称之为“经验主义的谬误”，它只关心接受。马舍雷认为，消费式的批评谈不上什么“知识”，由于从经验主义的角度看待作品，这种“知识”

只能是来自于一种虚构。但是,传统中也存在以作品自治性为基础的批评,即所谓“内部批评”。这一路批评,在结构主义那里发展到它的顶峰。马舍雷花了不少笔墨去揭穿“内部批评”的所谓“科学化”,并专门写了“文学分析,结构的坟墓”一节。马舍雷把这种批评称之为“阐释的谬误”。“结构”的观念诞生于语言学,本来应用于文学是有道理的,但在实际运用中,却远离了科学批评的初衷,又回到了一个非科学的前提假设上去了:认为作品有一个内在的“意义”,他们要做的就是“分析”,但与科学的分析相反,由于把文学写作和批评写作相混,作为结构的揭露者,批评自己成了作品的结构。(第140—141页)因此,它只可能是一种人为的假象。由于作品本身被结构主义者看作一个假象,所以“结构”作为对作品意义的变相复制,只能是假象的假象。他说,这不过是柏拉图“模仿论”的翻版。这样一来,结构主义批评作为写作的继续,其揭秘过程又成了新的秘密的制造过程,一个更加意味深长的神秘化过程。

结构主义批评就像镜子戏:通过镜子,文本的重复激增,而文本自身则在反射光中被击成碎片,并且消失在反射光之中。分析与分析对象相互纠缠、重叠,变得可以互换,而这正是非科学分析的一个标志。实际上,结构主义是一种理论的经验主义批评方式,它仍在文本的统一性中去找文本的答案。作为对这种经验主义的矫正,马舍雷才提出了他的文木理论,从人们所忽略的文本的裂缝中,或者说从非统一性中去找文学文本的答案。在他看来,这更加真实、可靠。因为文本的统一性只是人为制造的假象,无意识理论和结构主义批评家虽然是在深层寻找文本的秘密,但仍然是在假象的深层进行,它们没有注意到,答案就在文本的“旁边”。马舍雷认为,只有如此,批评才既保证了作品本身的现实性存在,同时又成为真正的知识的源泉。

(傅　震)

姚斯

文学史作为向文学理论的挑战 1967年*

汉斯·罗伯特·姚斯(Hans Robert Jauss),德国文艺理论家、美学家,接受美学的主要创立者之一。早年师从海德格尔,1953年获博士学位,先后在海德堡、门斯特、吉森大学和康斯坦茨大学任教。主要著作有《走向接受美学》、《文学范式的改变》、《审美经验小辩》、《审美经验与文学阐释学》等。《文学史作为向文学理论的挑战》是他1967年任罗曼语文学教授时的就职演说,后成为《走向接受美学》的第一章。

一、文学史的困境及其突围

"文学史"研究从其产生以来,一直被认为是"民族个性复归",

---

* [德]汉斯·罗伯特·姚斯:《文学史作为向文学理论的挑战》,周宁、金元浦译,选自汉斯·罗伯特·姚斯与霍拉勃:《接受美学与接受理论》,沈阳:辽宁人民出版社1987年版。所引此书,只注页码。

这种形而上的静态考察的观念如今已走向困境。那种手册、百科全书、大全式的资料性、描述性的研究,已经使“文学史”成为不严肃的、自以为是的“伪历史”的收集品。文学史的撰写一直被当作关于文学诞生时历史状态(时代精神和政治趋势)的一种印证。这种历史学的“客观性”的“事实描述”观念,已经受到严重挑战。无疑,文学史研究应该考虑从影响、接受以及作品在后世所获得的声名等方面来加以关注。但文学史家如果为了不至于受到因为时代变迁而导致的价值评判失误的指责,满足于一种客观性理想,从而死守“经典”的标准,那么这种影响、接受的研究者,也不过是个“被动的读者”(第 6 页),是某种客观性批评准则的“寄生虫”。

文学史家必须避免成为一个客观的历史的撰写者,现在的文学存在,绝对不是过去(比如古希腊)文学理想在当下的实现。伽达默尔向这种历史观念提出了疑问——历史是“怎样”连贯、表达及被人理解的呢?所有的历史,必须要身处现在的世界来理解。所以,文学史的研究就不应该是实证主义式的纯粹因果解释的面目,这种面目只能揭示文学某些外在的因素,最终更多地关注文学事实的客观性根源,使文学作品的特点变成各种影响的汇集。文学现象是变动不拘的,这种变动是文学传统所固有的,就像所谓“纯文学”与“时兴文学”之间的对立,我们不能客观性地去看待它,而要看到这种对立所依赖的美学受到的怀疑,这种怀疑使我们看到,创作与模仿的对立,不再单纯表现为过去某个确定历史时期的文学特点的现实化。

姚斯认为,虽然马克思主义文学理论与形式主义是两个互相对立的学派,却都体现了文学史研究的困境。两个流派都远离了经验主义、形而上学的研究方法,都关注看似独立的文学作品事实上如何融入历史的连续性中,马克思主义从文学的社会功能入手,而形式主义则从文学的不断生成的功能入手。但这两个学派都不能产生伟大的文学史,它们都只能产生旧的民族文学史的翻版。

它们各自的片面性都“必将走向自相矛盾”(第 12 页),必须以新的视角建立历史与美学之间的联系,这样才能克服它们的局限。经典马克思主义文学理论否定艺术离开伦理学、宗教等意识形式的“自律”的历史,认为文学最终受着经济过程、经济结构、社会制度等的制约,文学是在“反映”现实的基础上被理解的。姚斯认为,至少在“物质生产与艺术生产的不平衡关系”的问题上,马克思主义文学理论的这个基本观点陷入了自我否定的矛盾之中。而后来的卢卡契坚持这种观点的应用,同样忽略了正统马克思主义美学所忽略的“文学的历史性”,只不过给反映理论以辩证的解释。鲁辛·高尔德曼(Lucien Goldmann,一般译为“卢西恩·戈德曼”——笔者注)也没有克服这种片面性,他不过是在“结构”而非“内容”的符合上修改了文学与社会现实的反映关系。作为当代发展了的马克思主义文学理论代表的加罗迪(即加洛蒂——笔者注)和考西卡,为解决上述矛盾提供了契机,他们认为,要想真正克服这种片面性,就必须在看到文学是现实表现的同时,更是现实构成的一部分。加罗迪认为文学的现实主义应向未来开放,考西卡认为文学作品的生存在于其“影响”,从而需要“解释”,这些对建立一种新的文学史基础是有作用的。只有当作品的连续性“不仅通过生产主体,而且通过消费主体,即通过作者与读者之间的相互作用来调节时,文学艺术才能获得具有过程性的历史”(第 19 页)。而且,现实存在并非仅是新事物的产生,更是站在“现在”对过去的重新审视。

被官方压制而驱逐的形式主义,与马克思主义文学理论相反,把文学看作同一切历史条件无关的独立研究的对象,对其效用进行功能解释。这个学派认为,文学语言与实践语言在功能上是有差别的,文学语言最终导致“艺术感觉”,艺术就是打破人们感觉麻木的媒介,实现的是“陌生化”(又译“奇特化”——笔者注)效果。这种基于差异性的理论原则,使对文学的评价抛开历史知识而成为一种理性的方法，具有永久价值。而文学的历史性，在形式主义这里，尽管一开始遭到否定，但却从另一个方面得到恢复。文学的文学性不仅在共时性，也同时在历时性上得到确认。形式主义者认为，对文学作品的阐释必须以它们过去的、历史的形式为参照，因为“陌生化”也是对过去形式的反叛。这样，文学就需要以一种新的、历史的方法在文学史中被关注，即“从文学类型和形式的系统演变的角度去看”(第 22 页)。

姚斯认为，马克思主义文学理论和形式主义文学理论各有所长，也各有所短，要获得更合理的认识，就必须二者兼顾。一方面，文学应该在历史系统的演变中得以理解(形式主义)；另一方面，历史也应该在与社会条件的联系中被理解(马克思主义)。二者的结合，就是将文学与历史间的关系理解为一种“文学系列”和“非文学系列”的相互关系。同时，这种理解也不牺牲文学作为艺术的特点，不被视为只是一种模仿、反映或者评价的功能。

在马克思主义和形式主义文学理论中，文学史的问题仍未得到解决。它们的方法仍然把文学存在局限于生产和再现的封闭的美学圈子里，从而缺乏对文学的“接受和影响之维”的关注。马克思主义文学理论对待读者和作者完全相同，都是按照其社会地位、社会结构来理解的，都是力图发现作品中基础与上层建筑之间的关系的；而形式主义的读者，也无非是在作品指引下的“感觉主体”，读者被假定为固定的、具有思考文学技巧能力的作者的“知音”。读者阅读文学作品，不应只是为了语言(形式主义)或者历史(马克思主义)，作品应该是为了这样的读者而创作的。

在作者、作品、读者的三角关系中，读者并非仅是被动的反应者，相反，读者自身就是一个能动的历史的参与者和构成者。只有通过读者的传递，作品那种连续性变化的经验视野才得以展现。即使面对一部新作品，读者也是“全新的”、“最早的读者”，因为阅读过程永远不停地发生着从简单的接受到批评性的理解、从被动到主动、从认识的审美标准到超越过去的全新的“生产的转化”。理解文学作品的历史(文学史),必须从过去封闭的生产和再现的圈子中走出,向接受美学和影响美学开放。文学与读者的关系,有美学和历史两方面的内涵。美学的内涵在于读者首次接受作品时,同过去作品的比较中进行的审美价值检验;历史的内涵是说这个首次接受的读者的理解,将在后来被不同读者阅读时不断得到充实和丰富,作品的历史意义、审美价值正是在这个过程中被确认和证实的。文学史家不能回避文学这样的历史性,这不是一个实证主义、客观主义的历史,而是要打破或者批判性地修改过去的已经被接受的文学标准。这样的文学史如何建立,其方法论如何,姚斯通过七个论题加以探讨。

二、接受美学论及其对文学史看法的七个论题

1. 对历史客观主义与生产、再现美学的摒弃。必须建立一种接受和影响美学,摒弃历史客观主义的偏见和传统的生产美学的基础。文学史不是对过去文学事实的事后总结,而是读者对作品的“先在经验”。那种实证主义的、对孤立的过去的所谓“客观性描述”,忽略了文学的艺术特点和文学的特殊历史性。一部文学作品不是面对每一代读者都固定不变的“纪念碑”,而像一部“管弦乐谱”一样,每一次演奏都会有不同的反响。文学作品就是这种“对话性”的存在,它每一次被阅读都是从自身存在中解放出来的新颖的理解。

2. 对作品的理解有赖于读者的“期待系统”。对过去作品及文学现象、文学活动的理解中,读者产生了“期待系统”,这种期待,为读者预先提供了一种特殊的接受。接下来,这种接受期待会不断改变、修正或实现。这种接受因为有历史性“期待视野”的先在规

定性，从而与心理主义的任意性发挥划清了界限。

3.“期待视野”与实际引起视野变化的距离，决定着作品的艺术特性。读者在阅读作品前有“期待视野”，反过来，一部作品也会预先假定自己读者的种类与等级，因为作品的创作就是为了引起读者期待的。“期待视野”实现与否和实现的程度，就会造成读者与作品的“审美距离”，造成读者“视野的变化”。一部新作品，其第一读者的“期待视野”的实现情况，会成为决定这部作品审美价值的尺度。比如“未知经验”较少的作品，因其期待与接受的距离较短，几乎不需要视野的任何变化，理解的障碍较少，“作品就更接近‘通俗’或娱乐艺术”(第 32 页)。相反，假如一部作品的艺术特征与其第一读者所设定的审美期待是“相对立”的，作品就会体现出一种“独创性的否定”。读者不断地适应作品，产生新的审美期待标准，会使作品的艺术特性也不断改变。

4.历史作品被接受，是因为重构了“现时视野”。对过去的一部作品，现在的读者通过“期待视野”的重构，从另一些角度对其提出问题并要求回答，就会发现不同时代读者理解一部作品的差异性。这样的认识避免了那种把过去某一个艺术标准绝对化、普遍化的意识。接受的这种变迁，构成了“接受史”，也是伽达默尔所描述的“影响史”原则。“接受史”的意识向我们表明，过去历史的作品之所以还能在现在被接受，就是因为它已经不是作品过去被接受时的“原始视野”，而是被重构了的“现时视野”。历史不能依赖客观的“自身”而存在，而是因为和现在、和理解者有关系，历史总是“我们”理解、接受的历史，传统是“我们”的传统。对待艺术传统，我们事实上假设了现在与过去的对话关系。过去的作品可以回答现在的读者重新提出的一些新问题。

5.应把“文学演变”建立在“接受美学”基础上去理解。形式主义文学理论把读者克服日常生活范围内的平庸化，从而实现感知形式的“陌生化”功能，作为文学演变的动力，这是有意义的尝试。

但它仅仅把文学的演变更替局限在对文学形式的感知上，用“形式创新”接受的层面完全抽空了“内容”，这是其遗留的问题。单纯的对立、审美的多样性，都不能完满解释文学的发展，我们并不能把文学演变和社会变革之间的联系抹杀掉。接受美学观点的纳入会让我们看到，合理解释文学的演变，不仅要重建文学史家作为立足点的“历史发展方向”，还要拓展文学经验的时间深度，使人们看到文学作品的现实意义与实质意义之间不断变化的距离。“新”不仅仅是创新、惊叹等美学范畴，更是一个“历史范畴。”（第 44 页）一种随着历史在变化的审美观念，如果转回头去面对过去被遗忘的作品的欣赏，也会让过去没有被留心的作品出乎意料地重新焕发光彩。

6. 文学的历史是“历时性”与“共时性”的统一。语言学中“历时性”与“共时性”两种分析方法的区分，打破了过去单一的历时性视角，在文学中也有重大的意义。通过考察文学发展中共时性的一个横切面，可以让我们发现这一历史时刻中不同文学作品的关系系统；而把这些之前和之后的历史横断面都做这样的考察，就会看到文学结构演变在接受维度上的历时性。我们会看到，同一时代的作品在接受上实际存在着“非同一性”，每一个共时系统都必然包含着它的过去和未来，也就是说，处在共时性横切面的文学，必然暗示着其以前和以后的横断面。这是新作品的理解和旧作品的意义之间功能联系与接受史角度的关系。我们在克服了那种对文学客观性和固定本质的评价之后，就可以在文学形式与内容演变的后面，认识到文学系统的重新建构，从而理解审美视野的变化。因此，文学史既没有必要定位在那些高雅的传统巨著，也不应在无历史意义的大量作品中迷失方向。只有在历时性与共时性的交叉点上找到“影响”，也就是“事情所造成的结果”，才能真正恢复文学的历史维度。文学的内在统一性是文学的影响史，是现在显现的文学的“史前史”。

7. 文学对读者的作用，是一种“社会构成功能”。文学史的任务和功能要真正实现，不仅是其在自身共时、历时系统中的表现，更要在它与“一般历史”的关系中被看做一个“类别史”来表现。也就是说，只有读者在现实生活实践中形成“期待视野”，形成对世界的理解并对其社会行为产生影响，从而获得文学体验时，文学的社会功能才能实现。只要不把某一时期对文学特殊的理解普遍化(比如结构主义，其实是一种被动的再现观点，认为文学先在地就对读者有一种神话式的常识)，就会发现，文学对读者的作用，事实上是一种“社会构成功能”(第 49 页)。

总之，《文学史作为向文学理论的挑战》提出并阐述了接受美学的理论纲领，确立了以读者为中心的接受理论。它对文学史、作品和读者关系的理解，对文学的美学和历史观点的重新诠释以及“期待视野”的提出和阐发，对文学史研究和对“文学”本质、本体、社会作用的理解，都有很大的启发。

（王金山）

克里斯特瓦

词语、对话和小说 1967年*

朱莉娅·克里斯特瓦(Julia Kristeva,1941—),法国当代著名理论家、学者、社会活动家和精神分析师。她的研究视野很宽,在符号学、精神分析、女性主义等理论领域都有出色的成果。她提出的一些原创性的概念,如:互文性(intertextualité)、解析符号学(sémanalyse)以及基因文本(géno-texte)、现象文本(phéno-texte)等,对20世纪后半期西方文学理论的发展有重要影响。她的学术生涯大致可分为前后两个阶段,前期从20世纪60年代中期到70年代中期,主要关注语言学、符号学和文本理论研究。后

---

* [法]朱莉娅·克里斯特瓦:《词语、对话和小说》(Julia Kristeva, *Word, Dialogue and Novel*),本文最初发表于1967年法国《批评》杂志,最初题目为《巴赫金:词语、对话和小说》,收入1969年出版的论文集《符号论——解析符号学研究》时,改为《词语、对话和小说》。本文依据的是美国学者Toril Moi编译的 *The Kristeva Reader*(Oxford: Basil Blackwell Ltd,1986)中的英译本。文内引文,只注页码。

期是从70年代中期开始，主要关注女性主义和精神分析。主要著作有《符号论——解析符号学研究》(1969)、《作为文本的小说》(1970)、《诗歌语言革命》(1974)、《恐怖的权利——论卑贱》(1980)、《反抗的未来》(1997)以及自传体小说《武士们》(1990)等。《词语、对话与小说》最早发表于1967年，在这篇文章中，她向法国理论界介绍了巴赫金的思想，并在对巴赫金的理论阐释基础上形成了自己一些独特的理论观点。论文开篇就提出："如果说人文科学中科学方法的有效性一直以来都遭到质疑，那么要率先在结构研究的层面上进行质疑就更引人注目了，因为，结构不仅是一种科学研究，也应遵从某种逻辑原则。这就要涉及'写作'中已经出现的语言(不妨说是诗性语言)逻辑。我想起，在某些特定的文学活动中，诗性意义通过某种形态的动态单位构造出来。面对这种情况，文学符号学如果不想保持沉默的话，就应当努力构建一种可以说明这种语言逻辑的研究模式。"可见，着眼于文学活动中出现的诗性语言，试图寻求一种新的研究模式，是克里斯特瓦的基本立足点。在她看来，巴赫金的理论早就尝试超越语言学静态研究的模式，探寻一种在动态联系的空间里研究文学的模式。以下是克里斯特瓦梳理巴赫金并结合自己的理论视点做出阐释思路的几个方面：

一、文本空间之中的"词语"和"互文性"

克里斯特瓦首先指出，巴赫金将"词语的位置"作为文学研究的最小结构单位。这里的"词语"，不是之前静态研究模式下含有固定意义的点，而是文本诸层面的交汇之处，蕴含了作者、接受者和其他相关文本的对话关系。在这种动态关系中，文本不仅是作者阅读和书写的对象，也是作者介入历史和社会的途径，而且作为一个写作者，写作主体只能通过建构文本来表达对历史和社会的介入。文本具有三个基本要素，即写作主体、接受主体和其他相关的文本。文学“词语”处于一个坐标之中，在这坐标的横向维度，“词语”既属于写作主体又属于接受者，在纵向维度，“词语”还与诸多相关的其他文学文本相联系。克里斯特瓦认为，既然作者只能通过一种“读—写”的文本活动介入历史，同样，在一个文本中，接受主体也只能以文本话语的方式出现。接受主体以文本话语的形式被包容在文本的潜在空间里，并和其他话语、其他文本融合在一起。这样，“主体—接受者”的水平维度和“文本—相关文本”的垂直维度重合，这种重合带来的一个发现，便是“任何一个词语（文本）都是一些词语（文本）的交汇，人们至少可以从中读出另外一个词语（文本）”（第 37 页）。

在巴赫金那里，词语的水平维度和垂直维度被称为“对话”和“复义”。然而巴赫金没有将这两个维度加以严格区分。克里斯特瓦认为，这种不严格，恰恰是巴赫金给文学理论研究带来的重要发现，这意味着“任何文本都是由引文镶嵌而成的。任何一个文本都是另外一个文本的吸收和转化。互文性概念取代了主体间性的概念。人们至少可以在双重意义上阅读诗性语言”（第 37 页）。在这里，克里斯特瓦提出了重要的“互文性”概念。虽然克里斯特瓦承认在巴赫金的著作中已经隐含了这一概念，但是，这一概念却是她对巴赫金的理论的深化。这一深化，体现了克里斯特瓦独特的理论立场。这里，她改造了巴赫金的理论，将主体要素和文学的文本分析统统纳入到文本空间之中。主体和文本并不是主客体的对象关系，主体要想进入文学活动，只能以词语的形式进入文本，作为文本的一部分与其他文本进行对话。但这样并不意味着封闭的形式分析，相反，词语不是具有固定意义的、静态的语言学单位，由于主体进入文本，词语便不再是先前的语言学分析的静态单位，而是蕴含各种对话可能性的动态中介。克里斯特瓦强调词语的“位置”（status），这个“位置”不是固定的意义点，而是各种文本交汇的动态中介，将主体和各个文本要素联系在一起进行对话。这种对话尽管包含了多个因素，但最终都要在文本空间之内进行交流活动，因此，主体之间的交流显现在文本空间中，体现为文本的复杂多义。克里斯特瓦称之为“互文性”。这样，词语就是最小的文本单位，是某个文本与其他文本联系的中介。在这里，文本不仅是主体和社会历史因素语言层面的再现和反映，而且是主体植入后的立体空间。因此，词语不仅是语言再现层面的中介，也是主体之间的联系纽带。这种理论思路，将文本结构和社会、历史与文化语境联系起来，敞开了一个动态广阔的研究空间。

二、“对话”和“复义”

接下来，克里斯特瓦对巴赫金的“对话”和“复义”概念进行了阐述。在巴赫金那里，“对话”是写作主体和接受者的对话，“复义”是文本与其他文本之间的关系。克里斯特瓦则将两者都纳入文本空间，构建了“互文性”理论，并勾勒出一种涵容了文本各个要素的动态、深层的写作模式。“对话”要通过文本实现，参与对话的各方，要通过词语的形式进入文本，化身为不同的言说主体在文本中发言。但这种对话，不是某个主体占统治地位的对话，而是主体通过文本进行的交流活动，是一个人通过某种写作（writing）阅读（read）另一个人。写作不是某个主体的活动，而是通过文本中的复义（ambivalence）结构表现出来。写作同时是阅读之前的文本，这种阅读也是写作主体通过文本与另一主体对话的过程，同时意味着社会历史和文本之间有密切的关系。这样，“对话”和“复义”在文本中重合，实现了她所说的“互文性”。“互文性”其实就是将主体对话与文本复义结合一起，将文本的语言学分析和社会历史分析联系起来，在文本的立体空间中研究主体、社会、历史等问题。因此，文本研究要超越之前的语言学模式，建立一种以文本的对话性为基础的超语言学(translinguistic)范式,揭示诗性文本中复杂的“互文性”问题。

克里斯特瓦认为,巴赫金的“对话”和“复义”概念意味着,在诗性文本空间中,语言是双声的(a double)。之前的语言学研究建立在能指与所指对应的基础上,遵从着一种“0—1”的逻辑关系,“1”是限定的真理。语言和真理即“0”和“1”之间,通过同一、决定和因果等传统的决定论逻辑联系在一起。而在诗性语言中,“1”被超越,“0—1”的模式被一种“0—2”的模式取代。“2”意味着“一”与“他者”(one and other)之间的对话关系。文本意义不再是单一的、固定的意义(“1”),而是向一种诗性对话关系敞开。在巴赫金那里,狂欢节话语实现了这种诗性逻辑,通过一种梦幻化逻辑,超越了固定的语言学代码系统,从而也超越了社会秩序。蕴含这种狂欢化结构的小说叫做复调(polyphonic)小说,如拉伯雷,斯威夫特和陀思妥耶夫斯基等。

为了更深入地研究诗性文本中的对话关系,巴赫金对诗性文本中的叙述结构进行了分析,认为文本的叙述结构中的词语有三类,即直接指述事物的词语、描绘客体的词语、复义的词语。前两者都有单一固定的意义,作者运用这些词语的时候完全采取这些词语的本来意义,不赋予其另外的含义,因此没有对话的发生,是单声的词语。复义词语则是作者在使用一个词语的时候,既保留其本来意义,又赋予其新的意义,这样,这个词语具有两种意义,蕴含了某种对话关系。克里斯特瓦认为,要深入探究文本的对话关系,不仅要推进到文本结构的深层,还要探究写作主体的心理层面上的对话关系。她认为,叙述行为本质上就是一种对话活动,这里,“我思故我在”的主体性被“我说,你听,故我们在”的主体间的对话性取代。这样,叙述不仅是能指和所指的对应模式,而要植入叙述主体和接受主体的对话。克里斯特瓦始终坚持在文本空间中考察主体对话关系,将主体对话和文本结构重合为一个立体空间,将诗性语言和主体、历史等熔铸为一个有机的整体。

三、"狂欢化"与"复调小说"

沿着对文本的动态分析思路，巴赫金将历史上出现的各种叙述类型分为"独白话语"和"对话话语"。史诗、历史叙述以及科学话语等属于独白话语，独白话语服从单一固定的意义所指。对话话语则包括狂欢节话语和梅尼普话语以及复调小说等，这类话语中，写作同时是阅读其他文本，通过与其他文本进行对话，超越了单一固定的意义。

从历史上来看，史诗和狂欢节是欧洲叙述传统的两大来源。史诗是单声调的，而狂欢节则蕴含了对话关系。这种对话关系在后来的苏格拉底对话和梅尼普话语中保留下来，影响了欧洲小说叙述话语的形成。由于狂欢节打破人们的理性，嘲弄和颠覆现实秩序，因此狂欢化话语往往在社会中处于边缘状态而遭到诋毁。但狂欢节话语通过梅尼普话语保存下来，催生了现代复调小说。克里斯特瓦对巴赫金的关于文本对话性的历史考察做了阐述，进而将巴赫金的理论思路扩展到当前先锋文学文本现象的研究。她认为，现代社会里先锋文学通常被宣称为晦涩难读而遭到蔑视，然而，融合了梅尼普话语特征的20世纪的现代复调小说和先锋文学，体现了欧洲思想试图超越亚里士多德以来的逻辑模式，构建一种以对话为内在特征的思维方式的努力。同时，对话意味着打破现成的文化规范和现实秩序，通过重读、重写文本对社会历史进行重新阐释，这无疑对于反抗资本主义的社会文化秩序有着革命性的意义。

总之，《词语、对话和小说》的基本思路是：着眼于当时文学创作中的诗性语言现象，为寻求一种新的符号学研究模式，将视野投向巴赫金。在克里斯特瓦看来，巴赫金将"词语"作为文学研究的最小单位，词语既是主体对话的中介，又是文本相互勾连的动态单元，“对话”和“复义”两个维度交织，构成文本的立体空间。这样，对话性是文本的内在属性，复义则是对话性在文本层面的反映。巴赫金认为，对话性来自早期的狂欢节，通过梅尼普话语而延续，孕育了小说叙述话语的形成。陀思妥耶夫斯基等人的复调小说则是对话性传统的延续。但克里斯特瓦对巴赫金的阐述是与自己的理论诉求紧密结合的，她在巴赫金理论上生发出了自己的理论脉络。她坚持文本空间的优先地位，将主体、社会和文化问题放置在文本之内考察。在她那里，文本和主体问题根本就是不可分割的有机体，两者通过词语交汇在一起。这样，巴赫金的主体对话和文本复义两个维度就汇合为“互文性”。互文性，意味着主体对既存的文本进行阅读、改写，质疑文本中固定的、单一的意义，并通过某种积极的革命性的写作活动，将另外一种意义、逻辑引入文本。由于文本是社会文化秩序的表征，因此，颠覆文本，也就意味着反抗现存秩序，即通过文本的革命实现现实的革命。这种实现了“互文性”的文本，称为诗性语言。一些先锋文学，如马拉美、洛特雷阿蒙、索莱尔斯等人的诗性语言文本，就蕴藏一种革命的、颠覆的力量。克里斯特瓦对巴赫金的发展，可以简要概况为从“对话性”到“互文性”的发展。不过“互文性”并不意味着摒弃主体因素转向文本游戏，而是以文本为活动领域研究主体问题，从文本中发掘主体反抗的因素。

无疑，《词语、对话和小说》中提出的“互文性”概念，不仅成为克里斯特瓦最具代表性的概念之一，而且经过后来诸多理论家的阐释，也成为西方文学理论的关键词之一。

（崔　柯）

乔治·布莱

批评意识 1971年*

乔治·布莱(Georges Paulet,1902—1991),比利时人,文学批评"日内瓦学派"主要代表人物之一。他著述丰富,主要有四卷本《人类时间研究》(1949—1968)、《圆的变形》(1960),《普鲁斯特的空间》(1963)、《批评意识》(1971)、《爆炸的诗》(1980)等。《批评意识》在《20世纪文学批评》一书中被称作一部关于"日内瓦学派"的"全景及宣言"式杰作。

一、上编:对17位批评家批评文本的评论

此书上编以一种日内瓦学派特有的入思方式,评论了17位文学批评家的批评文本,描述出日内瓦学派的批评理念——阅读现象学及具体的批评原则和方法。布莱倡导的批评理念,以胡塞尔

---

* [比]乔治·布莱:《批评意识》(*Critical Consciousness*),郭宏安译,桂林:广西师范大学出版社2002年版。所引此书,只注页码。

“现象学”为哲学渊源和主要理论背景。在方法上，提倡一种揭示作品中深层蕴涵的主题批评。在具体操作中，近代以来的浪漫主义尤其是精神分析学说对其影响较大，某种意义上，可将此批评看作关于创作主体的深层精神分析。作者认为，文学作品从根本上说就是创作主体乃至人类的一种意识的展示，批评就是对这种意识的揭示。

1.引言部分。认为当代批评思维的特征是读者意识和作者意识的结合，是对意识现象的共同关注，这种关注“力图再次亲身地体验和思考作家已经体验过的经验和思考的观念”(第3页)，其根源可追溯到欧洲浪漫主义。第一个采用这种批评方法的是法国批评家斯达尔夫人，她表现为对作品意识的“赞赏”，颂扬反映在作品中的作家的东西，并将这种思想移入自己的理念之中。在19世纪的法国，只有波德莱尔的批评可与之媲美，他的批评也表现出和所意识到的作家思想真诚而毫无保留地寻求同一。圣伯夫及19世纪末印象主义批评，却是对一种与上述两位正相反的虚假和不真诚的认同。以斯迈特、法朗士等人为代表的印象主义批评，也与圣伯夫类似，都是批评家不加抵抗地顺从、驯服于作家的意识，就像模仿式的演戏。他们看似宽容地对文学作品感兴趣，其实是牺牲批评家自己生活和思想习惯的产物。

2.斯达尔夫人的批评：一种与纯粹感觉相混同的认识行为。她的批评是一种被情感支撑、照亮和引导的“钦佩行为”，是一种与纯粹感觉相混同的认识行为。如果用笛卡儿“我思故我在”来理解的话，那么斯达尔夫人那种不涉及任何理性判断的批评，绝不是“我判断，故我在”，而是“我钦佩，故我在”。这是批评家对反映在作品中的作家思想的一种参与行为，也是善意地阅读以及对文学真正理解的基础。阅读，正是在感觉、喜爱的同时去理解，也是因为爱而理解。仅仅认识一位作者是不够的，还要在作者身上认出批评家、阅读者自己，应该一步一步地重新发现作者通过其作品让我们经历、回忆起的全部情感。所以,普鲁斯特将斯达尔夫人的批评领域理解为是两个时间之间的认同——“过去的印象”和“现在的印象”的认同,就像斯达尔夫人对卢梭的有关音乐意识的批评一样。卢梭的生命激情中听到音乐而激动的言说,引发了斯达尔夫人因“美貌岁月的流逝而凋谢的时候听到情人昔日为她所唱的情歌”(第14页)时热泪盈眶的回忆。两个生命就此会合,把二者的经验首尾相连,就好像是要延长所经历过的时间的长度,这就是一种新的、清晰可见的阅读方式。这种阅读方式使得对于作品的外在判断,被一种参与作品所披露和传达的纯主观的运动所取代,这种参与不是在作品中被淹没,而是在作品之外重新开始。因此,斯达尔夫人倡导的是一种充满悠长的、有情感的特殊回忆的作品,如普鲁斯特的《追忆似水年华》。

3.波德莱尔的批评:与作家之间的内在性认同。波德莱尔认为批评家与作家之间是“打成一片”的内在性认同、结合关系。内在性认同的途径,使截然不同的两个运动过程——走出自我和进入另一个自我——统一起来。走出自我就是忘我、弃我,实现与他人的结合,从而进入另一个自我。这种认同的初级形式,就是“诗的认同”,类似心理学的“应和论”。更高层次的认同,是诗人的想象力使阅读者与已经历过的生活的深刻性相遇合,在另一个人身上重复某人第一次感受到的感情。有时,读者或批评家能够感觉到诗人或作家本人并未感觉到的东西。这种情形下,读者或批评家在他们的思想中实现了作者所希望的但自己却并未体验过的效果。这是阅读、批评的经验,而不是纯粹的创造者的经验,是经由语词以及语词所创造的“第二现实”,是从诗的思维过渡到阅读的、批评的思维。波德莱尔认为,欣赏最为重要的效果是回忆的苏醒(与斯达尔夫人的观点相合)。读者的回忆与作品的呼唤相回应,观赏者在作品中认出了“与作品中提到的过去相似的过去的自己”(第31页)。

4. 普鲁斯特:批评就是回忆。普鲁斯特《追忆似水年华》的创作思想,与他的批评思想一致。认为小说创作之前就应该有一种对文学的总体认识——通过对各种文学的批判理解、批评,对创作活动把握得更为准确、真实、深刻。认为创作的前提是对文学事先的发现,这种发现又建立在阅读或者批评行为之上。普鲁斯特因此被称为"作为批评家的小说家"(第 38 页)。在普鲁斯特的小说中,存在着许多充满激情的读者,这些读者都全身心地参与自己所阅读作品的生命,紧紧跟随作者内心的节奏,而且"还想继续像他们那样说话"(第 39 页),这是批评思维的起点。普鲁斯特认为阅读就是试图在阅读者自己身上进行摹拟,摹拟阅读对象向我们显露并鼓动我们摹仿的创造举动。这种摹仿还不是批评行为,只是批评行为的开端、轮廓,是仿作,是批评思维的初始阶段。更进一步,批评性的阅读应是既支持作者身上暂时的东西,又支持其本质的东西。普鲁斯特另一个重大的发现是,虽然可以根据正阅读的作品看到作者的一些与众不同之处,但只有在不同场合反复多次才能最终发现更特殊、更本质的东西。因此,读者要尽可能多地去阅读一个作家的作品。理解作者,就是阅读,而阅读,就是重读。重读不是反复读同一作品,而是阅读作者的另外一些作品,重新体验前一作品向我们提供的感情。批评就是回忆,是把注意力集中到作者不同作品构成的总体上,去回忆那些一再出现的东西,就像他的小说《追忆似水年华》中主人公在回顾他的生活的时候,能够在某些特殊的时刻之间看出相似的地方。这种全面的阅读行为(也就是批评行为)所找到的相似性、统一性,就是作品的共同主题。普鲁斯特是"主题批评"的创立者。

5. 其他批评家。(1)阿尔贝·蒂博代的批评虽始于对他人思想的赞同,但最终走向社会的方面,由心理分析走向社会学,背离了批评"对他人意识的意识"的实质。(2)马塞尔·雷蒙的"参与的批评”,这种批评“拒绝将对于作品和人的心理学的、社会学的,甚至历史的解释作为目的”(第100页),认为只有意识现象才是批评家应该关注的目标,也“只有认同的意识才是真正的、‘好的’意识”。(3)阿尔贝·贝甘的批评是一种与诗人的精神重合、由确认和爱构成的积极在场的批评。(4)让·鲁塞及加埃唐·皮贡的批评是与英美新批评、俄国形式主义一样强调作品自律原则的批评。(5)乔治·布兰的批评,则是使批评客体变成批评主体的呈露者的“意向性”批评、“意图批评”。此外,布莱还涉及加斯东·巴什拉尔、让-彼埃尔·里夏尔、莫里斯·布朗休、让·斯塔罗宾斯基、萨特、罗兰·巴特等人的批评。

二、下编:阐发自己的批评主张

布莱以“批评意识现象学”和“自我意识和他人意识”两部分,从理论建构的层面阐发了他的批评主张。

1.批评意识现象学。布莱认为,批评意识就是一种“意识现象批评”,就是在阅读中发现作家的意识与批评主体意识并没有区别,甚至与普遍存在于其他人身上的意识也都是贯通的。喜欢一部作品,是因为在作品中发现了一些认同的情感,批评者与作品之间达到一种高度的契合与认同。更进一步,通过书中的词语、形象,认同他人的“理智”。批评者因为这种高度的契合而感到惊奇,这种惊奇,就是批评的开始。批评者在思考作品时,事实上也就将作家的思想当作了自己的创造。所以,批评意识就是“读者意识”,但读者又不是使作品意识消失,相反读者意识同时也是作品中作家的意识,是批评思维与作品的精神世界的同一。在具体的批评方法和操作层面,布莱指出真正的批评意识具体表现为两种可能性:“一种是未经理智化的联合,一种是未经联合的理智化。”(第249页)前一种是批评者与作品最亲密无间地融合,对作品形式、结构做详尽分析的基础上达到认同,缺点是有读者失去自我的嫌疑;后一种是批评者与作品有距离地审视,缺陷是可能拒绝认同而使阅读行为失败。最合理的情形就是将两种倾向紧密结合,让·斯塔罗宾斯基所做的,就是尽力在批评主体和作品之间保持一种互相的“凝视”态度。最理想的意识批评方法的途径是:在建立批评主体与作品之间的相互关系的基础上,达到忘掉作品的客观面,把握到超验的、没有对象的主体性。

2.自我意识和他人意识。布莱将蒙田当作现代批评的祖师爷,因为他第一个承认不能在自己的人格中找到稳固的基础,必须给灵魂一个可以攀附的东西,必须在他人的思想中寻求认同,这类似于斯塔罗宾斯基的“凝视”思想。因此,批评家必须依赖他人(作者)的思想。他认为批评是一种自我意识与他人意识的契合,是作品中存在的意识被批评主体赋予一种秩序。这种秩序不是纯粹外在的,也非完全个人的,而是作者思想得到批评主体认同后的语言性表述,作品就是这样一种单纯的精神之流。因此,文学类别、体裁的划分,是令布莱感到不能容忍的。当然,也不能忽略对作品特性的把握,如果没有作品的一致性、整体性,作品意图也无从实现。任何文学作品都是写作者的自我意识行为,是在对自我的直接的统觉中把握自身。从蒙田到胡塞尔的哲学思考都是在寻找这种自我意识(也就是“我思”)的出发点、初始意识,而文学作品亦然。因此,所有的文学作品都是哲学,所有的哲学也都是文学。同时,也不能完全普遍化地去理解“我思”,那样有可能“将文学归结为一个讨厌地一致的公分母”(第263页),要看到“我思”作为自我感觉的个性。区别、分离、辨认这些特殊的状态,是真正的文学批评的任务之一。批评主体是通过诸如原因、结果、关系等范畴在“我思”的内部与对象的意识发生联系,所以,批评从根本上就是一种意识批评。

《批评意识》给后来的文学理论与批评尤其是读者中心理论、

修辞批评等以很大启发。该书在批评实践中对存在和本质的统一问题也或多或少给予了解决。“意识批评”使阅读具有了浓厚的体验性，从而使文学批评具有了经验的色彩。

（王金山）

詹姆逊

语言的牢笼 1972年*

弗里德里克·詹姆逊(Fredric Jameson,1934—),美国著名文论家,其著作在中国有广泛的影响,尤其是他1985年来华的学术讲演《后现代主义与文化理论》以及另外两篇在西方广为流传且引起争议的论文《后现代主义,或晚期资本主义的文化逻辑》和《处于跨国资本主义时代中的第三世界文学》,对中国后现代批评影响巨大。代表著作有《马克思主义与形式》(1971)、《语言的牢笼》(1972)和《政治无意识》(1981)等。

一、语言模式问题

从20世纪70年代开始理论体系建构之初,詹姆逊就面对这样一种理论的历史境遇:如何在西方马克思主义文学批评传统之

---

* [美]詹姆逊:《语言的牢笼》,钱佼汝译,南昌:百花洲文艺出版社1995年版。文内引文,只注页码。

中找到一个自我言说的位置。他并没有像同时代大多数北美文学理论家那样，在马克思主义的历史主义批评模式和结构主义“文本性”批评模式之间二者择一地选择自己的理论领域，而是充分意识到在马克思主义批评理论的内部和外部之间寻找到接榫的契机。就当时马克思主义理论“外部”而言，一股强大的“语言学转向”席卷了包括文学批评在内的人文学科领域。建立在经典力学、生物演化理论模式基础之上的历史主义批评模式，已经日益成为陈旧的范型，他说：“以语言为模式！按语言的逻辑把一切从头再思考一遍！”(第 2 页)詹姆逊指出，索绪尔所提出的语言和言语、共时和历时、能指和所指、组合和聚合这种语言学模式，是结构主义的革命性方法论奠基性的四组区分。索绪尔对“言语”和“语言”的区分，突出了语言系统的结构性质，其研究思路也由对外部的、实证的、历时的、个别的考察转向对语言内部的、结构的、共时的、整体的考察，而“把共时和历时加以区分这一举动是索绪尔理论首先能够成立的唯一基础”(第 18 页)。索绪尔指出语言事实有“共时态”与“历时态”之分，“共时态”是指语言的一个相对稳定状态，在该状态中，各语言要素相关联，构成了一个封闭自足的系统，支配和规约某个时期的言语活动。而“历时态”则是指语言要素在时间上的演化。语言演化是一系列状态的更替，是从一个平衡过渡到另一个平衡，从一个共时态过渡到另一个共时态。索绪尔认为语言是一个系统，因此共时性研究更重要。他主张首先要研究同一个系统中各个要素之间的功能关系，其次才能研究系统与系统的更替问题，而实际上就是对历时性“存而不论”。因此，詹姆逊指出：“这一区分是不顾历史的，也是不符合辩证法的，因为它的基点是一种纯粹的对立，是一对永远不可能以任何形式调和在一起的绝对的对立面。”(第 18 页)

此外，詹姆逊重视索绪尔语言学模式中“能指与所指之间关系的任意性”基本模式。索绪尔认为一个语言符号就是把概念和音响形象结合起来，这不仅揭示了语言符号系统的特点，而且为研究符号系统的基本原则奠定了理论基础。语言不仅可以任意选择“能指”，在“所指”的领域同样可以进行任意的划分，每种语言都是在用不同的方式表达看法、组织概念，语言不是简单地给现存的各个范畴命名，而是通过语言重新归纳世界。因此，詹姆逊敏锐地指出，“任意性”概念的提出，“避开了整个关于语言符号最终代表什么对应物的问题。在他的体系中运行路线都是向两侧的，从一个符号到另一个符号；而不是正面的，即从词到物，因为这一运动方向已经包含并内化在符号自身之中了”，“整个符号系统、整个语言系统本身就和现实处于同等地位”（第 27 页）。同时，詹姆逊对索绪尔语言学模式的方法论意义，也做出了评估。

二、走出形式主义困境

在方法论上，“与索绪尔语言学一样，俄国形式主义者一开始便分离出事物的内在因素本身，将他们特定的研究对象与其他学科的研究对象区别开来，并对……文学自身的区别性要素进行系统的考察”（第 34 页）。通过梳理和比较，詹姆逊指出整个俄国形式主义的理论都内在地体现着索绪尔的语言学模式和方法论特征。认为俄国形式主义“提示了一种新的文学史观：这并不是唯心主义历史观所持有的那种根深蒂固的传统无限延续的观念，而是将历史视为一系列的突变，即与过去的一系列断裂，其中每一种文学现实都被看成是与上一代占主导地位的艺术准则的决裂”（第 43 页）。因而，俄国形式主义从陌生化这一基本的差异概念产生出一套与索绪尔语言学模式具有同构性的完整的文学理论，它分离出“纯文学本身”，建立起以“自动化”和“陌生化”这种基本差异为准则的共时系统及其关系模式，进而通过对一种共时状态转变为另一种共时状态的分析，考察文学史的系统形式变化。

詹姆逊指出,俄国形式主义在文学研究中的创造性和革命性是不可否认的,并指出它具有以下两个方面的长处:第一,这个理论的首要任务是剥离出明确的文学事实本身,将“诗语言”形式特性当作特殊的文学研究对象加以对待,颠覆了传统意义上将文学置于“情感”、“非理性”、“魔力”的非观念性领域的做法。因为,在该理论看来,“诗语言”也是一种独特语言,“不仅仅是日常语言的一个专门化的部分,而是一个完全有资格独立存在的完整的语言体系”(第 40 页)。第二,诗歌语言将注意力引向自身,这种注意力导致对语言本身的物质性的重新感知,因而在文学内部,形式是一定内容的表达程序,而空洞的形式则是不可思议的。在文学内部,所谓的内容事实,是不会脱离艺术创造的普遍规律而独立存在的。所谓的“内容”和“形式”的划分,使文学中有了审美的成分和非审美的成分的区别,但这并不符合艺术作品的本质。因而,应当以艺术作品的本质特征为基础,划分出“材料”与“程序”的区别,用来代替“内容”和“形式”的区分。文学是技巧介入的结果,而不是表现的结果,这一思想使俄国形式主义的思想方法“超出了传统的行为与思维、实践与认识的对立”,进一步使文学批评能够科学化。(第 41 页)

然而在文学与日常生活、手法和内容、艺术感知和日常感知的截然区分这一前提下,俄国形式主义不可避免地也陷入了“语言的牢笼”之中。詹姆逊对这一困境做了以下几个方面的质疑。首先,什克洛夫斯基把文学演化当成了一种一成不变的机制,尽管他也谈到了一种文学标准向另一种文学标准的变迁,但这种变迁毋宁说是一种静态的变化模式、形式上的断裂,而不是真正的历史变化,“最终将历时性变成仅仅是一种表面现象,破坏了对形式变迁的任何真正的历史意识”(第 48 页)。一旦历史被理解为某个单一机制的作用,那么“时间也就成了一种无历史的、相当机械的重复”(第 81 页)。因此,针对这一点詹姆逊指出,必须突破俄国形式主义给自己所设置的文学运动与外在的历史运动的分裂，把形式变迁的辩证法和形式和内容的统一体所反映的社会历史整体结合起来，才能走出这个形式主义的困境。其次，就“陌生化”理论本身来说，“这个概念还具有我们迄今仍未触及到的一种很难分辨的含混。陌生化既可以应用于感知过程本身，也可以应用于表现这种感知的艺术方式。即使假定艺术的本质就是陌生化，什克洛夫斯基在其著述中也从未清楚地说明被陌生化的究竟是内容还是形式”(第 63 页)。詹姆逊指出，在俄国形式主义那里有两种陌生化，一种是感知的陌生化，一种是延长感知时间的艺术形式的陌生化。问题在于他们仅仅坚持后者，而抛弃对前者的深入思考，这是成问题的——“我们已经把这种内容中的陌生化向形式中的陌生化的滑动称为什克洛夫斯基理论中的一种模糊”(第 68 页)，因为没有感知的陌生化(艺术内容发现)，手法的陌生化又如何可能？最终，由于形式主义的这种内在局限，形式主义理论家们只能对“故事”、“民间故事”这类依靠“亮出手法”而获得艺术性的、非时间性、非历史性的艺术进行形式考察，而无法深入到真正反映历史意识的文学艺术形式的研究当中。詹姆逊根据马克思主义的“意识形态”理论框架以及卢卡契的文学观念，认为文学作为感知形式和艺术形式的辩证统一，绝不应当与其他意识形态形式隔绝，相反，它们之间的关系是历史地被中介的，研究文学的内部规律及其与外部意识形态形式关系、与社会历史运动的关系应该依靠一种全面的“文学社会学”，但形式主义者看来并不真得愿意走得更远，去达到这种形式社会学。(第 79 页)

三、结构主义的牢笼

如果说俄国形式主义者最终关心的是如何以整个文学系统为背景来区别看待每一部艺术作品，那么结构主义则是用整个符号系统的结构来研究意识形态的构成。“结构主义注定要和意识形态打交道，并不是因为它愿意这样做，而是出于一种内在的必然。因为……索绪尔语言学的主要思想武器就是符号这一概念，其独创性在于它从语言现象中分离出了三个，而不是两个成分，即不仅有词和它在现实世界中的指涉物，而且在每个词或符号内部还有能指（或音响形象）与所指（或概念）之间这一层关系。正如我们已经指出的那样，对这一关系的强调往往会忽视实物本身，即忽视‘现实世界’中的指涉物。”（第 87 页）因而，这也造成了结构主义为自己一般认识论所制造的理论困境。“在结构主义中这一基本思想起到了加强事物自身内部本已存在的脱离实际的倾向和促使上层建筑与现实隔绝这样的作用。这不仅是我们从外部对结构主义所作的一个评价，而且也是它自身的一个矛盾，因为它的关于符号的概念不允许我们对它外面的现实作任何研究，但同时又把所指说成某件实际事物的概念，从而并不放弃存在着一个现实世界的观点。”（第 87 页）

在接下来的部分，詹姆逊对当时的结构主义思潮中最主要的理论流派做了分类式的考察。他说，按照符号本身的内部结构，我们将区分三种不同的研究：主要针对能指的组织的研究，以所指为对象的研究，试图单独提出意指活动本身、开始在能指与所指之间建立初步关系的研究。（第 91 页）在詹姆逊看来，这三种研究分别体现了结构主义的三种研究趋势。列维一施特劳斯的结构主义人类学、格雷玛斯的结构主义语义学、拉康的结构主义精神分析理论、阿尔都塞和福柯的结构主义历史观念，在詹姆逊看来，都是以“能指”结构研究为中心的理论模型。但他在讨论列维一施特劳斯时敏锐地指出：“我们不仅要问这种（结构的）观点到底是隐伏在原始人的思想中的呢还是在这位神话学家自己的思想中？”（第 98 页）这一质疑，对格雷玛斯、拉康同样是有效的。就结构主义语义学来说，固然能以“能指”的模式建立起一切可能的“结构关系”，但这也仅仅是对“文本”的结构化，而不是建立在“作者的心理活动之上”(第 106 页)。拉康使得符号吸纳了所有现实的指涉物，进而使得“过剩能指”有成为空洞的符号系统的危险。(第 109 页)在詹姆逊看来，更重要的是，关注“能指”系统的这种结构主义方法有抹杀外部真理的危险，在阿尔都塞和福柯的历史观念中达到了极端。在阿尔都塞和福柯那里，每个实践着的、思想着的个体，都是具有一定问题性的意识形态结构或认识型结构中的功能项，每个人都处于被类似语言结构“能指”系统的象征阶段的支配之中，这种“理论上的反人道主义”(第 116 页)所勾画的人的存在图景，“实际上和后工业垄断资本主义在思想、文化和心理方面的衰败这一特点没有什么两样”(第 117 页)。

结构主义思潮的第二个类型是“所指”研究。詹姆逊说：“所指这个概念本身似乎意味着它早已结合到一个有权独立存在的能指系统中去了，也就是说已经作为所指化入并重新被组织或吸收到它自己的符号系统中去了。”(第 120 页)罗兰·巴特的文学批评，就属于这种“所指”研究的典型。在这种文学批评当中，批评者不断寻找文本结构所生成的含蓄意指的“元语言”，而文本因而总是构成一种“二重结构”组织(第 122 页)，也就是说在“能指”构成的表达面之上还存在着“能指的能指”的系统或“含蓄意指”的机制。在格雷玛斯的“语义四边形”中，这种“能指的能指”系统生成“所指”的机制被以更明确的方式表达了出来。

第三种类型是把研究注意力转向整个符号本身，即转向“意指”的过程。实际上这个类型的研究在詹姆逊看来意味着结构主义全面进入“语言的牢笼”。在拉康学派那里，无意识过程被语言所取代(第 143—145 页)；德里达则将意义的生成替换为能指的“延异”和“书写”(第 147—150 页)；克里斯特瓦“建议用把文本视为一种自生机制、一种无止境的文本生产过程的观点来取代过去关于文学形式的那些形而上的观点”(第 153 页)；阿尔都塞和福柯则进一步使历史成为观念的历史和非历史的历史(第158—160页)。

最后,詹姆逊对结构主义思潮的理论困境进行了总的反思:首先,以语言为认识论基础,而不是以现实历史为认识论基础,终将使结构主义不具备充分而坚实的自我意识和自我反思能力。其次,结构主义的形式研究永远无法穷尽整体,因而造成对具体的历史情境的忽视。再次,无法真正在理论上对上层建筑与基础结构之间的关系做出新的有价值的理解,只要还停留在语言结构、思维结构内部,就永远不能对"反映"问题,即上层建筑"反映"基础结构的特殊关系问题真正予以澄清。再次,从其理论特征上看,仍然没有摆脱康德的静观式的批判哲学的困境。正如黑格尔以历史的辩证方法批判并扬弃康德的批判哲学的路径所表明的那样,冲破结构主义"语言的牢笼"的希望,就在于把形式和内容、符号和现实、意指和历史结合起来的阐释学批判模式之中。

(赵　文)

布鲁姆

影响的焦虑:一种诗歌理论 1973年*

哈罗德·布鲁姆(Harold Bloom,1930—),美国当代著名文学批评家、理论家,耶鲁大学解构主义代表人物之一。著作有《影响的焦虑:一种诗歌理论》(1973)、《误读之图》(1975)、《诗歌与压抑》(1976)、《西方正典:伟大作家和不朽作品》(1994)、《莎士比亚:人的发明》(1998)以及《哈姆雷特:无限的诗》(2003)等。

一、诗歌史:家庭罗曼史

《影响的焦虑:一种诗歌理论》,其行文气势凌厉、汪洋恣肆,很多段落带有强烈的诗的痕迹,这既给我们带来阅读的快乐,也给我们带来理解和解读上的困难。此书试图用弗洛伊德的精神分析理论并结合尼采的超人理论,"通过对诗的影响——亦即诗人之间的

---

* [美]哈罗德·布鲁姆:《影响的焦虑:一种诗歌理论》,徐文博译,南京:江苏教育出版社2006年版。文内引文,只注页码。

各种关系——的阐述来提出一种新的诗歌理论”(绪言)。其目的有二,一是为了纠正一种偏向,指出我们普遍接受的“一个诗人促使另一个诗人成长”理论的非完美性。二是为了纠偏,从而培育出更加切实可行的一代诗评。

在布鲁姆看来,诗的历史无法和诗的影响截然分开。因为,一部诗的历史就是诗人中的强者为了廓清自己的想象空间而相互“误读”对方的诗的历史。什么是“诗人中的强者”呢?布鲁姆解释说,就是以坚忍不拔的毅力向威名显赫的前代巨擘挑战的主将们。天赋较逊的会把前人理想化,而具有丰富想象力的则会取前人之所有为己用。但这也要付出代价,就是会由于受人恩惠而产生负债的焦虑。这种焦虑成了一种影响的焦虑。这种焦虑并未影响诗人的独创力,反而会使诗人更有创造性。布鲁姆把这种影响也称为“诗的有意误读”,并用弗洛伊德的“家庭罗曼史”的理论,来研究这种诗的影响,即研究作为诗人的诗人生命周期。他的考察对象是“现代”以来的诗人,也就是启蒙运动以来的诗人,这属于他所说的诗学的浪漫主义阶段。强者诗人“自我”的形成是一个无意识过程,前驱诗人潜藏在诗人的“本我”之中,“本我”与“自我”之间的张力构成了诗人的焦虑。

布鲁姆认为,每一个诗人的发轫点是一种比普通人更为强烈的对“死亡的必然性”的反抗意识。年轻的诗人从一开始就是逆反式的人物,像他的前驱们那样去追求一个永不能达到的目标,传统就像父亲的形象一样,企图压制新人,阻止其树立起强者诗人的地位,而新崛起的诗人又好像有着“俄狄浦斯情结”的儿子一样,试图对前驱的诗歌进行有意或者无意的误读,从而贬低传统。但是,这种误读恰好揭示了影响的焦虑,因为诗歌源于对自由的憧憬,源于一种想要获得的优先权的感觉。所以,诗歌不是焦虑的产物,它本身就是一种焦虑,而我们在诗歌之中读到的不是这个诗人的作品,却是另一个人的诗歌,换句话说,我们只能在另一个诗人的作品中去阅读这位诗人,我们永远不可能阅读到单个的人,而只能阅读到他或者她的家庭罗曼史。问题在于如何去还原,“一首诗的意义只能是另一首诗”(第96页),所以,真正的诗史就是一个诗人怎么备受其他诗人之害的故事。因此,“诗歌(罗曼史)是家庭罗曼史”(第97页)。所以,在诗歌创作中,后来的诗人要想真正崛起就要对前驱者的诗歌进行修正,从而在文学史上为自己获得一席之地。

二、六种“修正比”

布鲁姆认为,修正的方式一共有六种,此书阐述的就是这六种“修正比”。第一种是“克里纳门”(Clinamen),这个词借自哲学家卢克莱修,原意是指原子的偏移能使宇宙发生变化。布鲁姆用它来指对诗歌的有意的误读。他借用弥尔顿《失乐园》中的人物来做比喻,认为撒旦是现代诗人的形象,上帝是他的先辈诗人,而亚当则是尚未找到自己声音的、具有强大潜质的诗人。影响的焦虑,就是想要摆脱前辈的体系奴役的一种自我意识的疾病。因为如果一位诗人通过精神的慷慨而影响到另一个诗人的话,那么被影响的诗人的地位不就是无足轻重了吗?因此,后来的诗人要对前人的诗歌进行有意的误读,从而确立自我的神话,因而诗歌的影响也就是通过误读而进行的,它是一种创造性的校正,以此来和自己的前辈相分离。这样,就出现了有趣的现象,那就是“新诗人本身决定了前驱者的特殊规律”(第43页),也就是说,诗人给前驱者定位,然后从这个位置上偏离。所以,这种诗人和诗人之父之间的“克里纳门”,是后来的诗人完成的。一部现代诗歌的真实历史就是这些修正式转向的精确记载。他特别指出:“一部成果斐然的‘诗的影响’的历史——亦即文艺复兴以来的西方诗歌的主要传统——乃是一部焦虑和自我拯救的漫画的历史,是歪曲和误解的历史,是反

常和随心所欲的修正的历史，而没有所有这一切，现代诗歌是根本不可能生存的。”(第31页)

第二种是“苔瑟拉”(Tessera)，是指“续完和对偶”。这个名词借自古代的神秘仪式，来表示认可身份的凭证，在本书中是指以一种逆向对照的方式来续完前人的诗篇。这里所说的“对偶”，是指寻求自身对立面的探索者，并以此来寻求自己的“自我”。布鲁姆认为，新人和前驱的关系就好像某种强迫型的神经官能症，它的特征是一种强烈的双重情感，从这种情感中派生出的是一种挽救和救赎的模式，这种挽救和救赎的模式在诗的误读过程中成了制约强者诗人生命循环的各阶段联系的准仪式。因此，在“苔瑟拉”中，后来的诗人提供自己的想象力，告诉他自己能够使原来被缩短的前驱的诗歌变得完整。所以这种修正是一种救赎式的误读，它使后来的诗人相信，“如果不把前驱的语词看作新人新完成或扩充的语词而进行补救的话，前驱的语词就会被磨平掉”(第68页)。

第三种是“克诺西斯”(Kenosis)，该词取自圣·保罗，原意是指基督自我放弃神性，接受从神到人的降级。此处是指打碎同前驱的连续性运动。布鲁姆认为，批评家在内心深处偏爱连续性，但是一辈子都和连续性生活在一起的人，是不可能成为诗人的。经过了前两个修正阶段后，作为父亲形象的前驱者已经被吸收进了后来诗人的“本我”之中，变成了一种无意识，诗人追求创造而拒绝重复，因此就产生了“克诺西斯”。它是一种同前驱有关的“倒空”现象，是把自身中已经内化到无意识中的前驱的力量进行收回，也可以是自我从前驱的姿态中“分离”出来，这种行为是一种解放式的不连续性，产生出仅凭借对前驱的简单重复所无法产生的诗篇，从而用这种方式使新诗人获得拯救。这种“收回—分离”的行为“企图以牺牲一个父辈为代价来拯救自我中心之崇高(升华)”(第91页)。所以，后来的诗人表面上是在放弃自身的灵感和想象力，其实是把前驱者的灵感与神性倾倒一空了。所以,无论诗人中的强者显得多么的唯我主义,但事实上他并不是一个真正的自主的自我。每个诗人的存在都已经陷入到和另一个或者几个诗人的辩证关系中了。

第四种是“魔鬼化”(Daemonization),此词取自新柏拉图主义,意为一个既非神亦非人的中间存在附在新人身上来帮助他。此书指对前驱的崇高的反动,“迟来的诗人伸开双臂接受这种他认为蕴涵在前驱的诗中但并不属于前驱本人而是属于稍稍超越前驱的某一存在领域的力量”(第15页)。诗歌创作不是反抗压抑的斗争,它本身就是压抑。布鲁姆在此作了一个生动的比喻。一个人能够成为诗人的力量是一种魔鬼的力量,这种力量是一种分布和分配的力量(这是“魔鬼”一词的原始含义),分布我们的命运,分配我们的天赋,然后在空出来的命运和天赋之处塞人自己的东西。这种分布和分配带来了秩序,传授了知识,还赐予我们无知来创立另一种秩序。这些魔鬼就是“影响”,它们被撒旦放出来,赋予天才以丰富的悲哀之情,使他们成为强者诗人。但是魔鬼不能拥有这些强者诗人,因为,当天才变成强者诗人后,就变成了魔鬼,又对后来的人产生了影响。也就是说,当新人被魔鬼化之后,前驱者就被凡人化了。在这种情况下,出现了一种“逆崇高”,伟大的原作依然崇高,但已经失去了独创性。说它是“逆崇高”,是因为不可能彻底否定前驱。诗人为了把前驱者的场景化为已用,就要将其更加陌生化,而为了达到比前驱者的自我更为内在的自我,使人就要让自己愈加唯我主义。因此,这种魔鬼化以一种使前驱者失去个性的修正比开始,又以一种并不肯定的胜利结束。这样的话,后来的诗人使自己又进入了一个新的压抑状态,而那些“被遗忘”的前驱者则变成了想象中的巨人。

第五种是“阿斯克西斯”(Askesis),这是从前苏格拉底的洒满术士那里借来的词语,是指一种旨在达到孤独状态的自我的净化运动。这不是“倒空”式的修正，而是一种“缩削”式修正，使自己和前驱相分离。在这里，布鲁姆使用了弗洛伊德“升华”的概念。在“魔鬼化”的过程中，当诗人陶醉在个人化“逆崇高”的新压抑力量的时候，他会把一种孤独状态作为自己的净化目标，因此会不断地攻击自身，对自身的模式进行修正，寻求净化。这也是通过前驱的主体和前驱的“自我”达到真正的主体、真正的自我的过程。因此，布鲁姆把巅峰状态的诗歌看作是一种本能的侵略性的升华，只有真正的诗人才能够在创造出自己的文化、关注自己在这一文化中所占据的中心位置的同时，为达到这种状态而做出牺牲，因为通过回避而进行的创造必然要做出牺牲，因此也就产生了诗的谬误。这是一种“以我为中心”的对想象力的训练，牺牲了的部分会使诗人更加富有个性。所以，“每一首诗不仅仅是对另一首诗的回避，而且也是对这首诗本身的回避。换句话说，每一首诗都是对它曾经有可能成为的另一首诗的误译”(第122页)。

第六种是“阿波弗里达斯”(Apophrades)，或者叫做“死者的回归”，是雅典城邦的典故，指死去的人每年都会回到他们原先居住的房子里居住一段时间。此书是指一个奇异的过程，就是诗人经过前几个阶段的修正之后，会让自己的诗作完全向前驱者敞开，初看以为是历史又回到了原处，但仔细阅读才会发现，新诗的成就使前驱者的诗歌仿佛不是前驱者所写，而是后来的诗人写出了前驱者那颇具特色的诗作。博尔赫斯曾经说过，是艺术家创造了他们的前驱者。但布鲁姆指出，这里所说的和博尔赫斯所说的有所区别，是指后来诗人的创作，散发出更伟大的光芒，从而削弱了前驱者的力量。强者诗人虽然回归，但他的作品中并没有预示后来者的降临，因此，强者诗人是打着后来诗人的旗号回归的，这证明的是后来的诗人的胜利。因此，这“与其说是死者的回归，毋宁说是早年的自我高扬的回归的一次庆典，而正是这自我的高扬使得诗成为可能”(第154—155页)。

《影响的焦虑》一书的出版,震动了英美批评界,对于布鲁姆在书中阐述的观点,文论界也褒贬不一,但是不管怎样,这本书确已成为解构主义批评和当代文学批评中的重要著作。

(李　龙)

海登·怀特

元史学:十九世纪欧洲的历史想象 1973年*

海登·怀特(Hayden White,1928－),美国密歇根大学史学博士,斯坦福大学比较文学系教授,"新历史主义"的代表。主要著作有《古希腊—罗马传统》(1973)、《元史学:十九世纪欧洲的历史想象》(1973)、《话语的比喻》(1978)、《形式的内容:叙述话语和历史再现》(1987)以及《比喻的现实主义:模仿说的研究》(1999)等。

一、"历史"的诗学本质

新历史主义认为,对于历史的陈述往往是由特定的视角和观点、立场决定的。历史学家是在用适合自己的道德和审美愿望的模式来阐述历史进程。因此,"历史文本"就不具有客观性和科学

* [美]海登·怀特:《元史学:十九世纪欧洲的历史想象》,陈新译,南京:译林出版社2004年版。文内引文,只注页码。

性。历史学家的文本叙事同文学写作之间存在内在的联系，他们不仅通过修辞性的叙事赋予过去的事件以某种实在性，使其成为一种“真实的存在”，同时也通过比喻性的解释赋予那些事件以某种意义。所以，新历史主义往往会借鉴文学理论的观念和方法对历史文本进行分析、研究和阐释。《元史学》一书是新历史主义的标志性作品。海登·怀特说，此书是对“历史想象的深层结构”的分析与研究。在他看来，历史作品是“叙事性散文话语形式中的一种言辞结构”（第1页），而且就其深层次结构来说，历史叙事是以诗学技巧为基础的，所以，历史叙事在本质上属于语言学，而且这种历史叙事是一种还没有经过批判便被接受了的范式。既然历史叙事属于语言学，那么，语言就为历史提供了建构对象和对对象进行想象的方式。元史学就是对这些建构和想象方式的分析和研究，从而证明历史的诗学本质。在这种建构的过程中，具体的事件或者说材料并不起决定性作用，起决定性作用的是思想家们在对历史领域的洞见中保持历史一致、连贯和富有启迪的能力。换句话说，历史事件的发生是可以通过文献档案和器物遗迹等得到充分的验证的，但是我们后人所获的“事实”又是在思想观念中构成的，带有我们的想象成分，因此，这种“历史”或者“事实”只存在于思想、语言或者话语之中。更具体地说，相信某个事件的发生是一回事，而将这一事件构成特定类型的知识的研究对象又是另一回事。海登·怀特是在用诗学的方法来解读历史文本，历史文本被看做是纯粹的言辞结构，“历史”的建构是一个纯粹的带有比喻性的想象过程。

二、解释的三种策略

那么，思想家的历史的深层想象结构到底是什么呢？他们是如何通过这些结构获得一种“解释的效果”的呢？“历史文本”这一与众不同的话语世界,是如何建构起来并获得意义的呢?海登·怀特指出,很多人认为历史学家的目的就是要通过发现、鉴别或者揭示埋藏在编年史中的过去的“故事”来说明过去,而历史与小说的区别在于,历史学家是在“发现”故事,而小说家则是在“创造”故事。在他看来,当编年史挑选出来事件或者“故事”后,需要面对很多问题,比如说“下一步发生了什么?”“事情为什么是这样而不是那样?”“事情最终会怎样?”等等,于是,这些问题就决定了历史学家在建构自己的故事的时候,必须使用的叙述手法,从而使事件之间获得某种联系,使所有的事件成为一个完整的故事。这些方式包括情节化解释、论证式解释、意识形态蕴涵式解释三种。“通过鉴别所讲述故事的类别来确定该故事的‘意义’,这就叫情节化解释。”(第9页)借鉴弗莱在《批评的剖析》中提出的历史批评的模式理论,海登·怀特将这些类型总结为四种,亦即浪漫剧、悲剧、喜剧和讽刺。换言之,历史学家通过将自己面对的故事和事件情节化,将历史叙述变成类似于这几种类型的叙事。

除了这种情节化的解释之外,史学家还试图最终说明自己的中心思想或者主旨,这种解释就是形式论证式解释,它通过构建推理论证来阐述故事。需要注意的是,描述事情发生的原因同在叙事形式中提供一种言辞模型并不是一回事,海登·怀特要分析的就是这种言辞模型。由于这种论证式解释意味着历史的解释必然要以不同的元史学预设作为自己的前提和基础,因而也就出现了不同的解释类型,它们包括形式论、有机论、机械论和情境论。形式论的目的在于识别历史领域中存在的客体的独特性,一切论述都是为了说明这一客体的独特性。比如说寻找历史的本质、历史的多样性,就是这种形式论的体现。有机论是将历史中的细节描述成综合过程的某些成分,从分散的历史事件中描述一种统一性,历史总是指向某种目的来运动,黑格尔是这种形式的典型代表。机械论研究的则是假定存在着的支配规律,研究历史是为了预言支配历史行为的规律,书写历史也是为了在这种叙事形式中展示这种规律及其作用。情境论则倾向于把事件置于具体的情境之中来解释,它既要避免形式论的分散倾向,也避免有机论和机械论的抽象化的倾向,它孤立历史领域中的一些要素,将其作为主题来进行研究,然后追踪其中的线索,将要解释的事件同情境结合起来。事实上,这些不同的历史记述和"原则"背后,都有着不可消解的意识形态立场。

在海登·怀特这里,"意识形态"是指"一系列规定,它使我们在当前的社会实践范围内采取一种立场并遵照执行(要么改变,要么保持其状态);伴随这些规定的是,它们都声称具有'科学'或'现实'的权威性"(第28页)。根据曼海姆在《意识形态与乌托邦》中的分析,怀特假设存在四种立场:无政府主义、保守主义、激进主义和自由主义。这并不意味历史学家在对历史进行情节化的过程中或者以形式论说明历史的过程中,自觉地持有某种意识形态立场,而是说,他赋予"历史"的形式所具有的可能的意识形态蕴涵。因此,每一种历史观也就有一种特殊而又确定的意识形态蕴涵。与此同时,海登·怀特的目的不是为了分析这些意识形态表征,而是要分析这些蕴涵是如何进入到史学家解释历史的言辞模型中的。因此,历史地书写就不存在科学与否的问题,而是存在着哪种意识形态蕴涵的问题。

以上三种不同的解释方式构成了一种历史书写的风格,每一种历史叙述都有自己的主导性修辞方式,历史学家的任务就是建构一种具有词汇、语法、句法以及语义学等维度的语言规则,借助它们用史学术语来表现历史领域及其要素的基本特征。

三、四种主要的历史意识模式

在海登·怀特看来,传统诗学和现代语言理论所确立的诗性语言的四种比喻类型即隐喻、转喻、提喻和反讽，为历史哲学家在理解历史时候的诗性行为提供了工具，从而出现了四种主要的历史意识模式。

所谓的隐喻，是指对各种现象之间的相似性或者差异性用类比或者明喻的方式进行描述。比如说，“我的爱，玫瑰花”，就是把爱人比喻成玫瑰花；而转喻，它是用事物的某一部分的名称取代了整体，比如说“海上漂过 50 张帆”，实际上是说有 50 艘帆船；而提喻，则比较难理解，很多人认为是转喻的一种，它是用部分来象征假定的内在于整体的某种性质。海登·怀特举了一个例子，“他唯有一颗心”，认为这里的“心”看上去像是转喻，但是在西方文化中，“心”已经不再是身体的一部分，而是个体特有的一种品质，是肉体和精神的综合；反讽是荒诞不经的表述、明显的悖论等等。在语言的用法之内，思想可以采取多种可选择的解释范式。海登·怀特指出，隐喻是一种表现性的语言，它和形式论的方式接近；转喻是还原性的，它和机械论一致；提喻是综合性的，它和有机论相似；至于反讽则是否定性的，“在一个探寻自我意识水平的特定领域内，反讽的出现标志着思想的升华”（第 49 页），因为它在根本上属于自我批判。

海登·怀特着重分析了三位历史哲学家（注意，不是史学家）的历史意识模式。在他看来，马克思对历史的理解是“19 世纪将历史研究转变成为一种科学的最一贯的努力”，也是“分析历史意识与历史存在的实际形态之间关系的最富成效的努力”（第 52 页）。而且马克思对各种自称具有“真实”世界图景的历史观念中所包含的意识形态蕴涵比任何一位思想家都要敏锐。换言之，马克思揭示了每一种历史概念的意识形态蕴涵，但他的历史观念却不是反讽式的，而是属于转喻模式。因为他认为，马克思在理解历史的时候，他构想的范畴是分裂、区分和异化。马克思转喻式地以一种因果关系来叙述它们，马克思的历史唯物主义是以机械式的方式想象社会经济基础的过程，以有机论的方式想象上层建筑的过程。这二者实现了奇特的结合，从而使历史变成了一种双重的演变过程，一方面是人类通过科学和技术获得了更大的控制自然的能力，这是一种上升；另一方面则是人们越来越与自身相异化，这是下降。所以，历史的整体正在走向危机，人类既是从自然中来，又在为自身人性而奋斗之中反对自然。马克思对商品价值的分析和对劳动分工的研究，都体现了这种历史分析模式。

尼采是以隐喻模式来理解历史。他认为人们对待历史有两种态度，要么是否定生命，要么是肯定生命。尼采自己则认为所有的科学和宗教的形式、意义和内容都源自审美，是人类逃避现实、遁入梦想需要的产物，而艺术的最高形式是悲剧，是这种从梦想到现实又到梦想的运动的产物，保持了向生命力的开放。所以，尼采在思考历史的时候，是用艺术来直观历史，关注的是历史本身是如何转变成为一种悲剧艺术的。尼采把历史同永恒回归的神话结合到一起，"先是努力把历史转化成艺术，然后努力把美学想象同时用悲剧和喜剧术语转化成为对生活的理解"（第455页）。海登·怀特对马克思和尼采二人进行了比较。马克思试图把规律和因果关系概念重新引入历史反思中，从而证明有关人类未来任务的独创性观念的合理性，使在面对当时的邪恶和自己的未来的过程中，对人类的充满希望的未来的筹划成为可能。而尼采则破坏这些概念来证明同样的合理性，即人类的未来任务的合理性，他也希望英雄主义在平庸和文化顺从的时代重新诞生。

克罗齐的历史概念是反讽式的。克罗齐的历史哲学既反对历史思维中的乌托邦式的激进主义，也反对绝望的悲观主义。史学家在指责历史哲学的时候往往忘记了一个事实，那就是他们写作历史，其实是从历史哲学中衍生出"历史"的形式。所以，历史就是哲学，哲学就是历史，没有哲学意识就不能写作历史。而没有历史意识也很难研究哲学。克罗齐认为，历史知识开始于对历史领域中的某个特殊事物的艺术性把握，所以，最适合的方法就是艺术方法，也就是“直觉”。因此，历史是艺术意识和哲学意识两种模式的结合。唯一能够被当作历史事实的，是直觉能够信任的实在，所以世界上只有单个的实体，关于它们的描述只要超出了常识和日常言语允许人们所说的东西，那就是一种虚构。所以，宗教“神话”、科学“规律”以及所谓的普遍性的东西都是虚构出来的。换言之，历史学并不寻求规律、形成概念或者建构普遍抽象物，而是用日常语言的概念描绘材料，讲述故事，将故事戏剧化，因此，历史是艺术的一种形式，是“语言学和美学的统一”。海登·怀特认为，克罗齐的历史哲学是绝望与乐观两种信念的组合，一个是对文明陷入死亡之境的绝望，一个是对文明的重生的乐观，而重生既是人类的荣耀的源泉，也是痛苦的原因。这其实是贵族式唯心论和中产阶级实用性的结合。“生命的原则只是贵族式英雄主义的升华；死亡的原则不过是资产阶级之接受现实的迫切需求”（第 583 页），这二者的相互作用构成了克罗齐的历史观念。

海登·怀特试图重建“历史意识与诗学、科学与哲学的宏大关怀的联系”（第 594 页），但是这种研究是对历史与文学理论的双重冒犯，因而受到历史学家和文学理论家的双重批判。但它作为一种文化诗学和历史诗学，为文论研究和历史研究提供了新的视野和资源。

（李　龙）

伊瑟尔

阅读活动:审美反应理论 1976年*

沃尔夫冈·伊瑟尔(Wolfgang Iser,1922—2007),德国著名美学家、文学批评家。1966年,他在康斯坦茨大学任教授时的演讲《不定性和读者反应》(1970年发表),同康斯坦茨大学另一位教授姚斯任职的演说《文学史作为向文学理论的挑战》,共同成为"接受美学"诞生的宣言。尔后,伊瑟尔又出版了两本接受美学的著作:《暗隐的读者:从班扬到贝克特散文小说的交流模式》(1974)和《阅读活动:审美反应理论》(1976)。此外,伊瑟尔还著有《虚构与想象:文学人类学疆界》(1993)和《怎样做理论》(2005)等。

一、"审美反应理论"的基础

"审美反应理论"作为接受美学的一部分,其理论重心是读者

* [德]沃尔夫冈·伊瑟尔:《阅读活动:审美反应理论》,金元浦、周宁译,北京:中国社会科学出版社1991年版。文内引文,只注页码。

阅读行为。伊瑟尔认为，文学文本包含艺术极与审美极，它们分别指向文本的两个创造者——作者和读者。当文本通过唤起读者的阅读，从而得以实现和完成的时候，文本便成为了作品。在伊瑟尔看来，作品是功能性的，它联结了文本和读者。也就是说，它应该是意向性的，一方面向读者发出召唤，发动读者进行阅读；另一方面同时也在发动自身，让自身得以实现。这样便产生了作品和读者间的相互作用，并且这种“双方相互作用的描述必须同时表现效能结构（文本）和反应结构（读者）”（第 30 页）。

正因为阅读是一个双方相互作用的过程，是一个交流的过程，所以文本的意义也就不是传统意义上的内在于文本的思想体系或者观念，而是一个动态的生成过程。因此对于文学作品的阐释，就应该关注阅读的效应。伊瑟尔认为，在他之前的审美效应理论，存在严重缺陷：它将读者的主观性放大了，牺牲了文本，使得审美效应流于随意化。在伊瑟尔那里，双方相互作用产生出来的文本经验绝对不会是随意的。因为读者和文本的相互作用，始终伴随着确定性和不确定性的交织。甚至，读者这一概念本身也同样既有确定性又有不确定性。如果说读者的不确定性来自于个别读者的个性的话，那么读者的确定性则来源于由文本结构所决定的“暗隐的读者”。这种“暗隐的读者”，绝对不是任何真实的读者，它包含了所有的阅读的可能性，同时它本身又通过文本而得以确定。因此，“暗隐的读者有两个基本的相互关联的方面：作为文本结构的读者的角色和作为结构活动的读者的角色”（第 44 页）。一方面，文本总是引导着读者往某一个方向进行阅读，在这个过程中读者的角色乃是由具体的文本内部结构所决定的，这便是“作为文本结构的读者的角色”；另一方面，读者一旦进行了阅读，那么便也被作品发动起来进行形象建构，这时候的读者便是“作为结构活动的读者”的角色，它是由文本召唤出来的。这样，“暗隐的读者”便体现出一种张力和制约力。

二、"文本"如何作用于阅读

确定了审美反应理论的基础和大致面貌后,伊瑟尔首先就对文本的结构进行了分析。他认为,文学语言类似于非表达的活动性话语。所谓"活动性话语",它有赖于某种语境,同时又召唤某种活动。而所谓"非表达"的语言活动,则只具有一种潜在的效应(力),只能产生一种特殊的理解途径、注意要求和接受者相应的召唤结构。(第70—71页)也就是说,文学文本也同样依靠其语境,并且召唤读者的阅读活动,同时对于文学文本的理解,只能在其语境之下按照文本自身所展示出来的途径进行。但是,文学文本也和语言活动一样,存在着"暗示"。这样文本便具有了未定性的一面。伊瑟尔认为,文学文本具有两个层面的未定性:其一是文本与读者之间的未定性,其二是文本与现实世界之间的未定性。为了克服这两个层面的未定性,读者在阅读过程中必须建筑起一个特定的环境。而存在于这一特定环境中的一切惯例,便是"保留剧目"。"保留剧目"包含了文本中所有的为人所知的领域。它作为文本环境中的惯例,具有确定性,它为读者和文本之间的交流提供了可能。它"以一种未定的有效状态表现了现存的规范,因而使文学成为过去和未来的中转站"(第85页)。总的说来,"保留剧目"由两个主要因素构成:社会规范和文学暗示。二者都可视为是现实对文本的制约,但这种制约又无法使文本同现实成为一致,而恰恰造就了一种有待填补的不平衡。伊瑟尔称其为"保留剧目的'悬置'的对等"。正是在产生不对等与寻求对等、补充对等的过程中,交流才得以产生。"保留剧目"在阅读活动中,构建了一个必须经由读者的阅读才能最终完成的意义框架。这个意义框架的完成和实现,不仅有赖于读者,还有赖于文本的"策略"。所谓"策略",就是结构和组织这个框架的工具和技艺。但它绝非简单的修辞方式,因为它不仅仅包含文本的内在结构,更包含有读者的理解活动。它的基本功能就是将熟悉导向陌生化,消除文本与现实之间的简单联系,引起读者进行理解,从而促成读者与文本之间的交流。伊瑟尔重点阐释了两种结构关系:突前和背景及主题和视野。背景－突前关系,为理解文本和实现文本经验提供了基本条件,这一关系“最终导致了审美对象的出现”。(第 115 页)主题－视野结构,是通过文本内不同视点的组合而产生的。在阅读过程中,读者所选择的视点就凸现出来成为主题,而其他视点则成为主题得以呈现的视野。主题－视野结构并非固定的文本结构,它随着读者所选择的视点的变化而变化。

三、“读者”如何作用于阅读

保留剧目和策略是阅读活动的基础,它们提供了交流的基本框架,但是要实现交流还必须要有读者参与其中,必须要有读者构建审美对象的活动才行。伊瑟尔认为文本并不再现、表现任何审美对象,而是吸引读者创造审美对象。审美对象的创造依靠着理解的“游移视点”,而审美对象一经产生便超越了“游移视点”。

“游移视点”在伊瑟尔那里,是一个描述性的概念,它意指读者在阅读过程中视点的不断变化。它的产生一是因为文本内在地拥有多重视点;二是因为阅读是一个历时过程,在这个历时过程中读者的视点也在不断发生着变化。由于“游移视点”的存在,阅读过程中读者的期待也就不断地发生着变化。阅读中的期待并不是随意改变的,它的变化是步步为营的。期待的转化,在一定程度上是和文本中的“突前－背景关系”以及“主题－视野结构”相一致,所不同的在于“突前－背景关系”和“主题－视野结构”是由文本提供的基本框架,而期待的转化则是读者的权利。文本并不指明任何一种期待,期待完全来自于读者的感知。“游移视点”带来的不仅仅是读者期待的不断变化,它更向读者提出了“一致性构筑”的要求。

所谓“一致性构筑”,就是读者在“游移视点”中进行的心理综合。伊瑟尔认为,在阅读过程中,读者总是试图对文本中的图式进行结合,形成一致性阐释,或者说“一致性格式塔”。这个“一致性格式塔”,是读者和文本相互作用的产物,它对于理解文本是不可或缺的。

在阅读过程中,读者为了进行完整的阅读,就必须将其“游移视点”合而为一,这样就导致了“被动综合”。这种“被动综合”并不是文本自身所已然提供了的现实,也不是读者的主观臆想,它在文本和读者交流中进行和完成。它依靠于读者的想象,读者通过想象完成对于格式塔的形象建构。但读者的想象,是依照文本的图示而展开的。而文本的图示则存在于每一个“游移视点”之中,存在于需要读者建构的方方面面之中。如此就可以看出,所谓“被动综合”,是一个典型的现象学概念,它一方面说明了读者的综合活动必须依靠文本,另一方面又说明了读者在综合中的主体性参与。这种“被动综合”,最终使得文本的意义呈现于读者的脑海之中。

四、“阅读”是一种不对称交流

伊瑟尔在分别讨论了阅读活动的两极(文本和读者)之后,开始对文本和读者之间的交流结构进行分析、探究。首先,他明确指出日常的交流是一种对称或者说对等的交流,而文本与读者之间的交流,则是一种不对称的交流。因为“阅读不是面对面的交流”(第 199 页),读者无法通过文本来判断其看法的正确与否,同时,在阅读过程中缺乏一个用以确定文本与读者关系的共同参照体系。这种交流过程中的不对称、偶然性,其实质就是文本与读者交流中的未定性,它激发读者的形象构成行为,并且增加了交流的多样性。只有在交流中的不对称得以实现平衡、对等的时候，阅读活动才算是真正结束，文本的意义也在那时最终产生出来。但是，通过什么途径实现对称呢？伊瑟尔认为要通过填补“空白”和“否定”。

“空白”，“指文本整体系统中的空白之处。对空白的填充带来了文本模型的相互作用。易言之，填空的需要在这里为连接的需要所替代”（第220页）。也就是说，“空白”在伊瑟尔这里可以理解为一个完整的文本结构系统中的缝隙、间隔，它有待于读者的填充。“空白”的最大作用就在于，它破坏了文本的图式体系，因此读者在阅读过程中就必须通过自己的能动性将文本图式重新连接在一起，最后形成“一致性格式塔”。“空白”所呼唤起来的，正是读者的“构成力”。因此，我们可以发现这种“空白”主要存在于文本“策略”和“视点”之中。它作为交流得以进行的一个基本条件，发挥着作用。它导致读者能动的建构行为，为交流注入了活力。

伊瑟尔认为在阅读中，“否定是一种激发读者去建构想象客体的含蓄而非阐述意蕴的力量。否定引起的空白预先结构了想象客体的轮廓，也预先决定了读者对它的态度”（第256页）。对于“保留剧目”的否定，使得文本在“范式之轴”上出现了“空白”，读者同样要对其进行填充。在这一填充过程中，读者被带入到文本之中，不断地背离自己的习惯倾向，最终不得不为自己选择一个立足点，从而将旧有的倾向和新的发现联系在一起。

伊瑟尔的理论来源极为丰富。在《阅读活动：审美反应理论》一书中他吸收和借鉴了现象学、解释学、心理学、符号学、美学的观点和方法，将文学理论引向了一个包含有个体心理、文本结构、社会图景等层面的综合领域。他的这本著作，成为接受美学的理论支柱之一。但文学文本同历史、时代的关系，在他的著作中是模糊的。

（兰善兴）

伊格尔顿

马克思主义与文学批评 1976 年 *

特里·伊格尔顿(Terry Eagleton,1943—),英国“新左派”文学理论家、批评家和文化理论家,当代西方马克思主义文学批评代表人物之一。他著述颇丰,大体可分为两类:一类侧重于文学、文化领域的理论探讨,如《马克思主义与文学批评》、《瓦尔特·本雅明或走向革命的批评》、《文学理论引论》、《美学意识形态》、《后现代主义的幻象》、《理论之后》等;一类侧重于具体文本的分析批评,如《莎士比亚和社会:莎士比亚戏剧论文集》、《力量的神话:对勃朗特姐妹的马克思主义研究》、《克拉莉萨的被污:塞缪尔·理查森作品中的风格、性行为和阶级斗争》、《希思克利夫与大饥荒:爱尔兰文化研究》等。

---

* [英]特里·伊格尔顿:《马克思主义与文学批评》,文宝译,北京:人民文学出版社 1980 年版。

一、马克思主义文学研究法：历史分析

纵观伊格尔顿各时期的代表作，不难发现其始终坚持辩证唯物论立场，从文学入手，扩展至美学、文化等领域，着眼于它们与意识形态的关系，深入剖析它们与社会、权力等的联系，探寻它们各自的本性。他的这一学术特色，早在他写于1976年的《马克思主义与文学批评》里，就得以鲜明显现。他曾说，此书仅为一个小册子，是为一套简介性研究丛书而作，所以其书针对文学的根本问题给予基本的论述和判断。全书始终致力于将马克思主义的基本精神和原则贯彻于对文学的研究。在伊格尔顿看来，马克思主义是关于人类社会以及改造人类社会的实践的科学理论，确切地说，它所阐述的是人们为摆脱一定形式的剥削和压迫而进行斗争的历史。以此为出发点，马克思主义研究就是要全面落实这种历史存在，将事物置于历史中加以考察。具体到马克思主义的文学批评就是将文学，包括它的形式、内容、风格等都当作特定历史产物来理解，根据文学产生的历史条件来分析文学。同时，他敏锐地捕捉到，早于马克思之前的黑格尔就已开始历史地研究文学，所不同的是马克思主义对历史有不同于前人的革命的理解。

二、文学在历史构成中的位置

从对历史的马克思主义解读开始，伊格尔顿展开了对文学问题的思考。首先，他指出历史的结构与构成。在他看来，马克思主义拥有彻底的辩证唯物主义世界观，世界由社会存在与社会意识共同组成，且社会存在第一性，社会意识第二性。将这种世界观运用于历史的考察，则发现历史由经济基础与上层基础构成，而上层基础则包括政治、法律及相应的国家设施制度和特定形式的社会

意识等。所谓特定形式的社会意识,伊格尔顿认为,就内容构成来说,它包括哲学、美学、文学、宗教等;就性质而言,这些特定形式的社会意识都与意识形态有关。于是,伊格尔顿从历史的结构与构成入手,完成了对文学在社会历史中的定位问题,即在经济基础之上产生的文学属于社会意识形式和意识形态。这一方面彻底打破了对文学的唯心主义认识,即文学决不是神秘灵感的产物,不是作者个人天赋的结果,也不是作者个人心理的独自陈述,它是特定历史时空的产物,具体地说,是特定历史阶段特定社会关系的产物。而人们并不能任意选择他们的社会关系,它具有客观的物质必然性,也就是经济基础的发展状态决定了人物处于何种社会关系,进而决定了文学的存在样态;另一方面,文学与意识形态到底是一种什么关系,他力图通过对历史构成成分之间关系的剖析来加以回答。

三、文学在历史构成中的性质

伊格尔顿在"历史与形式"一节中,首先通过阐释内容与形式的辩证统一关系,来说明经济基础和上层建筑的关系。他明确批判将内容与形式简单对立的观点:或认为内容全面决定形式,形式仅是对内容的表现;或认为形式全部决定内容,内容不过是形式的一种作用而已。认为此二者均将内容与形式极端对立,将一者视为另一者的附庸,这是对二者自身力量的忽视或无视。实际上,二者皆是主动的活跃的因素,谁也不能全部吞噬对方,虽然从根本上来说,内容决定形式,形式虽无法改变内容本身,却可通过自身力量的发挥,触动内容发生变化。将这种内容与形式观点运用于历史的考察中,可以发现经济基础和上层建筑的矛盾统一。经济基础决定上层建筑,上层建筑反作用于经济基础,其反作用具体体现为对人们理解世界提供精神上的支持。伊格尔顿进一步将这种精神上的支持，指认为使占有生产资料的社会阶级的权利合法化。作为上层建筑构成成分的文学也发挥了此种功能。

关于意识形态，伊格尔顿认为：一方面，意识形态是人们观察世界的知觉方式，是人们在各个时代藉以体验他们社会的观念、价值和情感；另一方面，意识形态是把人们束缚在他们社会职能上并因此阻碍他们真正理解整个社会的那些价值、观念和形象。他说，要理解他所说的意识形态就必须认清意识形态的复杂结构：意识形态是由诸种特定的与历史相关的巩固特定社会阶级权利的知觉结构共同构成。由此可见，首先，意识形态产生于阶级维护自身权利的要求之下，根本上来说，意识形态是社会阶级意识；其次，意识形态并不是一种统治阶级意识的简单反映，而是可能掺杂着各种不同观念，甚至冲突的、矛盾的观念的复杂体。但这些观念无论哪种，皆根源于对自身阶级利益的支持。也就是说，意识形态是各种阶级利益博弈的结果。它不简单对应某种阶级意识，它是诸种阶级意识的总和；再次，意识形态虽然是诸种阶级意识的总和，但它终究是阶级意识，而阶级意识因为维护阶级利益的根本性质，决定了意识形态的狭隘性与静止性，所以，当意识形态面对运动开放的历史时，就暴露出虚假本性。意识形态显然不是历史真实要求的产物与表现，但由于各种阶级意识的相互斗争，可能出现意识形态的具体内容与历史真实要求的偶然相近、相合等。沿着这一思路，伊格尔顿将内容与形式的辩证统一关系贯彻于文学的分析中。他指出，一方面就文学自身而言，文学是内容与形式的辩证统一，文学是体验世界的形式；另一方面，在社会历史框架中，处于上层建筑层面的文学也是由经济基础这个内容所决定的形式，文学以自身的形式力量反作用于经济基础，二者呈现出活跃的不平衡关系。

伊格尔顿通过讨论历史上出现的诸种文学形式，来说明文学与历史的关系，进而说明文学与意识形态的关系。他这样剖析自然主义文学，说以左拉为代表的自然主义文学，是对现实的照相式的机械再现，无论人或世界都从历史中割裂开来，成为生理学或心理学意义的存在。这种文学之所以产生，是由于1848年欧洲革命的失败，无产阶级遭遇挫折，资产阶级没落，以致无法追随历史的方向，从而剥夺了现实的历史意义，将世界归咎为自然存在。他所欣赏的布莱希特的实验戏剧，由于与现实中发生且发展着的客观力量保持一致，所以能够把握住历史的方向，展现历史的真实。这种为历史服务而不是为某阶级服务的文学，可以于历史中获得不同于意识形态的言说方式，从而造成对意识形态的冲破。可见，伊格尔顿一方面将文学定位于意识形态，另一方面又指出文学与意识形态可以不完全一致，甚至破坏意识形态的一面。这与他强调历史构成及其关系的复杂性有关。他认为在现实中，对世界发挥作用的力量不仅有符合历史要求的，也存在种种与历史保持各种关系的力量，而文学则可能受到上述诸种力量的影响。而这些力量之所以可能与历史保持各种关系，从根本上讲，是它们从自身利益出发将历史主观化的结果。而这种力量，伊格尔顿称之为意识形态，所以推出文学属于意识形态的结论。但当这些作用于文学的力量与历史的真实偶然相符时，文学就可以冲破意识形态了。伊格尔顿始终将文学作为关系物来处理，他对文学内在性质的讨论甚少。

四、作为生产的文学和作为意识形态的文学

伊格尔顿在唯物史观指导下，揭示出社会意识对社会存在反作用的实践性，进而提出文学是生产活动的主张。他认为文学有自身的经济基础和上层建筑，它们相互发生作用。同时，文学生产又与社会历史生产发生作用，文学生产力一方面植根于社会生产力，另一方面影响着文学生产关系，而文学生产关系与社会生产关系发生复杂作用。总之，诸多层面的复杂关系共同构成文学。所

以，理解文学最重要的问题，就是说明文学中经济基础与上层建筑的关系，即作为生产的文学与处于社会历史上层建筑层面属于意识形态的文学之间的关系。伊格尔顿其后的一些著作，多是在此基础上进行的深化、丰富和补充，最后衍生出独特的文化政治学说。

（陈春敏）

马尔库塞

审美之维 1979 年*

赫伯特·马尔库塞(Herbert Marcuse,1898—1979),20 世纪著名的“西方马克思主义”理论家,法兰克福学派的重要代表人物。主要著作有《爱欲与文明》(1955)、《单面人》(1964)、《文化与社会》(1965)、《论解放》(1969)、《反革命与造反》(1972)等,最后的专著《审美之维》(1979)集中表达了他认为美学形式具有社会解放力量的信念。

一、对马克思主义美学的批判性考察

《审美之维》一书的副标题是“对马克思主义美学的批判性考察”,一开始他就点明要向马克思主义美学中的“正统”观念宣战。所谓“正统”:“是指那种从占统治地位的生产关系的总体出发去解

---

* [德]马尔库塞:《审美之维》,李小兵译,桂林:广西师范大学出版社 2001 年版。文内引文,只注页码。

释一件艺术作品的性质和真实性；尤其是指那种把艺术作品看作是以某种确定的方式，表现着特定社会阶级的利益和世界观的看法。”（第189页）在马尔库塞看来，“正统”的马克思主义将艺术看作上层建筑的一部分，随着生产力变革而逐渐变革，艺术只有与上升的社会阶级相结合才是革命的进步的。这是对真正的马克思主义的僵化理解。他同意艺术具有政治功能和政治潜能，但这种潜能在于艺术的审美形式本身。艺术在自己自律的领域内，既抗拒着现存社会关系，同时又超越它们。需要注意的是，马尔库塞对艺术政治潜能的论述是以他对发达资本主义工业社会的分析和批判为前提的。他认为，发达资本主义工业社会给西方世界带来了丰富的物质文明，但人类的非人化生存状态日趋严重，以致到了人类难以忍受的程度。因为，一体化的社会模式制造出了一维的文化、思想和思维方式，即制造出了一维的意识形态。在现有资本主义制度下，个体的文化感受方式、语言、思维方式都丧失了创造性、超越性。马尔库塞为我们勾勒出了一幅新型的、非压抑的、自由的未来社会图景，但是他并不把这个美好图景的实现寄希望于革命实践，而是诉诸于审美的终极解放功能。“艺术作品借助审美形式的变换，以个体的命运为例示，表现出一种普遍的不自由和反抗的力量，去挣脱神化了（或僵化了）的社会现实，去打开变革（解放）的广阔视野。”“每一个真正的艺术作品，都是革命的，它倾覆着知觉和知的方式，控诉着既存的社会现实，展现着自由解放的图景。”（第190—191页）

二、艺术的主体性和内在性

马尔库塞认为，“正统”马克思主义那种把艺术看成一种意识形态和强调艺术的阶级特性的观念，忽视了主体性的非物质的力量。这样不仅低估了作为认识的自我理性主体，而且低估了内在性、情感及想象，个体本身的意识和潜意识完全被消解在阶级意识之中。“产生革命变革的需求，必须源于个体本身的主体性，植根于个体的理智和个体的激情、个体的冲动与个体的目标。”（第194页）他指出，马克思主义美学并未回答这样一个问题：超越特定社会内容和形式，并给艺术以普遍性的那些艺术特征是什么？这些问题显然仅仅从构成每个作品历史背景的特定生产关系的方式出发是无法得到解决的。艺术的普遍性，不以特定阶级的世界或世界观为依据，因为艺术要揭示的是一种具体的普遍性，即展示出人性。这种具体的普遍性是任何特定阶级（哪怕是无产阶级）都不能独立构成的。艺术中表现的快乐与忧伤、成功与绝望、爱欲与死欲，这些东西之间无穷的纠缠，不可能皆归结为阶级斗争的问题。而那些主题正是艺术永恒的生命力所在。马克思主义习惯于把个体化、主体性的东西作为“资产阶级”概念加以摒弃，但是法西斯和垄断资本主义已经让我们见识了意识形态强有力的麻痹和催眠作用，如今，“逃回内在性”和执著于个体领域，已经成为人们借以反抗控制所有人类生存维度的社会堡垒。内在性和主体性，会成为倾覆经验或另一新世界诞生的内在或外在的空间。马尔库塞指出，只有个体的主体性和内在性得到充分发挥，个体才能从资产阶级的社会现实中退出来，并在这种撤退中获得一种力量，去瓦解在那个社会中居于支配地位的资产阶级价值，也就是把个人的价值实现由现存社会原则和利润动机的领域，转移到情感、想象、良心等人类的内在源泉中。我们所谓全面的变革和解放包括意识的变革，但这种变革不能只局限于发展政治意识，更重要的是创造出崭新的“需求体系”，这一体系包括从剥削人的统治中解放出来的感性、想象力和理性。艺术是与生产劳动完全异质的生产力，艺术在根本上的主体性质，使它不同于阶级斗争的客观性。艺术与“人民”通过这样的方式结盟：“让被垄断资本主义操纵的男人和女人，不理睬那些操纵着他们的语言、观念以及形象，让他们体验到质的

变革的维度，让他们重申他们的主体性，他们的内在性。”（第 215 页）

三、艺术的审美形式问题

艺术自律地创造了一个自足的世界，通过审美形式对现存现实进行控诉和对解放美景发起呼唤。所谓的审美形式，是指把一种给定的内容（即现实的或历史的、个体的或社会的事实）变形为一个自足的整体（如诗歌、戏剧、小说等）所得到的结果。有了审美形式，艺术作品就摆脱了现实的无尽的过程，获得了它本身的意味和真理。现实的本质（即人和自然被压抑了的潜能）最终通过艺术作品中语言、感知、理解的重组等一系列艺术变形被揭示出来。艺术的批判功能以及它为自由而奋争所作出的贡献，存留于审美形式中。而形式和内容，从来都是密不可分的。一件艺术作品的真诚和真实与否，并不取决于它的内容（即是否“正确地”表现了社会环境），也不取决于它的纯粹形式，而是取决于它业已成为形式的内容。“审美形式并不是和内容是相对的，即便是辩证的对立。在艺术作品中，形式成为内容，内容成为形式。”（第 217 页）马尔库塞指出，审美形式、自律和真理这三者是紧密连在一起的。艺术的真理就在于它能打破现存现实（或那些造成这种现实的东西）的垄断性，就在于它能由此确定什么东西是实在的。艺术的使命就是让人们去感受一个世界，使个体在其中摆脱他的功能性生存和施行活动，去重新解放感性、想象和理性。艺术中的审美变形，就是认识和控诉的手段。艺术自律使艺术从现存东西的神秘力量中挣脱出来，自由自在地去表现艺术的真理。审美形式给那些习以为常的内容和经验一种异在的力量，由此导致新的意识和新的知觉的诞生。“艺术只有异在化，才能完成它的认识功能。”（第 197 页）马尔库塞赋予了艺术审美形式以极高的价值，“受制于审美形式，是达到反抗性升华的手段……自我和超我，本能的目标和情感，理性能力和想象力，都退到由社会的压抑造成的社会性，奔向艺术的自律——尽管这是一个虚构的世界。可是与虚构世界的遭遇，重构了意识，并且赋予感性的表现以一种反社会的体验。因此，审美的升华解放和确证了快乐和悲伤这些童稚与成人共同的梦幻”(第 219 页)。艺术作品的美，是与现实的秩序对立的，艺术作品在其审美形式的创造中，自由地表达着“快乐原则”，即抒发生命的本能力量，反抗那些控制人的占支配地位的现实原则。“艺术作品倾诉着解放的语言，激发出那种把死亡和毁灭从属于生存意志的自由想象。”(第 231 页)美的感性性质，被保存于审美升华中。艺术的自律和它的政治潜力，在这种感性的认知力和解放力中表现出来。

马尔库塞并不看好现代派艺术中那种反对审美自律的所谓的“反艺术”。他说，以拼贴画、各种媒介物的混杂和摒弃任何审美模仿的形式为代表的反艺术与非艺术，其出现有这样一个前提：它们认为现实的分裂已经使任何自足的艺术、任何意义的指向不再真实，所以它们以分散和零碎的形式冲击着任何审美的造型。但实际情况与这个前提是矛盾的，“面临灾变的并非是现实存在的解体，而是对现实的再生和整合。在我们社会的知识文化中，正是具有超然独立特性的审美形式，能够起来反对这个整合”(第 223 页)。那种出现在反艺术中的发泄和反升华，由于缺乏审美形式的认知力和洞察力，因而同现实分离(或使现实虚假化)。发泄和反升华是没有审美造型的模仿。拼贴、蒙太奇、错位都不能改变这个事实。真正的反文化应坚定执著于艺术的自律，执著于它本己的自律的艺术。摒弃审美形式就是放弃责任，它使艺术丧失掉了形式本身，而艺术正是依赖此形式，在现存现实中创造出另外一个现实，即希望的宏大世界。“艺术作品只有作为自律的作品，才能同政治发生关系。就艺术作品的社会功用看，审美形式是根本的。”(第 225 页)

四、艺术与社会现实的关系

艺术作品同现实社会的关系是间接曲折的，它直接的政治性越强，就越会弱化自身的异在力量，越会迷失根本性的、超越的变革目标。艺术向现存现实的垄断性宣战，以便去确定什么东西是“真实的”。赋予艺术的非妥协的、自律的性质以审美形式，就是让艺术从“介入的文学”中挣脱出来，从实际生活和生产过程的王国中挣脱出来。艺术有其自身的语言，而且只能以自身的语言形式去揭示现实。此外，艺术还有它本身的肯定维度和否定维度，这些维度是不能同社会的生产过程相结合的。

艺术自律意味着艺术与生产过程相分离，这是艺术的避难所和基本立足点，艺术由此抨击社会现实。这并不是说艺术完全不需要社会现实，而是说艺术作品中的社会生产现实必须受制于审美的文体，也就是说，它必须被编入小说、戏剧或故事中。这些文学形式中的每一个句子，都有其自身的节奏和分量。艺术的这种文体化，揭示出每一特殊社会情境中的普遍性，揭示出在整个客观性中不断再现和奋力欲求的主体。马尔库塞强调，优秀的进步的艺术家，不一定非要来自无产阶级阵营，因为伟大的艺术家可以同他们的家庭、生活背景和社会环境造成局限性决裂。“马克思主义的理论并不是家庭血统的研究，所以，艺术的先进性以及艺术对解放斗争的贡献既不能用艺术家的血统，也不能用他们阶级的意识形态水准来衡量；同样，也不能用被压迫阶级在他们的作品中是否出现去决定。艺术先进性的标准，只有让作为整体的作品本身去说明，也就是说，艺术先进性的标准在于这件作品说了什么和用什么方式说。”（第 204 页）伟大的作品总是超越它同时代的社会氛围。马克思主义美学谴责那种把社会冲突转化为个人命运的做法。具体的社会冲突，正是由个体与个体、男人与妇女、人类与自然之间的元社会力量的作用造成的。生产方式的变革,并不会取消这种原动力。既是一个自由的社会,也不可能使这些力量完全“社会化”。艺术与革命实践的关系既接近又对立,二者都致力于打开一个天地,它虽然根源于现存的社会关系,但同时会使个体从这些关系中解放出来。艺术预见的这个图景,正是革命实践的永恒未来。

马尔库塞把人类的解放目标寄托在审美的、艺术的领域,希望人们能从艺术的审美形式中重新获得一种新的感性,从而打破一体化的、缺乏创造力的社会生活方式,实现人类的最终解放。但是这种理想并不能改变社会现存的生产关系结构,不能从根本上动摇现存社会模式的资产阶级的统治基础,所以,他的构想只能是一个乌托邦。人类自由解放的远景目标,只有通过对现实社会的实践改造才有可能实现。

(许　璐)

保罗·德·曼

阅读的寓言 1979年*

保罗·德·曼(Paul De Man,1919—1983),美国"耶鲁学派"四员主将之一(其他三位是J·希利斯·米勒、哈洛德·布鲁姆、杰弗里·哈特曼),"解构"批评代表性人物之一。《阅读的寓言》是他的代表作,其他著作多为在他死后由别人结集而成的论文集,如《浪漫主义修辞学》(1984)、《对理论的抵制》(1986)、《浪漫主义和当代批评》(1993)和《美学意识形态》(1996)等。

一、题名释义及全书主旨

《阅读的寓言》是德·曼最具代表性的理论著作,也是解构批评的最重要的著作之一。从体例上来说,它不是一部纯理论性的著作,而是一些批评文章的合集,是对一些具体的文学与哲学文本

---

* [美]德·曼:《阅读的寓言——卢梭、尼采、里尔克和普鲁斯特的比喻语言》,沈勇译,天津:天津人民出版社2008版。文内引文,只注页码。

的精细分析与批评，其解构式的批评方法以及他的理论观点，尽数融会在这些深入文本修辞经脉的分析中了。其文本分析和批评的方法，并不像俄国形式主义那样着重于语言的“陌生化”效果分析和英美新批评对文学语言的情感使用与科学语言的不同的强调，也不同于结构主义对文学文本的要素重组（如结构主义叙事学），而是一种修辞分析，或叫修辞性阅读，从其外在形态上看，也是一种“细读”，一般是选取这些哲学或文学文本的某些段落，进行精微的语言性透视。与“新批评”及结构主义批评寻求单一的意义结构不同，德·曼的修辞性阅读发现，文本的意义结构或意义的生成机制是不稳定的，文本的修辞性使文本看似确定的意义变得动荡不安，甚至自相矛盾。也就是说，很多的文学和哲学文本都是自我解构的，要对其形成一种完整的理解和发现确定的意义变得不可能，这就是他所说的“阅读是不可能的”，也就是说，要在阅读中形成确定的理解是不可能的。这正是德·曼所说的“阅读的寓言”。他在此书几个地方提到了“阅读的寓言”和真正理解以及阅读的不可能性，可以看作对这本书主旨思想的一个说明。他提到《追忆似水年华》中的“映射出彩虹的喷泉”，“指明了不可避免会产生至少是两种相互排斥的阅读，并确立了在修辞以及主题的层面上的真正理解的不可能”，并认为包含相互冲突的阅读的叙述带有普遍的“阅读的寓言”的意义。（第 77 页）在此文的最后部分，他的说法更具体：“任何叙述都主要是关于它自己的阅读的寓言，它被困在一种困难的双重束缚当中。只要它处理一个主题（主体的话语，作家的天职，意识的构成），它经常会引起两种不相容意义的冲突，在它们之间有必要但无法做出对与错的判断。”“阅读的寓言叙述了阅读的不可能性。”（第 81 页）

二、修辞性的语言观

德·曼的这种有关阅读的论断是解构批评的鲜明特色之一。文学文本的多义性或复义性(含混性)是包括新批评、阐释学和读者反应批评等在内的批评流派所强调的,而德·曼在这些基本立场上又向前了一步,他发现文本总在自我消解,使任何一种意义和阅读都有被消解的可能。如果这只是解构批评的表面特征,那么支撑德·曼这些精细而艰涩的修辞分析的更深入的理论问题是:我们同自己使用的语言之间是一种什么关系?在此问题上,主要有两种不同的看法:一种是认为语言是我们的工具,可称为工具主义的语言观;另一种则认为是语言划定了我们生存的界限,海德格尔经常使用的一句话"语言是存在的家",可看作是这种语言观的经典表述,它可以称为本体性的语言观。而德·曼的语言观与这两者都有区别,可看作一种修辞性的语言观。具体来说,是认为语言的修辞形式决定着意义的生成机制,同样也是修辞形式始终在瓦解着要形成的意义。语言不再是任由我们支配的工具,也不再是为我们的生存提供明确的意义家园和归宿,而是有些诡谲莫测:一方面,修辞不再是我们通常所认为的传情达意的手段,而是,有些文本是为了修辞才去传情达意;另一方面,没有修辞性就没有语言,而语言的修辞性又使我们陷入在意义的生成与毁灭的迷乱不定之中。这两点正是《阅读的寓言》中许多篇章的分析所揭示的。比如,德·曼解读的里尔克,指出是为了修辞而选择主题。在《阅读》一文中,说:"没有人能够断定是因为普鲁斯特感到内疚才创造了隐喻,还是他宣称自己内疚是为了运用自己的隐喻。"(第 69 页)而在《隐喻》(《论人类不平等的起源和基础》)一文中,则认为过去人们忽视了卢梭的政治著作和文学著作之间的联系,而这种联系正在于其对语言的看法,也就是说卢梭的政治理论与他的修辞理论是不可分。“卢梭所称的‘真理’所指的，不是语言适用于现实，不是事物的本质在词语的模糊性中闪现，而是一种怀疑：人类的特性可能植根于语言的欺骗。”也就是说人们的语言形式决定了人们的政治结构，“这种语言模式独立于自然，也独立于主体”（第165页）。这样，社会和政治也被植于语言的模式和根基之上。

语言的修辞性又是意义动荡和“解构”的根源。德·曼说“解构不是我们加给文本的某种东西，而是它首先构成了文本”（第19页）。他在文本中发现了一系列的解构的因素。在《符号学与修辞》一文中提到的就有语法与修辞之间的张力、文本修辞(figural)与元修辞(metafigural)之间的矛盾等。

三、关于尼采和卢梭

对尼采和卢梭的分析，德·曼也是以他的这种修辞性语言观为衡量坐标的。《阅读的寓言》中有关尼采的文章有三篇，即《发生与系谱学》、《比喻修辞学》和《劝说修辞学》。《发生与系谱学》分析了《悲剧的诞生》的逻各斯中心主义特征，质疑尼采重视狄奥尼索斯而轻视阿波罗的倾向。指出《悲剧的诞生》本身也采用了“招神”的做法，只不过不是真正的“神”，而是类神的人。尼采对再现性艺术形式的批评，也适用于对他自己文本的批评。在《比喻修辞学》和《劝说修辞学》中，德·曼指出尼采在对待语言和修辞上的矛盾。指出尼采对传统形而上学的批判，正依赖于他对语言的修辞本质的看法。尼采将比喻和修辞看作是语言的本质，认为真理是一些重复使用的修辞（隐喻，换喻等），真理是一些其虚幻本质已被忘掉和忽略了的幻象。尼采所要做的是重新唤醒人们对语言修辞性的意识，指出若干的哲学问题和范畴不过是一种修辞的结果，从而使人们消除对问题和范畴本身的执著。尼采解构了一些哲学范畴，如个人以及人类主体等观念，尼采说这不过是用一套以人为中心的意义体系代替了人在其中是渺小的和无意义的体系，将人为的解释强加于整个宇宙。德·曼指出，尼采指责修辞本身的欺骗性，但他自己是否就逃脱了修辞本身呢，是否《论超道德意义上的真理和谎言》不再是修辞和文学的而是类似于维特根斯坦的《逻辑哲学论》的科学性语言呢？德·曼的答案是否定的。德·曼指出，尼采的文本通过表明矛盾律是一种行为（语言设定）而解构了矛盾律的权威性，尼采虽然对知识的"设定"性大加批判，但他自己仍在使用"设定"，即是说，尼采也在"自我解构"。

在解读卢梭的几篇文章中，有些并非解构式的，而是强调修辞理论在卢梭著作中的重要性。比如在《隐喻》中，德·曼认为，卢梭的政治理论与其修辞观是分不开的。人类的所有秘密都在语言，甚至社会也由之而形成。人们生活在语言中，也生活在隐喻关系中。而过去对卢梭的解释，都没有注意到他的修辞理论与政治理论之间的联系，认为二者是割裂的，德·曼发现了二者的之间的联系。在《辩解》一文中，他分析了《忏悔录》中的"玛丽永事件"。卢梭早年做佣人时偷窃主人家的丝带，并在被抓住时诬陷是女仆玛丽永偷来送他的。而在《忏悔录》中，卢梭说他之所以嫁祸于玛丽永，是出于对她的友情。德·曼认为这是一种"辩解"。主体（卢梭）和陈述（诬陷）之间的分裂变得如此彻底，它逃脱了任何方式的理解。"玛丽永"这一声音完全在真理、道德和理解的系统之外，而真理、道德和理解给了整个《忏悔录》以意义。"玛丽永"这一外来因素破坏了文本的意义和申辩话语的可读性，德·曼对"忏悔"的解构，发现它不过是一种"辩解"，他似乎要维护事件的历史性和真实性，但他对"辩解"进行了进一步分析，发现不是事实是辩解存在的理由，而是辩解是事实存在的理由，即为一个完美的辩解和语言本身的功能得到完全的发挥，有些事实（并非说它们本身是一种捏造）便被拿来了，这是事实本位和语言（修辞）本位的一种颠倒。这种颠倒的秩序在我们通常的理解视野内是无法被接受和容纳的。

但如果我们能够理解语言本身的巨大力量，也许可以体会到“说”大于“被说”的现象在我们的一切人文性话语和文本中是大量存在的。人们对语言和“说”的迷恋有时完全超出对事实本身的关注和体验。

四、简要评价

在整个《阅读的寓言》中，我们可以看到德里达思想的明显影响，如“声音中心主义”的提法以及认为哲学也是文学的看法等，总体的一种倾向就是批判形而上学的“逻各斯主义”，尤其是破除像字面义和修辞义、隐喻和换喻、象征与寓言之间的绝对对立与等级秩序，强调语言即修辞，而所有的言说不过是修辞，修辞控制着意义的生成，甚至社会的组织和结构也不过是与修辞的结构同构，修辞瓦解了语言指涉的意义的确定性，语言与外在世界之间的复杂关系需要重新思考。德·曼的修辞分析迂曲而复杂，将新批评的“细读”方法进一步推向极致，同时将对我们与语言关系的思考也推向极致，我们在语言与意义的关系的多重纠缠中，有一种不知所从的迷失感。一旦言说，可能就会落入修辞和语言的陷阱，而我们又不得不言说。“解构批评”已完全不是审美批评，甚至已越出意义批评的范围，是一种上升至语言哲学层面的批评。如果说，将解构批评理解成试图瓦解一切的理解和意义的可能过于肤浅，那么，将它理解成比结构主义更一步地揭示了人们通过语言所进行的意义生成机制，却是恰切的。

（徐润拓）

哈特曼

荒野中的批评——关于当代文学的研究 1980年*

杰弗里·哈特曼(Geoffrey Hartman,1929－　),美国当代著名文学理论家、批评家,解构主义"耶鲁四人帮"之一。他的写作范围相当广泛,《荒野中的批评——关于当代文学的研究》(1980)是解构主义文论中的代表作,此外还著有《华兹华斯的诗歌,1787－1814年》(1964)、《超越形式主义:文学论文集》(1970)、《拯救文本:文学/德里达/哲学》(1981)、《平凡的华兹华斯》(1987)以及《杰弗里·哈特曼读本》(2004)等。

一、作为文学的文学批评

"荒野中的批评"这一意象,取自阿诺德的《当代批评的功能》,其本意是一种新的有生命的文学将会兴起,而从属于文学的批评

---

* [美]杰弗里·哈特曼:《荒野中的批评——关于当代文学的研究》,张德兴译,天津:天津人民出版社2008年版。文内引文,只注页码。

将会随之改进。哈特曼则反其意而用之,他想要做的就是要回答在“荒野”中的批评是否可能;当批评成为文学,它又会是一种什么样的状态,它的未来是什么的问题。更具体地说,哈特曼在书中考察了以阿诺德、艾略特和新批评为代表的英美批评传统和以卢卡奇、阿多诺、本雅明以及海德格尔等为代表的欧陆批评传统之间的关系;考察了作为艺术的作品和阅读的作品的关系,从而提出了一种新的批评话语——作为文学的文学批评。批评与文学之间到底是一种什么关系?批评是否寄生在文学之上,是文学的附庸?换言之,“批评的活动”和“创作的活动”之间特有的关系是什么?哈特曼认为,将文学活动划分为作者的活动和读者的活动尽管可能符合常情,但是把写作和阅读分离,把批评看做是阅读的一种特殊形式,将之视为文学的附属品是愚蠢的行为,这说明我们把文学的概念狭隘化了。传统的理解,在文学创作中,我们首先感受到的是诗人运用语言的技能,修辞学服从于模仿,模仿变为创造。与此同时,我们从想象的角度理解文学,通过想象,使被接受的东西和被创造的东西相遇。而批评家要做的只是尽可能地把想象的事物变成一件被熟知的但又在历史上是新奇的事物。但到了现代,事情发生了变化,评论正在进入文本,批评成为一种有关不确定性的解释学,这种新型批评的唯一计划就是对批评自身的再评价,它“公开主张哲学和艺术研究能够再一次把它们两者的力量结合在一起的可能性;主张‘哲学批评’可以逐渐导致这些分离的体系的相互认识的可能性”(第47—48页)。

二、批评语言的净化

但是,这种批评需要面对的就是传统批评中对语言的神化以及对语言进行拯救的净化。哈特曼借鉴保罗·利科的比喻,将卡莱尔、艾略特、布鲁姆、本雅明及弗莱、伯克等批评家称为“批评的孩子们”，从卡莱尔开始的这些“批评的孩子们”实际上就已经在进行一种批评文体的探索。卡莱尔的批评是一种被德语“污染”的语言，形成一种自我演绎的散文，这促进了一种批评的形成，所以，他是当代哲学批评家的先驱。布鲁姆所强调的“误读”使我们意识到，阅读不是纯粹非功利或者理论性的，“一个隐蔽的文本要我们以它本身的名义去追求它，而这个文本显现在我们面前的却不是它本然的样子”（第 72 页）。因此，这使一种“幽灵似的和不自然的尺度进入了使已确立的批评仪式陷入大混乱的事物之中”。批评家不可能在作品中忘记自己的存在，因此，批评同创作一样具有创造性。至于本雅明，哈特曼认为他的批评通过意象、寓言、类推和隐喻等手法，用批评的言语的力量创造了一种新的文本，引出了一种新的文学。现代批评有一种奇特的语言的演变，而这正是界定文学性的条件。

当然，现代批评也有一种对秩序建构的努力，这方面的代表人物就是艾略特和弗莱。艾略特发现了批评的创造性和自主性，但还是积极参与了对批评语言的净化。弗莱则受到艾略特寻求秩序观念的支配，想要努力扩展并实现这种观念，但是弗莱提出的“创造性”批评的概念，却意味着一种寓言解释的勇气，弗莱和布莱克一样是新教思想“象征论”批评的一种传统，哈特曼将之喻为“赎罪的净化”，这在本雅明和伯克那里是不可能发生的。伯克既把批评看作是一种有说服力的策略，又把它看作是一种复杂的结构，而在从言语向逻各斯转折中，文学和批评都身处其中，因此，伯克成为一个具有无限创造力的术语专家，创造了一种不断变动的效果。在宗教衰微之后，弗莱、伯克等将文学变成了宗教，因为“想象性的宗教与艺术的同一将会缓和现代生活中两者的软弱无能”（第 112 页）。

三、当代批评的新模式

同上述这些神学倾向的批评不同，当代批评试图告别这种文化政治，告别批评的寓言化，其代表就是海德格尔、德里达、保罗·德曼等，他们把哲学也看作是一种写作模式，“这种写作模式通过细察或者净化所有的形象，努力达到具有表现价值的突变”（第130页）。

但是，在批评中有着对文体的纯洁性、语言的纯洁性的期待，追求的是措词的得体、诗的纯洁和标准的文体，但正如德里达的代表作《丧钟》所批判的，这些文体问题体现的是对语言学的崇拜，而语言学是一种企图通过知识来掌握知识的一种累赘的技巧原则，它进一步创造了一套术语和规范，给批评施加了新的压力。这些纯洁和净化的理想却导致了语言的最终的枯竭，一切语言都是隐喻性的，因此这种文体界限的禁令在哈特曼看来就是一种“恐怖行为”。所以，当代批评不再寻找“负责任的文本”，而是确立一种新的批评的文体。

在传统的批评中，批评家的阅读建立了一个等式，建立了特定文本的权威性和评论的权威性。但阅读应该是苏格拉底式的、能够启发人的潜在意识、类似于助产术的阅读，而不是教会式的、新闻报道式的阅读。海德格尔、维特根斯坦、德里达已经提出了这种包含疗效目的和精神助产术目的的语言学说。海德格尔的写作不能被最初的作品所取代，他的解释的隐喻化就是一种文学批评的模式。维特根斯坦告诉我们，我们并未拥有语言，语言中也没有什么具有历史意义的主题，而德里达的延宕则表明了符号的不确定性。因此，最初的文本和附属的文本之间的对话就是一种不稳定性，它使文本摆脱了独白式咒语的影响，今天的人们只能在古典著作中去把握净化。而从前所理解的、同批评语言和哲学语言相区别的文学语言具有“丰富性”的观点应当被修正了，因为语言越丰富或者越含蓄，那么它也就能够颠覆更多的意义。基于以上观点，哈特曼认为，创作和批评的融合已经成为当代批评的趋势，海德格尔、阿多诺、本雅明和德里达都不是创造性作家，但生产了一种创造性的批评。那么，批评想要摆脱从属地位，就要将自己从功能——很多批评家都想使批评中立化，从而实现其肯定或者评论的功能——中解放出来，怎样做到这一点呢？

哈特曼以卢卡契的写作为例，认为他的写作是一种随笔的形式，赋予其一种独立的存在价值。在随笔之中有对生活、对知识、对文化等评论的功能，这种功能与它梦想要成为文学而不仅仅对文学的评论的抱负之间，形成一种不稳定的共存，它构成了对“客观现实”的制度化或者标准化的颠覆。德里达的《丧钟》通过紧密结合哲学论文、用修辞手段精心完成的文学作品和文学批评，使批评变成了文学，我们很难肯定它到底是批评还是哲学或者文学。因此，文学批评不仅仅是一个功能体，它可以越过界限，成为和文学一样的存在。与随笔相似，在文学中很多的虚构类型也被种种规则所束缚，并力图回避这些规则。批评的纯理论手段其实是在运用自己文本的力量，而不是在完成对文本的说明或者具体化。批评根本不是一个线性结构，“根本就不存在什么绝对的知识，而只存在一种无限的文本、一种文本或者解释的无限之网”（第231页）。之所以说文学批评是文学，还因为，首先，在批评中处理的不是语言和语言哲学，而是书本和阅读习惯是如何渗透入我们的生活的；其次，从时间上讲，批评的本质是短暂性，任何批评家都是暂时的。书本却有其自己的命运，而“写作是超越文本界限的行动，是使文本不确定的行动”（第234页）。在哈特曼看来，当代批评形式其实是德国浪漫主义运动未完成的部分，因为那些作家试图获得诗和哲学的综合。而以德里达为代表的批评家们创造的“文本”，就是这种运动的延续。

四、批评是一种虚构的手段

流行的实用批评，已经变成了纯粹的行业游戏，新批评派将这种实用批评制度化了，其影响有二：一方面是专业化，一方面是严格的禁律。这导致了文学——批评事业之外的空虚，批评变成了技巧性的东西。哈特曼认为，我们自己的这种纯正限制了我们，承认实用批评使我们自己变得软弱无力，不能够对自己的职业进行有效地辩护。狭隘的实用批评限制了我们关于文学对于实际生活关系的认识，这些实际生活包括法律、宗教、经济以及它本身的制度化过程。许多批评家将评价问题限制在具体化的文学之上，但却忽视了这种理论模式同艺术模式之间的关系，这种关系是一种构成性关系，通过这种存在表明，艺术并不像它显现得那样是独立的，"艺术依赖于其他的艺术，也依赖于批评，同时艺术被它们所修改。在我们表达的更清楚有力的文化生活中，这种形式的流行必定会引导我们去考虑文本和评论或者本来的事物和附属的事物之间的共生现象，然后是考虑一般的共生现象"(第 254 页)。因此，在哈特曼看来，我们应该抛弃那种狭隘的文学观念，抛弃把文学活动粗暴地划分为随意的创造活动和作为指导者的批评两大领域的做法，承认批评的不确定性，承认批评家的创造性，使文学批评重新获得它作为自由作家的自由和创造性的力量。理论原本以为会解除我们的负担，但事实上，每个新的理论总是把它自身加到那一堆它想消除的东西上去，这又增加了它打算消除的重负，所以，每个理论都不过是另一个文本而已。批评其实是一种虚构的手段，而其中的不确定性和反讽影响了文学阅读的方式，它不是硬塞给读者，也不怀疑意义，但也不会去努力使阅读更有意义，它只是促进了一种写作的新形式，而这种形式并不服从于对观念的探求。评论的过程就是先前的意义的消除、变更和详尽阐述的过程。它是意义的分解，但没有回避意义。

哈特曼"一方面在两种批评传统之间周旋，另一方面又在艺术的作品和阅读的作品之间周旋，这足以使得人们考虑批评是在文学之中的观点了"("导论")。哈特曼是要打破文学批评与哲学、文学批评与文学之间的界限，这是解构主义批评的代表性观点。

（李　龙）

凡蒂莫

现代性的终结 1985 年 *

吉亚尼·凡蒂莫(Gianni Vattimo,1936—　),意大利著名作家、哲学家和政治家。除此书外,主要著作还有《透明的社会》(1992)、《差异的冒险:尼采和海德格尔之后的哲学》(1993)、《超越阐释:阐释学对哲学的意义》、《尼采:文化批判的哲学》(2002)等。从70年代晚期开始,凡蒂莫因其"微弱的思想"理论逐渐成为意大利当代最杰出的哲学家。

---

* Gianni Vattimo, *The End of Modernity: Nihilism and Hermeneutics in Post－modern Culture*, Translated and with an Introductionby Jon R. Snyder, Cambridge: Polity Press, 1988. 此书在意大利文中原名为 La Fine Della Modernità。本提要根据英文版译者的导读部分翻译、整理、删减而成。文内引文,只注页码。

一、当代哲学中的虚无主义问题

《现代性的终结》副标题为“后现代文化中的虚无主义和阐释学”，全书共分为三个部分：作为命运的虚无主义、艺术的真理和现代性的终结。这三部分由彼此有关联的哲学论题衔接。第一章介绍了当代哲学中的虚无主义问题。凡蒂莫用“非形而上学”观念将“真理”和“存在”理解为不断被重复解释、书写和制作的事件，而不是被赋予永久性和稳定性的客体，我们唯有在每一次对“真理”的阐释中体验到它（例如与艺术品相遇）。现代性中的“存在”被还原为“交换价值（*exchange－value*）”，虚无主义就是“存在向交换价值的还原”。凡蒂莫认为，交换价值的普遍化现象对于人类而言并不是一个悲剧，相反他认为这可能预示了一种有别于虚无和异化的“新的人类体验”，这种体验可被称作“后现代性体验”，也可被从广义上称为对现实的无限可阐释性，它源于包括“存在”在内的所有事物向交换价值的还原。人类没有了至高无上的绝对价值，只有一个可被阐释的世界，或者说只有一个由人类主体赋值的世界。现实的无限可阐释性正是形而上学的“存在”和“真理”走向“衰弱”的理由，这些曾经“强大的”思想被转变成一种潜在而虚构的体验。凡蒂莫相信，在现代性终结之时，我们应该将自身向“既是一种对现实的、又是对获得自由之可能性的虚构的体验”（第29页）敞开。在“微弱的思想”（*weak thought*）这个隐喻中，后现代性哲学与对现实的虚构体验有关，即与阐释学本体论有关。阐释学本体论认为除了对我们的环境和状态进行阐释之外无他，因为“存在”不置身于“事件”之外，它在赋予自身历史意义的时候显现。

阐释学本体论或“微弱的思想”首先有赖于“结构破坏”策略。在此书的第二章“人本主义的危机”开始部分，凡蒂莫运用“结构破坏”策略将人本主义定义为“一种将人类置于宇宙中心并使其成为存在的主宰的视角”(第 32 页)。凡蒂莫认同海德格尔所说的如今人本主义因“上帝已死”和形而上学的衰落正处于危机之中。吊诡的是,人本主义危机的发生却是因为人类取代上帝成为宇宙的中心。换句话说,人本主义处于危机之中是因为尼采(*Nietzsche*)所宣告的虚无主义时代的到来。凡蒂莫运用“结构破坏”策略,致使“人本主义”和“形而上学”这两个术语从一般意义上的相互对立关系,演变为可自由互换的关系:人道主义即形而上学。为了进一步确认人本主义和形而上学的关系,他还对“技术”特性进行了探究。技术的全局计划,是将“所有实体”组织在“可预测的和可控制的因果关系”中,即世界的合理化。但这种计划在海德格尔和凡蒂莫看来,只不过是与理性形而上学同属一种逻辑过程的结论。技术的本质是形而上学自身,它宣称自己是唯一可能的现实世界,这与虚无主义所秉持的世界具有无限可阐释性的法则相矛盾,因而必须被驳斥。

二、关于“艺术的真理”

在第二章里,凡蒂莫向康德、黑格尔、阿多诺、本雅明、布洛赫、海德格尔、戈德曼、贡布里奇、库恩、盖伦等人开战,同时还讨论了先锋派理论、诗性语言理论、装饰艺术理论、艺术天才理论,以及艺术风格进化论和西方历史上的趣味理论等。通过这种论辩方式,凡蒂莫要“纪念”或“回忆”传统,但这并不意味着对传统毫无批判地返回,而是旨在尝试从传统内部歪曲并消解传统自身,擦除形而上学思想至今仍残留其中的痕迹,同时具有讽刺意味的是,形而上学的生命却不可避免地得以延长。因此,“回忆”或“纪念”总是与“克服”(*Verwindung*)相伴随。“克服”在海德格尔看来“既是一种接受(或‘顺从’)又是一种深化”,既暗含着“痊愈”、“治疗”或“愈合”的意思,又暗含着“歪曲”或“扭曲”的意思。“克服”形而上学时代意味着“颠覆”形而上学时代，以接受并放弃的方式超越形而上学，与此同时以多向扭曲形而上学进而榨干其力量的方式进行疗治。“微弱的思想”在克服并试图抛弃形而上学时代以完全进入后“现代性”时代的同时，清楚地知道这种尝试唯有在返回、歪曲、稀释、变形以及延长形而上学时代的情况下才能成功。凡蒂莫认为，当代哲学只能通过一种缓慢的“弱化”(*weakening*)方式来超越后者。“微弱的思想”没有也不能宣称自己废除了过往的一切，任何西方文化都不能说已经完全打破了自身宗教和神话的过去，并宣称自己的文化到达了真正与巫术或神话思想无涉的世俗基础。

在《艺术的死亡或衰落》一文中，凡蒂莫认为，艺术的死亡可以标志现代性终结的时代。吊诡的是，这个时代同时也是真理明确地显现为艺术体验的时代。艺术的死亡是一种复杂的现象，它至少采取了三种不同形式。第一，现代性终结之时的艺术品不再是特殊的事实，那些唯心主义美学所坚持的与其他话语形式隔绝开来的自治的艺术王国不复存在。艺术将其边界向当代文化的多元话语敞开，在吸收其他话语的同时，自身与众不同的“本质”或“原创性”逐渐消褪。第二，20 世纪大众文化的复制技术加速了艺术的死亡。本雅明认为大众复制时代的艺术作品，丧失了独一无二性和真实性(“光晕”)，这摧毁了西方美学至少从 17 世纪以来所坚持的艺术是一种与世隔绝的存在的观念。同时，20 世纪西方大众文化主要通过印刷物和电子媒体的传播制造了体验的普遍审美化。第三，高雅艺术在 20 世纪有规律地寻求自戕，是艺术死亡的第三种形式。很多艺术家拒绝大众艺术的媚俗(*Kitsch*)，或在静默美学中寻求庇护，或以否定传统审美体验特性的方式寻求庇护。与艺术死亡的多种形式相关的“艺术产品”，是体验“后现代性”真理的基础。这些“艺术产品”不再是传统意义上的艺术作品，因为它们故意歪曲艺术的传统定义，并以后现代的“克服”姿态，使这个传统定义在影像饱和的大众文化和大众传媒世界中凝滞。20 世纪的艺术，除了拥有不同的死亡形式之外，仅在“艺术产品”中继续存在。作为后现代“真理”基础的艺术体验，指的是后一种艺术（即“艺术产品”），在这种艺术中，针对艺术家而言的原创性和真实性已被大众文化世界压榨殆尽。在现代性的终结时代，“艺术产品”和“存在”分享着如同屏幕上闪烁的影像一样短暂的、飞逝的、被削弱的特性，并揭示了我们所生活的这个时代的真理。

在《诗歌语言的碎片》一文中，凡蒂莫关注这样一个问题：海德格尔说艺术作品建立或开创了一个世界意味着什么？诗歌作品能建立或开创一个充满意义的世界，这个世界允许我们“体验语言与必死性之间的联系”。诗歌作品具有被海德格尔称为“俗世的”维度的纪念碑特性，它与短暂性以及“必死性”捆绑在一起，它总是穿越时间，在喧嚣着逝者之声的过往及传统中，向倾听者说话。诗歌语言与“必死性”之间的这种联系，注定了它对我们而言是微弱的，且本质上是虚无主义的特性。它只能承担破碎和死亡的事物，而不能承担天才的永恒歌咏。这即是海德格尔所说的在艺术作品中“置入”(*setting－into－work*)真理，对真理的体验从本质上说是诗性的和艺术性的。

在第五章《装饰/纪念碑》中，凡蒂莫对海德格尔有关艺术和美学方面的哲学著述也做了大量阐释。在这一章里，他将注意力转向艺术作品的“本质”与被认为是其“装饰性的”或“点缀性的”特质之间的对立关系上，后者通常被看作是艺术的附加物或多余物。凡蒂莫有力地回击了认为装饰和点缀处于艺术作品边缘地带的观点，同时也回击了认为艺术作品具有“本质”的观点。阐释学本体论坚持认为本质和表象之间、主体和客体之间或者中心和边缘之间不再有什么固定不变的差别，这一理论同样适用于艺术作为真理向作品的“置入”。从后现代艺术作品的层面来说，艺术作品中的一切都是装饰，不存在用本质或中心在作品中区分出什么是恰当的，又或什么是不重要的、边缘的。在后现代性哲学中，装饰“变成”美学以及本体论式的沉思自身的核心要素。

在“艺术的真理”部分最后一篇《艺术革命的结构》一文中，凡蒂莫返回到对积极的后现代性哲学的定义中。他借用库恩的“范式”概念来说明艺术革命或艺术范式转变的非连续性。艺术史像科学史一样，显现为从一系列被普遍接受的思考方式或范式向另一系列的跳跃和断裂。库恩认为“范式”具有修辞学效果：一种范式对特定社会或社会群体的强制性力量与其说是通过科学实证来施加，不如说是通过说服人们相信它的力量来施加。当历史被完全世俗化时，历史目的论运动的终点与其说是某种“天堂”，还不如说是永恒的进步自身。在这个意义上，凡蒂莫注意到，“现代性”是一个“现代的”成为价值的时代，更是一个“现代性”成为基础性价值并为其他价值提供参照的时代。然而上面所说的不连续的历史审美模式，暗示了确实存在某些不同于现代性所提供的对历史和时间的体验方式。艺术与哲学的虚无主义一起代表了西方文化中迄今为止“后现代性”的最高级形态，艺术世界是一个在对真理体验方面大大超越了科学技术的形而上学的领域。

三、关于“现代性的终结”

在第三部分的开篇《阐释学和虚无主义》一文中，作者表达了阐释学通过阐释恢复文本或艺术作品的真理的观点。阐释学理论通常指向话语意义的重建，或者更广泛地指向作者或艺术家与他们的受众之间的理解何以发生。凡蒂莫认为对艺术真理的体验是一种非连续性的体验，是一种纪念碑式的体验，它是作为一种阐释和事件而不是作为一种稳定的意义结构出现的。艺术作品在其特性中公开展现了它的必死性，它永远朝着进一步的阐释（即其意义是不固定的）敞开的意思其实也就是与短暂性法则永远地捆绑在一起。凡蒂莫注意到，在艺术作品含义的恒久不稳定性中，“有一种丧失了根基却又与建立它自身密不可分的要素”，这正是在当下西方文化中为审美意识赋予价值的要素。对于凡蒂莫来说，审美意识是“一种对真理的体验，这种体验在实质上来说是虚无主义的”，它本质上不是历史的。

第八章《阐释学本体论中的真理和修辞》，是对阐释学本体论中语言和真理关系的详细论述。凡蒂莫指出“对于个人而言并非拥有了语言就能让对世界的所有体验成为可能”，作为人类体验世界之中介的语言，其现实的重要性有赖于它对每一个言说它的人的向心性。他反对伽达默尔将集体意识视为“好像[已经]是……秩序的根本”，也反对伽达默尔在其著作中认为当代世界建立在与传统“从根本上的连续性关系”之上的意见。他认同海德格尔的思想：在现代性终结之时，把诗歌和艺术视作哲学反思的最高形式。后现代性与形而上学传统决裂的努力——即对形而上学的“克服”——必须置于阐释学本体论的前景之中。虚无主义时代与传统之间的关系不再能够根据毋庸置疑的连续性而是得根据对激进的非连续性的诉求使人信服。伽达默尔对语言伦理特性的洞见，需要在对艺术作品的虚无主义体验的暗示中获得认证。

在第九章《阐释学和人类学》中，人类学家和人种学家遭遇原始文化时的当代体验被阐释为后现代“存在”之衰弱的又一可能症候。理查德·罗蒂在《哲学和自然之镜》(1979)中认为，当代哲学应该成为一种文化人类学或文化阐释学，其框架根据研究的具体条件发生变换；当代哲学也应该成为不同心灵、文本或文化之间在特定环境下随机发生的“对话”，而不是对真理、客观性和理性绝对不变的特性的寻求。凡蒂莫认同这种意见，但不赞成对人类学和阐释学做排他性的定义，因为以文化人类学或文化阐释学为基础的“他者性”(*alterity*)概念，没有充分考虑到西方科学技术在当前的国际支配性，原始文化中可信赖的“他者性”，在后现代思想中正变得越来越难以为继。凡蒂莫认为“他者性”的消失，表明传统的人类学和阐释学所倚赖的各种形而上学自身也处于消解中。“他者性的消失不是实现将世界组织化梦想的一部分”，而是所有文化都将成为“边缘的和混杂的这种污染蔓延的环境的一部分”。

在结语一章《哲学中的虚无主义和后现代》中，作者整体性地回顾了他在此书中对后现代性哲学所做的详细说明，并提出新的洞见。他提出这样一个问题：我们如何可以言说我们现在处于比现代性稍后的位置（或现代性正在终结），而与此同时拒绝对现代性进行批判性颠覆和保留的可能性呢？他对这个问题的回答是：唯有通过接纳和反思“克服”这个概念，后现代性和现代性之间特殊的批判关系才有可能被具有哲学上的严谨性。凡蒂莫将后现代性哲学的起点定位在尼采的著作中。需注意的是，后现代不能仅限于现代性终结后的特殊历史时代；后现代更是对形而上学终结和历史终结的体验。如果后现代性是对现代性的“克服”，那么我们就可以说后现代性是对现代性的重复（*repetition*），它还没有接受现代性之为现代性，或还没有完全承认现代性的合法性。这是一种带有讽刺性差异的重复，因为后现代性不可避免地延长了现代性的各种名目，并且将自身托付于后者，它还尝试朝着其他方向扭曲后者，使其自我对立。对现代性的“克服”，从根本上来说是一种讽刺的姿态，是在面对西方传统时拒绝任何英雄式的或罗曼蒂克的态度。现代性的衰落也为一种新的思想开端创造了条件，这让我们可以把哲学虚无主义看作一种对当代世界危机负责任的而非绝望的反应。

四、简要评价

《现代性的终结》将海德格尔置于非常中心的位置，并且敢于暗示现代性的终结近在咫尺。在其他当代哲学家如利奥塔和哈贝马斯已经对后现代性问题进行了深入探讨之后，凡蒂莫论述后现代性问题的原创性，体现在将“本体论”和“存在”问题当作理解现代性终结的钥匙并坚持向其回归的主张上。尽管凡蒂莫的理论从整体上来说还停留在尼采和海德格尔影响力的轨道中，但他对虚无主义、阐释学、本体论和后现代性问题的合成式研究，在当代哲学全景中还是别具一格的。值得称许的是，尽管凡蒂莫从其他思想家那里借用了大量概念并将其同化，但他的研究并不是折中性的或派生性的。“微弱的思想”可以理解为一种思想的风格而不是一种完全发展和具有内在一致性的哲学体系。他把“存在”的“衰落”描绘成哲学重构的机会，而不是描绘成颓废的征兆和宣告。他所说的虚无主义的价值是即便现在没有人能够确切地告知世俗哲学和世俗文化会在何时且以何种外观出现，但这种哲学和文化的序曲现在已然响起，从神学到辩证逻辑的所有形式终将被弃置一旁。

（万　娜）

陶丽·莫依

性与文本的政治:女权主义文学理论 1985年*

陶丽·莫依(Toril Moi,1953—),挪威当代女权主义文学批评家,主要著作除该书外,还有《克里斯特瓦选集》(1986)、《法国女性主义思想导读》(1987)、《西蒙·德·波伏娃:一个智识女性的形成》(1993)等。作者自认为该著作处于女权主义理论发展的第三阶段。

一、该著作的基本情况

该书集中介绍了女权主义文学理论作为知识传统的两大主要流派:英美流派和法国流派,深入细致地讨论了各流派中最有代表性的人物,综述了研究领域中的主要趋势,总结了20世纪60年代至80年代中期女权主义的文学批评理论,提供了女权主义理论对

* [挪威]陶丽·莫依:《性与文本的政治:女权主义文学理论》,林建法、赵拓译,长春:时代文艺出版社1992年版。文内引文,只注页码。

文学作品的不同探讨和阐释,最重要的是讨论了女权主义批评实践范围内所运用的方法论、原则和政见。可以说,这部女权主义理论学术史的主要内容是关于理论的理论,是用哲学的思维来研究文学理论,所以被视为曲高和寡、颇费思量的晦涩之作。该书结构规整,其主体分为两部分,各占一半篇幅:第一部分为"英美女权主义批评",共四章。在之前的"绪论"内,介绍了英美派的鼻祖、英国的弗吉尼亚·伍尔夫遭受的来自后辈女权主义者的多方面攻击,莫依为她进行了解释和辩护。接下来的第一章评介了女权主义的两部经典,一是美国凯特·米莱特的《性政治》(1969),一是美国玛丽·埃尔曼的《想想女人们》(1968)。第二章研究了活跃于 70 年代的美国以研究男性笔下的女性成见为主的"女性形象"批评派。第三章介绍了"研究女作家作品"的三部重要经典:即爱伦·摩厄斯的《文学女人》(1976)、爱莲·肖瓦尔特的《她们自己的文学》(1977)、桑德拉·吉尔伯特与苏姗·古巴尔合著的《阁楼里的疯女人》(1979)。第四章为"理论反思",主要探讨安奈特·克劳德尼的两篇论文《界定"女权主义文学批评"的几个笔记》、《跳过雷区:对一种文学批评的理论、实践及政治的几点看法》,爱莲·肖瓦尔特的两篇论文《走向女权主义诗学》和《荒野里的女权主义批评》,以及迈拉·捷莲的论文《阿基米德与女权主义批评的自相矛盾》。

第二部分为"法国女权主义理论",共四章。第五章介绍了法国女权理论的某些流派:存在主义女权主义(代表作为西蒙·德·波伏娃的《第二性》)、马克思主义女权主义(代表作品为该流派成员合著的《女人写作》)、1968 年后诞生的法国新女权主义(代表作为朱丽叶·米特歇尔的《心理分析与女权主义》)。以后的三节介绍了法国女权主义理论三个主要代表人物。第六章介绍了法国派代表之一的埃莱娜·西泽丝,她集中探索女人、女性气质、女权主义和文本生产之间的关系,分析了她的代表作《新生女》(与他人合著,1975)、《美杜莎的浪笑》(1975)、《阳具还是脑袋?》(1976)、《谈谈写作》(1977)。第七章主要研究了路丝·伊利加瑞的博士论文《另一种女人的镜子》(1974)。第八章剖析了朱莉亚·克里斯特瓦语言使用中的性别差异研究、性别歧视研究及她的女权主义、马克思主义、无政府主义思想。

二、主要的理论特点

1. 探讨女权主义批评的方法论、范式和写作观念。与一般学术史著作不同,此书的特点之一是它不纠缠于某个具体结论,而是集中讨论女权主义批评所使用的方法论、范式及在背后操纵写作的观念,并对之进行政治上的评价。正如作者所说,“本书旨在研讨女权主义批评的理论方面”。例如,她对克劳德尼的论文《界定“女权主义文学批评”的几个笔记》的评价就是如此。该论著给“女权主义批评”下了种种定义,主要目的是要把“女人写作”作为一个独立的范畴来研究。在方法论上,作者认为可以使用“归纳法”对文学中的女性风格做出许多结论,判断的标准是这些东西是否“复现”。同时,她还倡导一种女权主义的“比较论”,认为在界定“女性模式”时,必须描绘出它的对应模式,即“男性模式”。她规定女权主义批评的任务是“为自己规定一套分析风格与形象的严谨周密的方法,并在不带先入之见或预定结论的前提下,将这套方法运用于具体个别的作品”(第 93 页),并将政治意识形态与审美评判相分离。陶丽·莫依说,所谓“女人写作”和“男性写作”的区分所依赖的标准必定是社会已有的成见,即“无意识的先入之见”。这些“先入之见”会直接影响作者所做的区分或比较,也会影响我们对于各个独特的、个体性的作家的阅读。同时,她指出克劳德尼的观点植根于“新批评”的土壤,在方法论上借鉴良多,而对“新批评”的教条不加怀疑、全盘接受的态度则令人质疑。

2. 通过梳理学术史来阐述个人的学术主张。此书的特点之二是,它既是一部女权主义文学理论的学术史,又是作者以撰写学术史的方式来阐述个人学术主张的一部著作。所以,它既有总揽全局的精准点评,又不停留在一般"学术史"的概述上。作者是在自己鲜明的学术立场上来梳理学术史,常常对作品进行大开大合的褒贬,带有强烈的主观色彩和个人风格。该著作首先涉及对整个女性主义学术史和学术著作的理解问题,如一针见血地指出:"尽管《第二性》一书所信奉的是社会主义,但此书的理论基础并不是传统的马克思主义理论,而是萨特的存在主义哲学。"(第117页)莫依掌握了大量女权主义理论的资料,又善于择取他人精彩的学术成果来为自己的著作增色。所以,在该书中不仅可以欣赏作者的智慧,也可以欣赏到其他理论家的风采。她对法国女权主义理论家西泽丝的批评就很好体现了这一点。

莫依在对米莱特《性政治》的点评中,尤能见出她大刀阔斧而又不失基准的风格。她先是准确地概括了《性政治》的内容,然后又以激情四射的语言高度评价了该书的价值:"此书铺垫了女权主义作为一股批评力量通向文学的道路,其冲击力使之成为英美批评传统中后来所有女权主义批评著作之'母'和先锋",它纯粹的内容批评"标志着与'美国新批评'的意识形态的决裂",它"反偶像崇拜式的阅读"摒弃了男性创造的文本与读者的接受等级制,打破了读者被动接受的局面,完全符合女权主义的政治目的,因此,"作为一名读者米莱特既不会屈从也不会太像贵妇:她的风格很像大街上强头强脑的捣蛋鬼,转来转去要向作者的权威性挑战"(第32页)。从修辞学角度讲,《性政治》是一个出色的有机整体,一记击中了父权制心窝的重拳。但是,莫依对于该书的缺点也毫无回避。

3. 以取消男女二元对立为基本观点。该书特点之三是它深受解构主义(尤其是德里达)和后现代主义思潮的影响,认为女权主义者必须抛弃把理论作为男性活动而否定之的观念,并以取消男女二元对立为基本的学术主张。在该书的中文版序言中,莫依写道:“60年代以来,欧美女权主义者们一直力图证明:西方文学与文化传统是根深蒂固地囿于父权制价值体系之中的。许多西方女权主义批评家倾向于把理论研究作为一种必然是抽象的、男性化了的(或父权制的)活动而否定之。我的书是对此种观点的一种反驳。”西方文化的成见是男性为“理性”、女性为“感性”,这种成见导致不少女权主义者敌视“理性”和“理论研究”。但作者认为“理性”并非男性的专有物,应该去除这样的标签及其底下的二元对立观念,认为“女权主义者必须也必然地要成为理论家”,否则就不能“智胜于那些父权权威的智辩”。作者认为,女权主义者所倡导的“平等论”、“差异论”,都是以男女二元对立为基础,但更理想的社会应该是超越男女二元对立之上的社会。

莫依分析了以肖沃尔特、斯塔布丝文为代表的英美派女权主义者,认为肖沃尔特的“统一自我观”是她女权主义的重要思想,但也恰恰就是西方男性人道主义的核心观点。肖沃尔特的“统一自我观”,来自卢卡契的人道主义美学。卢卡契认为,无产阶级人道主义的目的是要重建完整人的人格,使他不再遭受在阶级社会里所遭受到的扭曲和肢解。在他看来,伟大的现实主义是把人和社会作为完整实体来描绘的,而不是仅仅展示出他们的某个方面;而现代主义绝对内省的、片面的描写方式是对人的扭曲和肢解,代表了主观主义、个人主义的残缺心理的极端形式。莫依认为肖沃尔特以“统一自我观”和现实主义的标准来批判伍尔夫,有失公允。伍尔夫的小说是一种“解构”的写作形式,她“通过有意识地挖掘语言的游戏性和感觉性,摒弃了突出强调男性思维体系的形而上学本质主义;摒弃了那种把上帝、父亲或男性生殖器奉为其超验所指的观念”;她“在一个依旧壁垒森严的男性秩序中,竭尽全力地按照她自己那样的女人去生活,社会要她服从性别特征的界说,而她却把那样残缺不全的界说置之度外……她深知女权主义斗争的目标恰恰就是要解构男女性别间那种水火不容的二元对立”。最后一段话,可谓是莫依的夫子自道。

总之,《性与文本的政治》勾勒了20世纪80年代初之前西方女权主义文学理论的全景,并在深入了解各家路数的基础上提出了自己的见解。《妇女周刊》评论说:“该书既非纯客观的文献资料,亦非心胸狭隘搞分裂的争辩,而是一部值得我们敬佩的书。无论我们是否赞同莫依的理论,此书仍不失为一部完美之作:有独到见解又能自圆其说。该书虽然旨在作为‘女权主义文学理论引论’,但却成为女权主义理论建筑中登峰造极的典范。”(第227页)

(丁幸娜)

格林布拉特

通向一种文化诗学 1986年*

斯蒂芬·格林布拉特(Stephen Greenblatt,1943—),美国加州大学伯克利分校教授,“新历史主义”创立者之一。“新历史主义”作为一套批评方法,被格林布拉特称为“文化诗学”。其著作有《文艺复兴时期的自我塑造:从莫尔到莎士比亚》(1980)、《莎士比亚的协商》(1988)、《学会诅咒:早期现代文化论文集》(1990)等。1986年9月4日,他应澳大利亚大学之邀做了一次演讲,在演讲中他对“新历史主义”的概念、此理论提出的背景、方法和对象进行了生动而深入浅出的解释。这次报告题为“通向一种文化诗学”(*Towards a Poetics of Culture*),集中体现了“新历史主义”在同时代理论交流中的“协商”本质。

---

* 见《文艺学和新历史主义》,中国社会科学院外国文学研究所《世界文论》编辑委员会编,北京:社会科学文献出版社1993年版,第123－139页。文内引文,只注页码。

一、"新历史主义"是一种批评实践

在《通向一种文化诗学》开始，格林布拉特就明确地表示："新历史主义"至少可以被"界定为一种实践——一种实践，而不是一种教义，因为就我而言，它根本不是教义"(第123页)。作为一种理论方法，"新历史主义"是在某种特殊的理论语境中发展起来的，一方面"新历史主义"反对实证论的历史研究，另一方面它对美国学界的"理论热"持一种开放的态度，特别是接受了法国福柯的后结构主义理论和欧陆的人类学、社会学理论的方法。从论争性的角度来说，"新历史主义"也是通过对以杰姆逊为代表的新兴的马克思主义批评方法和以利奥塔为代表的解构主义批评模式的批判，形成自身的特殊立场与方法的。格氏指出，马克思主义批评的最大困境就是从某种社会理论前提出发，从对资本主义文化生产方式的某种"构想"出发，来对待文学、文化文本。在杰姆逊的批评理论当中，这一点体现得最为明显。他以杰姆逊的《政治无意识》为例说明这一点，指出杰姆逊在政治性和社会性文化文本和与之相反的文化文本、审美性文本之间看到差异，并且认为这是资本主义生产方式造成的文化"私有化"、差异化以及物化的结果。这种生产方式使得文学文化文本成了一种"异化"的领域，是不自由的资本主义机制制造的伪自由的幻象领域。因而，杰姆逊的批评方法就是打破这种幻觉，通过将文学文本看成是一种社会无意识的显义文本，而重建文学文化文本和社会政治文本的总体性。并批评这实际上是"政治和文化不分"(第126页)的做法。这一做法的危险之处恰恰在于它不能解释"文化"生产的社会性，而只能将文化及其社会生产机制对立起来，因为其未言明的前提是"文学"或"文化"在前资本主义时期是独立于经济运作的"光亮可人的总体性"领域，而只是到了现代资本主义时期，"文学"或"文化"才堕落为一种私人化的、单子化的意识形态形式。

二、不满利奥塔将资本“话语化”的后现代主义做法

此外，格林布拉特也不满于利奥塔将资本“话语化”的后现代主义做法。在利奥塔的理论表述中，现代社会毋宁说是一系列知识理论意义上的“价值对立的二元论”建构形成的，在现代知识建构过程中，理性话语对“理性与感性”、“自然与社会”、“普遍与个体”等二元对立的话语进行了统一的规训。而资本的运作，就是这种统一规训、抹杀差异性的话语机制的运作。“资本要的就是单一的语言和单一的体系，它一刻不停地提供它们。”(第128页)资本主义运作同时也就是用“独白话语”消灭心理以及个人之间的区别、消灭政治文本和文化文本之间差异的过程。在这个意义上说，利奥塔的后现代主义批评观的结果，与杰姆逊的马克思主义批评观的结果是一致的，那就是不再区分非文化文本与文化文本之间的原则性差异，“在实践上，杰姆逊把资本主义当作压制性话语区分的媒介，而利奥塔则视之为独白话语一统化的媒介”(第130页)，最终只能用一元化的政治批评方式或话语政治批评方式，切入对文化文本的阅读和阐释。对于格林布拉特的“新历史主义”来说，作为现代文化现象在其中产生的“资本主义”，并不是“一种一元化的恶魔式原则，而是发生在一个既无天堂式起源，也无千年至福式期盼的世界上，一种复杂的历史运动”。在这种复杂历史运动中不存在某种单一的决定性因素，也不存在单一的决定性话语，“而只会产生一些趋于区分的冲动与趋于独白话语组织的冲动在其中同时发生作用”(第130页)。在这种复杂的历史运动中，经济、政治、文化、审美、经验之间的关系是互动的、互相生产的，所有这些历史领域内的精神现象构成了文化文本的整体，要理解其中

的一种，必须从它与其他各种生产之间的关系入手，因而“新历史主义”的批评就是一种“文化诗学”。

三、在“文化诗学”的视阈下

在这种“文化诗学”视阈之下，艺术话语与政治话语、人工制品与自然、艺术与生活之间的传统区分被打破了。它们之间的关系是既区分又相互建构的一种“震荡摇摆”的关系。格林布拉特在讲演中举了三个例子：第一个例子是美国总统里根在其政治生涯的紧要关头，经常在不经意间援引他昔日出演过的通俗电影中的道白。在这里，体现了审美与真实之间功能性区别的消解。审美不再是提供人们选择的另一个领域，而是一种强调我们生活在单一领域，即文化领域之中的手段。虚构的艺术话语与政治话语“流通”的特质在于，“疆界的确定和消解，在各具明确界限的事物与独白话语一统天下这两极之间摆动”(第 133 页)。作为文化文本，艺术话语和政治话语处在同一种生产的结构当中。在这个整体性的生产结构当中，并非是政治话语在决定虚构的艺术话语，而是相反，文学艺术和社会生活的各种因素之间震荡消解，相互融合，相互流通，构成了日常生活的文化“诗学”建构。

他举的第二个例子是“约塞米蒂国家森林公园”。在这里，娱乐、消遣、美学、公共领地、私人财产结合在一起。借此他要说的是艺术与自然的界限早已被打破，根本不存在一种没有“文化化”的纯粹自然了。(第 134 页)第三个例子是美国作家梅勒与杀人犯的互动，共同创作，制造出引起轰动的小说的例子。梅勒在小说创作的成功运作中，肯定包含有各种社会利益和社会力量的驱动，有着各种社会力量的参与，因此文学创作并非仅仅是作家纯粹的想象的产物，而是一种社会生产活动。这个例证说明，“隐指、象征、寓言、再现”以及“摹仿”这类传统文学批评术语，对复杂的文学生产已经不再敷用了,文学不仅仅是对现实的单向摹仿,“我认为若把这一过程视为单向的——从社会话语转为审美话语是一个错误”,文学和现实之间有更复杂的生产机制,在这里,物质的社会因素要转变为审美内容,必然使审美的内容渗透着社会效用、媒体和作家等人的经济利益、诸种社会因素的隐形谈判和潜在交易等等,所以,作为文学与艺术的审美活动与社会生活的关系是多向往返的、多层面的、多声部复调的。因此,“我们需要有一些新的术语,用以描述诸如官方文件、私人文件、报章剪辑之类的材料如何由一种话语领域转移到另一种话语领域而成为审美的财产”(第137页)。

四、“新历史主义”、“文化诗学”的要点

格林布拉特最后总结道:对“新历史主义”的实践方法来说,“艺术作品本身并不是位于我们所猜想的源头的纯情火焰,相反,艺术作品本身是一系列人为操纵的产物,其中有一些是我们自己的操纵(最突出的就是有些本来根本不被看作是‘艺术’的作品,有的只是别的什么东西……),许多则是原作形成过程中受到的操纵。这就是说,艺术作品是一番谈判(negotiation)以后的产物,谈判一方是一个或一群创作者,他们掌握了一套复杂的、人所公认的创作成规,另一方则是社会机制和实践。为使谈判达成协议,艺术家需要创造出一种在有意义的、互利的交易中得到承认的通货”(第138页)。整体上看,“新历史主义”的“文化诗学”观应包括这样几个要点:1. 它是一种综合性的方法,跨越文学与非文学、历史学与人类学、艺术学与哲学、政治学与经济学等学科的界线,对所研究的对象持一种综合性的多维视角。2. 它力图打破文学与历史之间的壁垒,从而打破文学审美自主性的神话,开始从广阔的社会领域发现审美的踪迹。文学文本不仅仅是人类审美活动中的一种特殊形式,审美的事件与形象的力量也潜存于社会历史存在的各

个角落。实际上一方面可以说文学文本参与了历史的构成，另一方面历史与现实又是文学得以发生的物质条件和社会基础。3.“文化诗学”把文学艺术的文化文本看作是社会交往的一种“协商代码”，它曲折地反映着社会整体性的意义生产和意义流通的机制。“在谈判和教益的隐秘处”(第 139 页)揭示这一参与构成历史的机制及其结构，正是“新历史主义”批评的任务所在。

（傅　震）

理查德·罗蒂

语言的偶然 1989年*

理查德·罗蒂(Richard Rorty,1931－2007)美国当代有影响力的实用主义哲学家、思想家之一。1967年出版《语言学转向——哲学方法论文集》一书,在哲学界扩大了“语言学转向”这一术语的影响,其著作《哲学与自然之镜》(1979)奠定其作为新实用主义领军人物的地位。1982年,理查德·罗蒂发表了论文选集《实用主义的后果》(1982),为哲学打造了一个截然相反的形象,强烈地冲击了传统的认识论和形而上学。理查德·罗蒂一生著述颇丰,范围很广,其著作主要有《偶然、反讽与团结》(1989)、《哲学和社会希望》(1999)、四卷本的哲学论文《客体、实在与真理》(1991)、《后哲学文化》(1992)、《真理与进步》(1998)、《筑就我们的国家》(1998)等。罗蒂利用英美“分析哲学”的方法和精密推论,结合语言学转向和解构主义思想,发展出一套独特的“新实用主义”思路。

---

* [美]理查德·罗蒂:《偶然、反讽与团结》,徐文瑞译,北京:商务印书馆2003年版。

一、理论背景介绍

实用主义(Pragmatism)是从希腊词 πραγμα(行动)派生出来的,产生于19世纪70年代,作为一种奉行实用、希望哲学贴近生活的理论派别,符合了20世纪美国经济飞速发展的实际利益和需要,在美国成为一种主流哲学思潮,甚至被视为美国的半官方哲学。在文学方面,则主要强调文学的审美经验,关注文学在不同语境下的解释以及不同语汇的不可通约性,奉行多元主义态度。理查德·罗蒂《语言的偶然》一文,是《偶然、反讽与团结》一书的第一章,是其哲学与文学立场的一个总结,至今在哲学、文学、宗教、伦理等领域仍有一定的影响。书中的文章是在一系列讲座的基础上整理出来的,主要目的在于提出问题,引发思考,而非得出结论。罗蒂在该书的前言中也提到,这本书的探索是在总结戴维森、弗洛伊德、黑格尔、德里达、福柯、哈贝马斯等人的观点之后做出的尝试。《语言的偶然》这篇文章,继罗蒂的《语言学转向》之后,展示了实用主义哲学对"语言学转向"的思考。它对于经验主义和实证主义真理观的反拨,也为后现代文学和语言理论提供了哲学依据。该文试图否定标准科学、认识论的确定性,以此来终结对于真理问题的争论,试图在实证主义和经验论之间找到一条中间道路,即实用主义的道路。罗蒂的哲学思想既不同于传统的分析哲学,也不同于传统的实用主义,因之在杜威之后被称为"新实用主义"。

二、真理的偶然性

罗蒂在这篇文章的第一句就提出"真理是被制造出来的,而不是被发现到的"看法。针对英美"分析哲学"的真理实在论,他不承认语言、真理和实在之间可以达到统一。他认为,我们并非发现真理，而是用语言来创造真理。真理作为对世界的认识，只是一种“隐喻”的说法。无论是自然界还是人类的精神领域，都不存在一个有待于表现或者被再现的“内在本性”。历史上形而上的真理观只是一种相信上帝存在，相信上帝设计世界的信仰，只是一种描述世界的语言方式。接着，罗蒂论述了乌托邦政治和浪漫主义所带给我们的观念，并且认为康德和黑格尔所代表的德国观念论，在真理问题上无法令人满意。虽然他们承认真理是制造出来的，但还是希望哲学能够发现更高的真理——人类本性。因此，只要还承认存在更高的真理等待被发现，无论是在科学领域，还是在心灵领域，都不是完全彻底的真理观。作为符合真理的观念，都是不能兑现的和过时的“隐喻”。“世界不说话，只有我们说话。唯有当我们用一个程式语言设计自己之后，世界才能引发或促使我们持有信念。”

罗蒂不承认上层建筑与经济基础之间的联系，而是将上层建筑的转变作为一种习惯的改变，即认为这种转变既非一致的行动，亦非论证的结果，而是丧失了使用若干字句的习惯，并逐渐习惯于使用其他字词。真理问题将分散于不同的语汇当中，我们不能证明一种语汇优于另一种语汇，同样也无法证明哪一种语汇更加符合真理。因此，对于真理的选择都是偶然的结果。人们的选择既不是运用判断，也不是任意行动的产物。在这种事情上，我们既不应该向自己的内在世界也不应该向外在世界寻找决定的标准。唯一能够选择的只是自己所使用的语汇。罗蒂认为，寻找世界或者人类本性的行动，实际上就是挑选一套语汇并且赋予其优先权。但世界并不因此而改变，实在界(reality)的大部分根本无关乎我们对它的描述。在这一点上，罗蒂似乎倒向彻底的机械唯物主义，放弃了意识的能动作用以及对于物质世界的反作用，而执著于将物质世界和意识世界划分为截然不同、彼此独立的两个部分。在另一种意义上，罗蒂又倒向了彻底的语言决定论。新人类的诞生是“语言的转变”的结果。这种新人类是“不曾存在过”的，是不对某种非人的权力负责的。但罗蒂没有想到，如果他否定了人的本质，同时也无法界定什么是“非人”的权力。实际上，罗蒂的所谓“真理”，只是实用主义式的“经验”的等价物，它既不承认“感性认识”和“理性认识”之间的差别，也不承认实践对于真理的检验作用，甚至提出所谓的“捕捉到真理”只是一种恭维，在强调经验能动性的同时，抹杀了经验的客观基础，认为经验对象是由意志所创造的，经验本身则是一种处于混沌状态的东西。在经验活动中，追求一定目的、兴趣的意志力，使人把注意力集中到适合其目的、兴趣、愿望的经验上，并使这部分经验固定起来，赋予它以“客体”的独立地位。所以，对实用主义者来说，对象客体是意志从经验中切割出来的片断，经验和认识的主体也不过是在经验中支配经验活动的意志、目的、兴趣和情绪等而已。这就把人的意志作用绝对化，陷入了主观唯心主义和唯意志论。抽空了真理概念的价值内核，认为它只是一个得不偿失的术语，其带来的混乱远远大于它所创造的益处。在重新定义“真理”、“知识”这些概念之后，罗蒂希望抛弃旧有的符合理论，建立新的评价标准。在如何评价新的语汇的标准上，罗蒂提供了一个全体论式实用主义的答案，新的语汇是要用新的角度，绕开以往的传统问题，去发现新的问题。由此便可以脱离以往哲学的评判标准，直到创造的语言行为模式足以引诱新兴一代去使用。由此，罗蒂的真理观只能建立在对“新异性”无限的追求上面，传统的“认识问题，解决问题；认识新问题，解决新问题”的循环被替换为不断用新的语汇去打破旧有的观点；社会的经济、政治、文化基础被替换为单纯的语言游戏，在索绪尔语言学和解构主义的影响下，语言作为人类的创造，仅仅指向其自身。我们根本就没有必要找寻判断的标准，因为在语汇的转换过程中，“判断”和“选择”等概念就失去了意义。

三、语言的偶然性

“语言学转向”是用来标识西方20世纪哲学与西方传统哲学区别的一个概念，即突出表现语言和思维之间的同质关系，将语言作为思考一切、反思自身的唯一基础。罗蒂试图用语言的偶然性来证明真理的偶然性。作为一种新维特根斯坦的语言观，罗蒂否认了通往真理的永恒之路，真理只是语句的一种性质。我们唯一能够拥有的，只是我们所创造的词汇。罗蒂不断主张，在我们对语言的使用中，至关重要的不是发现真理，也不是哈贝马斯所谓的“公共交流领域”。语言仅仅指向其自身，而非客观实在。论文从戴维森的语言哲学出发，摈弃语言是一种媒介的观念，语言不再是再现世界和表现自我的工具。罗蒂认为，正是这种语言是否符合实在的理论，造成了怀疑论、观念论和实在论的无休止的争论。由于不同的语汇是不可化约的，因此，我们完全没有必要试图用一种语汇去解释另一种。我们所要做的事情，只是关注语言的工具意义及其是否具有效果。至于两种信念是否产生矛盾，不应该尝试去回答。我们不需要对于传统问题穷追不舍，而是发明新的工具，使用新的工具。罗蒂否定了不同语汇之间的互相联系和历史渊源，他将语言比作绘图或者搬运所使用的工具，认为学会了新的，就要丢弃旧的。这就忽视了语言作为一个庞大系统的复杂性与稳定性。戴维森对于语言偶然性的论述，试图摆脱语言的任务在于表现事实和再现事实这一论点，打破主客体二分的图像。他认为，我们所要达到的沟通只是我们的暂定理论趋于一致的倾向，我们的语言只是许许多多纯粹偶然的结果。因此，隐喻和本义不存在意义上的不同，而仅仅是一种交谈中制造效果的方式。而且，一旦被重复、流行起来、到处流传，就会成为语言游戏中的惯常行为，从而不再是一种隐喻。罗蒂引用戴维森的语言理论，其目的在于，一旦我们承认隐喻和本义不存在根本意义上的区别，我们所做的只是在不同的语言和隐喻之间做出比较，而无法考证语言和真实世界的“符合”。在使用戴维森的理论之外，罗蒂还在公共语言和私人语言之间做了严格的区别，并且以判断标准的相对主义，从语言的偶然性推导出道德的偶然性，证明历史只是由越来越有用的“隐喻”所构成的。

四、评价与影响

《语言的偶然》这篇文章的意义在于，它引起了我们对很多重大观点的重新思考。在对于后现代语境的重新考虑之后，罗蒂希望人们能够接受语言的偶然性、自我身份确认的偶然性，接受人类共同体的概念。他在后面的章节寄希望于“自由反讽家”，希望他们能够建立“最终语汇”(final vocabularies)，以消除“残忍”(cruly)。但对于偶然性的片面强调，忽视了事物存在规律性的一面，也因此招致很多反对的意见。罗蒂早年受到严格的“分析哲学”训练，却在日后否定传统哲学的追求，因此成为备受争议的人物。有人说他是相信真理可有可无的相对主义者；有人说他找回了100年前实用主义的传统，即将真理视为人在面对周遭世界斗争时所创造的，而不是突然发现的简单的永恒的东西。

（宫　铭）

德里达

文学行为 1992年*

雅克·德里达(Jacques Derrida,1930—2004),法国思想家,解构主义代表性人物。1967年连续发表了《书写与差异》、《论文字学》和《声音与现象》三部书,奠定了他解构主义宗师的地位,其他著述还有《多重立场》(1972)、《哲学的边缘》(1972)、《文学行为》(1992)、《马克思的幽灵》(1994)等。

一、文学是一种奇怪的建制

作为解构主义者,德里达的思想锋芒指向的是整个西方形而上学传统。因此,对他而言,并不存在哲学、文学等的区别,它们都是逻各斯中心主义的不同表现形式,也是写作的不同形式。"什么是文学"是文学理论需要回答的首要问题,可是,德里达认为这个

* Jacques Derrida, *Acts of Literature*, eds. Derek Attridge, New York and London: Routledge, 1992. 文内引文,只注页码。

问题与其说是一个文学理论问题，不如说是一个哲学问题，因为它追问的是对文学的本质的表述，目的是为了将文学同非文学区分开来。传统的对文学的区分及其基础的建构，都源自哲学。而反过来讲，也可以说“文学是什么”这一问题，又颠覆了哲学的那种对本质的执著和对真理的设想。所以，应区分开历史叙述、文学虚构与哲学反思。德里达认为，文学是一种允许人们用任何方式来讲述任何事情的一种虚构的社会建制。它不仅是一种建制的虚构，也是一种虚构的建制。因为要讲述一切，它就要通过形式化把一切意象汇聚到一起，但同时，文学的规则也倾向于蔑视或消解法则，它会在讲述一切的经验中去思考法则的本质。这是因为，文学作为一种历史性的建制，有其自身的规约和传统，但是这种虚构的建制又允许文学讲述一切，这就自然允许它可以摆脱规则，质疑规则。

在德里达看来，在“文学”与“美文学”或“诗”之间做出区分是必要的，因为它们尽管并非完全不同，但是诗、史诗等并不需要去遵循被称作“文学”的规约或传统，现代意义上的“文学”只是晚近的产物，它构成了一种文学生产的制度或社会—政治空间，并影响到了作品的内在结构。因此，文学并不是自然的存在，它并不具有一种天然的本质。20世纪的文学创作，比如乔伊斯、莫里斯·布朗肖、卡夫卡等人的作品，本身就是一种反传统的文本，它们刻写在对文学的批判性的体验之内，事实上引发了我们关于“文学”的思考:文学是什么？它来自何处？我们应如何对待它？所以，它们都是对传统文学建制的一种遗弃，因此它们也带来了文学建制的危机。所以，也可以说，文学本身就是一个悖论性的结构，它的开始就是它的终结。“它开始于同其自身的制度性的某种关系，换言之，它的脆弱性、独特性的缺失以及对象的缺失。它的起源问题立即成了它的终结问题。它的被建构的历史就好像一座基本上从未存在过的纪念碑的废墟。它是废墟的历史，是生产出被讲述的、永远不会成为在场事件的记忆的叙述。”(第 42 页)在“文学”制度之内已经蕴含了对自我的解构,因而,“文学”的制度就是毁灭自我的制度,这一规约制度永远都不会完成。所以,德里达认为,没有任何文本在实质上属于“文学”,文学也没有所谓的纯粹的独创性,人们可以对任何文本进行“非超验式”阅读。所谓“超验式”阅读,是指超越对能指、形式和语言的兴趣,直接指向意义和所指的阅读。这种“超验式”的阅读表明,文学没有本质,所谓的“文学性”不是文本的自然本质和内在特性,“它是与文本有意向性关系的关联物,这种意向性关系作为一种要素或意向性层面而被整合进入文本自身,不管怎样,是传统或制度—社会的规则或多或少所固有的观念”(第 43 页)。这样,文学性就变成了一种现象学式的意向性关系的关联物,它存在于知性结构和阅读之中,文学的本质是在书写和阅读“行为”的独创性的历史中被生产出来的一套客观的规则。

但是,仅仅终止对文本的“超验”的阅读,还并不能够真正解决文学问题,因为没有任何一部文本能够避免这种“超验式”的阅读,而且,在拥有哲学内容之前,像写作或阅读这样的文学经验,首先是一种哲学的经验。此外,如果说被宣称为文学的东西,永远不会赋予自身“文学”这种本质的话,那么一部仅仅谈论文学或自我指涉的著作很快就会被抹掉。所以,“文学”处在本体论的边缘,它永远不会成为科学的、哲学的或者对话的。但与此同时,文学又要对这些话语开放,所以,“文学”问题往往被语言的本质、真理与本质问题所纠缠,文学与哲学交叉在一起,使“文学”和阅读的传统深受“形而上学臆断”的支配,它们以各种方式栖息在文学与阅读之中,它们穿越了语言、语法和文化,因而成为一种结构性的存在,比如说主题、语态、形式、不同的体裁风格,等等,想要清除它们就变得不太可能。德里达认为,很多人在谈到文学的时候强调它的虚构性,尽管所有的文学都有虚构的成分,但是并非所有文学都属于虚构这种体裁,所以,应该找到一个新的语词,通过这种虚构性努力,将语言的本质主题化。他赞同保罗·德·曼所提出的修辞与反讽最终是解构性的观点。文本自身内在地蕴含这种自我颠覆性的要素,很多典范的形而上学主题的著作,反而比那些并不动摇传统写作模式和规范的激进的著作具有更为强烈的解构的作用。

二、文学行为具有一种施行性

在德里达看来,文学行为具有一种"施行性"(performativity)。英国语言学家奥斯汀把话语分为两种:施行式(performative)和记述式(constative)。所谓的施行式话语无所谓真假,只是要完成一种所指行为,所以言语本身即是行为。德里达在此强调文学行为的施行性,意在说明文学没有本质,而是与规则有关,是一种历史性的建制。他以卡夫卡的一篇小说《在规则面前》为例,说明这一问题。首先,我们阅读的文本有其自身的身份、独创性和完整性,有其自身的界限;其次,这一文本有作者的署名,这是一种自我认同的标志;再次,在这一文本中的事件是相关的,它们共同的关系属于我们所说的"文学"。所以,不是因为它是叙述的或是虚构的或是被称作神话或寓言,它同命名的戏剧相关。德里达所关注的不是这些规则的普遍性,而是这一命名过程的独特性。命名具有一种权威性,规则构成一种禁令。人们无法同规则直接接触,只能同规则的表征打交道,它们既是信使又是阻碍,告诉人们做什么和不做什么。这是一个"延异"的过程,被推迟出现的是规则自身,而这种延迟又恰好是规则所赋予的。所以,规则其实什么都没有,只是一个专有名词。而我们面对的文本,就是一种永无止境的延异,没有说出任何明确的东西,也没说出任何超出文本自身的东西,然而它仍然是不可理解的。我们没有触碰它的权力,它是一部"原创性"的文本,拒绝改变和变形,它在本质上具有不可读性。规则的历史性就是文学的历史性,"只有在规则的情境中才有作品的存在和它的实体,只有在处理好包括著作权、主体的身份、署名的意义以及创作、生产、再生产之间的区别等等问题的一定的规则的特定时期内,它才会成为'文学'"(第215页)。

基于这样的认识,德里达认为,适用于"文学生产"的东西也适用于"文学的阅读"。因而文学批评一直也被"形而上学的臆断"所支配,但是文学批评同文学又有区别,它永远不会允许自己被客观化,不会被写作或阅读同化。传统批评认为自己能够揭示所评论文本的独特性和独创性,而德里达认为,一部文本只能出现一次,有自己的作者的署名、出版的日期等等,这确实是建制的独特性,但是解构主义批评所说的"独特性"是指处在作品的"内在"和"外在"的边缘,构成作品的躯体的那种独特性。如果独特化始终存在,那么独特性就不会存在。如果这种独特性想要成为可被理解的,它就必须被分类、被分享并有成为某种归属。它被分为体裁、类型、语境、意义等等。比如说,关于文类问题。当"文类"被说出来,被听到并试图被接受的时候,其界限也就被确立起来了,随之而来的就是它的规范和禁令的确立。但对文本来说,它却是通过话语过程再到类型的规则,来标记和限定其文类的。所以,为了给某一部既定的文本确立它所属的文类,就应该找到该文本所依存的共性,因而也就需要有一种符号使人们能够根据它来确定归属的文类。这样就带来了悖论,我们只能通过阅读来寻找不同的文本的共性,但又只能根据这种共性为文本确定归属的文类。而文本内部又是在进行无休止的延异,所以,文本的结构其实颠覆了分类的确定性,没有非文类的文本,每个文本都可能有一种或几种文类特征,但是文本对文类的这种分享,却并不代表这就是它的归属。所以,独特性是要和自己相区别,以免自己被重复。但是没有了这种重复性,就不存在对文本的阅读,也就不存在任何的写作了。所以,文本都是"不纯"的。阅读和写作之间存在着一种独特性的争斗,相对于写作而言,阅读是一种副署名,它既要肯定、重复并尊重原来的署名，但是又将之引向别处，因而也就要甘冒背叛它的危险，从而创造又一个独特的(属于读者的)署名。所以，正是规则生产出了文学批评的历史。

在此基础上，德里达认为，所谓的“文学性”问题是成疑问的。因为“没有内在的标准能够保证一个文本的本质上的‘文学性’。不存在确定的文学的本质或存在。如果你打算去分析一部文学作品的全部要素，你将永远不会达到文学自身，只有分享或借用的一些特性，这些在别处、在别的文本中也能够找到，无论那是语言、意义或是所指(‘主观的’或‘客观的’)”(第 73 页)。所以，作为一种某一社会群体达成一致的建制，“文学”的地位其实并不稳定，常常要被不断地修改。为了颠覆传统的文学、哲学等的建制，德里达主张写出一种既非哲学亦非文学的文本，但同时，这种文本应该保留对文学和哲学的记忆，这是一种没有历史、没有先例的建制。而根据这种理论，读者其实并不存在，他们是被生产出来的，他们只有在进入阅读，进入作品的时候才能存在。

《文学行为》对“文学”的看法，促使人们去思考文学理论学科的建制和学科规范问题，同时也使人们了解解构主义文论和批评的基本观点。

(李　龙)

布尔迪厄

艺术的法则——文学场的生成和结构 1992年*

皮埃尔·布尔迪厄(Pierre Bourdieu,1930—2002),法国社会学家、人类学家和思想家,被认为是继萨特以来法国又一名公共知识分子,著作较多。《艺术的法则——文学场的生成和结构》以法国的“文学场”为个案,考察其历史生成和结构,力图建立普遍有效的文化社会学阐释模式,是一本从社会学角度分析文学艺术特定规律的著作。全书由序言和三个部分及后记组成。序言是从“文学场”和“权力场”的内在关系角度分析了福楼拜的小说《情感教育》的内在结构;第一部分讨论“文学场”生成的三个阶段;第二部分则是为这种社会分析模式寻找科学的依据;第三部分则是为艺术的法则寻找历史性依据并提出了一种阅读的行为理论;后记则呼吁知识分子联合起来为文化生产场的自主而斗争。

---

* [法]布尔迪厄:《艺术的法则——文学场的生成和结构》,刘晖译,北京:中央编译出版社2001年版。文内引文,只注页码。

一、提出“文学场”概念

布尔迪厄在对文学艺术作品进行社会分析时，首先要做的就是为这种分析方式寻求理论上的确证和方法论依据。他对文学自主的观念进行了质疑，这种文学自主的要求典型体现在普鲁斯特的《驳圣伯夫》中，于是他追问道：“这是否意味着文学文本的阅读必定是文学的？科学分析真该被斥为破坏了构成文学作品和阅读独特性的东西，而且首先破坏了美学乐趣？社会学家注定要落入相对主义，价值的平均化，贬低伟大，破坏总是独一无二的‘创造者’的独特性？”(第3页)在他看来，文学艺术作品是在现实世界中产生的，科学地分析艺术作品并非是一种“外部研究”，更不会忽视作品的审美因素，“通过科学分析，对作品的感性之爱能够在一种心智之爱中达到完美，这种心智之爱是将客体融合在主体之中，将主体溶解到客体之中，是对文学客体的特殊必要性的积极服从”(第5页)，这当然不会破坏艺术作品的感性层面，因此他提出了“文学场”的概念，认为“文学场或艺术场是能够引起或规定最不计利害的‘利益’的矛盾世界，在这些世界的逻辑中寻找艺术品存在的历史性和超历史性，就是把这部作品当成一个被他者纠缠和调控的有意图的符号，作品也是他者的征兆”(第5页)。布尔迪厄是从分析福楼拜的小说《情感教育》开始的，他的目标是揭示这部小说的内在结构，从而进入对福楼拜的社会分析。他分析了《情感教育》的“文学场”，认为这个“文学场”是围绕着纯艺术和资产阶级艺术建立起来的，而福楼拜小说创作的发生公式，就是“对于在不同的社会空间中的对立位置及相应占位的双重拒绝关系是一种与社会世界之间客观化距离关系的基础”(第35页)。

二、形成“文学场”的三个阶段

此书的第二部分，着重描述、分析了法国19世纪中期以来的“文学场”的形成过程。布尔迪厄认为这个过程包括三个阶段：第一个阶段是19世纪中期，是“文学场”逐步获得自主化的时期。这时金钱充斥着整个社会，知识和艺术遭到放逐，拿破仑三世则通过一系列意识形态手段，加强对文学和艺术的控制，直接对“文学场”、“艺术场”进行管理，一面是利用市场手段直接作用于出版业和报纸，另一面是建立等级森严的沙龙，将作家与上流社会联系起来。这时候的文学场，是不自主的，是受资产阶级的经济和意识形态控制的。但报纸的发展产生了一批“落拓不羁者”，包括“无产阶级知识分子”，还有家境败落的资产阶级，并产生了“落拓不羁的生活方式”和一系列文学艺术观念，这个艺术群体的产生，促使“文学场”逐步地自主化，这个过程中，波德莱尔和福楼拜起了关键作用。“文学场”生成的第二个阶段是19世纪末期，其标志是双重结构的出现。“文学场”的逐步自主化，使得“文学场”内部的体裁有了高低贵贱之分，而每种体裁又出现了对立的两极：一极是纯生产，生产者的主顾是别的生产者，也就是他们的同行；另一极是大生产，主顾是广大公众。这样，“文学场”就出现了双重结构：保留给生产者的纯生产和满足广大公众需求的大生产，它们之间保持对立。第三个阶段是当代的“文学场”，布尔迪厄揭示了被经济支配的“文学场”的两套经济逻辑：一套是纯艺术的经济逻辑，一套是文学和艺术产业的商业逻辑。纯艺术的经济逻辑是一种“输者为赢”的策略，它否定商业价值和短期的经济效益，却朝着象征资本的方向发展，象征资本开始不被承认，继而得到承认并且合法化，最后变成真正的“经济”资本；文学和艺术产业的生产，将文化艺术产业和其他财富的生产等同，看重传播和发行量，根据公众的需求随时调整自己的生产策略。这样,“文学场”就经历了自主化的取得、双重结构的出现、两套经济逻辑的支配三个阶段。

三、论自己方法论的有效性

在描述了“文学场”的三个阶段后,他对方法论的有效性进行了说明。一般来说,存在所谓的“内部分析”和“外部分析”两种解读文学和艺术作品的方式。关于“内部分析”,他首先批判了萨特的“原初构想”观念,而“结构主义”和“解构主义”将文本当作自足的存在,俄国形式主义者从语音层面解读作品,阐发“陌生化”原则和“文学性”,“新批评”则利用语义学方法,分析文本的“悖论”、“反讽”与“张力”,英加登也致力于分析文学作品的存在方式,他们都把文本当作独立的客体,割断了文学文本和外部现实的联系。而“外部分析”把文学作品视为社会现实的简单反应,将作品直接与作者或团体的社会特征联系起来,理解文学作品变成了理解某个社会集团的世界观。他认为这两种分析方式都会导致作品分析的片面性。于是,诉诸“场”的概念,认为“场的概念有助于超越内部阅读和外部分析之间的对立,丝毫不会丧失传统上被认为是不可调和的两种方法的成果和要求”(第247页)。因为,“文学场”与权力场、社会场存在同源性,大部分文学策略都是双重行为,既是美学的又是政治的,既是内部的又是外部的。布尔迪厄对《情感教育》的分析就是这样,通过作品内部的社会空间结构,将它视为由两个对立的权力场组成的社会关系,进而分析这种社会关系和外部世界的联系。接着,他又揭示了对文化作品进行科学分析的三个步骤:1.分析权力场内部的“文学场”的位置及其时间进展;2.分析“文学场”的内部结构;3.分析这些位置占据者习性的产生。这三个步骤包含“文学场”和权力场的诸种复杂关系,他用自己的概念“习性”、“位置”、“配置”、“占位”等,对二者之间的关系进行剖析，同时也揭示了文化生产场内部的斗争。

四、建立双重历史化的文学分析方法

在分析了自己的方法论和文学作品的阅读步骤后，他又从整体上对这种分析策略进行反思和补充说明。首先，就是建立一种双重历史化的文学分析方法。在他看来，文学理论家、批评家、哲学家和美学家对文学的特定性的认识锁定在无动机、无功能或形式高于功能、不计利害等属性上，这其实是一种双重的非历史化，即作品和作品评价的非历史化。他称之为本质的分析，主要特点就是将个别情况加以普遍化，“本质分析忘记了生产和应用在艺术认识中的分类配置和模式的再生产，以及这种历史先验的社会条件，这种历史先验是它天真地加以描绘的美学经验的条件”（第346页）。因此，他要求建立作品和作品评价的双重历史化，因为艺术品的意义和价值问题，只有在场的社会联系中才能找到解决办法。他又以15世纪意大利绘画为例进行了说明，在他看来，历史学家只有重建15世纪意大利人的“道德和精神观点”，即重建这个制度的社会条件才能理解当时的艺术品，艺术品的出现和对艺术品的评价是一个历史性生成的过程，因此，艺术分析要拒斥本质分析的空泛，要深入到具体的特定时间和空间的历史特性之中，才能实现科学研究的目标。他又以福克纳的短篇小说《艾米莉的玫瑰》为例，提出了一种阅读的行为理论。他通过对阅读的时间和时间的阅读的解析，再次证明了阅读也是一种社会性和历史性行为。

五、知识分子的作用

接着，作者论述了知识分子在当时时代的处境与地位问题。在“文学场”的形成过程中，知识分子起了关键的作用，而“文学场”

真正形成之后，知识分子又以一种新的方式干预政治。他认为知识分子要警惕权力的结构与历史，呼吁一个“真正的知识分子国际的建立”（第400页），以维护“文学场”的自主。知识分子要加强自主，但也要避免进入象牙塔而与社会隔绝，而是要为掌握生产和获得认可进行不懈的斗争。这场斗争不是个体的作战，而是一场集体战斗。布尔迪厄从社会学角度对文学作品进行分析，这种方法有启示意义。他使用的“文学场”概念，也让人耳目一新。但这种分析方法的缺陷也很明显，它长于对一种具有深刻的社会背景的文学作品进行分析，而对诗歌作品或情节简单的小说进行解读不甚适合，对文学作品自身的艺术性分析也比较无力。

（郭跃辉）

乔纳森·卡勒

当代学术入门:文学理论 1997年*

乔纳森·卡勒(Jonathan Culler,1944—),美国当代著名文学理论家。1966年毕业于哈佛大学,后赴牛津大学学习,1972年获博士学位,现任教于康奈尔大学。卡勒的博士论文《结构主义诗学》(1976)是最早将法国结构主义文论介绍到美国的著作之一。《论解构》(1982)则是对解构主义文论的分析之作。本文介绍的《文学理论》(1997),是他多年浸淫于理论之后对理论基本问题做出的比较前沿的解答。

一、什么是文学理论

进入20世纪后,文学理论呈现多元发展的态势,形形色色的理论流派接连登场,每一种理论都有自己的理论地位和批评责任。

---

* [美]乔纳森·卡勒:《当代学术入门:文学理论》,李平译,沈阳:辽宁教育出版社、牛津大学出版社1998年版。文内引文,只注页码。

那么,这些理论之间有没有共同问题存在?它们是否可以通约?“理论”怎样去面对一些文学理论的基本问题?这是作者在该书要解决的问题。

在当代文化、文论研究中,有许多关于“理论”的讨论,这些并不是关于文学的理论,而是关于纯粹的“理论”。这种纯粹的“理论”使文学研究的本质发生了变化,当然这并不是说系统地解释文学性质和文学分析方法理论的本质改变了,而是指在文学研究中“非文学”的讨论太多,这就给我们带来了难题。什么是“理论”?它是不是像听起来那么吓人?一种理论实际上是由思想和作品汇集而成的整体,因此很难界定它的范围。作者认为,可以从以下四点来理解:首先,理论跨越了学科的疆界,那些被称为理论的作品的影响往往超出它们自己原来的领域;其次,理论也是一种分析和话语,被称为“理论”的著作为别人在解释意义、本质、文化、精神的作用、公众经验和个人经验的关系以及大的历史力量和个人经验的关系时提供借鉴;第三,理论是对常识的批评,比如说对于意义、作品、文学和经验常识的批驳,使我们认识到这些观念只不过是一种历史的建构而已;第四,“理论具有反射性,是关于思维的思维,我们用它向文学和其他话语实践中创造意义的范畴提出质疑”(第16页)。

二、文学是什么

作者认为,“文学是什么”虽然被看作是文学理论的中心问题,但其实它并没有太大关系。首先,理论是跨学科的,它已经将哲学、语言学、历史学、心理分析等思想融合到一起,所以,解读的文本是否是文学已不再重要;其次,理论著作已经在非文学现象中找到了“文学性”,原本属于文学的特性在非文学话语实践中也已具备。不过,这也说明文学的概念依然在起作用。而“文学是什么”

需要的不是界定，而是要做出分析。但是，这也需要面对界定文学和非文学的问题。尤其是从词源学的角度来看，现代意义的 literature 也不过二百年的时间而已。对于“文学”的理解，有两种不同的视角：一种是把文学理解为具有某种属性或某种特点的语言；另一种是把文学看作是程式的创造。这两种视角互不兼容，研究者只能在二者之间变换自己的位置。

文学是什么呢？作者介绍了五种关于文学本质的论述。第一，文学是语言的“突出”。由于“文学性”存在于语言之中，所以，这使得文学有别于其他有实际目的的语言，成为一种把语言自身置于“突出地位”的语言，比如对语言自身的组织排列、韵律节奏等。第二，文学是语言的综合。文学是把文本中各种要素和成分都组合在一种错综复杂的关系中的语言。在文学中我们可以挖掘形式与意义的关系、主题与语法的关系，找出综合、和谐或者不协调等关系。第三，文学是虚构。读者之所以会对文学产生不同的期待，原因之一就是文学的表述言辞与世界之间是一种虚构的特殊关系，文学作品是一个语言过程，在这一过程中设计出了一个虚构的世界。第四，文学是美学对象。文学作品具有一种“无目的的目的性”，通过把形式和精神内涵融为一体实现将物质和精神结合在一起的可能性。第五，文学是互文本性或者说自我折射的建构。作品并不具有自己的独创性，由于先前作品的存在才使它成为可能，它是对传统作品的改造或者质疑，因此只有在同传统发生关系时作品才成为可能。

三、文学的功能

在对文学的功能的理解上，有两种截然相反但又都具有说服力的观点，亦即文学是意识形态的手段，它可以起到塑造主体的作用，但同时它又是使意识形态崩溃的工具，揭露了意识形态的欺骗性,并对其进行质疑。因此,作者认为,文学是一种自相矛盾、似是而非的机制,它既要按照现有的规范去进行创作,但同时又要藐视常规。因此,“文学是一种为揭露和批评自己的局限性而存在的艺术机制”(第43页)。这种判断源于作者对文学和语言的关系的理解。作者认为,理解文本的意义需要从三个层面入手,亦即字的意义、一段言语的意义和一个文本的意义。索绪尔的语言学理论告诉我们,每一种语言不仅仅是一个形式系统,还是一个概念系统,是一个习惯符号的系统,而世界就是由这个符号系统组成的。因此,不同的语言其实就意味着对世界的不同理解。它构成了我们的思维习惯,而文学则去探索这些不同的思维习惯的环境或者范畴,并且试图改变或者重新塑造它们。这同时自然也会让我们去思考那些我们所接受的、被认为是自然而然的看待世界的各种范畴。所以,作者会说文学既是意识形态的手段,也是使其崩溃的工具。

四、诗歌学和解释学模式

卡勒认为,在文学研究中,有诗歌学和解释学两个不同的模式。诗歌学以已经验证的意义或者效果为起点,而解释学则以文本为基点去研究文本的意义。现代批评更喜欢解释学模式,而语言学模式则倾向诗歌学。语言学模式的任务是描述读者的“文学能力”,也就是使文学结构和意义成为可能的程式。无论怎样,这两个模式都要面对意义是由什么来决定的问题。意图、文本、语境和读者,都有可能影响意义的生成。作者认为语境起到了决定性作用。因为语境包括了语言规则、作者和读者的背景以及其他相关的东西。作者还认为,诗歌学同修辞学关系密切,是修辞学的一种延伸。如果说传统的主要文学样式是诗歌的话,那么小说则是在现代兴起的。与之相应,叙述学也成为文论研究的重点,它是对叙述能力的研究,也就是把故事说清楚的能力。叙述理论假定存在着一个独立于任何语言结构或表现手法之外的一个结构层面——情节。叙述理论的根本特点在于情节和表述之间的对立、故事和话语之间的对立。因为读者面对的是一个文本的话语,而情节只是从文本中推测出来的。通过对叙述者、叙述视角、自觉叙述等几个问题的分析,作者认为,"小说是一种使社会准则内在化的有力方式"(第 97 页),叙述通过它们提供的知识实现对人的控制。它也是一个矛盾的存在,既是一个修辞结构,又是一个我们可以支配的制造感觉的手段。

五、文化研究问题

当代文学理论面对的一个重大问题就是文化研究的出现,卡勒认为,文化研究就是"理论"的实践,它包括、涵盖了文学研究,把文学作为一种独特的文化实践去考察。尽管对文学与文化研究关系的争论带来了对文学经典标准和研究对象、方法的论争,但从原则上讲,二者并不存在什么矛盾。文学研究不一定要对文化研究批驳的文学对象做出承诺,而文化研究就是把文学分析的技巧应用到其他文化材料中才得以发展的。如果把文学作为某种文化实践加以研究,文学研究也会有所收获。理论的作用就在于扩大文学作品可以回答的问题的范畴,并且将注意力集中在它们抵制所处时代思想或者将其复杂化的方式上。因此,"从根本上说,文化研究因为坚持把文学研究作为一项重要的研究实践,坚持考察文化的不同作用是如何影响并覆盖文学作品的,所以,它能够把文学研究作为一种复杂的、相互关联的现象加以强化"(第 50 页)。

六、关于"述行言语"

通过对在文学和文化理论中盛行的"述行言语"概念的研究,作者分析了理论领域发生的变化。"述行言语"是英国哲学家奥斯汀提出的表述行为的语言,分为"述愿言语"和"述行言语"。"述愿言语"是指一种描述,而"述行言语"则是指一种完成所指的行为,完成许诺的行为,言语本身就是行为。在文学理论中,这一术语回答了理论家们一直关注的文学语言不仅在说什么,还在做什么的问题。文学言语创造了角色和他们的行为,还使得思想和观念得以产生。与此同时,它打破了意义与说话人意图之间的联系,用言语完成的行为不是由意图决定的,而是由社会和语言学的程式所决定的。所以,"述行言语"是一种修辞的过程,是语言的行为,它用语言学范畴削弱了对世界的命名和再现,创造事物,组织世界。于是,理论需要思考的问题就是:怎样认识语言的塑造功能?怎样理解社会程式与个人行为之间的关系?怎样理解文本语言的说和做之间的关系?在后现代,怎样解释虚构与现实的界限?

接着,作者又分析了属性、认同和主体之间的关系,其实,也就是"我是谁"的问题。主体是一个角色,一种能动作用,一个自由的主观意志,但同时也必须是一个服从体,是各种制度比如性学、语言学、心理社会学等的服从体。文学作品,尤其是叙述文学,从不同的角度关心这一问题。小说通过一个人的个性为焦点,建构了有关个人属性的思想意识,而个人属性所忽视的较大范围的社会问题,正是批评家们应该探讨的问题。文学不仅使属性成为一个主题,而且还在建构读者的属性,通过从角色的角度展现事物而鼓励与角色的认同,"我们在于我们所读的那些人物的认同中成为我们自己"(第 117 页)。而从大的范围来讲,认同在群体属性的行程中也起到了重要作用。这不是一种本质主义,而是一种实际性议题。

全书最后，作者再次重申："理论能够提供的不是一套结论，而是为新思想的出现开拓视野。它要求我们做的解读工作，是对预测提出挑战，对你赖以进行研究的假设提出质疑。"（第 125 页）因此，理论是不断前行、没有终结的事业。作者"倾向于用介绍各种议题和辩论的方式而不是用介绍各种'学派'的方式来介绍理论"。本书对于建设我国当代形态的文学理论具有借鉴意义。

（陈　粤）

希利斯·米勒

解读叙事 1998年*

J·希利斯·米勒(J. Hillis Miller,1928—),美国著名解构主义批评家,“耶鲁学派”代表人物之一。1952年以《狄更斯的象征意象》获哈佛大学博士学位,1986年当选美国现代语言协会主席。对米勒来说,文本是语言的后果,而语言自身总是在叙述中自我分裂、偏移、逃离任何预设的单一意义和明确的目的。米勒将西方传统的形而上学大厦拆分、解构成碎片并致力于说明这种拆分和解构是从内部发生的。

一、解构是如何从内部发生的

《解读叙事》是一本在解构主义思想影响下写成的叙事学理论著作。序言中说,这本书最早孕育于1975年一篇评介华莱士·史蒂文斯《岩石》的论文,当时米勒对于其中不断涌现的线条意象产

* [美]希利斯·米勒:《解读叙事》,申丹译,北京:北京大学出版社2002年版。

生很大兴趣。这样的兴趣在之后的二十年间的多本书中也体现出来。他说:《解读叙事》一书的完成,标志着这一漫长写作周期的结束,当初在心中许下的要详细写下自己见解的诺言也终于得以实现。米勒自称该书是一本“反叙事学”的著作。的确,在这本书中,米勒始终致力于说明的是解构是如何从内部发生的。开篇,他就从西方文化的两个经典文本:亚里士多德的《诗学》和索福克勒斯的《俄狄浦斯王》入手,说明在西方主流传统中,在对逻各斯中心的理性建构中,反讽的幽灵如何颠覆性地划开一道裂缝,并带来灾难性的后果。在亚里士多德的诗学体系中,任何东西都能够而且应该得到合理的解释,都应该回到并住在它的逻各斯那里。然而,在如此有条不紊、合乎理性的体系中闯入了一个“怪异的客人”,那就是《俄狄浦斯王》。这部戏剧首先在情节上偏离了亚里士多德关于合乎理性的情节的理想。一系列偶然的、断断续续的事件发生在同一天,这本身就不合情理。与此同时,此剧的语言也呈现出混乱的多重意义的趋势。如果剧中行动基本上只是对话,这就有违情节要比词语重要的原则。剧中行动是通过语言来“实施”的。情节就是语言。若仔细阅读该剧,读者不久就会陷入错综复杂的语言之中,包括重复出现的复杂词、比喻、双关语、双重意义、反讽等等。在《俄狄浦斯王》中,一个词受制于多重的逻各斯,而“贯穿语言始终的隐喻性或者双重性得到现实生活中类似事件的呼应。家庭关系中的乱伦与弑父与语言的双重性直接对应。《俄狄浦斯王》引人注目地表明:根本不可能简单明了、合乎逻辑地讲述一个故事。莫测高深的天神作为彻头彻尾的他者,扭曲了语言和事件,如同一个黑洞毫无例外地将靠近它的一切统统搅乱”。语言和情节的错乱令《俄狄浦斯王》在《诗学》中成了“幽灵般的分裂性在场”。而米勒强调的是,亚里士多德根本没有完全征服《俄狄浦斯王》中的非理性在场。“那个未被镇伏的幽灵使《诗学》无意之中充满了狂野的反讽性。该剧表明,亚里士多德所推崇并身体力行的追求理性知识之愿望会带来何等灾难性的后果。”

二、解读“线条意象”

接下来，米勒以线条为载体，对叙事线条的开头、中部、结尾进行了一一的解构，并在阐述过程中不断引入实例进行分析。米勒之所以如此钟爱“线条意象”，就在于它很好地体现了那个理性的逻辑的形而上学体系如何从内部发生解构的。米勒说：“人们会发现从一开始线的意象无论用于何种叙述术语领域，都趋于逻各斯中心化和独白化。线的模式是西方形而上学的传统语言中强有力的一部分……线的意象总是暗示了一个由某一外在统摄原则决定的单一的、持续的、统一的结构。这个原则统摄整体线索，赋予其法则，控制其外延进程，带有某个起源、目的或场所。”①在西方传统中，“线条意象”假设了一个单一的、顺接的、持续的过程，而这正好是那个传统的形而上学体系中“理性”的最好说明。米勒发现了这个单一的线性过程中颠覆性的力量。米勒对于线条的解读是从线条的末尾开始的。在米勒看来，线条的末尾之所以难解，在于人们弄不清楚它到底是打结还是解结。一个漂亮的线条末尾给人带来快感，比如17世纪赫利奥多罗斯的一部小说，在其中，叙事线条缠结不清，人物关系错综复杂，展现出迷宫般的风貌，可是突然间，真相大白，“读者顿时感受到一种拨开迷雾见太阳的欢悦”。可是与此同时，还存在另一种与之相反但同样强烈的快感，那就是“把繁杂的故事线条有条不紊、一根不漏地收拢在一起”。这是叙事线条两种截然相反的功能，“一方面，它看起来是一个齐整的结，将所有的线条都收拢在一起，所有的人物都得到了交代；同时，它看起来又是解结，将缠结在一起的叙事线条梳理整齐，使它们清晰可

① ［美］希利斯·米勒：《重申解构主义》，郭英剑等译，北京：中国社会科学出版社1998年版，第144页。

辨，根根闪亮，一切神秘难解之事均真相大白”。米勒随即证明，打结还是解结，我们根本无法做出选择。小说家以及小说批评家同时需要这两个比喻，并在这两种比喻之间来回摆动。小说结尾的这种双重性质证明了一个固定的毫不含糊的结尾是不可能的。紧接着，米勒探讨了线条的开头。对他来说，开头是一个悖论：“既然是开头，就必须有当时在场和事先存在的事件，由其构成故事生成的源泉或支配力，为故事的发展奠定基础。这一事先存在的基础自身需要先前的基础作为依托，这样就会没完没了地回退。小说家甚或不得不一步一步顺着叙事线条回溯，但永远也找不到任何线外之物来支撑该叙事线条。”开头既在叙事文本之内，又在叙事文本之外，既具有与文本息息相关的任意性，又具有彼此分离的无关性，米勒由此证明，开头也是不可能的。而中部显然是一个更复杂的问题，作为连接开头和末尾的组成部分，它的连贯性和单一性是西方形而上学一个基本的假定。为了保持它的连贯，人们甚或不惜把秩序与规则赋予那些节外生枝和插曲式的无关情节。理想的叙事是一根完美的直线，然而，米勒通过斯特恩的《项狄传》来说明，这样的直线丝毫不能引起读者的兴趣——“叙事之趣味在于其插曲或者节外生枝”。而更重要的是，《项狄传》中那些缠绕弯曲的线条说明了这样一个事实：“叙事无法开场，一旦开场，也无法持续向前发展。倘若它无视这些不可能，开始持续发展，它就再也无法停下来，也永远不会到达终点。”

三、“叙事线条”无法界定边际

线条的开头、中部和末尾，组成了一幅莫测的“地毯中的图案”。这个意象来自于亨利·詹姆斯的一篇小说。地毯中的图案之有趣，首先在于它所象征的叙事线条之无法界定边际。“对于叙事线条的分支而言，根本不可能组成一个有头有尾的供选目录或者齐整无岔的历史故事。从这一片断，不仅可以看出开头之难，而且可以看出一旦开始，若想停下来就更为困难。”一旦开头，线条便开始向四面八方延伸，“具有达罗斯迷宫般的复杂性”。如同在跳着一段“不断变化、迂回曲折的舞步，边跳边沿着摆在地上的达罗斯迷宫的幻影图案，冲动地向前走，以征服幻影，但根本无法成功”。困难在于，小说家难以在选定的素材周围画一条线，把无关的因素都排除在外，事实上，边缘恰似永远模糊的灰色地带，“不再具有很强的相关性，但也并非毫不相关”。詹姆斯提出的完美小说的三要素——“完整性、连贯性、有限形式”，注定只能成为一种表面的假象，永远无法成为现实。造成这种情况的原因，一方面在于线条/图案所表征的主题，并不存在内在的限制；另一方面则在于线条/图案自身所处的巧妙的含糊状态。因此，即使能将主题从无限人为地变成有限，“在这个自我设定的魔圈里，仍会重新出现无限性的问题”。因为如果小说家要追求连贯性和完整性的话，那么他必须在这个圆圈那追踪每一种可能存在的关系，然而，这却是不可能的。所以，作家必须心中有数，但又不予顾及，这样方能在集中处理一个关系时，免受其他各种关系的干扰。“这就从另一个方面表明，叙事线条就是由其自身的不可能性编织而成的。”

叙事线条的单一性之不可能，还在于另一个重要的问题，那就是叙事线条并非独白性质。所有的那些间接引语、错格、卷首语、文中的信件、嵌入语、脚注、序言、导论、结论，都以这样那样的方式打破故事的完整性或单一性。在小说的内部，存在一种否定性的能量，这种能量时时打破叙事线条的独白性质。米勒将这种多重话语说成是“激进的多方聚谈”。

四、反讽是文学的代名词

该书做出总结：“本书通过选择出来的‘片断’对叙事线条的开

头、中部和结尾所做的探讨，不断遭遇干扰、双重、悬置和死胡同。开始话题，继续讨论，做出结论——这些探讨步骤逐一进行，但它们自始至终都悬置于其自身的不可能性这一深渊之上。能够对这种不可能性做出最全面描述的词语就是'反讽'。反讽以各种方式出现在叙事作品中，构成一种无所不在的比喻。假如文学是在语言中进行虚构的永恒可能性的话，那么反讽就是文学的代名词。分析叙事线条之所以困难，就是因为这是企图掌握根本无法掌握的东西。所谓无法掌握的东西就是并非比喻的比喻：反讽，无法用任何线条图形（包括转弯、十字路口、置换、绕行之路等等）来加以描述。"对于米勒而言，这种最终的不可能性，才是他反复论述需要求得的东西。在《小说与重复》中，米勒曾经如此总结自己的学术历程："我先由科学和数学领域转入文学领域，然后又经由新批评和乔治·布莱、马塞尔·雷蒙德、阿尔伯特·贝戈姆和其他人倡导的'意识批评'才接触到这儿运用的这种批评方法（指的是解构主义），这意味着我和'解构'的关系与一大群年轻的批评家与它的关系相比，必然显得不同……当我开始研究文学时，看来文学作品一个最为显著的特征在于它们作为语词的外壳所具备的明显的陌生化的效果。按平庸的日常生活表征衡量，诗人、小说家、戏剧作家笔下的事物显得极其古怪，任何阐释文学的方式都有必要对那种古怪之处加以解释。"对这种陌生化的效果的尊重和追寻，这种来源于人类经验多样性和丰富性的一种对万事万物敞开的态度，这种阅读深处的民主，才是希利斯·米勒解构主义文学批评观内在的原因，也是让他学术生涯中的三次转折变得连贯可解的原因。

（马　前）

彼得·威德森

现代西方文学观念简史 1999年*

彼得·威德森(Peter Widdowson),现任教于英国格洛斯特郡大学人文学系,主要研究现代主义、当代小说和批评理论,著有《当代文学理论导论》和《现代西方文学观念简史》等。

一、"大写的文学":一个概念演进的历史

书中将"文学"区分为"小写的文学"和"大写的文学":前者独立于批评之外存在,它以一种集体状态存在于各种普泛的文集与大全之中,是有文学性成分的文本类型;后者是"具有全球性文学写作实体的概念",它由抽象思维完成,以典范制造标准,并与历史上各国各民族意识形态的发展有着密不可分的联系。在"大写的文学"这一层面展开思路,威德森考察了批评是如何

* [英]彼得·威德森:《现代西方文学观念简史》,钱竞、张欣译,北京:北京大学出版社2006年版。文内引文,只注页码。

创造这个重要然而含混不清的术语的。在“文学”作为一种历时性发展变化概念的基本共识上，他更着重强调“文学”这个术语在当代的不堪重负，用他自己的话说，就是“大成问题”。因此，对于“文学”这个概念的历史梳理，就显得尤为重要，这是确定“文学”这一习用概念是否还具有在文学研究领域从事术语流通能力的资料凭据。“文学”概念发生的过程以及漫长的从量变到质变的历史，成为此书前三章中重点论述的对象。此书对此的基本观点是：“小写的文学是在批评之外而独立存在的，然而大写的‘文学’却完全是由批评创造出来的。”（第38页）威德森将柏拉图作为西方文学批评的肇端。在柏拉图的思想体系中，出现了以诗歌和诗人为批评对象的论述，被批评的对象依据批评者划定的范围确立了自己的领域：诗艺。此后，亚里士多德、普洛提诺、“伪朗吉努斯”、华兹华斯、艾略特、马修·阿诺德以及英美“新批评”的代表人物，一直将这个概念的内容向前推进，并在19世纪正式确立起它的名称：文学。这些里程碑式的学者为“文学”添置了不少内涵，直到20世纪60年代之前，“文学”这个概念的题中应有之义是：1.对学问或书籍的了解；有教养或合乎人道的学识；文学性的文化。2.文学性作品或产品；写作者的活动或专业；学识领域。3.文学生产作为整体；产生于特定国家或特定时期，或是产生于泛指世界的写作出来的实体。现在也具有更为限定的含义，应用于声称在形式美或情感效果领域思索的写作。这层意义晚近出现在英语和法语中。

二、“民族化”、“审美化”是“文学”概念现代化两个方向

威德森认为“民族化”和“审美化”是英语世界“文学”概念现代化的两大方向。根据他所述，在19世纪英语世界中，一种民族认

同的需求分外强烈，英语文学于是成为一种“在一个新的而且是异质的工业、都市、阶级社会的背景下能够凝聚民族意识、民族认同的建设中的构成因素”(第 37 页)。威德森为我们展示了当时英语语言教育和文学教育课程在英国教育体制内逐步完善的历程。在此，他为我们提供了关于一些特殊因素方面的材料整理报告。譬如，在英国文学发展过程中，“19 世纪中叶，对于未婚妇女过剩问题的认识，以及对需要教育出民族国家的儿童的认识合在一起，就导致了像培养学校教师同样的对妇女加以培训的课程。在这样的培训中，‘英语’尤其是文学就成了‘个人的’和‘直觉的’工具，扮演了关键的、恰当的角色”(第 44 页)。而在英美“新批评”扩大影响范围的努力中，文学充当了为“一代被战争和政治斗争弄得筋疲力尽的学者与学生提供了一个安静的避难所”(第 57 页)的角色，同样适时地切合了当时英语世界学者们的心理需求。加之“美国大熔炉”中第二代不同种族学生人口的极度膨胀，“具有‘实践’基础的新批评，立刻被认定在教育上是一种导向，也简便易行。这也是一种适合于一个有着不同文化需求的、由个人组成的集体，而且这些个人原本就没有共同的历史。换句话说，这种非历史的、具有‘客观’本质的批评实践，这种仅仅需要对‘每一页上的每一个字’加以细读的研究，明显是一种适合于 20 世纪美国经验的既平等又民主的活动”(第 58 页)。

在这段论述中，虽然从理论上来讲涉及促进“文学”概念现代定型的因素很多，但他只将自己的重点放在自己所论述的“民族化”上。他从当时的学者中挑选出几位有代表性的人物：查尔斯·金斯利提出文学是“一个民族的自传”的观点，麦考利认为“英格兰的文学现在远比其他的古典遗产更有价值”，而阿诺德是这番论述中的重点，他们都不约而同地提出建立英语“文学”的建议。通过对这几位代表人物观点的引证，威德森强化了自己对于论述“民族化”动力在推进“文学”概念形成过程中发挥重要作用的可信度。

尤其对阿诺德影响力的论述，通过艾略特、利维斯以及英美“新批评”的文学批评活动一脉展开，更加肯定了阿诺德所设定的“文学”含义的源头性质。阿诺德心目中的文学文化，是“在这个世界上被思考、被言说的最好的东西”。对此，威德森进一步解释说：文学“其实是一道防波堤，在抵御着当代文化的无政府状态，而这种无政府状态是一个现代大中阶级社会兴起的伴随性产物”（第 41 页）。这样的论述过程使得他所强调的“民族化”因素呈现出明晰的历史阶段性变化路线图。当时的社会状况是，在 19 世纪的英语世界中，宗教精神力量的凝聚力逐步衰落，而“审美”作为替代物进入知识分子的视野。审美，按照伊格尔顿的说法：“设定某些固定不变的对象而冠之以‘美’（*beauty*）或是‘审美’（*aesthetic*），所有这些假设在很大程度上都是来自社会生活的艺术异化的……产品，所谓有‘创造性’的作品的全部要点就在于它灿烂的而没有丝毫的功用，在于它自身是一个中介，即从卑污的社会目的转向崇高的终结。”（第 36 页）艺术和以艺术为代表的审美活动，以自身的无功利性与社会现实划清了界限，这种摈弃世俗利害关系纠缠的精神享受，同时又享有悠远的历史积淀传统，对现代化进程所带来的急剧膨胀的物质欲望、明显下滑的道德水准以及日常生活体验的破碎感，不可不说是一剂良方。用阿诺德的话说：“缺少了诗歌艺术，我们的科学将不完美；如今主要是诗艺在伴随我们，因为宗教和哲学将要为诗艺所替代。”（第 39 页）这就是威德森为我们呈现的“文学”概念的具体演化过程。它是宏大的历史走向，却又与具体细节环环相扣。这部分资料的引用，还与威德森对“文学修养”的论述密切相关。教育、“文学修养”和“民族化”形成一个圆环，相互促进循环。

三、“文学性”:对“文学”概念的延续和发展

历经百年,当现代“文学”的概念大致成型之后,20 世纪 60 年代西方学术界开始出现多元化的致思方式,刚确立不久的“文学”定义又被列入重新思考的表单。60 年代西方学术界对文学的重新审视,其思想萌发的根芽,就是此前它所赖以生长的发源地:针对未婚女性教育的英语文学,反过来被女性读者发掘出 *DWEMs* (*Dead White European Males* 缩写)的霸权地位。在这块以新的视角被重新看待的领域,历史悠远的文学传统被视作“*Dead*”(过时的、陈旧的、“经典的”),而欧洲中心主义、男性霸权地位、白人种族的优越心理,在此时遭遇大胆的质疑和颠覆。从这个意义上来说,20 世纪 60 年代之后,以“后现代”为代表的一连串反传统思潮,在文学领域是与“文学”的现代化进程同根同源的事物。这就好比一棵植物的生长,在萌芽、破土、抽茎的阶段,它的速度并不是特别快。但当茎干长成之后,它的生长速度突然加速,而且开始“花开多朵,各表一枝”。按照威德森所描述的地图来看,后现代主义的“文学”正是在现代主义“文学”的茎干上抽出来的新枝,它们并不是断裂,相反是生命的延续。面对 60 年代之后“文学”抽枝吐穗的状况,威德森倾向于将这个概念用更具有离散性、自由空间的“文学性”概念来代替。“首先,它和一般的‘写作’不同:既在于它自身成为‘有文学性的’自觉意识方面,也在读者对此特性的理解方面;其次,它与其他传统上相联系的艺术形式不同,如音乐、绘画和电影。这些区别主要基于对‘文学性’的社会、文化效果的评估,而非基于任何定位于‘文艺性’的美学和语言学特征的尝试。”(第 94 页)威德森在展开论述他所理解的“文学性”时,特别注重将一般“作者/读者”的“写作/阅读”经验作为重要的论证资料,这种经验以一种“文学修养”的方式保留在文化传统中,而这也正是“文

学”和“文学性”两个概念在威德森论述中保持连贯性、延续性的特色所在。

“文学性”对“文学”概念延续和发展的特点，还体现在它继承了“文学”中“诗性的现实”的含义。而“诗性的现实”的题中应有之义就包括了创造的、想象的、模式的、主题的等要素。威德森特别强调原创性的重要，他说：“‘生成/从无中形成/首次组成’的力量是我的观点的核心，因为当承认文学文本由某样东西（即语言）创造而成时，语言正是在新的东西‘从无中形成’的原创‘形式’中被组织起来的。”（第 99 页）除此之外，在表意的层面上，他将独特且独立的“内容”看作原创性的另一种表达方式。“艺术拥有从生活未分化的‘包含物与混乱’中推演出一种‘主题感’的能力。”（第 103 页）威德森把“文学修养”理解为是一个接受传统中“文学性”的文化类型，同时又参与建构新的“文学性”文学类型的过程。因此，“文学性”概念的内涵是一个由作者/读者共同接受并创造的开放性空间。它在外延上不能被批评规定，但它有自己坚持的原则：“‘文学性’创造了‘诗性的现实’，通过原初文本的‘制作’，从不成形的事物中塑造出‘模式’与‘主题感’，这就表明，正是过去的与现在的文学写作了我们”，“也许更重要的是，‘文学性’也表现未来，迄今为止文学一直在向我们提供着未来”（第 194 页）。

在第五章中，威德森列举一些具体文学作品来说明“文学性”的用途。“文学性”以“新故事”的形式与历史相联系，“故事”与“历史”都是对过去的认识加以叙事化组织的方式，“历史写作事实上是‘叙事’，一个通过从‘存在的混沌’即过去与现在经验的整体中‘铸造’‘模式’或‘主题感’以形成知识的‘故事’”（第 29 页）。这个意义上，他将“文学性”的历史文化意义规定为“为我们提供了透视我们自身文化的某些陌生化的形式，也因此被视为有助于构成一部战后‘历史’”（第 44 页）。此书的最后一章对全书做了一个纵览式的回顾，再次重申“‘文学性’创造了诗性的现实”同时也“表现未来”的观点。“文学性”是一个“等待着被尚未发生之事填满”的“罐子”，这种不受控制的自由空间正是“文学性”充满魅力、生命力常新的秘密所在。

（万　娜）

图书在版编目(CIP)数据

西方文学理论名著提要 / 董学文主编.—南昌:江西人民出版社,2013.6
(西方学术名著提要丛书)
ISBN 978-7-210-05957-8

Ⅰ.①西… Ⅱ.①董… Ⅲ.①文学理论-著作-内容提要-西方国家 Ⅳ.①Z89:I0

中国版本图书馆 CIP 数据核字(2013)第 114777 号

西方文学理论名著提要
作　　者:董学文 主编
责任编辑:周伟平
封面设计:同异文化传媒
出　　版:江西人民出版社
发　　行:各地新华书店
地　　址:江西省南昌市三经路 47 号附 1 号
编辑部电话:0791-86898054
发行部电话:0791-86898815
邮　　编:330006
网　　址:www.jxpph.com
E-mail:jxpph@tom.com　web@jxpph.com
2013 年 6 月第 1 版　2013 年 6 月第 1 次印刷
开　　本:850×1168 毫米　1/32
印　　张:19.75
字　　数:500 千
ISBN 978-7-210-05957-8
赣版权登字—01—2013—175

定　　价:38.00 元
承 印 厂:南昌航大印刷有限公司